用于国家职业技能鉴定

国家职业技能鉴定考试指导手册

手工木工

（初级 中级 高级）

编审委员会

主　　任：刘　康
副 主 任：宋　建　张亚男
委　　员：陈　蕾　葛恒双　姚春生　王　鹏　张灵芝　任小娜
　　　　　王燕鸣　王晓峥

编审人员

主　　编：周新华
编　　者：王一明　陈国增　童志萍　胡月娟　虞风丽　鲍海民
主　　审：郭世民　潘福荣
审　　稿：忻健强　汪　洋　丛国樑　虞顺卿

SHG

MUGONG

中国劳动社会保障出版社

图书在版编目(CIP)数据

手工木工：初级 中级 高级/中国就业培训技术指导中心，人力资源和社会保障部职业技能鉴定中心组织编写. —北京：中国劳动社会保障出版社，2009

国家职业技能鉴定考试指导手册

ISBN 978-7-5045-7340-7

Ⅰ. 手… Ⅱ. ①中…②人… Ⅲ. 手工-木工-职业技能鉴定-自学参考资料 Ⅳ. TS656

中国版本图书馆 CIP 数据核字(2009)第 060728 号

中国劳动社会保障出版社出版发行

（北京市惠新东街 1 号 邮政编码：100029）

出 版 人：张梦欣

*

三河市华骏印务包装有限公司印刷装订 新华书店经销

787 毫米×960 毫米 16 开本 32.5 印张 475 千字

2009 年 4 月第 1 版 2020 年 11 月第 7 次印刷

定价：59.00 元

读者服务部电话：（010）64929211/84209101/64921644

营销中心电话：（010）64962347

出版社网址：http: // www.class.com.cn

前　言

对劳动者实行职业技能鉴定，推行国家职业资格证书制度，是促进劳动力市场建设和发展的有效措施，关乎广大劳动者的切身利益，关乎企业发展和社会经济进步，对于全面提高劳动者素质和职工队伍的创新能力具有重要作用，也是当前我国经济社会发展，特别是就业、再就业工作的迫切要求。为此，原劳动部在1993年《职业技能鉴定规定》中要求：我国的职业技能鉴定实行统一命题原则，由劳动部组织建立职业技能鉴定国家题库网络。国家题库网络建设工作是我国职业技能鉴定质量保证体系中的关键环节之一，是保证鉴定工作质量、提高鉴定工作水平、加强鉴定工作管理力度的重要技术手段，是我国职业资格证书制度从普及向纵深发展的重要技术基础。劳动和社会保障部在1999年《关于启用职业技能鉴定国家题库的通知》中进一步要求：自国家题库公布后，全国范围内以发放中华人民共和国职业资格证书为最终手段的鉴定考核，其所用试题试卷一律从国家题库中提取。

手工木工国家题库的建立，对于保证本职业鉴定工作质量起着重要作用。为了使全国职业培训领域和职业技能鉴定领域的专家以及即将参加职业技能鉴定的学员对手工木工的理论知识和操作技能考核试题库的建库目标、命题技术原理、考核内容结构和具体考核要求有一个全面的了解，劳动和社会保障部职业技能鉴定中心组织参与国家题库开发的命题专家，编写了与国家题库相配套的国家职业技能鉴定考试指导手册。该手册由“职业技能鉴定国家题库简介与复习注意事项”“初级手工木工”“中级手工木工”和“高级手工木工”四个部分组成。书中介绍了国家题库的命题依据、试卷结构和题型题量，同时从国家题库中抽取部分理论知识与操作技能试题和试卷样例供考生参考和练习，便于考生能够有针对性地进行考前复习准备。手册与国家职业标准、国家职业资格培训教程、国家题库是相配套的，今后我们会随着国家职业标准、国家职业资格培训教程以及国家题库内容的不断更新，逐步对手册进行补充和完善。

本书在编写过程中，得到中国建筑装饰协会培训中心、上海市房地产行业教育中心、上海市房地产高级技术培训中心、上海建峰职业技术学院有关专家的大力支持，在此一并表示感谢。

由于时间仓促，缺乏经验，难免有不足之处，恳请各使用单位和个人提出宝贵意见和建议。

国家职业技能鉴定考试指导手册
编审委员会

目　　录

CONTENTS 国家职业技能鉴定考试指导手册

第一部分　职业技能鉴定国家题库简介与考试复习注意事项

第三部分　中级手工木工

第四部分　高级手工木工

第一部分

职业技能鉴定国家题库简介与考试复习注意事项

ZHIYE JINENG JIANDING GUOJIA TIKU JIANJIE
YU KAOSHI FUXI ZHUYI SHIXIANG

第一章

职业技能鉴定和国家题库简介

职业技能鉴定

1. 职业技能鉴定是按照国家有关规定，对劳动者专业知识和技能水平进行客观公正、科学规范的评价与认证。

2. 按有关规定，从事技术职业（工种）的从业人员或准备从事技术职业（工种）的人员，都可以申报参加职业技能鉴定。

3. 职业技能鉴定一般分为理论知识考试和操作技能考核。理论知识考试一般采用闭卷笔试方式，操作技能考核多采用现场实际操作方式。技师以上级别还须进行综合评审。

4. 职业技能鉴定理论知识考试和操作技能考核均实行百分制，成绩皆达 60 分及以上者为合格。

5. 职业技能鉴定合格者，可获得国家职业资格证书。

6. 国家职业资格证书是劳动者专业知识和职业技能水平的证明，是进入就业岗位的凭证。

职业技能鉴定国家题库

职业技能鉴定国家题库是由劳动和社会保障部组织开发的用于全国职业技能鉴定的统一试题库。

职业技能鉴定国家题库的权威性

1. 由劳动和社会保障部组织专家开发。

2. 本职业领域全国高水平专家参与命题。

3. 以劳动和社会保障部颁布的国家职业标准为依据，参考中国就业培训技术指导中心组织编写的国家职业资格培训教程。

建立职业技能鉴定国家题库的意义

1. 有利于规范全国职业技能鉴定行为，保证职业技能鉴定质量。

2. 有利于统一全国职业技能鉴定水平，为从业者择业就业提供公平、客观的能力水平评价。

职业技能鉴定国家题库管理与使用

1. 职业技能鉴定国家题库运行管理网络由国家总库、地方分库和行业分库组成。

国家总库设在劳动和社会保障部职业技能鉴定中心，主要负责制定国家题库运行管理网络的总体规划和运行组织管理，建立国家职业技能鉴定命题技术标准，组织开发示范性通用职业（工种）题库资源，并配发到地方分库。

地方分库由各省职业技能鉴定（指导）中心负责运行管理，主要提供通用职业（工种）鉴定试题和试卷。

行业分库由有关行业部门职业技能鉴定指导中心负责运行管理，主要提供行业特有职业（工种）鉴定试题和试卷。

2. 全国各地在组织国家题库已有职业（工种）的鉴定考核时，一律从国家题库中抽取试题。

3. 职业技能鉴定国家题库资源目录可通过劳动和社会保障部职业技能鉴定中心“国家职业资格工作网”（www. osta. org. cn）查询。

4. 考生、考评员、培训机构、鉴定机构等相关使用者一旦发现国家题库试题试卷存在问题，可及时进入上述网址题库反馈修正系统的页面反馈国家题库意见或建议。

职业技能鉴定国家题库的主要内容

1. 国家题库的内容分为两部分，即理论知识题库和操作技能题库。

2. 理论知识题库每个职业含几千道试题，题型包括填空题、选择题、判断题、简答题、计算题、绘图题、论述题等。目前初级、中级、高级一般以选择题和判断题等客观题型为主，技师以上级别含上述多种题型。本职业理论知识题库有关介绍请参阅本书初级、中级、高级理论知识考试复习指导中的相关内容。

3. 操作技能题库根据职业特点，由涉及职业活动领域的若干试题组成，考核方式有现场实际操作、模拟操作、笔试、口试等多种形式。本职业操作技能题库有关介绍请参阅本书初级、中级、高级操作技能考核复习指导中的相关内容。

职业技能鉴定国家题库的命题基本依据与基本原则

◉ 命题基本依据

1. 依据劳动和社会保障部颁布的国家职业标准、国家职业技能鉴定命题技术标准。

2. 参考中国就业培训技术指导中心组织编写的国家职业资格培训教程。

◉ 命题基本原则

1. 反映职业活动对从业人员的知识和技能要求。

2. 理论知识命题强调本职业实际工作中必备的知识，不出偏题、怪题。

3. 操作技能命题强调科学性和可行性，试题既能反映本职业主要操作活动内容和要求，具有科学规范性；又能使考核过程简便易行，具有适用可行性。

第二章

职业技能鉴定考核复习注意事项

勤学苦练　获得真才实干

1. 职业技能鉴定不同于一般考试，它是以职业技能为着眼点的考试；而熟练的职业技能必须通过长期不断的练习和实践才能获得。

2. 职业技能鉴定的根本目的不是考试，而是为了提高劳动者职业技能和素质，因此职业技能鉴定涉及的试题内容紧密围绕职业活动。采用猜题、押题或死记硬背考题的复习方法不如下工夫把时间和精力用在学习和实践上。

3. 职业技能鉴定是一种达标考试，考生无论在工作岗位实践中，还是在职业学校学习，只要认真学习，努力实践，达到国家职业标准的相关要求，就可以通过考试。

把握标准 使用相关资料

◉ 国家职业标准

国家职业标准是根据职业活动内容，对从业人员工作能力和知识水平的规范性要求，由劳动和社会保障部组织制定并颁布。国家职业标准明确了本职业各个等级从业人员应掌握的知识和技能要求，是职业培训和职业技能鉴定的基本依据。

◉ 国家职业资格培训教程

国家职业资格培训教程是与国家职业标准紧密衔接的职业培训用书，由中国就业培训技术指导中心组织编写。国家职业资格培训教程内容体现“以职业活动为导向，以职业能力为核心”的指导思想，突出职业培训特色，是全国职业资格培训与认证考核的推荐教材。

◉ 国家职业技能鉴定考试指导手册

国家职业技能鉴定考试指导手册是以国家职业标准为依据，参考国家职业资格培训教程，与职业技能鉴定国家题库相衔接的考核复习指导资料。国家职业技能鉴定考试指导手册详细列出职业技能鉴定考核要点，理论知识部分对这些考核要点进行了简明扼要的讲解，操作技能部分给出了考核要求和评分标准，同时给出模拟试卷，使考生了解职业技能鉴定的考核形式，消除正式考核时的陌生感和紧张情绪，做到心中有数，把复习的精力投入到学习和实践中去。

全面复习 掌握基本要点

1. 考生在考前进行全面复习时，对基本知识要点和操作要领要记忆准确、理解透彻、运用熟练，同时要善于抓住重点。国家职业技能鉴定考试指导手册所列理论知识鉴定要素细目表、操作技能考核内容结构表和操作技能鉴定要素细目表，是依据国家职业标准对考核内容的细化，是命题的直接依据，也是理论知识考试和操作技能考核的要点。因此对这些内容应全面理解，深入领会。

2. 考生在使用国家职业技能鉴定考试指导手册中的试题精选和模拟试卷进行练习时，如果发现哪一题解答有问题或操作有困难，应该立即检查并请教，发现问题所在，及时解决本职业领域知识和技能的难点问题。

3. 考前复习要讲究方法，提高效率。从复习的时间阶段来说，第一阶段可以安排全面复习与练习；第二阶段可以安排重点复习和练习，巩固已掌握的知识和操作要领；第三阶段可以安排模拟练习，以进一步理解考核的要求和内容。

劳逸结合　注意身心调整

1. 身体状况、心情、经验以及期待水平等许多因素都会影响考生在考场的表现。

2. 考生复习时要劳逸结合，注意身体和心理状态的调节。

3. 保持良好的心态，力戒焦虑，是取得好成绩的因素之一。考生应根据自己的实力，订立一个切实可行的目标，这是降低考试焦虑水平行之有效的方法。

4. 考核前，按职业技能鉴定机构通知，提前做好相应准备，如参加职业技能鉴定必须携带的证件、用具、模特等，避免由于准备不足而影响考核正常发挥。

第三章

国家职业技能鉴定考核解读

理论知识考试解读

◉ 理论知识试卷构成

目前，本职业初级、中级、高级理论知识考试采用标准化试卷，每个级别考试试卷有“选择题”和“判断题”两大类题型。

1. 选择题为“四选一”单选题型，即每道题有四个选项，其中只有一个选项为正确选项，共160题，每题0.5分，共80分。

2. 判断题为正误判断题型，共40题，每题0.5分，共20分。

◉ 理论知识试卷的答题时间

按国家职业标准要求，本职业初级、中级、高级理论知识考试时间均为120 min。

◉ 理论知识试卷的答题要求

1. 采用试卷答题时，作答选择题，应按要求在括号中填写正确选项的字母；作答判断题，应根据对试题的分析判断，在括号中画“√”或“×”。

2. 采用答题卡答题时，按要求直接在答题卡上选择相应的答案处涂色即可。

3. 采用计算机考试时，按要求点击选定的答案即可。

具体答题要求，在考试前，考评人员会做详细说明。

◉ 理论知识试卷生成方式

理论知识国家题库采用计算机自动生成试卷，即计算机按照本职业的理论知识鉴定要素细目表的结构特征，使用统一的组卷模型，从题库中随机抽取相应试题，组成试卷。

操作技能考核解读

◉ 操作技能考核试卷构成

操作技能考核有多种考核方式。本职业初级操作技能考核采用机选题型，共 3 题（详见考核内容结构表）；本职业中级操作技能考核采用机选题型，共 2 题（详见考核内容结构表）；本职业高级操作技能考核采用机选题型，共 2 题（详见考核内容结构表）。

职业技能鉴定国家题库操作技能试卷一般由以下 3 部分内容构成：

1. 操作技能考核准备通知单

分为鉴定机构准备通知单和考生准备通知单。在考核前分别发给考核现场和考生。内容为考核所需场地、设备、材料、工具及其他准备要求。

2. 操作技能考核试卷正文

内容为操作技能考核试题，包括试题名称、试题分值、考核时间、考核形式、具体考核要求（如技术标准、图表、图样等考核应达到的结果要求）等。

3. 操作技能考核评分记录表

内容为操作技能考核试题配分与评分标准，用于考评员评分记录。主要包括各项考核内容、考核要点、配分与评分标准、否定项及说明、考核分数加权汇总方法等。必要时包括总分表，即记录考生本次操作技能考核所有试题成绩的汇总表。

◉ 操作技能考核的考核时间

按国家职业标准要求，本职业初级、中级、高级操作技能考核时间均为 240 min。

◉ 操作技能考核的基本要求

1. 按试卷中具体考核要求进行操作。

2. 考生在操作技能考核过程中要遵守考场纪律，执行操作规程，防止出现人身和设备安全事故。

◉ 操作技能考核试卷生成方式

职业技能鉴定国家题库一般有以下 3 种试卷生成方式：

1. 计算机自动生成试卷。计算机程序按照该职业的操作技能考核内容结构表和操作技能鉴定要素细目表的结构特征，用统一的组卷模型，自动选取鉴定范围和鉴定点，从题库中抽取相应的试题，组成试卷。

2. 人工干预计算机组卷。根据本职业各等级操作技能考核内容，由人工选定鉴定范围、鉴定点和试题，并由计算机按照国家题库组卷模型进行组合，形成试卷。

3. 特殊要求组卷。若题库中没有满足本次鉴定要求的试题，专家根据本职业鉴定要求命制新试题。

本职业各等级操作技能考核试卷的生成方式为计算机自动生成。

第二部分

初级手工木工

CHUJI SHOUGONG MUGONG

第四章

初级手工木工理论知识鉴定要素和考试复习要点

初级手工木工理论知识鉴定要素细目表说明

1. 理论知识鉴定要素细目表是依据国家职业标准，参考国家职业资格培训教程内容细化而成，是国家题库理论知识试题命题和抽题组卷的依据。

2. 理论知识鉴定要素细目表中的鉴定点就是理论知识考试的知识要点。

3. 理论知识鉴定要素细目表中，每个鉴定点都有重要程度指标，即鉴定点后标注的“X”“Y”“Z”。其中：

“X”表示“核心要素”，是鉴定点集合中最重要、考试中出现频率也最高的内容；

“Y”表示“一般要素”，是鉴定点集合中一般重要的内容；

“Z”表示“辅助要素”，是鉴定点集合中重要程度较低的内容。

4. 理论知识鉴定要素细目表中，每个鉴定内容都有鉴定比重指标，它表示在一份考试卷中该鉴定内容所占的分数比例。例如，某一鉴定内容的鉴定比重为 5，就表示在组成 100 分为满分的试卷中，该鉴定内容所占分值为 5 分。

初级手工木工理论知识鉴定要素细目表

初级手工木工理论知识鉴定要素细目表

鉴定范围						鉴定点		
一级		二级		三级		序号	名称	重要程度
名称	鉴定比重（%）	名称	鉴定比重（%）	名称	鉴定比重（%）			
基本要求	20	职业道德	5	职业道德基本知识	5	1	职业道德的基本内涵	Z
						2	社会主义职业道德的形成和发展	Y
						3	社会主义职业道德的特点	X
						4	职业道德的基本原则	X
						5	为人民服务的原则	X
						6	职业道德协调的核心	X
						7	主人翁的劳动态度	X
						8	加强职业道德修养的意义和方法	X
						9	人生观与职业道德的关系	X
						10	树立正确人生观的意义	X
		基础知识	15	基本知识	15	1	投影的概念	Z
						2	投影的分类	Z
						3	正投影法的概念	Y
						4	三面投影图的形成	X
						5	三面正投影图的三等关系	X
						6	施工编排顺序	Y
						7	常见建筑材料图例	X
						8	常见门窗图例	X
						9	常见木结构图例	X
						10	常见电气图例	Y
						11	木材的宏观构造	X

续表

鉴定范围						鉴定点		
一级		二级		三级		序号	名称	重要程度
名称	鉴定比重（%）	名称	鉴定比重（%）	名称	鉴定比重（%）			
基本要求	20	基础知识	15	基本知识	15	12	木材的微观构造	X
						13	木材的分类	X
						14	针叶树的用途	X
						15	阔叶树的用途	X
						16	胶合板的用途	X
						17	细木工板的用途	X
						18	量尺的种类	X
						19	水平尺的使用方法	X
						20	线锤的使用方法	X
						21	划线工具的种类	Y
						22	斧的使用方法	X
						23	锯的分类	X
						24	锯的使用方法	X
						25	锯的维修方法	X
						26	刨的种类	X
						26	刨的使用方法	X
						28	凿的种类	X
						29	凿的使用与维修	X
						30	钻的分类	Y
						31	钻的使用方法	X
						32	常见的辅助工具	Y
相关知识	80	工前准备	25	识图与制图	5	1	建筑施工图的内容	X
						2	结构施工图的内容	X
						3	电气设备施工图的内容	X
						4	建筑总面图的内容	Y
						5	建筑平面图识读的内容	X

续表

鉴定范围						鉴定点		
一级		二级		三级		序号	名称	重要程度
名称	鉴定比重（%）	名称	鉴定比重（%）	名称	鉴定比重（%）			
相关知识	80	工前准备	25	识图与制图	5	6	建筑立面图识读的内容	X
						7	建筑剖面图识读的内容	X
						8	家具木装饰常用材料图例	X
						9	基础的分类和作用	Z
						10	墙、柱的作用	Y
						11	楼地层的作用	Y
						12	楼梯的构成和作用	X
						13	屋顶的分类和作用	X
						14	门窗的作用	X
						15	墙体分类作用	X
						16	家具的分类	X
				工机具准备	5	1	常用角尺及用途	X
						2	划线笔的使用方法	X
						3	墨斗的使用方法	X
						4	划线的余量	X
						5	斧刃研磨的方法	X
						6	框锯的操作方法	X
						7	料路（锯路）的形式	X
						8	料度（路度）	X
						9	锯齿的斜度	X
						10	锯维修保养方法	X
						11	平刨的用途	X
						12	槽刨的用途	X
						13	线刨的用途	X
						14	铁刨的用途	X
						15	推刨的基本功	X

续表

鉴定范围						鉴定点		
一级		二级		三级		序号	名称	重要程度
名称	鉴定比重（%）	名称	鉴定比重（%）	名称	鉴定比重（%）			
相关知识	80	工前准备	25	材料准备	5	1	鳔胶、水胶的使用	Y
						2	乳胶的性能与使用	X
						3	铰链按形式分类及弹簧铰链的用途	X
						4	地弹簧的用途	X
						5	铁板铰链的用途	X
						6	插销的种类与作用	X
						7	木材翘曲变形的原因及防止措施	X
						8	木制品变形的原因与防止方法	X
						9	木制品变形的补救措施	X
						10	木材的天然干燥法	Y
						11	木材的人工干燥法	Y
						12	木材的防火措施	X
				施工现场准备	5	1	耐燃性（防火性）材料的分类	Y
						2	自然干燥木材的储存	X
						3	人工干燥木材的储存	X
						4	木材储存过程的管理	X
						5	木材在使用和储存中的防火	X
						6	机具的摆放要求	Z
						7	场地环境的要求	Z
				施工技术准备	5	1	手工木工与相关工种的工艺流程	Y
						2	建筑安装工程中的成品	X
						3	建筑安装工程中的半成品	X
						4	成品保护的责任	X
						5	上道工序与下道工序的成品保护	Y
						6	交叉作业时成品的保护	Y

续表

鉴定范围						鉴定点		
一级		二级		三级		序号	名称	重要程度
名称	鉴定比重（%）	名称	鉴定比重（%）	名称	鉴定比重（%）			
相关知识	80	工前准备	25	施工技术准备	5	7	污染成品的责任	X
						8	损坏成品的责任	X
						9	有意破坏成品的责任	Y
						10	施工现场的三级安全教育	X
						11	安全防护用品的正确使用	X
						12	机械电器设备的安全使用	X
						13	特种作业人员岗位要求	X
						14	临时用电安全要求	X
						15	常用手工工具的安全操作	X
		施工制作	45	选料配料	5	1	木材缺陷	X
						2	木材节子对材质的影响	X
						3	木材产生脆性的原因	X
						4	木材弯曲的影响	X
						5	木材翘曲的原因	X
						6	木材机械加工缺陷	Y
						7	木材腐朽的影响	X
						8	木材选料的过程	X
						9	木制品配料的方法	X
						10	木材加工的余量值	X
				木制品零件加工	5	1	木材毛料基准面的加工	Y
						2	平刨床每次刨削量的控制	X
						3	刨削的质量保证	X
						4	木制品部件凿眼的技术要求	X
						5	板缝企口拼接方法	X
						6	拼板缝操作要点	X

续表

鉴定范围						鉴定点		
一级		二级		三级		序号	名称	重要程度
名称	鉴定比重（%）	名称	鉴定比重（%）	名称	鉴定比重（%）			
相关知识	80	施工制作	45	木制品零件加工	5	7	榫十字形结合法	X
						8	榫 T 字形结合法	X
						9	榫眼结合的顺序	X
						10	榫头的分类	X
						11	板的结合法	X
						12	框类的结合法	X
				12 m 以下木架屋与层面木基层施工	15	1	三角形木屋架组成的杆件	X
						2	木屋架的高度与间距	X
						3	木屋架的起拱	X
						4	木屋架制作工艺顺序	X
						5	样板木材要求	X
						6	木屋架制作加工选材要求	X
						7	木屋架制作配料要求	X
						8	木屋架制作加工要求	X
						9	木屋架制作装配要点	X
						10	木屋架制作装配后的要求	X
						11	木屋架制作保证项目	X
						12	木屋架制作基本项目	X
						13	木屋架制作允许偏差项目	X
						14	木屋架安装操作工艺顺序	X
						15	木屋架安装的准备工作	X
						16	木屋架安装的放线与加固	X
						17	木屋架安装的起吊	X
						18	木屋架的安装	X
						19	木屋架安装后的支撑设置	X

续表

鉴定范围						鉴定点		
一级		二级		三级				
名称	鉴定比重（%）	名称	鉴定比重（%）	名称	鉴定比重（%）	序号	名称	重要程度
相关知识	80	施工制作	45	12 m以下木架屋与层面木基层施工	15	20	木屋架安装保证项目	X
						21	木屋架安装基本项目	X
						22	木屋架安装允许偏差项目	X
						23	屋面木基层的组成	X
						24	屋面木基层操作工艺顺序	X
						25	木檩条安装的方法	X
						26	屋面板铺钉方法	X
						27	油毡铺钉方法	X
						28	钉挂瓦条的方法	X
						29	钉封檐板和封山板的方法	X
						30	屋面木基层保证项目	X
						31	屋面木基层基本项目	X
						32	屋面木基层允许偏差项目	X
						33	木屋架施工安全措施	X
				木模板施工	5	1	按模板形式分类	X
						2	按模板材料分类	X
						3	模板的受力分析	X
						4	木模板的配置要求	X
						5	模板的起拱	X
						6	一般预制构件模板操作工艺顺序	Y
						7	木模板基本项目	X
						8	木模板允许偏差项目	X
						9	防止模板事故的方法	X
						10	防止漏浆的方法	X
						11	模板施工的安全重点	X

续表

鉴定范围						鉴定点		
一级		二级		三级		序号	名称	重要程度
名称	鉴定比重（%）	名称	鉴定比重（%）	名称	鉴定比重（%）			
相关知识	80	施工制作	45	木门窗施工	5	1	木门的种类与构造	X
						2	木门扇的组成	X
						3	木窗的种类与构造	X
						4	木窗扇的组成	X
						5	木门窗制作工艺顺序	X
						6	木门窗制作保证项目	X
						7	木门窗制作基本项目	X
						8	木门窗制作允许偏差项目	X
						9	木门窗制作注意事项	X
						10	木门窗安装工艺顺序	X
						11	木门窗安装保证项目	X
						12	木门窗安装基本项目	X
						13	木门窗安装允许偏差项目	X
				室内木装修	5	1	吊顶施工操作工艺顺序	X
						2	吊顶施工保证项目	X
						3	吊顶施工基本项目	X
						4	吊顶施工允许偏差项目	X
						5	吊顶施工的质量问题	X
						6	塑料地面板铺设操作工艺顺序	X
						7	木地板铺设操作工艺顺序	X
						8	纤维板地面铺设操作工艺顺序	X
						9	木质地板铺设保证项目	X
						10	木质地板铺设基本项目	X
						11	木质地板铺设允许偏差项目	X
						12	木质地板施工注意事项	X

续表

鉴定范围						鉴定点		
一级		二级		三级		序号	名称	重要程度
名称	鉴定比重（%）	名称	鉴定比重（%）	名称	鉴定比重（%）			
相关知识	80	施工制作	45	木家具制作	5	1	框式家具制作工艺顺序	X
						2	板式家具制作工艺顺序	X
						3	家具板式部件组装的钻孔	X
						4	家具板式部件组装的开榫	X
						5	方凳凳腿的制作要求	X
						6	板椅部件的制作	X
						7	板椅的装配	X
						8	长茶几的制作	X
						9	长茶几的装配	X
						10	写字台的制作	X
						11	写字台的装配	X
						12	卧室柜制作顺序	X
		完工后处理	10	质量检查	5	1	木制品质量检查的依据	Z
						2	木屋架制作装配的检查项目与方法	X
						3	木屋架安装的检查项目与方法	X
						4	屋面木基层的检查项目与方法	X
						5	模板安装的检查项目与方法	X
						6	木吊顶的检查项目与方法	X
						7	木质地面的检查项目与方法	X
						8	楼梯扶手的检查项目与方法	X
						9	木门窗制作的检查项目与方法	X
						10	木门窗安装的检查项目与方法	X
				现场整理	5	1	现场文明施工的要求	X
						2	高空作业安全措施	X
						3	施工现场防火措施	X

续表

鉴定范围						鉴定点		
一级		二级		三级		序号	名称	重要程度
名称	鉴定比重（%）	名称	鉴定比重（%）	名称	鉴定比重（%）			
相关知识	80	完工后处理	10	现场整理	5	4	施工现场电气设备用电的安全	X
						5	有毒物品使用的保护要求	Y
						6	木制品制作完工的清场	Y
						7	木制品制作完工的堆放	Y
						8	木制品堆放的保护措施	Z
						9	木制品堆放的管理办法	Z
						10	木制品堆放的防变形方法	Y

初级手工木工基本要求复习要点

一、职业道德基本知识

1. 职业道德的基本内涵

职业道德是指从事一定职业的人，在工作或劳动过程中，所应遵循的、与其职业活动紧密联系的道德规范的总和。职业道德既是对本职业人员在职业活动中行为的要求，同时又是职业对社会所负的道德责任和义务，职业道德是人类职业生活实践的产物。从事某种特定职业的人们，有着共同的劳动方式，接受共同的职业训练，因而形成与职业活动和职业特点密切相关的观念、兴趣、爱好、传统心理和行业习惯，结成某种特殊关系，形成独自的职业责任和职业纪律，从而也就产生特殊的行为规范和道德要求。

2. 社会主义职业道德的形成和发展

社会主义职业道德的形成和发展主要体现在四个方面：

（1）社会主义职业道德是在以生产资料公有制为主体的经济基础上形成和发展

起来的。

（2）社会主义职业道德是在社会主义道德、共产主义道德的制约下形成和发展起来的。

（3）社会主义职业道德是在批判地继承历史上优秀的职业道德传统基础上形成和发展起来的。

（4）社会主义职业道德是在同形形色色的腐朽思想和道德观念斗争中形成和发展起来的。

3. 社会主义职业道德的特点

社会主义职业道德的特点包括三个方面：

（1）社会主义职业道德是建立在以公有制为主体的经济基础之上的人和人之间的职业关系，基本上消灭了人剥削人、人压迫人的现象，建立了同志式的团结互助关系。

（2）社会主义职业道德是以集体主义为原则的。

（3）社会主义职业道德的形成和发展不是自发的，必须从外面灌输。

4. 职业道德的基本原则

职业道德的基本原则就是人们在职业活动中调整人们职业关系和个人利益与社会利益时所必须遵循的根本的职业道德规范。职业道德的基本原则是职业道德社会本质和阶级属性最集中的反映，也是衡量人的职业行为和职业道德品质的最高标准。

5. 为人民服务的原则

为人民服务是社会主义职业道德的基本原则之一。党的十四届六中全会《决议》提出“为人民服务是社会主义道德的集中体现”“社会主义道德建设要以为人民服务为核心”。显而易见，为人民服务也是社会主义职业道德的集中体现，是职业道德的核心。这一概括抓住了社会主义职业道德的精髓和灵魂，贯穿于职业道德的方方面面。

6. 职业道德协调的核心

集体主义原则是社会主义职业道德的基本原则之一。党的十四届六中全会《决议》提出社会主义道德也应当“以集体主义为原则”。当然，社会主义职业道德也应当以集体主义为原则。社会主义职业道德是以协调个人、集体与社会关系为核心的，而离开集体主义，这三者之间的矛盾，是无法协调的。

7. 主人翁的劳动态度

主人翁的劳动态度是社会主义职业道德的基本原则之一。因为社会主义职业道德的重点是解决劳动态度问题，所以它要求在社会主义社会里，每个从业人员在工作中必须树立主人翁的劳动态度。

8. 加强职业道德修养的意义和方法

（1）加强职业道德修养的重要意义

1）提高劳动者的职业道德品质，达到崇高道德境界的需要。

2）提高劳动者素质，培养合格人才。

（2）加强职业道德修养的方法：

1）理论学习和实践相结合。

2）向革命前辈和先进人物学习。

3）自觉地进行自省和慎独。

9. 人生观与职业道德的关系

一个人职业道德品质的好坏，修养水平的高低，根本上取决于以什么样的人生观为基础。只有真正树立了正确人生观的人，才有可能成为职业道德品质高尚的劳动者。人生观指导并支配着人们职业道德的形成和发展，规定着职业道德行为的基本倾向和职业道德评价的根本态度，制约着职业道德教育的根本任务和职业道德修养的最终目标。因此，有什么样的人生观，就有什么样的职业道德。

10. 树立正确人生观的意义

为人民服务体现了我党一贯倡导的正确的世界观、人生观、价值观。认识世界、改造世界的目的，归根到底是为最广大的人民群众谋利益。树立全心全意为人民服务的人生观，各行各业的职工，必须努力学习马克思列宁主义、毛泽东思想和邓小平建设有中国特色社会主义理论，不断改造世界观和人生观，做好本职工作，为社会主义现代化建设做出应有的贡献。做一个高尚的人，一个有道德的人，一个有益于人民的人。

二、基本知识

1. 投影的概念

当一个光源（发光体，如太阳、电灯等）发出的光线照到物体上，光线被物体遮挡，在平面上（墙面或地面）形成的影子，称为投影。产生投影必备三个条件，即光线（投射线）、物体和投影平面（投影面，如墙面或地面）。

2. 投影的分类

人们通过对自然现象科学抽象的总结，归纳出一些规律，形成在平面上做出物体投影的原理和方法，用于表示物体的形状和大小。根据投射线的不同，投影分为中心投影和平行投影两大类。平行投影又分为斜投影和正投影。

3. 正投影法的概念

投射线互相平行并且垂直投影面的方法称为正投影法。由此作出形体的平行投影称为正投影。用正投影法将物体投射到几个投影面上，所得到的图形称为正投影图。正投影图虽然直观性较差，但能如实反映整个物体的大小和形状，且度量性较好。正投影法作图简单，便于按图施工，是工程图的主要图示方法。

4. 三面投影图的形成

三面投影图是指将物体从三个不同方向向投影面投射得到的投影图。如果将物体放在互相垂直的投影面之间，用三组分别垂直的平行投射线进行投影，就得到物体三个方向的正投影图，形成三面投影图。当将形体置于三投影面体系中，由上向下投射，在 H 面上得到的正投影图称为水平投影图；由前向后投射，在 V 面上得到的正投影图称为正立投影图；从左向右投射，在 W 面上得到的正投影图称为侧立投影图。

三面投影图之间具有如下特性：

1）反映物体的大小和形状。在三面投影图中，H 面投影反映物体上的长度和宽度，V 面投影反映物体上的长度和高度，W 面投影反映物体上的宽度和高度。

2）符合投影对应规律。物体向三个投影面投射，展开后的三面投影图表示的共同尺寸具有三等关系。V 面和 H 面投影的左右两端必须用竖直线对正；V 面和 W 面投影的上下必须用水平线拉平；H 面和 W 面投影的前后距离一定相等。

3）符合方位对应规律。在三面投影图中，每一投影反映其四个方位，H 面投影反映物体的左、右和前、后方位；V 面投影反映物体的左、右和上、下方位；W 面投影反映物体的前、后和上、下方位。

5. 三面投影图的三等关系

（1）正立投影与水平投影长对正。

（2）正立投影与侧立投影高平齐。

（3）水平投影与侧立投影宽相等。

6. 施工编排顺序

一套房屋施工图的编排顺序是：施工图目录、设计总说明、总平面图、建筑施工图、结构施工图、设备施工图。

在建筑施工图中，一般先看平面，后看立面；先看基本图，后看详图。

在结构施工图中，一般先看基础，后看楼面、梁、柱、阳台、楼梯等，最后看屋面结构等。

7. 常见建筑材料的图例

常见建筑材料图例有自然土、砂、灰土、天然石材、胶合板、三合土、粉刷、木材、普通砖、混凝土、毛石、钢筋混凝土等。

8. 常见门窗图例

常见门窗图例有单扇门、墙内双扇推拉门、左右推拉窗、单层固定窗、立转窗、单层外开平开窗、单扇双面弹簧门、双扇双面弹簧门、提升门、转门等。

9. 常见木结构图例

常见木结构图例有半圆木、圆木、方木、木板、齿连接、杆件连接、螺栓连接、钉连接等。

10. 常见电气图例

常见电气图例有导线、导线引线、电源引入线、荧光灯、插座、配电箱、闸开关、拉线开关、电表、熔断器等。

11. 木材的宏观构造

木材的宏观构造是指用肉眼直接或借助放大镜观察到的木材的构造特征。由于木材在各个方向上的构造是不一致的，因此要了解木材构造必须从横切面、径切面、弦切面三个切面进行观察。

横切面是指与树干主轴或木纹相垂直的切面。在这个切面上可以观察若干以髓心为中心呈同心圈的年轮以及木髓线。

径切面是指通过树轴的纵切面。年轮在这个切面上成互相平行的带状。

弦切面是指平行于树轴的切面。年轮在这个切面上成 V 字形。

12. 木材的微观构造

在显微镜下观察到的木材组织称为木材的微观构造。

13. 木材的分类

为了合理用材，木材按加工方法和用途不同可分为原木、杉原条和板方。

原木是指树被伐倒后经修枝、截成一定长度的木材。分直接使用原木和加工原木，直接使用原木适用于制作坑木、电杆、桩木等，加工用原木分特殊加工用原木和一般加工用原木。

杉原条是指只经修枝剥皮，没有加工成材的杉木。

板方是指按一定尺寸加工的板材和方材。

14. 针叶树的用途

（1）红松

材质较软，纹理顺直，性能良好，不易弯曲，不易开裂，树脂多，耐腐朽，易加工。主要用于制作门窗、屋架、檩条、模板等。

（2）马尾松

材质中硬，纹理直斜不匀，结构中至粗，不耐腐，易受白蚁蛀蚀，松脂气味明显，在水中很耐久。主要用于制作模板、门窗、缘条、木柱、地板、胶合板等。

（3）鱼鳞云杉

材质轻，纹理直，结构细而均匀，易干燥，易加工。主要用于制作模板、门窗、地板等。

（4）落叶松

材质坚硬而脆，树脂多，耐腐朽，干燥慢，在干燥过程中易开裂。主要用于制作檩条、地板、木桩等。

（5）杉木

纹理直而均匀，结构中等或粗，易干燥，耐久性强。主要用于制作屋架、檩条、地板、门窗、脚手架等。

（6）柏木

材质密，纹理直或斜，结构细，干燥易开裂，坚韧耐久。主要用于制作模板及细木装修等。

（7）洋松

木材巨大，木质坚韧。用于要求不高的制作。

15. 阔叶树的用途

（1）水曲柳

材重而坚硬，弹性和耐久性均好，纹理漂亮，耐磨损，木材锯解、胶接等性能好，但干燥性能欠佳，变异性大。主要用于制作地板、胶合板、栏杆扶手等，

（2）麻栎

材质坚硬，纹理直或斜，结构粗耐磨。主要用于制作地板、栏杆扶手等。

（3）色木

纹理直，结构细，易干燥，切削面光滑，不耐腐。主要用于制作胶合板及装修等。

（4）柚木

不易变形，木纹多数平直，容易加工并经久耐用。常在高级建筑中采用。

（5）其他阔叶树

包括榉木、樟木、桦木等，可用于制作斧柄、墨斗、锤柄、栏杆扶手等。

16. 胶合板的用途

胶合板是将原木沿年轮方向旋切成单板薄木，以 3 层以上成奇数的单板按顺纹、横纹成 90°垂直交错相叠，用胶粘剂黏合，在热压机上加压成型。通常是 3 层

和 5 层，称为三合板、五合板。在建筑工程中，胶合板可以用来制作天棚板、隔墙板、门心板、室内外装修等。

17. 细木工板的用途

细木工板是一种拼板，分为空心和实心两种。细木工板内部采用各种拼板竹片或构成空心骨架，两面再胶合一层或数层旋削的薄木而成板材。细木工板不易开裂、变形，强度比同样厚的木板高，一般多用于细木装修、制作家具等。

18. 量尺的种类

量尺有钢卷尺、布卷尺、直角尺、木折尺、三角板、活络三角尺和丈杆（数棒）等。

钢卷尺丈量准确、携带方便，用毕后应保持清洁，防止生锈。

木折尺常用的为 1 m，木折尺在使用时要拉直、紧贴物面。铰接处易松动而产生误差，应经常进行校验。

丈杆自行制作，一般采用松木，杆上划有尺度，适用丈量长度较大的物面。

19. 水平尺的使用方法

水平尺有木制品和金属制品两种，尺的中部及端部装有水准管。水平尺用来校验物面的水平或垂直情况：将水平尺置于物面上，如中部水准管内气泡居中，表示物面呈水平；将水平尺一边紧靠物体的立面，如端部水准管内气泡居中，表示该面垂直。

20. 线锤的使用方法

线锤是用金属制成的正圆锥体，在其上端中央设有带孔螺栓盖，可系一根线绳。

线锤用以校验物面是否垂直，使用时手持线绳上端，使锤体自由下垂，观察线绳，若绳线与物面上下距离一致，则表示物面垂直。

21. 划线工具的种类

（1）角尺

角尺又称曲尺、拐尺和方尺，有木制品和金属制品两种。木制角尺的尺翼长 200～400 mm，尺柄长 150～200 mm，尺翼较薄、尺柄略厚，尺翼与尺柄成直角。

角尺用于划垂直线和平行线，检查物面的平整情况及邻面是否成直角。

（2）活尺

活尺又称活络三角尺、活络尺、板尺、活动曲尺，用来划任意角度的斜线。活尺由尺座、活动尺翼、螺栓组成。尺柄略厚，尺翼较薄，尺翼长为 300 mm，中间有槽，与尺柄用螺栓连接。在使用时，将元宝式螺帽放松，尺翼调整到需要的角度，再旋紧螺帽固定，尺柄紧贴在木料直边，即可沿尺翼边进行划线。

（3）墨斗

墨斗由圆筒、摇把、线轮和定针等组成。墨斗一般由坚韧的硬质木材（如香樟木）组成。墨斗的圆筒内装有含墨汁的丝棉，筒身上留有对穿线孔，线轮上绕有线绳，一端拴住定针。弹线时握住墨斗中部，先将线绳拉出一些，将定针扎在木料一端的划分点上，随后用竹笔挤压丝棉，使线绳饱含墨汁，将墨斗拉到另一端，用一手食指将线绳压在划分点上，同时拉紧线绳，另一手食指和拇指将线绳的中点提起后放手回弹线绳，这样线绳就在木料面上弹出一条墨线。注意：弹线时，要垂直提起线绳，这样才能使墨线弹得正确。

（4）划线笔

划线笔有木工铅笔、竹笔等。

木工铅笔的笔杆呈椭圆形，使用前应将铅芯削成扁平形，划线时要使铅芯扁平面沿着尺顺划。笔尖宜细不宜粗，这样精度高。

竹笔又称墨衬，用韧性较好的竹片或牛角制成，长约 200 mm，一端削扁成斜刀形状，宽约 15～18 mm，角度 40°，并砍成很多细口，以便吸取墨汁，扁刃越薄，画线越细。笔尖稍加切除成弧形，以利划线时笔尖转动角度滑利。使用时，应手持竹笔垂直不偏。

（5）拖线器

拖线器又称墨线，由竹片和木板制成，开有各种距离的三角槽口，中间用挡板控制画线尺寸。利用拖线器的三角槽口，配合画线笔，可以拖画直线。

22. 斧的使用方法

斧的使用方法有平砍和立砍两种。平砍时一般双手握斧砍削，操作时将木料稳固在工作案上，一只手握住斧柄中部，另一只手握住斧柄端部，先在木料上顺纹砍出切口，然后再按墨线从右至左砍削；立砍为单手砍削，操作时一只手紧握斧柄，另一只手握住木料一边的上部，先在木料上顺纹方向斜向砍出切口，截断边沿部分的木纤维，切口深度不得砍过墨线，然后按墨线从上到下逐段砍削。

23. 锯的分类

锯分为拐子锯、弓锯、刀锯、开孔锯、割槽锯、板锯等。

24. 锯的使用方法

（1）木框锯的使用

使用木框锯之前，要把横梁绳张紧，调整锯条角度（一般与木框平面成45°角），木料要放置平稳。使用方法为横向锯、纵向锯和曲线锯三种。

横向锯割时操作者立于木料的左后方，左手将木料揿紧，左脚用力踏着木料，右手紧握锯的握手柄。起锯时，左手大拇指宜引导锯齿上线，轻轻推拉，等锯齿没入后，再加强推拉力量。锯割时要用力均匀，快锯完时放慢锯割速度，用手稳住木料的端部，防止木料折断。

纵向锯割时，用右脚踏住木料，右手操锯，开始时，用左手拇指引导下锯，锯齿切入后，用左手按住锯背，加速锯身的进行。

为了锯割正确，眼睛、锯条和锯缝要三点成一线。

（2）手锯的使用

用手锯锯宽板时，以左手揿住木料，右手紧握锯柄，前推时起锯割作用。

（3）钢丝锯的使用

先在工作件上钻个小孔，将钢线穿过去，扣在竹弓的钉子上，用手按住竹弓依照墨线顺势推拉（不能用力太猛）。钢丝锯使用完毕后，要把钢丝放松，使竹弓松弛，这样可以保持竹弓的弹性和避免钢丝拉断。

（4）开孔锯的使用

先在工作件上用摇钻钻一个圆孔，将锯条插入孔内，锯割时注意锯条与被锯工作件轮廓线相适应。

（5）侧锯的使用

先将工作件顶牢，再在工作件锯割线处钉上一根直木条，然后将槽锯靠住木条，右手握锯柄，左手按住锯背平行地进行割锯。

25. 锯的维修方法

（1）锯割过程中，进度慢又费力，表明锯齿不利，需要锉伐。

（2）平直推拉时夹锯，是料度受摩擦发热而退缩，可调整锯条。

（3）锯割时总是向一个方向偏弯，表明料度不均，应进行拔料修理。

（4）锯齿的料路混乱时，可将锯条平放在钢板上，用木锤将锯齿全部打平，然后进行重新拔料和锉伐。

26. 刨的种类

刨的种类有平面刨、圆刨及线刨。

27. 刨的使用方法

（1）平刨的使用

安装刨刃时，先调整刨刃与盖铁两者刃口距离，刃口露出量要根据刨削量而定，一般为0.1～0.5 mm，最多不超过1 mm。粗刨多一些，细刨少一些。在刨削时，应对材面进行选择，一般选较洁净整齐、纹理清楚的材面作为正面（大面），刨削时要顺木纹推进。在刨弯曲料时，应先刨凹面，后刨凸面，然后再通长刨削。

（2）槽刨、线刨、边刨的使用

刨削时不要一开始就从后端刨到前端，而应先从离前端15～20 mm处开始向前刨削，再后退同样距离向前刨削。

28. 凿的种类

凿可分为平凿、圆凿、斜刃凿等。

29. 凿的使用和维修

（1）凿的使用

将划榫眼线的木料放在板凳上，人坐在上面，第一凿可在近身离线2～3 mm处，凿刃斜面朝身处，不必重敲。在打凿时，手要紧握凿柄，不要使凿左右摆动，每打一次凿顶，要将凿前后摆动一下，只打不摇容易使凿卡在木料里。

（2）凿的维修

研磨凿刃时，要用右手紧握凿柄，左手横放在右手前面，握住凿的中部，使凿刃斜面紧贴在磨石上，用力压住均匀地前后推动，使刃口磨锋利。

30. 钻的种类

钻可分为手钻、牵钻、陀螺钻、螺纹钻、弓摇钻、麻花钻、手摇钻。

31. 钻的使用方法

（1）手钻的使用

手紧握钻柄，钻尖对准孔中心，用力扭转，钻头即钻入木料。在硬木上钻孔时，要用四角尖锥的手钻。钻进时要保持手钻与木料面垂直。

（2）弓摇钻的使用

一只手握住顶木，另一只手将钻头对准孔中心，然后一只手用力压住，另一只手摇动摇把，按顺时针方向旋转，钻头即钻入木料内。钻进时要使钻头与木料面保持垂直，不要左右摇摆，钻到孔透时，将倒顺器反向拧紧，摇把按逆时针方向旋转，钻头即退出。另外，也可控制倒顺器开关，顺时针钻头向前旋转，逆时针钻头不动，这种方法适用于在墙角等位置钻孔。

32. 常见的辅助工具

常见的辅助工具有木锉、钳、扳手、旋凿等。

初级手工木工相关知识复习要点

一、识图与制图

1. 建筑施工图的内容

建筑施工图表示建筑的总体布置、外部造型、内部布置、细部构造、装修和施工要求等。建筑施工图分基本图和详图两种。基本图包括建筑施工总说明、总平面图、建筑平面图、建筑立面图、建筑剖面图。建筑详图包括建筑的局部放大图、节点构造图及构、配件详图，主要作为新建建筑定位、放线、砌筑墙体、安装门窗、室内外装饰和细部构造依据。

2. 结构施工图的内容

结构施工图主要表示建筑物承重结构的布置情况，构件的种类大小及制作方法等。结构施工图包括结构施工说明、结构平面布置图、结构构件详图、标准图等。

3. 电气设备施工图的内容

电气设备施工图主要表示管道走向、电气线路等。

4. 建筑总平面图的内容

建筑总平面图用来表示建筑工程区域内的总体布局，新建房屋和构筑物的位置、平面形状、层数、绝对标高，建筑结构周围的地貌，以及旧建筑平面形状等的图。

总平面图是建筑物定位、放线以及进行现场施工和总平面布置的依据。

5. 建筑平面图识读的内容

建筑平面图主要表示建筑的平面形状、建筑内部同样水平面上各部分的布置和相互间的关系，门窗、墙柱位置等。它是通过假想一个水平的剖切平面，沿房屋的窗台上方（大约离楼地面 1 200 mm）将房屋切开，移去上部房屋，从上向下做正投影所得到的，习惯上称它为平面图。

建筑平面图在施工中作为拟建房屋定位、放线、砌墙、安装门窗、室内外装饰、编制预算、备料的依据。

建筑平面图主要反映以下内容：

(1) 建筑物平面的形状及总长、总宽等尺寸，这样可计算建筑物的规模和面积。

(2) 建筑物内部各房间的名称、尺寸、大小、承重墙和柱的定位线、墙的厚度、门窗的宽度等，以及走廊、楼梯（电梯）、出入口的位置。

(3) 各层地面的标高。一层地面标高定为±0.000 m，并注明室外地坪的绝对标高，其余各层均标注相对标高。

(4) 门、窗的编号、位置、数量及尺寸。一般平面图上还有门窗数量表用以配合说明。

(5) 室内的装修做法。如地面、墙面及顶棚等处的材料做法。较简单的装修一般在平面图内直接用文字注明，较复杂的工程应另列房间明细表及材料做法表。

（6）标注建筑物及其部分平面尺寸。在平面图中，一般标注三道外部尺寸。最外面一道尺寸为建筑物的总长和总宽，表示外轮廓的总尺寸，又称外包尺寸；中间一道为房间的开间及进深尺寸，表示轴线间的距离，称为轴线尺寸；里面一道尺寸为门窗洞口、墙厚等尺寸，表示各细部的位置及大小，称为细部尺寸。对于底层平面图，还应标注室外台阶、花池、散水等局部尺寸。此外，在平面图内还须注明局部的内部尺寸，包括内门、内窗、内墙厚及内部设备等尺寸。

（7）其他细部的配置和位置情况，如楼梯、搁板、各种卫生设备等。

（8）室外台阶、花池、散水和雨水管的大小与位置。

（9）在底屋平面图上画有指北针符号，以确定建筑物的朝向，另外还要画上剖面图的剖切位置，以便与剖面图对照查阅。

6. 建筑立面图识读的内容

建筑立面图主要显示建筑物的外形轮廓和各部分配件的形状及相互关系，墙面的装饰材料和做法等。建筑立面图在施工中主要作为建筑物门窗标高、尺寸及外墙面装饰等的依据。建筑立面图上主要反映以下内容：

（1）通过定位轴线可以确切判断立面图的观看方向。

（2）建筑立面图上反映建筑高度方向的尺寸，一般采用标高的形式标注，不标注竖向尺寸。建筑立面图上应标注房屋主要部位的标高，如室外设计地坪的标高、底层室内主要地坪面的标高、窗台面的标高、窗过梁底标高、檐口底标高、压顶面的标高等。

（3）在有些细部构造或构件建筑立面图上表达不清楚，需要另见详图的，可用符号索引。

（4）对于建筑物外墙的装饰不能用图例表示的，可用文字简单说明。

7. 建筑剖面图识读的内容

建筑剖面图主要是指建筑物内部垂直方向构配件的标高、楼层分层情况、垂直空间的利用以及简要的结构形式和节点的构造方式等情况的图样。它是通过假想用垂直于外墙轴线的竖直剖切平面将建筑物切开，移去一部分，对剩余部分的建筑物做正投影所得到的图，它也是整幢建筑物的垂直剖面图。

建筑剖面图的剖切位置，应选择在房屋内部构造较为复杂且有变化的部位。对房间剖切应通过门窗洞口，这样可以在剖面图中表示门窗洞口的高度。剖面图的数量应根据建筑的复杂程度和建筑施工的实际需要而定，以能够指导施工、给施工带来方便为准。

建筑剖面图一般只需表达建筑物室外地坪以上部分，以下部分省略，在图中用折断线断开。由于建筑剖面图是建筑物上某一垂直面的投影图，因此它反映的内容有局限性，要全面了解建筑物形状、内部构造和构配件的相互关系，应结合建筑平面图及其他有关图样。建筑剖面图主要反映以下内容：

(1) 剖面图的剖切位置和投射方向。

(2) 建筑剖面图中应标注出被剖切部分的尺寸。建筑剖面图中一般标注三道尺寸：第一道尺寸为门窗洞口高度和窗间墙的尺寸；第二道尺寸为层高尺寸，同时还应标注室内外地坪面高差和檐口到女儿墙之间的尺寸；第三道尺寸为室外地坪面到房屋最高处的总高度尺寸。

(3) 建筑剖面图中应标注出的被剖切部分标高。如室外设计地坪面、室内各层楼地面、地面、楼梯休息平台面、屋顶檐口底、梁底、雨篷底的标高等。

(4) 建筑剖面图上有些细部构造或构件表达不清楚，需要另见详图，则可用符号索引。

8. 家具木装饰常用材料图例

家具木装饰常用的材料图例有木材、覆面刨花板、编竹、砖石料、软质填充料、纤维板、薄木、细木工板等。

9. 基础的分类和作用

基础是位于建筑物最下部的承重结构，承受建筑物的全部荷载，并将荷载传给地基。基础的类型很多，应选择受力合理，结构简单，施工方便和造价低廉的基础类型；必须根据建筑物的结构、高度、地质水文和地方材料等因素全盘分析比较后确定。

(1) 按基础材料受力特点划分

1) 刚性基础：凡由刚性材料建造，受刚性角限制的基础称为刚性基础。如：

素混凝土、毛石素混凝土、毛石、砖、灰土、三合土。

2）柔性基础：主要是指钢筋混凝土基础。它以钢筋抵抗拉应力，不受材料刚性角限制，因而大方脚矮，体积小，挖方少，埋置浅，耗用钢材、水泥和模板用量大，且技术要求高。

(2) 按构造形式划分

按构造形式可划分为：独立基础、条形基础、井格基、筏片基础、箱式基础。

10. 墙、柱的作用

(1) 在承重墙结构中，墙柱承受由屋顶、楼板等构件传来的垂直荷载、风力和地震力，具有承重作用。

(2) 墙体抵挡自然界风、沙、雨、雪的侵蚀，防止太阳辐射和噪声干扰，保温、隔水、隔热，具有围护作用。

(3) 墙体可以根据使用需要把室内空间分隔成各种房间，具有分隔作用。

总之，墙柱的作用主要为承重、围护和分隔。

11. 楼地层的作用

将建筑物从高度方向分成若干层，并将楼面上的各种荷载传给墙或柱。

12. 楼梯的构成和作用

楼梯是房屋的垂直交通设施，由楼梯段、平台和栏杆扶手组成。

13. 屋顶的分类和作用

屋顶是房屋最上部起覆盖作用的外部围护构件，用以防御自然界的风、雨、雪、日晒、高温、低温和噪声的侵蚀，具有承重、围护作用。屋顶的形式决定于屋面材料和承重结构形式，古今中外的建筑屋顶形式随民族、宗教、时代和科技水平的区别与进展，形成了千姿百态的形式。归纳起来大致可以分为三类：平屋顶、坡屋顶和曲面屋顶。

14. 门窗的作用

建筑物中，门主要提供人们交通联系和分隔房间，窗则起到室内通风和采光的作用。

15. 墙体的分类

按受力情况墙体可分为承重墙和非承重墙，按材料墙体可分为砖、石墙等，按位置墙体可分为内墙和外墙。

16. 家具的分类

家具分为框架式家具、板式家具、软家具、折叠式家具等。

二、工机具准备

1. 常用角尺及用途

手工木工常用的角尺有直角尺（90°角尺）、活角尺和三角尺。

（1）直角尺

直角尺是木工用来划线及检查工件或物体是否符合标准的重要工具，由尺梢和尺座构成，尺梢与尺座成垂直角度。划线时需用竹笔直接靠紧尺梢进行，尺座上有刻度，可测量工件长度。直角尺的用途：

1）在木料上划垂直线或平行线。

2）检查工件或制品表面是否平整。

3）检查或校验木料相邻两面是否垂直，是否成直角。

4）校验划线时的直角线是否垂直。

5）校验半成品或成品拼装后的方正情况。

（2）活角尺

也称活络尺，用以划任意斜线。由尺座、活动尺翼和螺栓组成。活络尺使用时，先将尺翼调整所需角度，再将螺母旋紧固定，最后尺座紧贴木料的直边，沿尺翼划线。

（3）三角尺

也称斜尺，由不易变形的木料或金属片制成，是由两条直角边和一条45°斜边组成的等腰三角形尺，为划45°斜角结合线不可缺少的工具。

使用时，将尺座靠于木料直边，既可沿尺翼斜边划斜线，也可沿直边划横线、平行线。

2. 划线笔的使用方法

划线笔有木工铅笔和竹笔两种。

（1）木工铅笔

木工铅笔笔杆呈椭圆形，笔芯有黑、红、蓝等几种颜色，将铅笔芯削成扁平形状后，把铅笔芯紧靠在尺沿上顺划。

（2）竹笔

也称墨衬，广泛用于建筑施工时制作门窗、屋架等木构件及制作家具。竹笔的制作材料具有韧性，笔端宽 15～18 mm，笔杆越来越窄，以手握合适为宜，长约 200 mm 左右。

笔端削扁并成约 40°的斜面，纵向切许多细口，以便吸墨。笔端扁刃越薄，划线越细，吸墨越多，使用时将笔蘸墨即可划线。

3. 墨斗的使用方法

墨斗由硬质木料凿削而成，或用金属材料制成。墨斗前部是斗槽，后部是线轮和摇把。斗槽内装满丝棉、棉花或海绵类吸墨汁材料，倒入适量墨汁，线绳一端绕在后部线轮上，另一端通过斗槽前后的穿线孔再与定钩连接。使用时，定钩挂在木料前端，墨斗拉到木料后端，线绳紧伏于木料表面，左手拉紧并压住线索绳，右手垂直将线绳中部提起，松手回弹，即在木料上弹出墨线。

4. 划线的余量

下料划线时，必须留出加工余量和干缩量。

锯口余量一般留 2～4 mm；单面刨光余量为 3 mm；双面刨光优质产品余量为 5 mm。

对木材的含水率要求，用于建筑制品的含水率不大于 15％，用于家具加工的木料含水率不大于 12％，否则，应选经干燥处理后使用。若先下料后干燥处理，则毛料尺寸应增加 4％的干缩量。

5. 斧刃研磨的方法

以双手食指和中指压住刃口部位或一手握斧把，一手压刃口，紧贴磨石来回推拉，向前推要刃口斜面始终贴在磨石上，切勿翘起。当刃口磨得发青、平整、平直时，表示斧刃已研磨锋利。

6. 框锯的操作方法

首先调整锯条方向，使整个锯条在一个平面上，然后绷紧即可使用。锯割前，把木料放在工作台上用脚踏牢。下锯时，右手紧握拐，锯齿向下，左手大拇指靠住线的端头，将锯齿紧挨左手大拇指指甲，轻轻推拉几下（预防跳锯伤手）锯出锯口。当木料棱角处出现锯口后，左手离开，加大锯割速度。锯割时可两手握锯也可右手握锯、左手扶料。锯割要点：

（1）推锯用力要重，锯回拉时用力要轻。

（2）锯路沿墨线走，不要跑偏。

（3）锯割速度要均匀、有节奏。

（4）尽量加大推拉距离，锯的上部向后倾斜，锯条与料面约成 70°左右夹角。

（5）当锯到料的末端时，要放慢锯速，并用左手拿住要锯掉的部分，以防木料撕裂。

7. 料路（锯路）的形式

料路又称锯路，是指锯齿向两侧倾斜的方式，料路分为二料路和三料路两种。

三料路又分为左中右三料路和左中右中三料路，左中右三料路锯齿排列是一个向左、一个向右相间排列，一般纵向顺锯均采用这种料路。左中右中三料路的锯齿是一个向左、一个中立、一个向右、一个中立相间排列，一般顺锯锯割潮湿木料或硬木料时采用这种料路。

二料路又叫人字料路，其锯齿排列是一个向左、一个向右相间排列，横锯均采用这种料路。没有料路的锯条容易夹锯，不能使用。

8. 料度（路度）

料度又称路度，指路齿尖向两侧的倾斜程度。料度的作用是使锯条与木料形成间隙，减少锯条的摩擦，既省力又便于木屑排出。一般横截锯的料度为锯条厚度的1～1.2 倍；顺锯锯条的料度在锯料时应适当加大，有利于进行弯曲锯割。锯割湿料时，也应加大料度。锯割时料度会因锯条与木料摩擦发热而减少，所以必须经常修整锯条。

9. 锯齿的斜度

锯齿呈楔形状，前刃短、后刃长，前刃与锯条长度方向的夹角称斜度。斜度应根据锯的用途而定：

（1）顺斜度为 80°，前刃与后刃之间夹角为 55°。

（2）横锯的斜度为 90°，前刃与后刃之间夹角为 60°。

若锯割潮湿木料，则横向锯齿锉成刀刃形状比较好用。

10. 锯维修保养方法

木工锯在使用中，感到进锯慢而又费力，表明锯齿不锋利，需要锉伐锯齿；若感到夹锯，则表明锯的料度因受摩擦而减少；若总是向一侧跑锯，表明料度不均，应进行拨料修理。修理锯齿时，应先拨料，然后再锉伐锯齿。

（1）拨料

料路是用拨料器进行调整的。拨料时，将拨料器的槽口卡住锯齿，用力向左或向右拨开，拨开程度要符合锉伐要求。

（2）锉伐锯齿

锉伐锯齿时，把锯条卡在木桩顶上或三脚凳端部预先锯好的锯缝内，使锯齿露出。根据锯齿大小，选用 100～200 mm 长的三角钢锉或刀锉，从右向左逐齿锉伐。

锉锯时，两手用力要均匀，锉的一面要垂直地紧贴邻齿的后面。向前推时要使锉用力磨齿，锉出钢屑，回拉时轻轻拖过，轻抬锉面。

常用的钢锉有三种：平锉、刀锉和三棱锉。

11. 平刨的用途

平刨是木工使用最多的一种刨，主要用以刨削木料的平面。按用途平刨可分为荒刨、长刨、大平刨、净刨，它们构造相同，主要在长度上存有差异。

荒刨又称二刨，长度为 200～250 mm，主要刨削木料的粗糙面。

长刨又称大刨，长度为 450～500 mm，经长刨刨削后的木料较为平直。

大平刨又称邦克，长度为 600 mm 左右，因刨床较长，用于木材加宽的刨削拼缝。

净刨又称光刨，长度为 150～180 mm，用于木制品最后的细致刨削，经其加工后的木料表面平整光滑。

平刨主要由刨床、刨刃、刨楔、盖铁、刨把组成。

12. 槽刨的用途

槽刨用于刨削凹槽，有固定槽刨和万能槽刨两种。常用槽刨的规格为 3～15 mm，使用时应根据需要选用适当的规格。

万能槽刨由两块 4 mm 厚的铁板将两侧刨床用螺栓结合在一起，在两侧铁板上锉有斜刃槽、槽刨刃槽。使用时将斜刃插入燕尾形刃槽内固定。槽刨刃装入刨床槽内，利用两只螺栓拧紧两侧刨床，将刨刃夹紧固定。万能槽刨可以有不同宽度的刨刃，根据刨削槽的宽度，可更换适当规格的刨刃使用。万能槽刨的刨床也可用几块硬木制作而成。

13. 线刨的用途

线刨有单线刨和杂线刨，刨床长度约 200 mm，高度约 50 mm，宽度按需要而定，一般在 20～40 mm 之间，刨刃与刨床的刨腹夹角一般为 51°左右。

（1）单线刨

单线刨用于加宽槽的侧面和底面，清除槽的线脚，也可单独用于打槽、裁口和起线。单线刨构造简单，刨床扁窄，刃口比刨腹宽 2 mm，刨屑从侧面翻出。刨刃的宽度不宜超过 20 mm。

（2）杂线刨

杂线刨主要用于门窗、家具和其他木制品的装饰线，也可刨制各种木线。

14. 铁刨的用途

铁刨又称轴刨、蝙蝠刨。

铁刨刨身短小，刨刃可用螺栓固定在刨床上，适合于刨削小木料的弯曲部分。刨削时用身体抵住木料后进行刨削。

线刨有平底、圆底和双弧圆等几种。平底刨用以刨削外圆满弧；圆底刨用来刨削内圆弧；双弧圆底刨用以刨削双弧面的木料。

15. 推刨的基本功

木工用刨子应注意三法，即步法、手法、眼法，这三法是推刨的基本功。木料刨削后是否方正平直，木板拼粘后有无缝隙是衡量木工刨削水平和眼力的重要标准。木工用眼力测定木料的方法一般有两种：

一是站在料旁，以看平面的纵长线为标准，看对面边线是否与其重合，重合表示材面平直，否则表示不平直。

二是站在料的端部，以所看平面的横端线和身边的两角为标准，看另一头的两角和端部是否平直，以此来判断和测定材面是否平直。虽然看料一般采用右眼顺光看，但也要练习背光看。

三、材料准备

1. 膘胶、水胶的使用

膘胶俗称猪皮膘。此胶黏度高，抗水性强，被胶接的木料不怕受潮和水泡。熬制膘胶时，应先将胶料敲碎，然后用布包好，放在水中泡软，再放入沸水中蒸半小时后取出，放在干净的石面上，用锤反复击至无颗料为止。每 1 kg 干胶加1.5 kg 水，隔水加温至 90～100℃，待胶料熔化后，用木棒搅匀，即可使用。

2. 乳胶的性能与使用

乳胶也称白胶，呈乳白色。其特点是活性时间（胶液具有黏结性能的时间）较长，胶压前不致凝结，使用方便，不需熬煮，黏结力强，不怕低温，适合大面积平面的胶合。胶液过浓，使用时可以加少量的水。乳胶一般在 6 h 左右才能硬结。这种胶抗菌性能好，耐水性能好。一般胶层厚度以 0.08～0.15 mm 为宜。使用乳胶胶粘木制品时可以加压，其压力一般在 1 N/mm 左右为宜。室温度以 25～30℃最佳，一般加压 24 h 即可。

3. 铰链按形式分类

铰链按其形式不同，有普通铰链、轻型铰链、抽芯铰链、方铰链、弹簧铰链及翻窗铰链等。

普通铰链又称合页，包括白铁铰链、铜铰链、不锈钢铰链。

轻型铰链又称薄合页、薄铰链。

抽芯铰链又称抽芯合页、穿芯铰链。

方铰链又称方合页。

弹簧铰链又称弹簧合页，有单管式和双管式两种。单管式只能单向开启，双管式能向里向外两个方向开启。主要装置在进出频繁的大门上，使门在每次开启后能自动关闭。

4. 地弹簧的用途

地弹簧，又称门地龙，是一种自动闭门器，有带缓冲油泵和无缓冲油泵两种，主要用于较高级建筑物的重型门扇下面。

5. 铁板铰链的用途

铁板铰链，装置在重且大的门扇上，如木栅门、拼板门、冷库门等。铰链的两个部分可以脱开，分别装在门扇上及门樘上，将门扇上提即可拆卸下来。

铁板铰链与其他胶链的区别在于铰链两个部分可以脱开。

6. 插销的种类与作用

插销按其形式不同有明插销、暗插销、翻窗插销等。

(1) 明插销

明插销又称铁插销，分为普通型和封闭型两种，装置在门窗上，当门窗关闭时作固定窗用。

(2) 暗插销

装置在门侧面，起固定门窗用，保持双扇门窗侧表面齐平。

(3) 翻窗插销

翻窗插销又称天窗插销、弹簧插销。适用于启闭不便的高窗上，使用时用绳子拉插销即能开启窗扇。

7. 木材翘曲变形的原因及防止措施

(1) 木材翘曲变形的原因

由于木材纤维有方向性，同一块木材的弦切、径切和长度方向收缩各不相同（长度收缩最小，弦切方向收缩最大，径切方向收缩是弦切方向的一半），加上木材本身构造不均匀，纹理不规则，很容易使木材发生翘曲、变形现象。

板方材的变形有横向变形、纵向变形两种。横向变形表现为木材断面形状的改变，如方材的正方形的断面收缩成为矩形或菱形；长方形的板材断面收缩变成瓦状。纵向变形一是沿长度方向弯曲，即板方材干燥后板面两头翘起；二是板方材由原来平整的板面变成扭曲状。

（2）防止措施

将较宽的板方材堆在材堆的中部和下部，或在材堆的顶部放置压铁，使它受到上面的重压，可以避免翘曲。另外，温度过高，湿度太低，干燥不均匀，也会引起翘曲，故要严格操作程序，做好平衡处理，适当降低空气的温度和湿度。

8. 木制品变形的原因与防止方法

（1）木制品变形的原因

木材经干燥后，其含水率未能达到规定的数值；木制品进入施工现场后，没有很好地采取保护措施，重新被风吹雨淋高温暴晒，或进入施工现场的木制品没有及时进行分类堆放，或在堆放时下面没垫平垫实，在长期的压力下造成变形，在工程上不能使用而造成浪费。

（2）防止木制品变形的方法

对要求变形小的木制品，可选用红松及杉木等木材，同时应合理下锯，对于较长的门窗边梃，及门窗框边梃等必须选用锯割料中靠心材部位，以达到变形最小的目的。或在制作时采取补救办法，如下料时使边梃的翘曲方向与成品（门窗框或扇）同在一个平面内，以便靠门窗框及门窗扇的冒头等杆件。对于缺少中、下冒头牵制的门框边梃的翘曲，为了控制变形应使其凸面向外，以便在砌墙时将其顶回成竖直边梃，或靠墙顶住，使其无法再变形。

对窗台板、踢脚板、双层门窗的樘子梃及樘冒头等，用板、方料较宽，故常在贴墙的一面靠两旁均开 5 mm 深、10 mm 宽的槽沟，以减少呈瓦形的反翘。

对施工现场的木制品（如木门窗框、扇、楼梯弯头、楼梯扶手、壁橱搁板、挂镜线、洞子板、门头线等）都要按照规格、品种、类别、分类分项堆垛。在垛底要填 100 mm×100 mm 方木，场地要垫平拍实，并应使底面支承点在一个平面内。无条件时，可堆放在露天，但应用油毡或苫布，盖严，防止风吹、日晒、雨淋。

木制品的材料在制作前必须经过干燥处理，其含水率应在 12%以下，制作安装成品后及时进行油漆贴面处理。

9. 木制品变形的补救措施

当木制品变形时，要及时采取措施补救，一般可采用找平加压的方法补救。如一般的门窗扇，在堆垛时没有找平造成变形的，可将变形的门窗扇放在 100 mm×100 mm 的垫木上垫平，在四个角加上适当的重物，将它加压半天或一天的时间后，看其变形是否已纠正过来了。如果还没纠正过来，再视其变形程度的大小，将变形门窗扇的三个角垫平，变形的一个角垫低一些，然后再加上适当的压力（将变形反向压过一点），对于一般的变形采用此方法均能补救。

10. 木材的天然干燥法

天然干燥法就是将木材堆积在空旷场地或棚内，利用空气做传热、传湿介质，靠太阳的辐射热量，使木材中水分逐渐蒸发，达到一定的干燥程度。

凡承重木结构厚度在 100 mm 以上的板方材，含水率大于 15%时，应以天然干燥处理为主。天然干燥处理是将木材按树种、规格和干湿情况加以区别分类堆垛。堆场应选择通风良好、干燥平坦、无杂草、积水之处。堆场与建筑物应有适当距离，场地内不许堆放刨花、木屑等易燃物。为了防止火灾，必须建立健全防火制度和设置防火设施。

11. 木材的人工干燥法

常用的人工干燥法有：浸水法、水煮法、热炕法。

（1）浸水法

将木材浸入水中，浸泡时间根据不同树种约为 2～4 个月，使之充分溶去树脂，然后再进行风干或烘干处理。采用浸水法的木材能减少变形，并且比天然干燥时间约缩短一半，但强度稍有降低。

（2）水煮法

将木材浸放于加热的水槽中煮沸，然后取出装入干燥窑内进行干燥，从而加速干燥速度和减少开裂变形。当时间允许时，木材出水煮槽后可采取阴干法进行干燥，此时应使通风流畅，并在木材上加压重物，以防变形。水煮法是对难干的硬阔叶树材在干燥前的处理方法。

（3）热炕法

将木材堆放在没有火坑的干燥室内，用蒸气加热散热器使干燥室温度逐渐上升到 60～70℃，促使木材内部分水分逐渐向外部转移。为了消除应力和变形，在干燥的初期阶段、中间阶段、终了阶段均需进行蒸处理，然后进行暖气烘干和室外风干，这种方法能增强木材的耐久性，对木材有杀菌作用，但木材的弹性和光泽有所损失。

12. 木材的防火措施

木材建筑结构的防火措施包括屋顶、墙、柱和楼板。防止木材燃烧一般采取结构防火措施和防火剂处理两种。

（1）结构防火措施

在设计和建筑时，应使木构件远离热源（如锅炉房、电焊操作场所等），或采取砖石、混凝土、石棉板和金属等处理方法，隔离防火。

（2）防火剂处理

一般使用磷酸铵、硫酸铝、氯化铵和硼砂等防火剂。这些防火剂在高温时软化，形成玻璃状的薄膜，覆盖在木材的表面，可以阻隔助燃的氧气与木材接触，达到防火的目的。

四、施工现场的准备

1. 耐燃性（防火性）材料的分类

在发生火灾时，材料抵抗和延缓燃烧的性质为耐燃性或防火性。材料的耐燃性按耐火要求规定分为非燃烧材料、燃烧材料和难燃烧材料。

（1）常用非燃烧材料

在空气中受高温作用不起火，不燃烧，不炭化的材料称为非燃烧材料。无机材料（非金属和金属）均为非燃烧材料，如砖瓦、陶瓷、玻璃、混凝土、砂浆、石材、钢铁、铝合金等。其中玻璃、钢材、铝材等受火焰作用会发生明显变形而失去使用功能，所以这些材料虽然属非燃烧材料，但却是不耐火的。

（2）常用难燃烧材料

在受高温作用时，难起火，难微燃，难炭化，而当火源移走后燃烧（或微燃）立即停止的材料称为难燃烧材料。难燃烧材料多是有机可燃材料为基体的复合材料，如沥青混凝土、刨花板、木丝板等。它们可推迟起火时间或缩小火焰的蔓延。

（3）常用燃烧材料

凡在空气中受高温作用时，立即起火或燃烧，且当火源移走后仍能继续燃烧或微燃的材料称为燃烧材料。如木材、沥青等有机物均属于燃烧材料。

2. 自然干燥木材的储存

成材储存分为干燥前的储存和干燥后的储存。干燥前的储存，即木材自然干燥的过程。干燥后的木材储存，又分为自然干燥木材的储存和人工干燥木材的储存。木材经自然干燥后，可采用密堆法储存，一般堆放在院内或棚舍下，材堆应采用盖顶法，避免雨水的渗透。

3. 人工干燥木材的储存

人工干燥的木材，其含水率较低，均在15%以下，有条件的最好储存在室内或采取其他遮盖方法，避免与大气接触，以免木材吸湿膨胀。

4. 木材储存过程的管理

木材在储存过程中，应采取妥善的科学管理方法：储存中的木材，要经常检查是否有缺陷，如裂纹、翘曲发生；是否有腐朽、虫害发生；有无发生火灾的危险等。

木材储存中出现裂纹和翘曲，多是由于材堆的堆积方法不当引起的，应及时纠正错误堆垛方法。木材储存中出现腐朽与虫害，多是由于温度、湿度及木材含水率引起的，应采取措施进行及时调控。

5. 木材在使用和储存中的防火

因为木材为燃烧材料，在储存和使用中，应特别注意防火：

（1）在储木场或板院内及大量堆积木材的场所，应在材垛周围留出防火线，防火线一般为1.5～2 m。

（2）与住宅及易燃的厂房保持一定的距离。

（3）材垛之间的通道一般不少于5 m，机械装卸不能少于7 m，用以防火及搬运。通道要保持畅通，一旦有火警时，车辆可以通行无阻。

（4）在储木场或板院周围，应有足够的水源、消火栓，以便发生火灾时及时扑救。

（5）绝对禁止在场内堆放易燃烧物，严禁烟火。

6. 机具的摆放要求

木工加工工作面，必须满足所有加工人员活动的需要，在摆放机具时，必须分类排放，以便操作方便。

7. 场地环境的要求

木工加工场地必须满足临时堆放半成品材料及安装成品材料的要求。场地内卫生条件必须满足加工人员的生活、活动需要。

五、施工技术准备

1. 手工木工与相关工种的工艺流程

相关工种主要指水电工、砖瓦工、抹灰工、油漆工等。这些工种之间的工序交接，应遵循建筑施工的工艺流程，各工序完工后均应符合质量验收标准。手工木工与其相关工种的工艺流程一般为：水电工工作→砖瓦工工作→木工工作→抹灰工工作→油漆工工作。

2. 建筑安装工程中的成品

建筑安装工程中的成品是指基础、墙体、梁、板、柱、屋面、楼地面、抹灰、门窗、油漆、粉刷和电气、管线、采暖、通风及设备等，也包括已安装好的半成品，如钢筋、模板、架子、钢、木、混凝土构件等。

3. 建筑安装工程中的半成品

半成品是指钢、木、陶瓷、混凝土构件制品和已成型加工好的钢筋、模板、砂浆、混凝土等。

4. 成品保护的责任

对成品、半成品的保护，在施工前应提出明确要求，进行详细交底，并制定可靠的措施。为了切实搞好成品保护，应制定相应的制度予以保证。如果成品损坏后，找不到责任者，那么成品保护就不可能真正搞好。为此，施工单位应根据施工实际，制定成品保护责任制，明确各类人员在成品保护方面的责任。

5. 上道工序与下道工序的成品保护

分清上道工序与下道工序在成品保护方面的责任。在上、下两道工序交接时，应同时检查成品情况，已经损坏的成品由上道工序的班组负责，检查后损坏的成品由下道工序班组负责。交接检查由工长组织，上、下工序的交接由班组长参加。如不组织交接检查，出现的成品损坏由工长负责；如有一方班组长不参加交接检查，出现成品损坏由该班组负责。

6. 交叉作业时成品的保护

分清交叉作业中成品保护的责任。一般情况下，成品损坏应由损坏者负责，责任尽量落实到人，如果不能落实到个人就落实到班组。在交叉作业中责任实在难以辨明时，应由平时使用、保管人员或班组负责。双方争执不下或情节严重的，应由工长或施工队长负责仲裁。

7. 污染成品的责任

经济上的奖罚是对产品保护责任制的补充，目的是推动责任制的贯彻，提高施工人员保护成品的责任心。污染成品，应由责任者负责处理干净，恢复原样。无法处理的，按实际发生的工料费赔偿。

8. 损坏成品的责任

对损坏成品，要视其损坏程度确定赔偿办法。

(1) 轻者（指修补后能恢复原状并不降低使用功能）赔偿部分工料费。

(2) 重者（指修补后不能恢复原状或降低使用功能，或要经过补强处理才能使用的）赔偿一定数量的工料费。

(3) 完全损坏的，应赔偿全部工料费。

9. 有意损坏成品的责任

经查实属有意损坏成品者，视其情节轻重处以罚款或行政处分，直至提出刑事诉讼。对在成品保护中有显著成绩的集体和个人，要及时表彰或予以物质奖励。

10. 施工现场的三级安全教育

施工人员进入施工现场必须经三级安全教育，即施工单位专职安全人员对施工人员进行的安全教育，施工队对工人进行的施工现场安全教育，班组针对本工种进行操作项目的安全教育。特别是新工人必须经过安全教育并经考核合格后方可上岗。

11. 安全防护用品的正确使用

参加施工的人员，要熟知本工种的安全技术操作规程，在操作过程中要坚守工作岗位，严格遵守操作规程。施工区域条件不一，作业环境不同，电气设备多，机械、材料多，杂物多，每个人要正确使用个人安全防护用品，严禁赤脚、穿拖鞋或带钉的鞋进入操作岗位。进入施工区域的人员必须戴好安全帽，高处作业者要正确系好安全带。

12. 机械电器设备的安全使用

施工区域内的一切安全设施不得擅自随意拆改。进入施工区域，非本工种人员禁止乱摸、乱动各种机械电器设备，不得在起重机械吊物下停留，不得钻到车辆下休息。电气设备必须接零、接地，手持式电动工具要设置漏电保护装置。乙炔发生器和氧气瓶的安全附件，都要齐全有效，并保持安全距离。各种施工机械要完好，严禁“带病”运转，严禁超负荷使用。机械设备的危险部位，要设有安全防护装置，并定期检查。

13. 特种作业人员岗位要求

特种作业人员，必须持证上岗。从事高处作业人员要定期检查身体，凡患有高血压、心脏病、贫血症、癫痫病以及其他不适合于高处作业人员，不得从事高处作业。高处作业人员应穿紧身工作服，即袖口、下摆、中腰有调节纽扣和腰带，裤角应裹紧，以防止在行走中刮碰，造成身体失去平衡，发生坠落事故。

14. 临时用电安全要求

架设临时电线必须符合当地有关规定，线路必须绝缘良好，电动机械要做到一机一闸，遇有临时停电或停工时，要拉闸断电。作业时严格遵守有关规定，避免发生触电事故。

15. 常用手工工具的安全操作

（1）斧的安全操作

①用斧砍削木料或敲击时，应先检查斧柄是否安装牢固，以免斧脱伤及他人或

操作者。

②为防止砍到地面的坎面而损伤斧刃，工件下面应垫木块。

③工件较窄时，为防止斧刃伤及手指，可用木棍等将工件扶稳后再进行削砍。

（2）锯的安全操作

①操作者右手握锯要紧，不要随便移动，以免磨伤手指。

②两人配合锯木料时，推锯者要与拉锯者配合，随拉锯者把稳锯身，不要用力推送，以免走锯锯坏工件。

③锯木料前要绷紧锯绳，防锯条摆动走线。

④锯不用时，要放松锯绳，防止锯条长期处在张紧状态。长期不用时，应在锯条两面涂上机油，防止生锈。

（3）刨的安全操作

①刨刃要经常修磨保持锋利。

②推刨时，操作者双手要紧握刨柄，用力向前平推，中途不要停顿，出料头时刨不要低头，以免将工件末端啃伤。

③刨料前要观察木料纹理，顺纹刨削，避免戗槎。

④不用时，刨要刃口朝上放置，以免刨刃触地损伤。

⑤刨用完后要将楔木放松，刨身和刨刃涂擦机油，防止生锈和吸潮。

（4）凿的安全操作

①凿眼时左手要把稳凿柄，紧贴工件眼线凿削，防止凿刃跳动伤脚。

②凿眼时凿柄不能左右摆动，以免挤伤榫眼。

③每敲一下，要将凿柄前后摇动一下，以防凿被卡住拔不出来。

④凿子用完后，不要随地乱放，以免损伤凿刃或扎伤脚趾。

（5）钻的安全操作

①钻眼时，先将钻尖插入工件定位，再开动钻头钻进，以防钻头跳动打错眼位。

②钻大孔时，先钻一小孔，以小孔定位扩钻大孔，以防钻头跳动产生孔位偏差。

③钻透孔时，工件下应垫木块，防止钻头触地伤刃，或钻伤其他工件。

六、选料配料

配料是细木工加工的前道工序。合理的选料和配料，是施工技术管理的内容之一，也是养成一种正确用材、节约用材的行为规范。由于木材在自然生长过程及人工处理和加工过程中受外界各种因素影响，都会造成木材的缺陷。缺陷会影响木材的性质，降低木材的使用价值。因此，应掌握木材的疵病知识，根据配料要求合理选料、下料、配料，做到优材不劣用，大材不小用，长材不短用，对有缺陷木材合理使用，材种搭配合理，料尽其用。

1. 木材缺陷

按照木材缺陷的成因，木材缺陷主要归纳为 4 大类：天然缺陷、干燥缺陷、机械加工缺陷及生物危害（寄生性）缺陷。无论是哪一种缺陷，对木材的性质都有影响，并会降低木材的使用价值。

木材的天然缺陷是指在树木生长期间和受自然环境的影响而产生的缺陷。常见的天然缺陷有斜纹理、节子、应力木、脆性、弯曲、夹皮、油眼等。

2. 木材节子对材质的影响

节子是指包围在树干或大枝丫木材中的树枝基部。按节子的质地以及与周围木材相结合的程度可分为活节和死节两种。

节子与周围的木材紧密连接，质地坚硬，没有任何腐朽征兆的称活节，也称紧节或健全节。

节子与周围的木材部分脱离或完全脱离的称死节，也称松节和腐朽节。

木材节子已发生菌腐，程度轻的变软，严重腐朽的节子早已脱落，在树干或板材上形成空洞，这一种称为漏节。节子腐朽到这种程度时，就会影响周围的木材使其也会腐朽。活节对木材的使用影响较小，松节及漏节对木材的使用影响较大。

木材节子对材质的影响，主要依节子的大小、数量、位置和质地，以及木材用途而异。由于节子的存在，会出现斜纹理和开裂，因此会严重地影响木材的性质和使用。同时，由于节子很硬，在木材加工时，无论是锯、刨、打眼或其他操作，都容易损坏工具。

节子直径影响到木制品的油漆和胶粘性能。有些适于做家具用的木材，也可以利用活节进行特殊加工。通常用弦向刨切法刨切单板，制作贴面装饰板，拼接出美丽的花纹。

3. 木材产生脆性的原因

木材因受外力而折断时，断得突然，断口整齐，这种性质就称脆性。造成木材脆性的原因很多。如生长轮狭窄，或针叶树材年轮特别宽；应压木的木材具有压伤、脆心、腐朽等缺陷。这些都可导致木材脆性增加，影响木材的利用。

4. 木材弯曲的影响

树干的主轴不在同一直线上称为木材的弯曲。弯曲分为一面弯和多面弯，弯曲会大大降低木材出材率和各种强度。

5. 木材翘曲的原因

翘曲是指板、方材等成材的变形，是由于堆积不良，干燥不均所致。翘曲可归纳为顺弯、横弯、翘弯、扭曲等。

（1）顺弯是指板材材面顺着纹理纵向弯曲，即材面与材边同时弯曲，似弯弓。

（2）横弯是指板、方材材边顺着纹理纵向弯曲，即材边弯曲，材面不弯曲。

（3）翘弯是指板材沿着横纹方向呈瓦形弯曲，即材面弯曲，材边不弯曲。

（4）扭曲是又称翘角，指板面的一角向对角方向翘起，即板材的四角不在同一平面上。

6. 木材机械加工缺陷

木材在机械加工过程中，特别是锯削和刨旋时，在板面上产生的缺陷，主要有起皮、走皱、钝棱和锯口缺陷等。

7. 木材腐朽的影响

木材的腐朽主要是受到某些真菌的危害所产生的。木材受腐朽侵蚀后，木材的颜色和结构将产生变化，严重的可使木材变得松软易碎、质轻，最后变成一种干的或湿的软块，即为腐朽。

按腐朽发生在树木上的部位来分，有外部腐朽和内部腐朽两种。前者在横断面的周围，产生在伐倒和枯立木的边材部分，故称边材腐朽。在保管期间外部腐朽也容易蔓延。后者发生在立木内部，又称心材腐朽或心腐，是真菌从根部、枝节或其他受伤部分侵入立木造成的。

腐朽严重影响木材的物理、力学性质，使其质量减轻，吸水性增大，强度、硬度降低。

8. 木材选料的过程

根据制品的要求，合理地确定各零部件所用材料的树种、纹理、规格及含水率的过程，称为选料。木制品按其部位分为外表用料、内部用料和暗用料 3 种。

选料的基本原则：在满足设计要求的前提下，应首先考虑树种的材质、光泽、纹理等特征，以及干燥质量和有无缺陷等情况。然后从结构强度和外表美观考虑，把材质好、纹理美观、材色悦目、涂饰性能好的木材作为制品的外表用料；把材质差、材色和纹理一般的木材作为内部用料或暗用料。

9. 木制品配料的方法

根据加工工艺的不同，配料方法也多种多样，归纳起来，主要有划线配料法、刨光配料法、单一配料法和综合配料法。

（1）划线配料法

这种配料法是指根据木构件的毛料规格尺寸、形状和质量要求，在木板上套裁划线，然后照线锯割。

（2）刨光配料法

刨光配料法是指将大板先经刨床单面或双面粗刨加工，然后再进行选料配料的方法。

（3）单一配料法

单一配料法是指对大批的门窗配料，将制材时已加工成规格料的板方材，按构件所需长度进行横截。单一配料法工序简单，生产效率高，是批量配料常用的一种方法。

（4）综合配料法

综合配料法是相对单一配料法而言，即一批制品的多种构件，只要断面尺寸相同，或在构件的宽度和厚度中，只要有一个尺寸相同，不论其长短有多少种尺寸，均可混合配料，能充分做到长材不短用，大材不小用，提高木材利用率。综合配料由于构件规格复杂，操作技术要求高，因此要经常总结经验，提高操作技术水平。

10. 木材加工的余量值

将毛料经刨或锯加工成符合设计要求的尺寸的零件，所刨削或锯切掉的部分，称为加工余量。加工余量就是毛料尺寸与零件尺寸之差。在木材加工行业中，目前所采用的加工余量为经验值，其具体余量如下：

(1) 宽度和厚度方向的加工余量值

在正常情况下，毛料比较平直时的加工余量如下：

①当毛料长度小于 500 mm 时，宽、厚加工余量取 3～4 mm。

②当毛料长度为 500～1 200 mm 时，宽厚加工余量取 4～5 mm。

③当毛料长度超过 1 200 mm 时，可根据实际长度和毛料是否平直，加工余量取 5 mm 或适当增加加工余量。

④毛料宽、厚方向的加工余量，还可以统一取值：一面刨光取 3 mm；两面刨光取 5 mm。

(2) 长度方向的加工余量

长度上的加工余量一般取 5～20 mm。端头带榫头的零件取 5～10 mm；端头无榫的零件取 10 mm；用于胶拼成整拼板的毛料长度应加长 15～20 mm。

(3) 覆面材料的加工余量

各种覆面材料，如胶合板、纤维板、塑料贴面板等材料，在长度和宽度上的加工余量一般取 15～20 mm。

七、木制品零件加工

1. 木材毛料基准面的加工

为了获得一定形状、准确尺寸和光洁的表面，保证后续工序加工定位，必须对毛料进行基准面的加工。基准面包括平面（大面）、侧面（小面）和端面，对于不同的零件，根据其质量要求的不同，需要三个基准面，有时只需其中一面或两面找基准即可。

平面和侧面的基准面可在平刨床或铣床上加工；端面一般只需锯机横截，不需要用刨铣方法加工。

2. 平刨床每次刨削量的控制

平刨床或称平压刨是刨削工件的平面或侧面的主要机械，通过刨削可加工出直角或所需角度的工件。

平刨床型号很多，但操作方法基本相同，加工侧面时，除能获得光洁平直的表面外，还可以通过调整导规（靠山）的倾斜角度，加工出符合要求的与平面的夹角。

一般情况下，每次的刨削量应控制在 0.5～1 mm 之间，容量大、质地坚硬的木料，每次刨削量约 0.5 mm，软木每次刨削量约 1 mm。每次刨削量越小，加工精度越高。

3. 刨削的质量保证

工件刨削完以后，应进行检验。质量合格，平、侧面夹角符合要求时，方可开始正式刨削。为保证刨削质量，一般要顺木纹刨削，刨削中遇到节疤、纹理不顺或材质坚硬的木料时，刨刀的切削阻力增大，应适当降低进料速度。刨削时，要先刨大面，后刨小面。

4. 木制品部件凿眼的技术要求

木制品的部件凿眼，手工主要靠凿子和手钻（包括手提电钻），工厂主要用木工钻床（打眼机）进行加工，主要技术要求有：

（1）工作前要根据榫眼或圆孔的大小、深度、工件的厚度选择不同的刀具（钻头）。

（2）安装方钻头时，应使钻套的平直边与机床导轨平行，钻芯的刀口应伸出钻套角约 0.5 mm。钻芯尾部要顶住夹头尾部夹紧，钻芯与钻套之间留 0.4～1.2 mm 的适当间隙，以保证木屑排出。

（3）打出的孔、眼要干净，要正、直、不过线。正反面打眼时，中间错台、背芯不超过 0.3 mm；眼口无崩茬，眼壁平整无明显钻痕。

（4）打半眼时，孔深要大于榫长 2～3 mm，眼长要小于榫宽 0.5 mm。

（5）打斜眼时，工件的斜度要正确，并对正打直。

（6）打眼速度要根据材料的软硬程度而定，硬木打眼速度应适当放慢。

5. 板缝企口拼接方法

板缝企口拼接法即龙凤榫接法，是将木板两侧面制成凹凸形的榫槽，使木板互相衔接起来。这种方法用在较宽的面积上，如地板、门板、模型板等。

6. 拼板缝操作要点

（1）在拼板缝操作时，木料必须充分干燥，刨削时双手按住刨子，用力要均匀平衡。

（2）刨缝时的起止线要长，如在拼 2 m 左右的板时，全长推 2～3 刨就可将板缝刨直，使两板间的拼缝严密，齐整平滑、板面之间要配合均匀，防止凹凸不平。

（3）拼合的时候，要根据木板的厚薄，采取直拼（把木板直立）或平拼（木板放平）。注意检查拼合面是否完全密接，并随手改正。木纹理的方向要一致，应能分辨出木材的表面和里面，并按形状配好接合面，画上记号。

（4）胶料接合时，涂胶后要用木卡或铁卡在木板的两面卡住，并注意卡的位置是否适当，防止因卡过紧或不均匀使木板扭弯。

7. 榫十字形结合法

将两块宽度、厚度相同的木件，在结合部分各剔去一半，然后将它们一纵一横互相叠合，制作成十字形的方法称为榫十字形结合法。这种方法适用于棚架的正面或装置“格子”类型的木件上。实际应用时，必须做到角度准确，表面平整，肩缝密贴。

8. 榫 T 字形结合法

榫 T 字形结合法有相缺搭接法、夹接法和燕尾接法 3 种形式。

（1）相缺搭接法是利用一根木件的端部和另一根木件的中部的缺口相叠接，缺口的制作方法基本同十字形结构。

（2）夹接法是在一根木件的端部和另一根木件的中部划三等分平行线，用锯截或剔凿的方法，把端部划线的木件留下两侧，剔去中间，成为夹槽形，中部划线的木件留下中间，剔去两侧，成两面缺口形。然后把夹槽和两面缺口牢固地组合在一起。

（3）燕尾接法是在木件的端部制成燕尾形状的榫头，按榫头位置大小，在另一木件中部剔缺口，然后将它们叠接。燕尾榫头形状外大内小，与榫眼叠合后非常牢固。榫头长度约为木料宽度的1/2～2/3，榫厚约为另一材料厚度的1/2，榫根宽约为自宽的1/3，榫头斜度约为榫长的1/5。

9. 榫眼结合的顺序

榫眼结合是指用榫头插入榫眼所组成的结合。榫头有暗榫和明榫之分，明榫比暗榫坚固、吃力大；暗榫用在表面要求整洁美观的物体上。

榫眼有半眼和透眼，半眼的深度为木料厚度的1/2～2/3，四壁及底面要求平整；透眼要两面打凿，做到四壁竖整。制作榫眼结合，应该先划眼，后划榫；先打眼，后开榫，榫头的大小是根据眼的大小来决定的，榫眼的大小是根据尺寸来划线的。

10. 榫头的分类

根据所处的位置和大小，榫头又可分为：中榫、半榫及半肩中榫、半肩半榫。

中榫：榫头的两边都有榫肩，不易扭动，一般情况下都用中榫。

半榫：当木料的厚度不够时，用半榫，半榫的坚固性次于中榫。

半肩中榫、半肩半榫：当榫结合处于端部位置时应使用半肩中榫或半肩半榫，用以防止锯割多余的长头后露出榫头，影响结合的坚固程度。

11. 板的结合法

（1）纳入榫结合法

在板上直接开凿宽度与板厚相同的槽，槽深为板厚（支座板）的1/3，再纳入板与之结合。

（2）燕尾纳入榫结合法

在板上开凿一条里口宽、外口窄的梯形槽，在另一块板头端锯成带有平肩的反梯形榫头。通长一条与梯形槽相结合。

（3）直接相缺结合法

用两块木板以相同的形状开成缺口，互相结合，合成后每边要加四颗铁钉，而钉子的方向是不同的，这样便有效地抵抗了拔脱的作用。

(4) 燕尾榫结合法

又称银锭榫接、马牙榫接。制作过紧会使木板发生裂缝，过宽又不够坚固。制作方法是先在榫位按一定的斜度用小锯子锯缝，然后用钢丝锯锯成用较狭的凿子凿成阳榫；阳榫做好后，再把榫贴紧阴榫板，按照阳榫逐一划线，照线锯出阴榫后，相合即成。燕尾榫的阴榫数量依板的宽度而定，榫与榫之间以板厚以 2～3 倍为宜，倾斜度为缺口深度的 1/5。

(5) 半燕尾榫结合

这种结合用于表面要求整洁、美观的箱柜类结构，如抽屉的面板等。榫长约为正面板厚的 2/3，制作时先将侧板的榫头（阴榫）做好，再将侧板榫头靠在面板端面，以阴榫为标准，逐一划出阳榫线，用狭凿凿掉，以能稍紧地插进阴榫为好。

12. 框类的结合法

(1) 直角柄榫结合

这是制作门窗扇最基本的方法，按照制门窗扇的习惯，不论框扇的形状是高度大于宽度，还是宽度大于高度，都以竖材为边梃，在边梃上凿榫眼，并以横材为冒头（档头），在冒头上做榫头。制作时应先划边梃榫眼的位置，后划冒头两端榫头的形状。榫的宽度约为材料厚度的 1/2，榫的厚度约占材料厚度的 1/3。先凿榫眼，后制榫头。木框制作完成后，将小木楔插进榫头两侧，用锤或斧头的侧面打进，并截去楔头，打进时应防止震断榫眼；如在楔上涂胶，更能保证牢固。加楔时要注意框扇的榫肩严密封角相等和表面平坦。

(2) 两面斜角接法

制作图框或镜框时，常用两面 45°角接合。两面斜角接法依用途不同分为楔接法和夹结法两种。

楔接法：将木框的四角锯出楔口，用薄木片涂胶嵌入楔口里填补，使之牢固。

夹接法：依木框的尺寸在木料正面划截线及 45°斜角线，再把线过到背面，在斜线两侧面按木料厚度三等分的尺寸划两条平行线。沿平行线用锯开榫，按斜线割角把长木料去掉两边，中间留榫，短木料去掉中间，制成夹口。组成时，在四角涂抹胶水，必要时用夹子夹紧。待胶水干燥后，再进行表面细加工。

以上两种接合法，楔接法适合小型框类结构，夹接法适用于大型框类结构。

(3) 斜角透榫法

此法是制造镶心木框的基本结构，划线方法大致与夹接法相同，由纵料制榫，横料凿透孔。榫厚约为木料厚度的1/3，榫宽约为木料宽度的1/2或2/5。

(4) 插肩榫接法

插肩榫（又称飘肩榫），分有单插肩与双插肩。双插肩木框可在中间打槽，装嵌木板或玻璃；单插肩木框背面制成截口，装嵌玻璃。一般建筑木门窗多用单插肩接法。制作时，首先把门窗框扇的边梃、冒头按宽厚尺寸刨削到中加工程度，然后按框扇的长度尺寸划截线、肩线、榫孔、坡棱及截口线等。

(5) 硬肩榫接法

硬肩榫（又称实肩榫）接法是制造木框结构最精细的一种形式。榫与眼的接合大部分是直角相接，仅在框里的一部分制成45°角。斜角处正面可以做坡棱（斜棱）或起线，背面可以截口装木板或镶玻璃，也可以在木框中间隔打槽装门心板。槽宽不得超过框厚的1/3。槽深要与起线宽度相等。其制作方法与直角柄榫结构、插肩榫接法相似，仅在框芯中有料角和装饰线，故在制作时，榫肩线要放长，放长的距离等于装饰线的宽度。

八、12 m以下木架屋与层面木基层施工

1. 三角形木屋架组成的杆件

三角形木屋架的主要组成杆件有上弦（又称人字木）、下弦（又称大柁）、斜杆、竖杆（又称拉杆），其中斜杆和竖杆统称为腹杆。上弦在节点荷载作用下承受轴心压力，下弦在节点荷载作用下承受轴心拉力，斜杆在节点荷载作用下承受轴心压力，竖杆在节点荷载作用下承受轴心拉力。为充分利用各种材料的力学性能，上弦、下弦用木料制成，竖杆用木料或圆钢制成。

2. 木屋架的高度与间距

屋架各杆件联结处称节点，两节点之间的空当称节间。屋架两端的节点称端节点，两端节点中心距离称为屋架跨度。屋脊处的节点称为脊节点，脊节点中心到下弦轴线的距离称屋架高度（又称矢高），木屋架高度一般为其跨度的 1/2～1/5。两榀屋架之间的中心距离称为屋架间距，木屋架间距一般为 3～4 m。

3. 木屋架的起拱

在制作屋架时，应有意识地将屋架下弦稍微抬高，使其具有一定的拱度，这就叫屋架起拱。适当起拱可以使屋架在长期荷载作用下以及环境温度和湿度影响下所产生的挠度相抵消，使下弦呈一合理的直线。木屋架起拱高度一般为其跨度的 1/200。木屋架起拱一般利用下弦接头，做成 1～2 个曲折点，如下弦有两个接头时，在 1/3 处起拱。

4. 木屋架制作工艺顺序

木屋架制作的工艺顺序是放样、按大样图出样板、加工、装配。放样是指在一块平整的场地上按 1：1 比例放出屋架大样图。按大样图出样板前要先熟悉放好的大样图，把屋架详图上的各杆件外形、节点构造、接头构造及各部分尺寸弄清楚，即可出样板。加工和装配按各自要求进行。

5. 样板木材要求

木屋架样板必须用木纹平直且含水率不超过 18%的木材制作。每一木杆件要配一块样板，样板与大样的允许偏差不应超过 1 mm。样板经检查合格后才能使用，使用过程中要注意防潮，妥善保管。

6. 木屋架制作加工选材要求

屋架各杆件受力性质不同，要选用不同等级的木材。如上弦是受压或压弯构件，可选用Ⅲ等木材或Ⅱ等木材；下弦是受拉构件或拉弯构件，可选用Ⅱ等木材或Ⅰ等材；竖杆是受拉构件，均应选用Ⅰ等木材。

在木屋架制作加工选材时还应注意其缺陷限制，如腐朽、木节、斜纹、裂缝和髓心在承重木结构方材、板材、原木选材标准中的限制。

7. 木屋架制作配料要求

木屋架制作配料时应检查木材规格、质量，并丈量其尺寸，根据各杆件长度及断面，对木材进行长短搭配、合理安排。如选用原木制作上、下弦杆时，应将原木大头置于端节点处；制作斜杆时大头应向上，各杆件的材质要符合要求。木材如有弯曲，用于下弦时，凸面应向上；用于上弦时凸面应向下。弯曲程度要求，原木不大于全长的 1/200，方木不大于全长的 1/500。带裂纹的木材不要用于受剪部位（如端节点处），有节子及斜纹的木材不要用于接榫处，木材的髓心应避开槽齿部及螺栓排列部位。

8. 木屋架制作加工要求

注重凸榫、槽齿、螺栓孔、螺钉等方面的特殊要求。

（1）所有凸榫及槽齿都要用锯锯割，不要用斧砍，锯好后再用刨或凿进行修整。榫和齿的承压结合面力求平整，贴合严密，其凹凸倾斜不大于 1 mm。弦杆接头处要锯齐、锯平。

（2）钻螺栓孔，钻头直径比螺栓直径大 0.5～1 mm。下钻时，先将夹板夹于杆件两侧临时固定牢，对准钻孔位置，钻头要与木料面保持垂直，不要偏斜，每钻下 50～60 mm，提起钻头，清除木屑后，再往下钻。

（3）钉的直径、长度和排列位置应符合设计要求；当钉的直径大于 6 mm 时或当采用易劈裂的树种材料时，均应预先钻孔，孔径取钉径的 0.8～0.9 倍，孔深应不小于钉入深度的 0.6 倍。为确保扒钉牢固，要避免钉孔处出现裂缝。

9. 木屋架制作装配的要点

木屋架制作装配应尽量在安装位置下方的空地上进行拼装，以利于起吊安装方便。

（1）选择平整地面，先放好垫木，把下弦杆在垫木上放稳，然后按照起拱高度将中间垫起，两端固定，再在接头处用夹板和螺栓夹紧。

（2）下弦拼接好后，立即安装中柱，两边用临时支撑固定，再安装上弦杆。

（3）最后安装腹杆。从桁架中心依次向两端进行，然后，将各拉杆穿过弦杆，两头加垫板，拧上螺母。

（4）若无中柱、用钢拉杆，则将两根上弦同时从两边装上去，脊点处对准，两侧用临时支撑撑住，而后安装斜杆，最后将拉杆逐个装上。

10. 木屋架制作装配后的要求

（1）各杆件安装完毕检查合格后，再拧紧螺母，钉上扒钉等铁件，同时在上弦杆上标出檩条的安装位置，钉上三角木，下弦端底面钉上附木。

（2）在拼装过程中，若有不符合要求的地方，则应随时调整或修改；已拼装好的木屋架要垂直立起，下设垫木，并用临时支撑支住。

（3）木屋架制作装配后，每榀屋架应按照安装位置编号。

11. 木屋架制作保证项目

（1）木材的树种、材质等级、含水率和防腐、防虫、防火处理。

（2）钢材及附件的材质、型号、规格和连接构造。

（3）屋架端节点、脊节点和上、下弦接头的构造都必须符合设计要求和施工规范的规定。

12. 木屋架制作基本项目

木屋架的腹杆轴线与承压面垂直，连接紧密，扒钉牢固，且扒钉孔处无裂缝。

13. 木屋架制作允许偏差项目

制成的屋架及构件对设计尺寸的允许偏差，不得超过规定。如跨度在 15 m（含15 m）以下的结构长度允许偏差为±10 mm；跨度大于 15 m 的屋架高度允许偏差为±15 mm；屋架起拱允许偏差为－10～＋20 mm。

14. 木屋架安装操作工艺顺序

木屋架安装的操作工艺顺序为：准备工作、放线、加固、起吊、安装、设置支撑、固定。

15. 木屋架安装的准备工作

（1）墙顶上如果是木垫块、应用焦油沥青刷其表面，以作防腐。

（2）清除保险螺栓上的脏物，检查其位置是否准确，如有弯曲要进行校直。

（3）将已拼好的屋架进行吊装就位。

16. 木屋架安装的放线与加固

（1）放线。在墙上测出标高，然后找平，并弹出中心位置。

（2）加固：起吊前必须用木杆将上弦水平加固，保证其在垂直平面内的刚度。

17. 木屋架安装的起吊

（1）吊装用的一切机具、绳、钩必须事先检查后方可使用，起吊时应由有经验的起吊工指挥。

（2）当屋架起吊离地面 300 mm 以后，应停车进行检查，没有问题才可继续施工。

（3）屋架两头绑上回绳，以控制起吊时屋架的晃动；起吊到安装位置上方，对准锚固螺栓，将屋架徐徐放下，使锚固螺栓穿入孔中，屋架放落到垫块上。

18. 木屋架的安装

第一榀屋架吊上后，立即用线锤找中，找直，用水平尺找平，并用临时拉杆（或支撑）将其固定；确认无误后，在锚固螺栓上套入垫板放入螺母，并初步拧紧。从安装第二榀起，在两屋架间钉上些檩条，两屋架间至少钉三根檩条，脊檩一定要钉上。

19. 木屋架安装后的支撑设置

为了防止屋架的侧倾，保证受压弦杆的侧向稳定，按设计要求，在屋架之间设置垂直支撑，水平系杆和上弦横向支撑。支撑和系杆可用圆木和方木及角钢和圆钢制作，支撑与屋架连接用角钢和螺栓等。

20. 木屋架安装保证项目

木屋架运输中无变形或损坏；木屋架的支座、支撑连接等构件必须符合设计要求和施工规范的规定，连接必须牢固，无松动。

21. 木屋架安装基本项目

屋架安装时支座部位不应密封在墙体之内，构件的两侧及端部留出的空隙均不小于 50 mm。屋架安装时木构件与砖石砌体、混凝土的接触处要有防腐处理。

22. 木屋架安装允许偏差项目

安装后屋架位置对设计要求的偏差不应超过如下规定：

（1）木屋架结构中心线间距允许偏差±20 mm。

（2）垂直度允许偏差 1/200 屋架的高度且不大于 15 mm。

（3）受压或压弯构件纵向弯曲允许偏差 1/300 构件的长度（mm）。

(4) 支座轴线对支承面中心位移允许偏差 10 mm。

(5) 支座标高允许偏差±5 mm。

23. 屋面木基层的组成

屋面木基层一般由檩条、屋面板、油毡、顺水压条、挂瓦条等组成。

24. 屋面木基层操作工艺顺序

屋面木基层的操作工艺顺序为安装木檩条、铺钉屋面板、铺钉油毡、钉挂瓦条、钉封檐板、钉封山板。

25. 木檩条安装的方法

木檩条有原木和方木两种。安装木檩条时，其长度方向应与屋架上弦相互垂直，上弦上檩条要紧靠檩托。当原木檩条有弯曲、弓势时，其弓势应沿屋面斜面内向屋脊方向放置。其大小头相搭接用斧削成等厚，使屋面板铺钉平整。安放檩条应从沿口开始逐渐向屋脊方向进行（一般屋脊檩条在吊装置屋架时已放好）。

26. 屋面板铺钉方法

屋面板一般用厚度为 15～20 mm 的松木或杉木板。沿口处屋面板长度至少为两跨檩条挡，上面几挡可穿错交替铺钉，接头缝可以在同一檩条上，稀铺还是密铺根据设计要求而定。铺钉时，屋面板与檩条应互相垂直。铺钉方向：南坡从西向东，北坡从东向西。屋面板在屋脊处要弹线锯齐。屋面板铺钉要求板面平整，三角面沿条平直。

27. 油毡铺钉方法

木屋架铺钉油毡自下而上与檐口平行进行，一般铺钉一层即可，若遇屋脊（包括马尾脊）及天沟处则须铺钉双层。

铺钉方向：南坡从东向西，北坡从西向东。

28. 钉挂瓦条的方法

木屋架挂瓦条自下而上逐行钉设，接头应在顺水压条上，最上一根挂瓦条重叠钉双根。第一根挂瓦条从面沿条外口向上量取 280 mm 即可，以上各格一般在 300～320 mm。

29. 钉封檐板和封山板的方法

木屋架封檐板和封山板的接头处应预先开成企口缝或燕尾缝。开钉时应从两山墙檐口处先钉，中间要拉统长麻线，使封檐板呈水平，板面通直。山墙封山板与长墙封檐板下口应平齐，斜度与屋面坡度相一致，并做成靴脚形式。

30. 屋面木基层保证项目

木材的树种、材质等级、含水率和防腐、防虫、防火处理及接头位置，固定方法必须符合设计要求和施工规范的规定。檩条必须安装牢固。

31. 屋面木基层基本项目

（1）椽与椽钉结牢固，屋脊处两檩条拉接可靠。

（2）椽头接头设在檩条上，并逐根错开布置。

（3）屋面板厚度符合设计要求，铺钉平整，接头应在檩、椽条上分段错开，每段接头处板的总宽度不大于 1 m，无漏钉。

（4）封山板，封檐板应表面光洁，接头采用燕尾榫并镶接严密，下边缘至少低于檐口平顶 25 mm。

32. 屋面木基层允许偏差项目

屋面木基层檩条、椽条、油毡、挂瓦条等设计尺寸允许偏差应符合规范规定。如：檩条、椽条方木截面的允许偏差为－2 mm；原木梢径允许偏差为－5 mm；间距的允许偏差为－10 mm；油毡搭接宽度的允许偏差为 －10 mm；封山、封檐板平直下边缘的允许偏差为 5 mm。

33. 木屋架施工安全措施

木屋架在坡度大于 25°屋面上操作，应设有防滑梯、护身栏杆等防护措施。木屋架应在地面拼装，否则应设安全措施。铺钉屋面板、油毡和顺水压条时，外面应搭脚手架和设置安全网。

在屋面施工时，将材料分散放置，并在屋面两坡均匀设置。在设有垫板的屋面上安装石棉瓦，应在屋架下弦设安全网或其他设施，并使用有防滑条的脚手板，钉挂牢固后方可操作。禁止在石棉瓦上行走。必须站在脚手架上，钉封檐板和封山板，禁止在屋面上探身操作。

九、木模板施工

1. 按模板形式分类

模板按其形式不同，可分为：整体式模板、定型模板、滑升模板、移动模板、台模。

整体式模板大多用于整体支模的框架剪力墙体系类的建筑物；定型模板（包括大模板）是指用定型尺寸制作的模板，可以重复利用；滑升模板大多用于筒仓和烟囱之类的特殊结构，有时用于框架和剪力墙结构；移动式模板一般用于较长的筒壳结构和隧道结构；台模用于框架和剪力墙结构，用组合小钢模等进行楼板支模。

2. 按模板材料分类

模板按其材料不同分为：木模板、钢模板、铝合金模板、塑料模板、玻璃钢模板等。

3. 模板的受力分析

模板底模承受竖向荷载，模板侧模主要承受新浇捣混凝土的侧向压。横档、格栅、牵杠等都是受弯构件，支撑、立柱是受压构件，支模桁架下弦受拉，上弦受压和受弯，腹杆或受拉或受压，桁架支座处受剪。

4. 木模板的配置要求

（1）木模板的配置要注意节约，考虑周转使用及以后适当改制使用。

（2）配置模板尺寸时，要考虑模板拼装接合的需要，适当加长或缩短某一部分长度。

（3）配置模板尺寸时，板边要找平刨直兜方，接缝严密，不漏浆。

（4）配置模板的木板条的宽度宜控制在 150～200 mm，以免翘曲变形。

（5）混凝土面不做粉刷的模板，一般宜刨光，并在拼缝处贴牛皮纸或塑料布等以防止漏浆。

（6）2 m^2 内高度差不得超过 2 mm，配制好的模板应在反面写明编号与规格，分别堆放保管，以免安装时出错。

5. 模板的起拱

跨度等于或大于 4 m 的梁，支模时应将跨中升起一些，称为起拱，其大小为梁跨的 0.1%～0.3%，以抵消跨中受力后梁模下垂的挠度。

次梁在起拱时，应采取措施以保证楼面标高不超过规定值，且梁内主筋平直，断面高度不减小。

6. 一般预制构件模板操作工艺顺序

一般预制构件模板的操作工艺顺序：场地平整、铺设底板、立侧模、绑扎钢筋、浇筑混凝土、拆除模板。

（1）场地平整：按施工图的要求在预制构件的位置上进行场地夯实整平；多孔板也可在加工厂的长线台座上支模。

（2）铺设底板：在平整的场地上放垫木或设砖墩，拉通线进行找平。

（3）立侧模：有底模的，侧模高度可比柱厚 50～60 mm，侧模的上口与柱厚平齐；无底模的，应在侧模板里面弹出构件的厚度线。

（4）绑扎钢筋：在钢筋未放入构件内模时，要设置各类预埋件，不得遗漏，并保证位置正确且与模板（或钢筋）连接牢固。

（5）浇注混凝土：当叠层支模时（一般不超过三层），下一层混凝土强度达到 30%以上时，刷上隔离剂方可进行上层混凝土的浇筑。

（6）拆除模板：混凝土浇筑后达到不掉棱角的强度时，方可拆除其侧板及端板；底板架空在砖墩之间时，混凝土强度达到 50%以上方可拆除底板。

7. 木模板基本项目

模板拼接缝隙大小，直接影响到混凝土密实程度。模板接缝应严密，不得漏浆，为了保证模板接缝宽度符合标准要求，施工时应加强对模板的使用、维修、管理。模板与混凝土的接触面应清理干净并采取防止黏结的措施。

8. 木模板允许偏差项目

木模板安装和预埋件，预留孔洞的允许偏差应符合规定。

（1）柱、墙、梁模板安装的轴线位置，其允许偏差在单（复）层结构和多层大模结构中均为 5 mm；在高层框架和高层大模结构中均为 3 mm。

（2）预埋钢板中心线位移的允许偏差在单（复）层结构、多层大模结构、高层框架结构和高层大模结构中均为 3 mm。

（3）预留孔其中心线位移的允许偏差在单（复）层结构、高层框架结构、多层大模结构和高层大模结构中均为 10 mm。

9. 防止模板事故的方法

（1）正确掌握混凝土侧压力。采用与混凝土侧压力相称的模板厚度、衬档及内围檩的间距；正确配置外围檩和拉杆间距。阳角突出部位的模板宜用专门的 L 型围檩。

（2）混凝土不要直接投入，要用软管、串筒式漏斗、溜槽等进行间接投料。

（3）各拉杆的收紧程度要一致。向上延伸较高的模板，其第一道拉杆尽量布置在下部，以防模板挠度发展时产生上浮作用。

（4）使用木模板时，衬档或围檩应与表面木纹垂直。

（5）要正确放置模板的格栅、托梁、支撑的间距以及水平拉结杆、剪刀撑的位置等。

10. 防止漏浆的方法

（1）模板底部。出现漏浆立即用棉纱团填塞，或者用快硬水泥砂浆和石膏之类速凝材料封堵，或者用小木板塞进间隙以堵住漏浆。

（2）阳角部位。在浇筑混凝土时阳角部位容易漏浆。解决的办法是采用 L 型模板，或者用钉子把薄铁皮钉在模板内侧。另外，也有临时在漏浆的缝隙里填塞水泥袋纸、用耐水胶带密封等。

（3）柱子与梁的连接部位。容易漏浆，一般填塞一些水泥袋纸，或者用速凝砂浆填塞，或者钉上木板、木方等。

总之，无论何种部位漏浆，均应事先有所考虑和准备。只有这样，才能应付自如。在浇筑混凝土时应安排木工看模，发现情况随时加固处理。

11. 模板施工的安全重点

进入施工现场人员必须戴好安全帽，高空作业人员必须佩戴安全带，并应系牢。经医生检查认为不适应高空作业的人员，不得进行高空作业。工作前应先检查使用的工具是否牢固。支模应按工序进行，模板没有固定前不得进行下道工序。安装与拆除 4 m 以上的模板，应搭脚手架或工作台，并设防护栏杆。尽量避免上下在同一垂直面操作。拆除模板应经施工技术人员同意。两人抬运模板时要互相协同工作。施工通路中间的斜撑、拉杆等应设在 1.8 m 高以上。

十、木门窗施工

1. 木门的种类与构造

（1）木门的种类

木门的种类很多，按照开关形式的不同，分为开关门、推拉门、折门和转门等。按其构造形式的不同又可分为镶板门、拼板门、夹板门和玻璃门等。

（2）木门的构造

木门一般是由门框、门扇及五金零件组成，门框由边梃、冒头、中贯挡组成。

2. 木门扇的组成

木门扇是由门梃、上、下冒头、中梃、门肚板等组成。有些门扇需要安装玻璃的，其间竖或横的木材均称为棂子。

3. 木窗的种类与构造

（1）木窗的种类

木窗按窗扇开关和构造形式的不同，分为开关窗、翻窗、推窗、百叶窗、纱窗和固定窗等。

（2）木窗的构造

木窗一般由窗框、窗扇及五金零件组成。窗框（窗樘）由边梃、中梃（三扇窗以上加设）、上、下冒头、中贯挡（窗洞高度大于 1.2 m 时加设）等组成。

4. 木窗扇的组成

木窗扇是由窗梃、上冒头、下冒头、窗棂子（玻璃芯子）等组成。双扇窗接合处的窗梃只有互相制成裁口，才能紧密连接。

5. 木门窗制作工艺顺序

木门窗制作的工艺顺序为：放样→配料→截料→刨料→划线→打眼→开榫、拉肩→裁口、起线→拼装、光面、堆放等。

6. 木门窗制作保证项目

木门窗制作应符合木材的树种、材质等级的规定，含水率应不大于12%，并作防虫、防腐、防火处理。榫槽以胶料胶结并用楔加紧，必须嵌合严密。

7. 木门窗制作基本项目

（1）死节和直径大于5 mm的虫眼，用同一种木材塞加胶填补。

（2）表面平整光洁，无胶槎、刨痕、毛刺、锤印和缺棱、掉角。

（3）裁口起线顺直，割角正确，交圈整齐，拼缝严密，无胶迹。

（4）压纱条平直、光滑、规格一致，与裁口齐平，割角连接密实，钉压牢固紧密、钉帽不突出。

（5）门窗纱绷紧，不露纱头，纱络横平竖直。

8. 木门窗制作允许偏差项目

在制作胶合板（纤维板）门扇时1 m^2 内平整度允许偏差3 mm，用1 m靠尺和楔形塞尺检查。

9. 木门窗制作注意事项

为了达到木门表面各项质量要求，应对木门窗制作中容易出现的缺陷采取相应的措施。

（1）戗槎

尽量避免逆木纹刨削或操作时吃刀过大。

（2）刨痕

应采用净光或手工刨光消除这一缺陷。

（3）毛刺

应使用锋利的刨刀加工克服此缺陷。

（4）锤印

拼装时，避免直接在刨光的表面锤击，应在表面垫垫木，再锤击垫木，以保护表面不出现锤印。

（5）脱棱与缺角

在制作过程中，各道工序均应注意成品或半成品的保护。

10. 木门窗安装工艺顺序

木门窗安装工艺顺序为：立樘子（或塞樘子）→门窗扇安装→门窗五金的选用→门窗五金的安装。

11. 木门窗安装保证项目

门窗框安装位置必须符合图样的设计要求；门窗框安装牢固，固定点符合设计要求。

12. 木门窗安装基本项目

（1）门窗框与墙体间需填塞保温材料时，应将其填塞饱满均匀。

（2）裁口顺直，刨面平整光滑，开关灵活、稳定，无回弹和倒翘。

（3）门窗小五金安装位置适宜，槽深一致，边缘整齐，尺寸正确。小五金安装齐全，规格符合要求，木螺丝拧紧卧平，插销开启灵活。

（4）门窗披水、盖口条、压缝条、密封条的安装尺寸一致，平直光滑。与门窗结合牢固，无缝隙。

13. 木门窗安装允许偏差项目

（1）木门窗框与扇、扇与扇接触处高低差允许偏差留缝宽度为 2 mm。外门门扇与地面留缝宽度为 4～5 mm。

（2）内门门扇与地面留缝宽度为 6～8 mm。

（3）卫生间门门扇与地面留缝宽度为 10～12 mm。

（4）厂房大门门扇与地面留缝宽度为 10～20 mm。

十一、室内木装修

1. 吊顶施工操作工艺顺序

准备工作→放线→预埋吊点杆→安装平顶梁→安装平顶筋→安装面层。

2. 吊顶施工保证项目

平顶筋安装必须位置正确，连接牢固，无松动；罩面板（面层）安装必须牢固，无脱层、翘曲、拆裂、缺楞掉角等缺陷。

3. 吊顶施工基本项目

(1) 钢木骨架的吊杆、平顶梁、平顶筋外观质量顺直，无弯曲、无变形。

(2) 木吊杆无劈裂。

(3) 吊顶内的填充材料应干燥，铺设厚度符合要求且均匀一致。

(4) 罩面板的接缝应宽窄一致、整齐。

(5) 压条宽窄一致、平直，接缝严密。

(6) 灰板条钉牢、钉平，接头在格栅上，交错布置，间隙及对头缝大小均应符合要求。

(7) 钢丝网钉牢、钉平，接头在格栅上，无翘边。

4. 吊顶施工允许偏差项目

(1) 用胶合板做罩面层时其表面平整允许偏差为 2 mm。

(2) 立面垂直允许偏差为 3 mm。

(3) 压条平直允许偏差为 3 mm。

(4) 接缝平直允许偏差为 3 mm。

(5) 接缝高低允许偏差为 0.5 mm。

(6) 压条间距允许偏差为 2 mm。

5. 吊顶施工的质量问题

吊顶面不平顺，产生的原因有：水平标高线控制不好；吊顶固定构造不妥；起拱拱度不均匀；板条、钢丝网抹灰吊顶板条拱起。

6. 塑料地面板铺设操作工艺顺序

机具准备→地面处理→塑料板处理→塑料板粘贴→塑料板焊接→塑料踢脚板施工。

7. 木地板铺设操作工艺顺序

放线→摆楼地板龙骨→钉剪刀撑→铺钉企口板→地板刨光→钉踢脚板。

8. 纤维板地面铺设操作工艺顺序

地面处理→调制胶粘剂→弹线→铺设纤维板→表面处理。

9. 木质地板铺设保证项目

(1) 木材材质的含水率限值必须符合有关规定。

（2）木格栅、毛地板和垫木等必须进行防腐处理。木格栅安装必须牢固、平直。

（3）在混凝土基层上铺设木格栅，其间距和稳固方法必须符合设计要求。

（4）各种木质板面必须铺钉牢固无松动，粘接牢固无空鼓。

10. 木质地板铺设基本项目

（1）木板面层刨平磨光，无刨痕、戗茬和毛刺等现象。

（2）清油面层颜色均匀一致，缝隙严密。

（3）接头位置错开，纤维板面层的图案尺寸符合设计要求，板面无翘曲。

（4）接缝均匀，无明显高差。

（5）表面洁净，粘贴面无溢胶。

（6）踢脚板的铺设要表面光滑，接缝严密，高度一致，与面层的缝宽不超过 1 mm，且不多于 2～4 处。

11. 木质地板铺设允许偏差项目

（1）硬木长条地板表面平整度允许偏差 3 mm。

（2）踢脚线上口平直允许偏差 3 mm。

（3）板面拼缝平直允许偏差 3 mm。

（4）缝隙宽度不大于 0.5 mm。

12. 木质地板施工注意事项

（1）木材含水率的多少，将会直接影响铺设的木地板的收缩变形，影响正常使用。故无设计要求时，小块木质面层、踢脚板、压缝条的含水率不大于 15%，毛（木）地板（120 mm 宽的长板时）的含水率不大于 18%；底层格栅含水率不大于 20%。

（2）硬质纤维板成面铺贴前必须浸水后晾干。

（3）木地板行走时发出声响，要立即修理。

（4）防止拼缝不严。拼缝不严主要是指企口当时铺钉时看上去严密，经刨、磨后即出现缝隙。为了防止拼缝不严，应注意在拼地板时斜插不要太多，且插好后按平打紧。

十二、木家具制作

1. 框式家具制作工艺顺序

一般情况下框架式家具的制作顺序是：配料→刨削→划线→打眼→开榫→拼板→净光→起槽→零部件组装→整体装配→外形装饰→安装门扇或其他小五金件。

2. 板式家具制作工艺顺序

板式家具主要采用人造板作基本材料，其制作顺序是：基材锯裁加工→开直角榫或钻连接件安装孔→封边处理→磨光→部件组装→安装门扇或其他小五金件。

3. 家具板式部件组装的钻孔

板式部件的圆棒榫孔、螺栓孔、连接件安装孔，都需要先钻孔。有的需在平面上钻孔，有的需在侧边或端头钻孔，板式部件上的孔较多，规格大小不一，钻孔时要根据实际使用要求，准确地定位，控制孔间距离的精度。如圆棒榫孔，在一个部件平面钻孔，在另一部件侧边的相对安装位置钻孔，若孔距误差大，圆棒榫就无法安装。再如装连接件，需在一部件上钻拉紧器孔或尼龙倒刺孔，在另一部件的一平面钻连接件孔，孔位和孔距都要求相对准确，否则将无法装配。

4. 家具板式部件组装的开榫

有的固定式板式家具的上部结构采用贯通开口直角多榫插合连接，这就需要在部件的上端开直角榫，采用胶结和插接方法固定。

5. 方凳凳腿的制作要求

方凳凳面一般采用细木工板或拼合板。凳腿与横撑采用半榫加胶结合，凳腿与裙板采用单肩半榫接合。凳面其四周下沿制成45°斜边，上沿倒棱。凳腿框架应先安装好，然后再与凳面用木螺钉吊面接合。制作时，凳腿应呈向外微斜状，使凳面伸出裙板20 mm，这样显得上大下小，给人以稳定感。

6. 板椅部件的制作

椅面为实木拼板，且前边比后边宽30 mm，座板前边比后边高10 mm。椅腿的侧裙板和拉腿撑的榫肩应略有斜度，且加固拉腿撑不在一个平面上，前撑高，侧撑中，后撑低。后腿的弯度规格可按比例1∶1制作，一般下端的弯曲度不超出上端，以保证其稳定性。椅座板为实木板胶结合，椅面与椅架为木螺钉吊面结合，后腿与侧裙板采用贯通单榫结合，其他部位均为不贯通单榫结合。

7. 板椅的装配

（1）拢后片

将一对后腿平放在工作台上，先把腿的榫孔和各榫头涂胶，然后把冒头、靠背档、裙板及拉腿撑逐一打入一条后腿，再倒过来，将各榫头相应打入另一后腿，也可借助丝杠或辅助工具装紧校正。

（2）拢前片

将左右一对前腿及前裙板、前拉脚撑的榫眼、榫头涂胶后，先打入一条前腿，再翻过来打入另一前腿。

（3）拢椅架

将前片榫孔涂胶后，再将侧裙板和侧拉脚撑的榫涂胶后打入，然后再将后片榫孔涂胶后打入，可采用丝杠夹具轧紧校正。

（4）吊座板

将刨光后的座板放在椅架上，划出嵌入后腿的缺口位置，然后将座板平放在工作台上，再将椅架反扣在座板上，用木螺钉吊接固定。最后用直尺检查四脚是否平稳。若不平，则应对长腿进行修正。

8. 长茶几的制作

长茶几是与三人沙发配套使用的，按图样放足大样，先打出榫眼后，再按大样加工成弯曲状，腿的内侧因是弯曲状，应用铁刨刨光滑。裙板可根据使用者的爱好和要求，雕刻成一定线型或加工成一定形状，裙板用暗榫接合。腿的上端留出 10 mm 打榫眼，裙板上平面留出 10 mm 制榫，均采用单榫结合。

9. 长茶几的装配

装配时，先把腿柱、裙板组成框架，再将腿的上端和裙板上平面一起刨平整，倒成圆棱，然后以吊接形式用螺钉安装茶几面。茶几面可采用实木拼板，也可采用框架式双包镶胶合板或装饰板。

10. 写字台的制作

写字台是工作、学习的常用家具，采用框架结构。先下料、划线，加工家具的结构、材料确定之后，方可开始制作。

根据尺寸，截取坯料，留出榫头尺寸和加工余量。

下好料后，先刨出每根料的基准面，再依照零件的规格划线。按线刨削好后，再划出榫头及榫孔位置，然后进行开榫打眼和开槽，最后然后进行装配。

11. 写字台的装配

（1）组装左、右小柜，各将 4 根立撑和 6 根边档组成内旁板和侧旁板，再用前后小横撑将内外旁板组成左、右小柜框架。组装时，榫眼、榫要涂胶。

（2）组装写字台框架，将两根大横撑端榫头先打入侧旁板立撑的榫孔，再与两内旁板的立撑采用十字搭接榫（卡腰子）结合好。再将上端两根大横撑与 8 根立撑接合，最后安装支腿和脚拉档，框架组装完毕。

（3）安装抽屉滑道，将抽屉滑道定位并安装牢固。

（4）安装旁板、柜底板，钉后板，旁板涂胶后镶在立撑的卧槽内。

（5）拢抽屉：抽屉均为燕尾榫结合，抽屉按规格尺寸不能缩小，屉堵可比屉面缩进 2 mm，便于推拉。先将屉旁与屉面、屉堵敲拢，再敲入另一屉旁，最后钉屉底。组装后进行修整。试装推进滑道后应无阻碍。

（6）安装小柜门：柜门与主撑用铰链（合页）连接。安装前，要把柜门刨方正，柜门的右主边要刨成略向里倾斜状。门和抽屉为活动件，安装时要留有一定间隙。

（7）固定面板：台面与架身用木螺钉吊接。将架身上面刨平后，用木螺钉拧入横撑的孔内，与台面板吊接牢固。用直尺检查四脚是否平稳，若不平稳，则可进行修正。

12. 卧室柜制作顺序

卧室柜结构为板式家具的制作顺序：先下料，将板件的边沿进行刨削平整、方正。所有板件的外露边都要封边处理，封边后的部件符合尺寸要求。柜体板件结合采用连接件，在板件的连接部位按连接件的规格型号先打安装孔，随后开榫开槽，连接件固定后，安装挂衣棍、安装门扇等。

十三、质量检查

1. 木制品质量检查的依据

一般木制品质量应符合国家颁发的有关质量标准。质量的重要性体现在各行各业中，所以质量检查是一个重要的环节。质量检查的主要依据是施工和国家颁发的质量标准。每一名手工木工从业者，要想生产出的木制品达到质量要求，就必须了解并掌握木制品的质量检查项目及其检查方法，做到心中有数。

2. 木屋架制作装配的检查项目与方法

木屋架制作装配的检查项目有：构件截面尺寸、结构长度、屋架高度、受压或压弯构件纵向弯曲、弦杆节点间距、榫连接刻凿深度、支座节点受剪面、螺栓中心间距。

木屋架检查方法有：尺量检查屋架支座节点中心间距，尺量检查脊节点中心与下弦中心距离，拉线尺量检查。

3. 木屋架安装的检查项目与方法

木屋架安装的检查项目有：结构中心线间距、垂直度、受弯或压弯构件纵向弯曲、支座轴线对支承面中心位移、支座标高。其检查方法有：吊（拉）线尺量检查，用水准仪检查。

4. 屋面木基层的检查项目与方法

（1）檩条、檐条的检查项目有：方木截面、圆木梢径、间距、方木上表面平直、圆木上表面平直、悬臂檩接头位置。

屋面木基层检查的方法有：尺量检查椭圆时，取大小径的平均值；每坡拉线尺量检查。

（2）封山、封檐板平直的检查项目有：下边缘、表面。其检查方法是：拉10 m线（不足10 m拉通线）尺量检查，油毡搭接宽度、挂瓦条间距尽量检查。

5. 模板安装的检查项目与方法

模板安装的检查项目有：轴线位移、标高、截面尺寸、每层垂直度、相邻两板表面高低差、表面平整度。

模板安装检查的方法有：用水准仪或拉线尺量检查，用 2 m 托线板检查，用直尺和尺量检查，用 2 m 靠尺和楔形塞尺检查。

6. 木吊顶的检查项目与方法

木吊顶的检查项目有：表面平整、立面垂直、压条平直、接缝平直、压条间距。

木吊顶检查方法有：用 2 m 靠尺和楔形塞尺检查、用 2 m 托线板检查，拉 5 m 线（不足 5 m 拉通线）尺量检查，用直尺和塞尺检查。

7. 木质地面的检查项目与方法

木质地面的检查项目有：表面平整度、踢脚线上口平直、板面拼缝平直。

木质地面的检查方法有：用 2 m 靠尺和塞尺检查，拉 5 m 线（不足 5 m 拉通线）尺量检查。

8. 楼梯扶手的检查项目与方法

（1）楼梯扶手检查项目：栏杆垂直度、栏杆间距、扶手纵向弯曲。

（2）楼梯扶手的检查方法：吊线尺量检查、拉通线尺量检查。

9. 木门窗制作的检查项目与方法

（1）木门窗制作的检查项目：框、扇翘曲、对角线长度差（框、扇）、胶合板（纤维板）门在 1 m^2 内平整度、宽、高、裁口线条和结合处高差（框扇）、扇的冒头或棂子对水平线。

（2）木门窗制作的检查方法：将框扇平卧在检查平台上，用楔形塞尺检查、尺量检查。框量裁口里边，扇量外角、用 1 m 靠尺和楔形塞尺检查、尺量检查；框量内裁口，扇量外缘、用直尺的楔形塞尺检查、尺量检查。

10. 木门窗安装检查项目与方法

木门窗安装的检查项目有：框的正、侧面垂直度，框对角线长度差，框与扇、扇与扇接触处高低差，门窗扇对口和扇与框间留缝宽度，工业厂房双扇对口留缝宽度，框与扇上缝留宽度，窗扇与下坎间留宽度，门扇与地面间留缝宽度，门扇与下坎间留缝宽度。

木门窗安装的检查方法有：用 1 m 托线板检查、尺量检查、用直尺和楔形塞尺检查。

十四、现场管理

1. 现场文明施工的要求

根据我国建筑技术实际情况，有关部分制定颁发了《建筑安装工人安全技术操作规程》。该操作规程中有关工地文明施工的要求，所有工作人员都必须严格执行。具体要求如下：

(1) 每个操作人员所穿工作服都要整洁。

(2) 工地内不准赤脚、穿拖鞋或高跟鞋。

(3) 在 3 m 以上高空作业时，不准穿硬底或带钉易滑的鞋靴。

(4) 电工要穿绝缘鞋等。

对施工现场木工的要求是，做好木工施工现场的清洁工作，防止火灾事故发生。

2. 高空作业安全措施

(1) 高处作业时，严禁向下扔任何物体，上下建筑物要走斜道，不得往下蹦跳。

(2) 无可靠防护，在 2 m 以上高处、悬崖和陡坡作业，要系好安全带。

(3) 注意建筑物内的各种孔洞，特别要注意“四口”（通道口、预留洞口、楼梯口、电梯井口）的防护。

(4) 上脚手架注意探头板及周边防护，不得冒险跨越。

3. 施工现场防火措施

进入施工区域严禁打闹、吸烟要到吸烟室，用火要办理用火证，严禁酒后上岗操作。

木制品存放区域，避免明火，发防发生重大燃烧事故。

4. 施工现场电气设备用电的安全

架设临时电线必须符合当地电业部门的有关规定，线路必须绝缘良好，电动机械要做到一机一闸，遇有临时停电或停工时，要拉闸断电。

电气设备必须接零、接地，手提电动工具，要设置漏电掉闸装置，避免用电事故发生。

5. 有毒物品使用的保护要求

《建筑安装工人安全技术操作规程》规定：接触有毒物品或粉尘作业时，要按规定使用防毒劳动保护用品等。现场人员要具有良好的安全自我保护意识。

6. 木制品制作完工的清场

木制品制作完工后，按工地文明施工要求清场。应将施工现场内的木屑等废料清扫干净，保证施工现场卫生。

7. 木制品制作完工的堆放

木制品制作完工后，对剩余的木料应堆放整齐，妥善保管，以便今后使用，做到合理地节约用料。木制品应按批次、分类堆放，摆放平整。

8. 木制品堆放的保护措施

为了避免压弯变形，木制品成品应按批次、规格、类型进行分类堆放，摆放平整。

9. 木制品堆放的管理办法

堆放木制品成品的地方，应保持通风。堆放高度不宜过高，应分层堆放，并由专人保管。

10. 木制品堆放的防变形方法

堆放木制品成品的地方要注意防潮、防雨、防腐蚀、防虫蛀、防火，特别要注意控制堆放环境的温度、湿度。

第五章

初级手工木工理论知识试题精选和考试模拟试卷

初级手工木工理论知识试题精选

◉ **单项选择题（第 1 题～第 127 题。选择一个正确的答案，将相应的字母填入题内的括号中。）**

1. 社会主义职业道德是建立在以公有制为主体的经济基础之上的人和人之间的职业关系，基本上消灭了人剥削人、人压迫人的现象，建立了同志式的（　　）关系。

A. 团结互助　　B. 指导规范

C. 互平互动　　D. 职业行为

2. 职业道德的基本原则就是人们在职业活动中调整人们职业关系和个人利益与社会利益关系时所必须遵循的（　　）的职业道德规范。

A. 知晓　　B. 根本

C. 获利　　D. 关联

3. （　　）是社会主义职业道德的基本原则之一。

A. 战胜困难　　B. 勤奋学习

C. 为人民服务　　D. 攻克难关

4. 社会主义职业道德是以协调个人、集体与（　　）为核心，而离开集体主义，这三者之间的矛盾，是无法协调的。

A. 竞争机制　　B. 职业群体

C. 责任体系　　D. 社会关系

5. 一个人职业道德品质的好坏，修养水平的高低，根本上（　　）于以什么样的人生观为基础。

A. 过程　　B. 指教

C. 服从　　D. 取决

6. 为人民服务体现了正确的世界观、人生观、价值观，认识世界、改造世界的目的，归根到底是为广大人民群众（　　），树立全心全意为人民服务的人生观。

A. 主动服务　　B. 创环境

C. 谋利益　　D. 争职位

7. 如果将物体放在互相垂直的投影面之间，用三组分别（　　）的平行投射线进行投影，就得到物体三个方向的正投影图，形成三面投影图。

A. 垂直　　B. 平行

C. 显实　　D. 照射

8. 在三面投影图中，正立投影与水平投影长对正；正立投影与侧立投影高平齐；（　　）投影与侧立投影宽相等。

A. 正立　　B. 水平

C. 侧面　　D. 背立

9. 下列未被列入常见建筑材料图例的选项是（　　）。

A. 新建的墙和窗　　B. 砂、灰土

C. 普通砖　　D. 混凝土

10. 下列未被列入常见门窗图例的选项是（　　）。

A. 左右推拉窗　　B. 纤维材料

C. 单层固定窗　　D. 立转窗

11. 下列未被列入常见木结构图例的选项是（　　）。

A. 胶合板　　B. 圆木

C. 半圆木　　D. 方木

12. 在显微镜下观察到的（　　）称为木材的微观构造。

A. 树皮　　B. 木质部

C. 木材组织　　D. 生长轮

13. 为了合理用材，木材按加工方法和用途不同可分为（　　）、杉原条和板方。

A. 板方材　　B. 原木

C. 中板　　D. 杉木

14. 阔叶树可以用来制作（　　）等。

A. 木桩　　B. 墨斗

C. 椽条　　D. 门窗

15. 胶合板可以用来制作（　　）等。

A. 檩条　　B. 骨架

C. 门心板　　D. 地板

16. 使用斧砍木料的方法有（　　）和立砍两种。

A. 平削　　B. 立锯

C. 平砍　　D. 平铲

17. 锯可分为拐子锯、弓锯、（　　）、开孔锯、割槽锯、板锯。

A. 单刃锯　　B. 粗锯

C. 刀锯　　D. 细锯

18. 木料纵向锯割时，将弹过墨线的木料放在板凳上，用（　　），右手操锯，将锯钮夹在中指和无名指之间。

A. 左脚踏住　　B. 右脚踏住

C. 双脚踏住　　D. 左手揿住

19. 手工木工刨的种类有（　　）、圆刨、线刨。

A. 中刨　　　　　　　　　　　B. 平刨床

C. 槽刨　　　　　　　　　　　D. 平面刨

20. 木凿的种类有平凿、圆凿、(　　)。

A. 窄刃凿　　　　　　　　　　B. 曲颈凿

C. 内圆凿　　　　　　　　　　D. 斜刃凿

21. 在木加工凿透榫眼时应先从出榫面一侧开始，并(　　)凿孔。

A. 留线 0.5 mm　　　　　　　B. 离线

C. 吃线　　　　　　　　　　　D. 离线 0.5 mm

22. 手工木工在硬木上用手钻加工孔眼时，需使用(　　)尖锥的手钻。

A. 圆形　　　　　　　　　　　B. 二角

C. 三角　　　　　　　　　　　D. 四角

23. 表示建筑的总体布局、外形造型、内部布置、细部构造、装修和施工要求等的图是指(　　)。

A. 绿化道路图　　　　　　　　B. 环境投影图

C. 建筑施工图　　　　　　　　D. 河流布置图

24. 结构施工图主要表示建筑物(　　)的布置情况，构件的种类大小及做法等。

A. 主体结构　　　　　　　　　B. 装饰工程

C. 梁板结构　　　　　　　　　D. 承重结构

25. 表示建筑的平面形状、建筑内部同样水平面上各部分的布置和相互间的关系，门窗、墙柱位置等的图是指(　　)。

A. 建筑立面图　　　　　　　　B. 建筑剖面图

C. 建筑详图　　　　　　　　　D. 建筑平面图

26. 表示建筑物的外形轮廓和各部分配件的形状及相互关系，墙面的装饰材料和做法等的图是(　　)。

A. 建筑立面图　　　　　　　　B. 建筑详图

C. 建筑剖面图　　　　　　　　D. 外部造型图

27. 表示建筑物内部垂直方向的构配件的标高，楼层的分层情况、垂直空间的利用以及结构形式和节点构造的方式等的图是（　　）。

A. 建筑剖面图　　B. 墙面正投影图

C. 效果图　　D. 节点图

28. 下列选项中不属于家具木装饰常用材料图例的是（　　）。

A. 细木工板　　B. 石膏板

C. 纤维板　　D. 薄木

29. 楼梯是房屋的垂直交通设施，由楼梯段、（　　）和栏杆扶手组成。

A. 平台　　B. 坡道

C. 踢面　　D. 踏面

30. 屋顶具有承重、围护作用。同时，根据承重结构和材料不同分为（　　）、坡屋顶和曲面屋顶。

A. 折板屋顶　　B. 平屋顶

C. 锯齿屋顶　　D. 网壳屋顶

31. 家具分为框架式家具、板式家具、软家具、（　　）家具等。

A. 组合式　　B. 拼装式

C. 栓接式　　D. 折叠式

32. 手工木工常见的划线笔有木工铅笔和竹笔两种。使用木工铅笔划线时，应将铅笔芯削成扁平形状后，把铅芯紧靠在尺（　　）。

A. 水平点划　　B. 边上反划

C. 沿上顺划　　D. 15°角斜划

33. 使用墨斗时，定钩挂在木料前端，墨斗拉到木料后端，线绳伏于木料面上，左手拉紧并压住线索绳，右手垂直将线绳（　　）提起，松手回弹即在木料上弹出墨线。

A. 前部　　B. 3/4 部

C. 中部　　D. 1/3 部

34. 在空气中受（　　）作用时，立刻起火或微燃，且当火源移走后仍能继续燃烧或微燃的材料为燃烧材料。

A. 低温　　B. 高温

C. 点火　　D. 化学

35. 经自然干燥的木材通常采用（　　）储存。

A. 化学法　　B. 盖顶法

C. 封闭法　　D. 密堆法

36. 人工干燥的木材，其含水率较低，均在（　　）以下。

A. 7%　　B. 12%

C. 8%　　D. 15%

37. 基础、墙体、梁、板、柱、屋面、楼地面、抹灰、门窗、油漆、粉刷和（　　）等是建筑安装工程中的成品。

A. 消防泵安装、煤气管安装、电气柜安装

B. 沥青浇捣、电管线敷设、混凝土

C. 电气柜安装、管线敷设、采暖通风安装

D. 电气、管线、采暖通风及设备

38. 建筑安装工程中的半成品是指钢、（　　）和已加工成型好的钢筋、模板、砂浆、混凝土等。

A. 沥青浇捣、电管线敷设、混凝土

B. 木、陶瓷、混凝土构件制品

C. 电气设备安装、煤气管线敷设、通风管道安装

D. 电气线路、排水管线、采暖通风

39. 在施工作业中，出现成品损坏，要视其损坏程度确定赔偿办法。轻者（指修补后能恢复原状并不降低使用功能）赔偿（　　）。

A. 部分工料费　　B. 修理费

C. 机械费　　D. 人工费

40. 施工单位专职安全人员对施工人员进入施工现场前进行的（　　），是施工人员进入施工现场必要的程序。

A. 技术交流　　B. 产品说明

C. 安全教育　　　　　　　　D. 产品定色

41. 施工区域条件不一，作业环境不同，电器设备多，杂物多，正确使用安全防护用品，严禁（　　）进入操作岗位。

A. 赤脚、穿拖鞋　　　　　　B. 可不戴安全帽

C. 有跟带钉鞋　　　　　　　D. 硬底易滑皮鞋

42. 从事高处作业人员要定期检查身体。凡（　　）、癫痫病、贫血症等病患者以及其他不适于高处作业的人员，不得从事高处作业。

A. 高血压、心脏病　　　　　B. 感冒

C. 皮肤病、口腔病　　　　　D. 中耳炎、皮肤病

43. 架设临时用电线必须符合当地有关规定，线路必须绝缘良好，电动机械要做到（　　），遇有临时停电或停工时，要拉闸断电。

A. 随变绝缘　　　　　　　　B. 一机一闸

C. 随时停机　　　　　　　　D. 断电灵活

44. 使用斧砍削木料时，不要让斧柄在手中（　　），以免手掌磨出血泡。工件较窄时，为防止斧刃伤及手指，可用木棍等将工件扶稳削砍。

A. 安装牢固　　　　　　　　B. 握紧不动

C. 随意滑动　　　　　　　　D. 木棍

45. 木材节子对木质的影响，主要依节子的大小、数量、（　　）和质地，以及木材用途而异。

A. 弦切面　　　　　　　　　B. 髓心

C. 位置　　　　　　　　　　D. 径切面

46. 木材因受（　　）而折断时，断得突然、断得整齐，这种性质称为脆性。

A. 夹皮　　　　　　　　　　B. 外力

C. 含水率　　　　　　　　　D. 湿度

47. 翘曲是指板、方材等成材的变形，是由于（　　）、干燥不均所致。

A. 材质不一　　　　　　　　B. 配料不均

C. 温度过高　　　　　　　　D. 堆积不良

48. 根据制品的质量要求，合理地确定零部件所用材料的树种、纹理、规格及（　　）的过程，称为木材的选料。

A. 力学性质　　B. 纤维饱和点

C. 含水率　　D. 抗拉强度

49. 木制品配料的方法主要有划线配料法、（　　）、单一配料法和综合配料法等四种。

A. 手工配料法　　B. 刨光配料法

C. 交叉划线法　　D. 混合配料法

50. 木材的各种覆面材料，在长度和宽度上的加工余量一般取（　　）。

A. 5～10 mm　　B. 15～20 mm

C. 10～15 mm　　D. 25～30 mm

51. 在平刨床上，每次的刨削量应控制在（　　）之间，容重大、质地坚硬的木材，每次刨削量在控制范围内可达最小，而软木可达最大，每次刨削量越小刨加工精度越高。

A. 1.2～2.2 mm　　B. 0.8～1.6 mm

C. 0.5～1 mm　　D. 0.3～8 mm

52. 板缝企口拼接法即龙凤榫接法，是将木板两侧面制成（　　）形的榫槽，使木板互相衔接起来，这种方法用于较宽的木板。

A. 水平　　B. 垂直

C. 斜角　　D. 凹凸

53. 在拼板缝操作时，木料必须（　　）。刨缝时的起止线要长，如拼 2 m 左右的板时，全长推 2～3 刨就可将板缝刨直，使两板拼缝严密、齐整平滑，板面配合均匀，防止凹凸不平。

A. 充分干燥　　B. 含水率 18%

C. 直角斜边　　D. 垂直斜边

54. 榫十字形结合法是将两块宽度、厚度相同的木件，在结合部各剔去一半，然后把它们（　　）互相叠合。实际应用时，必须做到准确平整、肩缝密贴。

A. 大面小面　　B. 一纵一横

C. 底面端面　　D. 一边一角

55. 榫 T 字形燕尾接法是在木件的端部制成燕尾形状的榫头，按榫头位置大小，在另一木件中部剔缺口，然后将它们叠接。燕尾榫头形状（　　），与榫眼叠合后非常牢固。

A. 斜角小面　　B. 外大内小

C. 内大外小　　D. 直角大面

56. 直角柄榫结合是制作门窗框扇最基本的方法，按习惯都以（　　）为边梃。在边梃上凿榫眼，以横材为冒头。在冒头上做榫头，制作时先凿榫眼，后制榫头。

A. 横方　　B. 竖材

C. 边材　　D. 竖板

57. （　　）是三角形木屋架的主要组成杆件。

A. 上弦、下弦、拉杆、压杆　　B. 上弦、下弦、腹杆、竖杆

C. 上弦、下弦、斜杆、腹杆　　D. 上弦、下弦、斜杆、竖杆

58. 木屋架的跨度为 9 m，起拱高度为（　　）。

A. 6 cm　　B. 4.5 cm

C. 3.5 cm　　D. 2 cm

59. 木屋架样板必须用木纹平直且含水率不超过（　　）的木材制作。

A. 12%　　B. 15%

C. 18%　　D. 21%

60. 木屋架制作加工（　　）：屋架各杆件受力性质不同，要选用不同等级的木材并注意其缺陷限制。

A. 选材要求　　B. 结构要求

C. 构造措施　　D. 搭配需要

61. 木屋架制作加工要求所有（　　）都要用锯锯割，锯好后，用刨或凿修整。

A. 接点　　　　B. 凸榫及槽齿

C. 孔洞　　　　D. 杆件

62. 木屋架制作装配应尽量在安装位置（　　）的空地上进行拼装，以利起吊安装方便。

A. 下方　　　　B. 前位

C. 右侧边　　　　D. 左侧面

63. 木屋架制作装配后，每榀屋架应按照（　　）位置编号。

A. 排列　　　　B. 安装

C. 拼装　　　　D. 固定

64. 木屋架制作保证项目包括木材的（　　）、材质等级、含水率等都必须符合设计要求和施工规范的规定。

A. 采样　　　　B. 树种

C. 密度　　　　D. 硬度

65. 木屋架制作允许偏差项目：制成的屋架及构件对（　　）的允许偏差不得超过规范规定。

A. 外观　　　　B. 设计尺寸

C. 变形　　　　D. 材质

66. 木屋架安装操作工艺顺序为：准备工作、放线、加固、起吊、设置支撑、（　　）。

A. 安装　　　　B. 就位

C. 制作　　　　D. 固定

67. 木屋架安装放线是指在墙上测出标高，然后找平并弹出中心位置，起吊前用（　　）将上弦水平加固。

A. 螺栓　　　　B. 托板

C. 木杆　　　　D. 支撑

68. 木屋架起吊时应由有经验的起吊工指挥，当屋架起吊离地面（　　）以后，应停车进行检查。

A. 100 mm　　B. 200 mm

C. 300 mm　　D. 400 mm

69. 木屋架安装第二榀起，在两屋架间至少钉（　　）檩条，脊檩一定要钉。

A. 一根　　B. 二根

C. 三根　　D. 四根

70. 木门窗安装的位置必须符合（　　）要求。

A. 设计图的设计　　B. 客户

C. 用户进出方便　　D. 开启方便

71. 安装门窗框，门窗框与墙体间需填塞（　　）时，应将其填塞饱满均匀。

A. 保温材料　　B. 砖块

C. 木料　　D. 砂浆

72. 吊顶施工中，灰板条需钉牢、钉平，接头在格栅上，（　　）布置，间隙及对头缝大小均应符合要求。

A. 水平　　B. 平行

C. 交错　　D. 垂直

73. 在吊顶施工中，吊顶面不平顺产生的原因有：水平标高线控制不好、吊顶固定构造不妥、（　　）、钢丝网抹灰吊顶板条拱起。

A. 压条材料选用不当　　B. 压条不直

C. 起拱拱度不均匀　　D. 压条间距不均匀

74. 塑料地面板铺设操作工艺顺序为：机具准备、地面处理、塑料板处理、塑料板（　　）、塑料板焊接、塑料踢脚板施工。

A. 烫平　　B. 修正

C. 压实　　D. 粘贴

75. 纤维板地面铺设操作工艺顺序为：地面处理、调制胶粘剂、（　　）、铺设纤维板、表面处理。

A. 预铺　　B. 磨光

C. 锯割纤维板　　D. 弹线

76. 木质地板铺设时，木格栅、毛地板、垫木须进行防腐处理。木格栅安装必须牢固、（　　），木质板面必须铺钉牢固，粘接牢固无空鼓。

A. 垂直　　B. 平直

C. 竖直　　D. 平行

77. 木质地板铺设踢脚板与面层缝宽度不超过（　　）。

A. 0.5 mm　　B. 0.75 mm

C. 1 mm　　D. 1.25 mm

78. 硬木长条地板铺设缝隙宽度不大于（　　）。

A. 0.1 mm　　B. 0.3 mm

C. 0.5 mm　　D. 0.7 mm

79. 木质地板施工时，其底层格栅含水率不大于（　　）。

A. 10%　　B. 15%

C. 20%　　D. 25%

80. 家具板式部件的圆棒榫孔、螺栓孔、连接件安装孔，都需先钻孔。有的需在平面上钻孔，有的需在（　　）或端头钻孔。钻孔时应依据使用要求，准确定位，控制孔间距的精度。

A. 大面　　B. 角面

C. 侧边　　D. 斜边

81. 方凳腿在制作时，凳腿应是向外微斜状，使凳面（　　）裙板 20 mm，会因此显得上大下小，给人以不稳定感，所以要微斜。

A. 伸出　　B. 接出

C. 榫接　　D. 拼接

82. 板椅椅座板为实木板胶结合，椅面与椅架为木螺钉（　　），后腿与侧裙板采用贯通单榫结合，其他部位均为不贯通单榫结合。

A. 斜边结合　　B. 吊面结合

C. 胶粘结合　　D. 斜角结合

83. 写字台的制作采用框架结构，先下料、划线，按线进行各部件的刨削。划出榫头及（　　）后再进行开榫打眼和开槽，最后组合装配成型。

A. 点线位置　　B. 中心位置

C. 榫孔位置　　D. 边接边位

84. 写字台的装配顺序：先组装左、右小柜，组装写字台框架，安装抽屉滑道，安装旁板、柜底板及钉后板，然后拢抽屉，安装小柜门，最后（　　）。

A. 固定面板　　B. 固定平直

C. 边面固定　　D. 角边固定

85. 卧室柜制作的顺序：下料、板件（　　）刨削平整、方正，封边处理、开榫开槽、连接件固定、安装挂衣棍、安装门扇等。

A. 角边　　B. 角位

C. 点位　　D. 边沿

86. 下料划线时，必须留出加工余量，锯口余量一般留（　　）；单面刨光余量为 3 mm，双面刨光优质产品余量为 5 mm。

A. 1～2 mm　　B. 2～4 mm

C. 2.5～4.5 mm　　D. 3～5 mm

87. 斧刃研磨时，一手握斧把，一手以食指和中指压刃口，紧贴磨石来回推拉，向前推要刃口（　　）始终贴在磨石面上，切勿翘起，当刃口磨得发青，平整平直时已研磨锋利。

A. 平面　　B. 立面

C. 侧面　　D. 斜面

88. 框锯在使用前，先把整个锯条调到一个面上，随后绷紧即可使用。锯割时，右手紧握锯拐，锯齿向下，左手扶料，进行锯割，锯条与斜面夹角约成（　　）左右。

A. 30°　　B. 45°

C. 60°　　D. 70°

89. 锯齿的斜度根据锯用途而定，一般顺斜度为（　　），前刃与后刃之间夹角为 55°，横锯的斜度为 90°，前刃与后刃之间夹角为 60°。

A. 80°　　B. 70°

C. 45°　　D. 30°

90. 手工木工锯在使用中，若进锯慢而费力，则需锉伐锯齿。若感到夹锯或总向（　　）跑锯，则表明料度不均，应进行拨料修理，修理时先拨料后锉锯齿。

A. 双向　　B. 一侧

C. 斜面　　D. 左右

91. 平刨是手工木工使用最多的一种工具，主要用于刨削木料的（　　），按用途可分为荒刨、长刨、大平刨、净刨，它们的构造相同，差异在长度上。

A. 垂面　　B. 立面

C. 平面　　D. 角线

92. 常见槽刨有固定槽刨和万能槽刨两种，常用槽刨的规格（　　）。槽刨用于刨削木料，使用时按需选用规格。

A. 6～16 mm　　B. 8～17 mm

C. 3～15 mm　　D. 5～25 mm

93. 线刨有单线刨和杂线刨两种。单线刨用于加宽槽的（　　），清除槽的线脚，可单独打槽、裁口和起线。杂线刨主要用于刨制各种木线。

A. 直角、直边　　B. 立面、顶面

C. 角线、角位　　D. 侧面、底面

94. 铁刨又称轴刨、蝙蝠刨。铁刨刨身短小，刨刃可用螺栓固定在刨床上，适合于刨削小木料的（　）部分。

A. 弯曲　　B. 垂直

C. 斜边　　D. 角面

95. 乳胶使用方便，不需熬煮，黏结力强，耐水性好。一般胶层厚度控制在（　　）。

A. 0.02～0.06 mm　　B. 0.05～0.25 mm

C. 0.03～0.05 mm　　D. 0.08～0.15 mm

96. 用于建筑物的重型门扇下面的一种自动闭门器称为（　　）。

A. 地弹簧　　B. 薄铰链

C. 明铰链　　D. 暗铰链

97. 容易使木材发生翘曲、变形的原因是由于木材纤维方向收缩各不相同，加上木材本身构造（　　）、纹理不规则。

A. 横向变形　　B. 径向变形

C. 均匀　　D. 不均匀

98. 屋架安装时木构件与砖石砌体、混凝土的接触处要有（　　）处理。

A. 防腐　　B. 防火

C. 防潮　　D. 防湿

99. 木屋架（　　）后屋架位置对设计要求的偏差，不应超过有关规范的规定。

A. 安装　　B. 选料

C. 配置　　D. 维修

100. 屋面木基层一般由檩条、屋面板、油毡、（　　）、挂瓦条等组成。

A. 檐口板　　B. 三角木条

C. 顺水压条　　D. 椽子

101. 屋面板铺钉与檩条互相垂直，沿口处屋面板长度至少为两跨檩条档，上面几档可穿错（　　）铺钉。

A. 平行　　B. 交替

C. 重叠　　D. 垂直

102. 木屋架铺钉油毡（　　）与檐口平行进行，一般铺钉一层即可。若遇屋脊及天沟处则须铺钉双层。

A. 自上而下　　B. 自下而上

C. 自东而西　　D. 自西而东

103. 木屋架挂瓦条（　　）逐行钉设，接头应在顺水压条上，最上一根挂瓦条重叠钉双根。

A. 自下而上　　B. 最下一根

C. 中间一根　　D. 调节间距的一根

104. 木屋架封檐板开钉时，应从（　　）檐口处先钉，中间拉通长麻线，使其呈水平，板面通直。

A. 南长墙　　B. 北长墙

C. 西山墙　　D. 东山墙

105. 屋面木基层的保证项目：（　　）必须安装牢固。

A. 屋面板　　B. 挂瓦条

C. 檩条　　D. 顺水压条

106. 屋面木基层基本项目：椽与椽钉结牢固，屋脊处两（　　）拉接可靠。

A. 椽子　　B. 油毡

C. 檩条　　D. 屋面板

107. 屋面木基层檩条、椽条、油毡、挂瓦条等（　　）允许偏差应符合有关规范规定。

A. 构造尺寸　　B. 变形尺寸

C. 设计尺寸　　D. 施工尺寸

108. 木模板和钢模板是较常见的模板，按（　　）划分的。

A. 使用　　B. 型号

C. 工艺　　D. 材料

109. 模板的横档、格栅、牵杠等都是受弯构件，支撑、立柱是（　　）构件。

A. 受压　　B. 受拉

C. 受弯　　D. 受剪

110. 木模板的配置：模板的木板条的宽度宜控制在（　　），以免翘曲变形。

A. 50～100 mm　　B. 100～150 mm

C. 150～200 mm　　D. 200～250 mm

111. 模板起拱的大小为梁跨的 0.1%～0.3%，起拱以抵消跨中受力后梁模下垂的（　　）。

A. 深度　　B. 挠度

C. 翘曲　　D. 裂缝

112. 木模板安装和预埋件、（　　）的允许偏差应符合有关规范表的规定。

A. 预留孔洞　　B. 预制螺栓

C. 预压应力　　D. 预制构件

113. 模板底部防止漏浆的办法：（　　）、塞进小木板等。

A. L 型模板　　B. 钉薄铁皮于模板内侧

C. 棉纱团填塞　　D. 加衬垫

114. 木门按其构造形式的不同可分为镶板门、（　　）、夹板门、玻璃门。

A. 折门　　B. 开关门

C. 推拉门　　D. 拼扳门

115. 木门扇一般由门梃、上冒头、下冒头、中梃、（　　）组成。

A. 贴脸板　　B. 墩子板

C. 度头板　　D. 门肚板

116. 木窗按其开关形式的不同可分为开关窗、翻窗、（　）。

A. 活动百叶窗　　B. 纱窗

C. 推窗　　D. 隔音窗

117. 木窗扇一般由（　　）、上冒头、下冒头、窗棂子组成。

A. 窗梃　　B. 中梃

C. 中贯挡　　D. 贴脸板

118. 木门窗制作遇死节和直径大于 5 mm 的虫眼，用（　　）塞加胶填补。

A. 不同的木材　　B. 同一种木材

C. 硬木　　D. 软木

119. 木模板安装的检查项目：轴线位移、（　　）、截面尺寸、每层垂直度、相邻两板表面高低差、表面平整度。

A. 截面受剪面　　B. 标高

C. 相邻两板表面平直　　D. 木模板间距

120. 木质地面的检查项目：板表面平整度、踢脚线上口平直、（　　）。

A. 压条接缝平整　　B. 相邻两板间距高低

C. 板截面垂直　　D. 板面拼缝平直

121. 楼梯木扶手的检查项目：栏杆垂直、（　　）、扶手纵向弯曲。

A. 栏杆表面平整　　B. 栏杆平直度

C. 栏杆间距　　D. 轴线垂直尺寸

122. 木门窗安装的检查项目：（　　）、框对角线长度差、框与扇、扇与扇接触处高低差、门窗扇对口和扇与框间留缝宽度、框与扇上留缝宽度、窗扇与下坎间留宽度、门扇与地面间留缝宽度、门扇与下坎间留宽度。

A. 框的正面和侧面垂直度　　B. 框与扇平直度

C. 框与扇横向弯曲　　D. 轴线平面尺寸

123. 木门窗制作的检查项目有：（　　）、对角线长度差（框、扇）、胶合板（纤维板）门在 1 m^2 内平整度、宽、高、裁口线条和结合处高差（框、扇）。

A. 框和扇翘曲　　B. 框与扇横向尺寸

C. 框与扇平直度　　D. 框与扇上留缝宽度

124.《建筑安装工人安全技术操作规程》规定：操作人员所穿工作服（　　）；工地内不准赤脚、穿拖鞋或高跟鞋；在 3 m 以上高空作业时，不准穿硬底或带钉易滑的鞋靴；电工要穿绝缘鞋，等等。

A. 要整洁　　B. 要有安全色

C. 要佩戴安全标志　　D. 要服式标志统一

125. 高处作业时，严禁向下扔任何物体，上下建筑物要（　　），不得往下蹦跳。无可靠防护，在 2 m 以上高处、悬崖和陡坡作业，要系好安全带。

A. 走斜道　　B. 串窗翻门

C. 攀爬脚手架　　D. 硬底皮鞋

126. 进入施工区域，严禁打闹，吸烟要到吸烟室，动用明火要（　　），严禁酒后上岗操作。

A. 戴安全带　　B. 穿厚底皮鞋

C. 办用火证　　D. 准备消防车

127. 架设临时电线必须符合当地有关部门的规定，线路必须绝缘良好，电动机械要做到（　　）。遇到临时停电或停工时，要拉闸断电。

A. 设置掉闸装置　　　B. 绝缘有效

C. 接零、接地　　　D. 一机一闸

◉ **判断题（第 128 题～第 197 题。将判断结果填入括号中。正确的填“√”，错误的填“×”。）**

128.（　　）社会主义职业道德的有关理解是解决劳动态度是否端正的问题，所以在社会的群体中，从业人员要树立主人翁的劳动态度。

129.（　　）提高职业道德的意识，必须将学习理论和实践相结合，向革命前辈和先进人物学习，自觉地进行展示和慎独。

130.（　　）木材的宏观构造是指用肉眼或放大镜观察到的构造特征。

131.（　　）针叶树用于制作屋架、细木装饰、制作门窗、脚手架等。

132.（　　）一般细木工板多用于细木装修、制作家具等。

133.（　　）木工作业中量尺有钢卷尺、布卷尺、钢直尺、木折尺、三角板、活络三角尺和丈杆等。

134.（　　）在木工安装时水平尺只用来校验物面的水平情况。

135.（　　）在立门窗樘时线锤用以校验物面是否垂直。

136.（　　）在锯料时如发现料路混乱，可将锯条平放在钢板上，用平锉将锯齿全部打平，然后进行重新拨料和锉伐。

137.（　　）刨料时，刨刃刃口一般露出刨口槽 0.1～0.5 mm，最多不超过 2 mm。

138.（　　）表示管道走向及电气线路等的设计图主要有电气设备施工图。

139.（　　）建筑物中，门的主要作用是为人们提供交通联系和分隔房间，窗则起到室内通风和采光的作用。

140.（　　）墙体的分类：按受力情况划分有承重墙和非承重墙，按材料划分有砖墙、石墙等，按位置划分有内墙和外墙。

141.（　　）手工木工常用的角尺有直角尺、活络尺、斜尺，主要用于在木料上划水平定位线、垂面定位点标注等，同时可检查木制品表面的平整度。

142.（　　）木材储存中出现裂纹和翘曲，多是由于木材的含水率引起的，应及时处理。

143.（　　）为了保证木材在储存期的防火安全，应在材垛周围设 2.5～3 m 防火线。

144.（　　）对成品、半成品的保护，在施工后明确工艺要求的保护措施就可以进行下一道工序施工。

145.（　　）在施工作业中，出现成品污染，应由责任者负责处理干净，恢复原样再按实际发生的工料费作为惩罚性赔偿。

146.（　　）进入施工区域，非本工种人员禁止乱摸、乱动各种机械电气设备，不得在起重机械吊物下停留，不得钻到车辆下休息。

147.（　　）木材的缺陷主要归纳为木材的天然缺陷、干燥缺陷、机械加工缺陷和生物危害缺陷四大类。

148.（　　）材料的弯曲不仅降低木材的强度，而且影响木材的含水率。

149.（　　）腐朽会影响木材的物理、力学性质，但不会影响木材的强度和硬度。

150.（　　）为保证刨削质量，一般要顺直角边刨削，刨削中如遇木材疵病或硬木时，推刨应加大进料的力度。刨削时，先刨大面后刨小面。

151.（　　）木制品部件凿出的眼要干净，要正、直、过一线，中间错台3/4，背芯小于 0.3 mm，眼口无崩茬、眼壁垂直无明显钻痕。

152.（　　）榫眼结合的顺序是先划眼、后划榫，先开榫、后打眼，榫头的大小是依据尺寸决定，而榫眼的大小是依据榫头大小来划线制作。

153.（　　）根据按其所处位置和大小，可分为中榫、半榫、全肩榫等，其中中榫榫头的两边都有榫肩，易受潮裂缝松脱，但使用最多。

154.（　　）板的纳入榫结合法，是在板侧边直接开凿宽度与板厚度相同的槽，槽深为板厚的 1/2，再纳入板与之结合。

155.（　　）木屋架脊节点到下弦轴线的距离称屋架的高度，两榀屋架之间的中心距离称为屋架间距。

156.（　）木屋架制作的工艺顺序：熟悉设计图、准备工具、放样、加工和装配。

157.（　）木屋架制作配料时应检查木材规格、丈量尺寸，并根据要求对木材进行长短搭配、合理安排。

158.（　）木屋架制作的基本项目：木屋架的腹杆轴线与承压面垂直，连接紧密，扒钉牢固，且扒钉处无裂缝。

159.（　）木屋架安装的准备工作：墙顶上木垫块进行防腐处理，清理保险螺栓上的脏物并校直其弯曲，屋架吊装就位。

160.（　）木屋架安装后按设计要求，在屋架之间设置垂直支撑、水平系杆和下弦横向支撑。

161.（　）木屋架的支座、支撑连接等构件必须符合设计要求和施工规范，连接必须牢固、无松动。

162.（　）木门窗安装的工艺顺序：立樘子、门窗扇的安装，门窗五金的选用，门窗五金的安装。

163.（　）木外门的安装门扇与地面留缝宽度为 10～12 mm。

164.（　）吊顶施工的操作工艺顺序：准备工作→放线→预埋吊点杆→安装平顶筋→安装平顶梁→安装面层。

165.（　）吊顶施工罩面板的安装必须牢固，无脱层、无钉眼、无拆裂、无接缝。

166.（　）在吊顶施工中，用胶合板作罩面板时，接缝平直观允许偏差 0.5 mm。

167.（　）木地板铺设的操作工艺顺序：放线、摆楼地板龙骨、钉剪刀撑、铺钉企口板、地板刨光、钉踢脚板。

168.（　）框式家具制作的工艺顺序：配料刨削、划线、打眼开榫、拼板、净光、起槽、零部件组装、整体装配、外形装饰等。

169.（　）板式家具主要采用人造板作为基本材料，其制作顺序：基材锯裁加工，开角位拼装组合，封边收口磨光，部件组装成型。

170.（　　）家具板式部件组装的开榫，一般固定式板式家具的上部结构采用凹凸开口直角榫接，即在部件的上端开45°角榫，采用胶结和插接方法固定。

171.（　　）板椅的装配是拢前片，再拢后片，然后拢椅架吊座板，最后用手检法检查四腿是否平稳，如不平稳用量尺进行修正。

172.（　　）长茶几的制作是按图放样，先打出榫眼后，腿的内侧加工成弯曲状，应用铁刨刨光滑，裙板依据使用者要求，雕刻成一定的线型或加工成一定形状。

173.（　　）长茶几的装配，是先把腿柱、裙板组合成框，再将腿和裙板顶面刨削平整，腿的弧度精加工，最后安装茶几面。

174.（　　）木屋架制作与装配结构长度的检查方法是尺量检查屋架支座节点中心间距。

175.（　　）木屋架安装受弯或压弯构件纵向弯曲的检查方法是吊（拉）线尺量检查。

176.（　　）框锯的料路是指锯齿尖向两侧倾斜的方式，料路分为二料路和三料路两种，而三料路又分为左中右三料路和左中右中三料路。

177.（　　）料度是指锯齿尖向两侧的倾斜程度，料度是使用中能使锯条与木料形成间隙，减少锯条摩擦，既操作省力又便于木屑排出，一般横截锯的料度为锯条厚度的1～1.2倍。

178.（　　）手工木工使用刨子有步法、手法、眼法，这三法是推刨的基本功，木料刨削后，视方正平直，木板拼粘有无缝隙是衡量手工木工刨削水平和眼力的重要标准。

179.（　　）弹簧铰链包括单管式和双管式两种，双管式只能单向开启。

180.（　　）铁板铰链用于装置在重又大的门扇上，铰链的两个部分可以脱开，分别装在门扇上和门樘上。

181.（　　）明插销装置在门侧面，起固定门窗作用。

182.（　　）含水率未能达到规定的数值是木制品造成变形的原因之一。

183.（ ）发现木制品变形，要及时采取措施补救。

184.（ ）防止木材燃烧一般采取结构防火措施和用防火剂处理两种方法。

185.（ ）屋面木基层的操作工艺顺序：安装木檩条、铺钉屋面板、铺钉油毡、钉挂瓦条、钉封檐板、钉封山板。

186.（ ）木屋架木檩条安装时，如原木檩条有弓势应沿屋面斜面内向屋脊方向放置。

187.（ ）木屋架在坡度大于 25°屋面上操作时，应设有防滑梯、护身栏杆等防护措施。必须站在脚手架上钉封檐板和封山板。

188.（ ）模板按其形式不同可分为整体式模板、台模、定型模板、滑升模板和移动式模板。

189.（ ）木模板的基本项目：模板与场地接触面应清理干净，并采取防止黏结的措施。

190.（ ）正确地掌握混凝土侧压力是防止模板事故的方法。

191.（ ）模板施工安全规定：进入现场人员必须戴好安全帽。

192.（ ）木门窗的制作工艺顺序：放样→配料→截料→刨料→划线→打眼→开榫、拉肩→裁口、起线→拼装、光面、堆放。

193.（ ）木门窗的制作要求木材含水率：应不大于 18%，并进行防虫、防腐、防火处理。

194.（ ）制作胶合板门扇：在 2 m^2 内平整度不大于 3 mm。

195.（ ）为了达到木门窗表面质量要求，在制作中必须克服的缺陷有戗槎、刨痕、毛刺、锤印、脱棱与缺角。

196.（ ）屋面木基层檩条、椽条的方木上表面平直检查项目的检查方法是使用水准仪进行检查。

197.（ ）木吊顶的表面平整检查项目的检查方法是使用 2 m 靠尺和楔形塞尺进行检查。

初级手工木工理论知识试题精选答案

◉ 单项选择题

1. A　2. B　3. C　4. D　5. D　6. C　7. A　8. B
9. A　10. B　11. A　12. C　13. B　14. B　15. C　16. C
17. C　18. B　19. D　20. D　21. C　22. D　23. C　24. D
25. D　26. A　27. A　28. B　29. A　30. B　31. D　32. C
33. C　34. B　35. D　36. D　37. D　38. B　39. A　40. C
41. A　42. A　43. B　44. C　45. C　46. B　47. D　48. C
49. B　50. B　51. C　52. D　53. A　54. B　55. B　56. B
57. D　58. B　59. C　60. A　61. B　62. A　63. B　64. B
65. B　66. D　67. C　68. C　69. C　70. A　71. A　72. C
73. C　74. D　75. D　76. B　77. C　78. C　79. C　80. C
81. A　82. B　83. C　84. A　85. D　86. B　87. D　88. D
89. A　90. B　91. C　92. C　93. D　94. A　95. D　96. A
97. D　98. A　99. A　100. C　101. B　102. B　103. A　104. C
105. C　106. C　107. C　108. D　109. A　110. C　111. B　112. A
113. C　114. D　115. D　116. C　117. A　118. B　119. B　120. D
121. C　122. A　123. A　124. A　125. A　126. C　127. D

◉ 判断题

128. ×　129. ×　130. √　131. √　132. √　133. √　134. ×　135. √
136. ×　137. ×　138. √　139. √　140. √　141. ×　142. ×　143. ×
144. ×　145. ×　146. √　147. √　148. ×　149. ×　150. ×　151. ×
152. ×　153. ×　154. ×　155. √　156. ×　157. √　158. √　159. √
160. ×　161. √　162. √　163. ×　164. ×　165. ×　166. ×　167. √
168. √　169. ×　170. ×　171. ×　172. √　173. ×　174. √　175. √
176. √　177. √　178. √　179. ×　180. √　181. ×　182. √　183. √

184. √　185. √　186. √　187. √　188. √　189. ×　190. √　191. ×
192. √　193. ×　194. ×　195. √　196. ×　197. √

初级手工木工理论知识考试模拟试卷

职业技能鉴定国家题库

手工木工初级理论知识试卷

注　意　事　项

1. 考试时间：120 min。
2. 本试卷依据 2002 年颁布的《国家职业标准·手工木工》命制。
3. 请首先按要求在试卷的标封处填写您的姓名、准考证号和所在单位的名称。
4. 请仔细阅读各种题目的回答要求，在规定的位置填写您的答案。
5. 不要在试卷上乱写乱画，不要在标封区填写无关的内容。

	一	二	总分
得分			

得分	
评分人	

一、单项选择题（第 1 题～第 160 题。选择一个正确的答案，将相应的字母填入题内的括号中。每题 0.5 分，满分 80 分。）

1. 职业道德是指从事一定职业的人，在工作或劳动过程中，所应遵循的与其职业活动紧密联系的（　　）的总和。

A. 道德规范　　B. 个人品质

C. 工作规程　　　　D. 劳动技能

2. 社会主义职业道德是建立在以公有制为主体的经济基础之上的人和人之间的职业关系，基本上消灭了人剥削人、人压迫人的现象，建立了同志式的（　　）关系。

A. 联盟调节　　　　B. 职业环节

C. 互平互动　　　　D. 团结互助

3. 职业道德的基本原则就是人们在职业活动中调整人们职业关系和个人利益与社会利益关系时所必须遵循的（　　）的职业道德规范。

A. 根本　　　　B. 关联

C. 获利　　　　D. 互有

4.（　　）是社会主义职业道德的基本原则之一。

A. 积极向上　　　　B. 为人民服务

C. 攻克难关　　　　D. 勤奋好学

5. 社会主义职业道德是以协调个人、集体与（　　）为核心，而离开集体主义，这三者之间的矛盾，是无法协调的。

A. 社会关系　　　　B. 和谐社会

C. 责任体系　　　　D. 职业群体

6. 社会主义职业道德的（　　）是解决劳动态度问题，所以要求在社会主义社会里，每个从业人员在工作中必须树立主人翁的劳动态度。

A. 方法　　　　B. 重点

C. 性质　　　　D. 内容

7. 提高职业道德的修养，必须将学习理论和实践相结合，向革命前辈和先进人物学习，自觉地进行（　　）和慎独。

A. 节奏速度　　　　B. 引入提升

C. 展示　　　　D. 自省

8. 一个人职业道德品质的好坏，修养水平的高低，根本上（　　）于以什么样的人生观为基础。

A. 行为　　　　B. 服从

C. 取决　　D. 指教

9. 当一个光源发出的光线照到物体上，光线被物体遮挡，在平面上形成的影子，称为（　）。

A. 承影面　　B. 光线

C. 投影　　D. 影子

10. 投影的分类很多，根据（　）的不同，分为平行投影和中心投影两大类。

A. 投影中心　　B. 承影面

C. 光源　　D. 投射线

11. 投射线互相平行并且（　）投影面的方法称之为正投影法。

A. 显实　　B. 垂直

C. 斜交　　D. 定比

12. 如果将物体放在互相垂直的投影面之间，用三组分别（　）的平行投射线进行投影，就得到物体三个方向的正投影图，也即形成了三面投影图。

A. 倾斜　　B. 直射

C. 折射　　D. 垂直

13. 在三面投影图中，正立投影与水平投影长对正；正立投影与侧立投影高平齐；（　）投影与侧立投影宽相等。

A. 正立　　B. 水平

C. 侧面　　D. 背立

14. 一套房屋施工图的编排顺序：设计图目录、设计总说明、总平面图、建筑施工图、（　）、设备施工图。

A. 建筑平面图　　B. 建筑立面图

C. 建筑剖面图　　D. 结构施工图

15. 下列未被列入常见门窗图例的选项是（　）。

A. 左右推拉窗　　B. 纤维材料

C. 单层固定窗　　D. 立转窗

16. 下列未被列入常见木结构图例的选项是（　　）。

A. 胶合板　　B. 圆木

C. 半圆木　　D. 方木

17. 下列未被列入常见电气图例的选项是（　　）。

A. 电磁阀　　B. 闸开关

C. 配电箱　　D. 电源引入线

18. 木材的（　　）是指用肉眼或放大镜观察到的构造特征。

A. 微观构造　　B. 外部构造

C. 直观构造　　D. 宏观构造

19. 在显微镜下观察到的（　　）称为木材的微观构造。

A. 年轮　　B. 木材组织

C. 髓线　　D. 髓心

20. 为了合理用材，木材按加工方法和用途不同可分为（　　）、杉原条和板方。

A. 板方材　　B. 原木

C. 中板　　D. 杉木

21. 下列选项中不属于针叶树用途范围的是（　　）。

A. 制作斧柄　　B. 制作屋架

C. 细木装饰　　D. 制作檩条

22. 阔叶树可以用来制作（　　）等。

A. 斧柄　　B. 屋架

C. 细木装饰　　D. 檩条

23. 胶合板可以用来制作（　　）等。

A. 脚手架　　B. 木柱

C. 模具　　D. 室内外装修

24. 一般（　　）多用于细木装修、制作家具等。

A. 细木工板　　B. 纤维板

C. 胶合板　　D. 万利板

25. 木工作业中量尺有（　　）、布卷尺、钢直尺、木折尺、三角板、活络三角尺和丈杆等。

A. 墨斗　　B. 钢卷尺

C. 水准仪　　D. 游标卡尺

26. 在立门窗樘时线锤是用以校验物面是否（　　）。

A. 垂直　　B. 水平

C. 平行　　D. 二对角相等

27. 制作木门时，划线工具有角尺、活尺、墨斗、划线笔、（　　）。

A. 水平尺　　B. 拖线器

C. 游标卡尺　　D. 粉袋

28. 在砍木料时，斧的使用方法有（　　）和立砍两种。

A. 平削　　B. 立削

C. 立割　　D. 平砍

29. 木工手工切割锯的类别有拐子锯、弓锯、刀锯、（　　）、割槽锯、板锯。

A. 龙门锯　　B. 横向锯

C. 细锯　　D. 开孔锯

30. 木料横向锯割时，用力要均匀，快锯完时应（　　）。

A. 掰断木料　　B. 保持原有速度

C. 加快锯割速度　　D. 放慢锯割速度

31. 在锯料时如发现料路混乱，可将锯条平放在钢板上，用（　　）将锯齿全部打平，然后进行重新拨料和锉伐。

A. 斧头　　B. 平锉

C. 木锤　　D. 刀锉

32. 手工木工刨的种类有（　　）、圆刨、线刨。

A. 平刨床　　B. 细刨

C. 平面刨　　D. 边刨

33. 刨料时，刨刃刃口一般露出刨口槽 0.1～0.5 mm，最多不超过（　　）。

A. 0.5 mm　　B. 1 mm

C. 1.5 mm　　D. 2 mm

34. 在手工木工作业过程中，木凿的种类有平凿、（　　）、斜刃凿。

A. 宽刃凿　　B. 轻便凿

C. 圆凿　　D. 扁凿

35. 手工木工作业需要的一些常见辅助工具有木锉、（　　）、扳手、旋凿。

A. 角尺　　B. 墨斗

C. 圆凿　　D. 钳

36. 结构施工图主要表示建筑物（　　）的布置情况，构件的种类大小及做法等。

A. 承重结构　　B. 板柱结构

37. 表示建筑物的位置、平面形状、层数、绝对标高，建筑结构周围的地貌，以及旧建筑平面形状等的图是（　　）。

A. 基础平面图　　B. 底层平面图

C. 建筑总平面图　　D. 给排水平面图

38. 基础是位于建筑物最下部的承重结构，承受建筑物的（　　），并将荷载传给地基，基础的类型往往是按构造和材料来划分的。

A. 活荷载　　B. 静荷载

C. 均布荷载　　D. 全部荷载

39. 将建筑物从高度方向分成若干层，并将楼面上的各种荷载传给墙或柱的是（　　）。

A. 结构层　　B. 楼地层

C. 建筑层　　D. 装饰层

40. 楼梯是房屋的垂直交通设施，由楼梯段、（　　）和栏杆扶手组成。

A. 踏步　　B. 平台

C. 防滑条　　D. 台阶

41. 屋顶具有承重、围护作用。同时，根据承重结构和材料不同分为平屋顶、坡屋顶和（　　）。

A. 歇山顶　　B. 硬山坡顶

C. 悬山坡顶　　D. 曲面屋顶

42. 建筑物中，门主要提供人们交通联系和分隔房间，窗则起到室内（　　）的作用。

A. 稳定　　B. 安全

C. 和谐　　D. 通风和采光

43. 手工木工常见的划线笔有木工铅笔和竹笔两种。使用铅笔划线时，将铅笔芯削成扁平形状后，把铅芯紧靠在尺（　　）。竹笔使用方法同铅笔。

A. 水平状划　　B. 沿上顺划

C. 60°角斜划　　D. 边上反划

44. 下料划线时，必须留出加工余量，锯口余量一般留（　　）；单面刨光余量为 3 mm，双面刨光优质产品余量为 5 mm。

A. 3～5 mm　　B. 4～6 mm

C. 5～7 mm　　D. 2～4 mm

45. 斧刃研磨时，一手握斧柄，一手以食指和中指压刃口，紧贴磨石来回推拉，向前推要刃口（　　）始终贴在磨石面上，切勿翘起。当刃口磨得发青、平整平直时，表明已研磨锋利。

A. 平面　　B. 立面

C. 侧面　　D. 斜面

46. 框锯的料路是指锯齿尖向（　　）的方式，料路分为二料路和三料路两种，而三料路又分为左中右三料路和左中右中三料路。

A. 两侧倾斜　　B. 单侧倾斜

C. 倾斜成线　　D. 倾斜成角

47. 平刨是手工木工使用最多的一种工具，主要用于刨削木料的（　　），按用途可分为荒刨、长刨、大平刨、净刨，它们的构造相同，差异在长度上。

A. 平面　　B. 侧面

C. 圆弧　　D. 双弧面

48. 槽刨刃可用螺栓固定在刨床上，适合于刨削小木料的（　）部分，刨削时用身体抵住木料后进行刨削。

A. 垂边　　B. 弯曲

C. 斜面　　D. 端面

49. 铰链按形式不同分为普通铰链、轻型铰链、抽芯铰链、方铰链、（　）、翻窗铰链等。

A. 弹簧铰链　　B. 不锈钢铰链

C. 蝶式铰链　　D. 中窗铰链

50. 弹簧铰链主要装置在（　）的大门上，使门在每次开启后能自动关闭。

A. 机房　　B. 住宅

C. 门卫　　D. 进出频繁

51. 用于建筑物的重型门扇下面的一种自动闭门器称为（　）。

A. 地弹簧　　B. 薄铰链

C. 明铰链　　D. 暗铰链

52. 铁板铰链与其他铰链的区别在于铰链两个部分可以（　），分别装在门扇及门樘上，门扇可拆卸下来。

A. 脱开　　B. 安装

C. 交换　　D. 交叉

53. 插销按其形式不同可分为（　）、暗插销、翻窗插销等。

A. 地插销　　B. 下插销

C. 上插销　　D. 明插销

54. 为防止木制品变形，在施工现场对木制品必须严格按照（　）、品种、类别分别堆垛。

A. 要求　　B. 规格

C. 含水率　　D. 技术

55. 一旦发现木制品变形时，应及时采取（　　）。

A. 加压处理　　B. 油漆贴面

C. 找平压点　　D. 措施补救

56. 采用浸水法对木材进行人工干燥，其方法是将木材浸泡时间根据不同树种约为（　　）个月，使之充分溶去树脂，然后再进行风干或烘干处理。

A. 8～9　　B. 9～10

C. 6～7　　D. 2～4

57. 材料的耐燃性按耐火要求规定分为非燃烧材料、燃烧材料和（　　）材料三大类。

A. 不炭化　　B. 不起火

C. 难燃烧　　D. 易燃烧

58. 属于非燃烧材料的通常有混凝土、钢铁、砖瓦、（　　）等。

A. 木丝板　　B. 铝合金

C. 刨花板　　D. 木材

59. 难燃烧材料多是有机可燃的复合材料，常用有（　　）、木丝板、刨花板。

A. 砖瓦　　B. 沥青混凝土

C. 石材　　D. 砂浆

60. 经自然干燥的木材通常采用（　　）储存。

A. 化学法　　B. 盖顶法

C. 封闭法　　D. 密堆法

61. 人工干燥的木材，其含水率较低，均在（　　）以下。

A. 7%　　B. 12%

C. 8%　　D. 15%

62. 木材在储存管理过程中，要经常检查是否有缺陷、（　　）、虫害发生和有无火灾的危险等。

A. 斜纹　　B. 涡纹

C. 节子　　D. 腐朽

63. 在木工加工场所施工机具必须按规定要求（　　），以便操作方便。

A. 新旧排放　　B. 型号排放

C. 按需排放　　D. 分类排放

64. 木工加工场地内，施工机具必须（　　），以便操作方便，场地整洁。

A. 编号堆放　　B. 集中堆放

C. 分类排放　　D. 随意安放

65. 建筑安装工程中的半成品是指钢、（　　）和已加工成型好的钢筋、模板、砂浆、混凝土等。

A. 墙体、梁、板、柱

B. 消防泵安装、煤气管安装、电气柜安装

C. 木、陶瓷、混凝土构件制品

D. 沥青浇捣、电管线敷设、混凝土

66. 对成品、半成品的保护，在（　　）应提出明确要求，进行详细交底，并制定可靠的措施。

A. 施工前　　B. 施工过程中

C. 在混凝土浇捣前　　D. 在成品安装时

67. 在上、下两道工序施工交接时，应同时检查成品、半成品情况，已经损坏的成品、半成品由上道工序的（　　）负责。

A. 安全员　　B. 统计员

C. 质量员　　D. 施工班组

68. 在施工作业中，出现成品污染，应由责任者负责处理干净，恢复原样。责任者不处理的，按实际发生的（　　）赔偿。

A. 人员费用　　B. 修理费数倍

C. 机械费　　D. 工料费

69. 在施工作业中，出现成品损坏，要视其损坏程度确定（　　）。轻者（指修补后能恢复原状并不降低使用功能）赔偿部分工料费。

A. 加班费　　B. 材料费

C. 人工费　　　　D. 赔偿办法

70. 施工单位专职安全人员对施工人员进入施工现场前进行的（　　），是施工人员进入施工现场必要的程序。

A. 产品说明　　　　B. 安全教育

C. 产品控制　　　　D. 产品定色

71. 进入施工区域的施工人员，必须（　　），高处作业者要正确系好安全带。

A. 翻越　　　　B. 攀爬

C. 戴安全帽　　　　D. 不系帽扣

72. 架设临时用电线必须符合当地有关规定，线路必须绝缘良好，电动机械要做到一机一闸，遇有临时停电或停工时，要（　　）。

A. 绝缘灵活　　　　B. 启动良好

C. 拉闸断电　　　　D. 随时停机

73. 使用斧砍削木料时，不要让斧柄在手中随意滑动，以免手掌磨出血泡。工件较窄时，为防止斧刃伤及手指，可用（　　）等将工件扶稳削砍。

A. 锯条　　　　B. 铁件

C. 斧刃　　　　D. 木棍

74. （　　）不属于木材的天然缺陷。

A. 腐朽　　　　B. 脆性

C. 节子　　　　D. 夹皮

75. 木节对木质的影响，主要依木节的大小、数量、（　　）和质地，以及木材用途而异。

A. 径切面　　　　B. 位置

C. 髓线　　　　D. 弦切面

76. 木材因受（　　）而折断时，断得突然、断得整齐，这种性质称为脆性。

A. 外力　　　　B. 弯曲

C. 夹皮　　　　D. 湿度

77. 翘曲是板、方材等成材的变形，是由于（　　）、干燥不均所致。

A. 材质不一　　B. 配料不均
C. 温度过高　　D. 堆积不良

78. 木板上有时产生起皮、皱起、钝棱等缺陷是由于木材在（　　）过程中引起的。

A. 自然干燥　　B. 机械加工
C. 储存　　D. 搬运

79.（　　）严重影响木材的物理、力学性质，使其质量减轻，吸水性增大，强度、硬度降低。

A. 髓线　　B. 腐朽
C. 边材　　D. 心材

80. 根据制品的质量要求，合理确定零部件所用材料的树种、纹理、规格及（　　）的过程，称为木材的选料。

A. 抗压强度　　B. 纤维饱和点
C. 抗剪强度　　D. 含水率

81. 木制品配料的方法主要有划线配料法、（　　）、单一配料法和综合配料法四种。

A. 机械配料法　　B. 混合配料法
C. 刨光配料法　　D. 手工配料法

82. 木材的各种覆面材料，在长度和宽度上的加工余量一般取（　　）。

A. 20～25 mm　　B. 5～10 mm
C. 15～20 mm　　D. 25～30 mm

83. 为获得一定形状、尺寸、光洁的表面，保证后续工序加工（　　），必须对毛料基准面加工，基准面包括平面、侧面、端面。

A. 定角度　　B. 定位
C. 定中点　　D. 定边

84. 为保证刨削质量，一般要（　　）刨削，刨削中如遇刨节疤、弯曲或材质坚硬的木材时，刨刀的切削阻力增大，推刨应降低进料速度，刨削时，先刨大面后刨小面。

A. 顺斜角　　B. 逆直边

C. 顺木纹　　D. 逆木纹

85. 板缝企口拼接法即龙凤榫接法，是将木板两侧面制成（　　）形的榫槽，使木板互相衔接起来，这种方法用于较宽的木板。

A. 间接　　B. 斜粘

C. 凹凸　　D. 直贴

86. 在拼板缝操作时，木料必须（　　）。刨缝时的起止线要长，如拼 2 m 左右的板时，全长推 2～3 刨就可将板缝刨直，两板拼缝严密、齐整平滑，板面配合均匀，防止凹凸不平。

A. 充分干燥　　B. 含水率 18%

C. 直角斜边　　D. 垂直斜边

87. 榫十字形结合法是将两块宽度、厚度相同的木件，在结合部各剔去一半，然后把它们（　　）互相叠合。实际应用时，必须准确平整，肩缝密贴。

A. 两边两角　　B. 一面一角

C. 一纵一横　　D. 两边夹角

88. 根据所处的位置和大小，榫头可分为：中榫、半榫、半肩中榫、半肩半榫。其中：中榫榫头的两边都有榫肩，（　　），一般情况下都用中榫。

A. 受震裂缝　　B. 不易垂直

C. 不易扭动　　D. 受潮变形

89. 板的纳入榫结合法，是在板上直接开凿宽度与板厚度相同的槽，槽深为板厚的（　　），再纳入板与之结合。

A. 1/2　　B. 2/3

C. 1/3　　D. 4/5

90. 直角柄榫结合是制作门窗框扇最基本的方法，按习惯都以（　　）为边梃，在边梃上凿榫眼，以横材为冒头，在冒头上做榫头，制作时先凿榫眼，后制榫头。

A. 垂边　　B. 直边

C. 边材　　D. 竖材

91. 木屋架脊节点到下弦轴线的距离称屋架的高度，两榀屋架之间的（　　）距离称为屋架间距。

A. 中心　　B. 连线

C. 斜线　　D. 边线

92. 木屋架起拱一般利用（　　）接头，如有两个接头时，在 1/3 处起拱。

A. 上弦　　B. 下弦

C. 斜杆　　D. 竖杆

93. 木屋架制作的工艺顺序是：放样、（　　）、加工、装配。

A. 出小样　　B. 定位

C. 选料　　D. 按大样图出样板

94. 木屋架制作样板所需的木材要求是：（　　）。

A. 木纹清晰，含水率不超过 18%

B. 木纹平直，含水率不超过 20%

C. 木纹平直，含水率不超过 18%

D. 木纹清晰，含水率不超过 20%

95. 木屋架制作加工选材要求：屋架各杆件受力性质不同，要选用不同等级的木材并注意其（　　）限制。

A. 纹理　　B. 树种

C. 位置　　D. 缺陷

96. 木屋架制作配料时应检查木材（　　）、丈量尺寸，并根据要求对木材进行长短搭配、合理安排。

A. 规格　　B. 优劣

C. 产地　　D. 数量

97. 木屋架制作（　　）所有凸榫及槽齿都要用锯锯割，锯好后，再用刨或凿修整。

A. 配料比例　　　　B. 检查要求

C. 选材要求　　　　D. 加工要求

98. 木屋架制作装配应尽量在（　　）位置下方的空地上进行拼装，以利起吊安装方便。

A. 任意　　　　B. 安装

C. 特殊　　　　D. 吊车

99. 木屋架制作装配后，每榀屋架应按照安装位置（　　）。

A. 编号　　　　B. 排列

C. 吊装　　　　D. 固定

100. 木屋架制作的保证项目是屋架端节点、（　　）和上、下弦接头的构造都必须符合设计要求和施工规范的规定。

A. 竖杆　　　　B. 下弦中央节点

C. 斜腹杆　　　　D. 脊节点

101. 木屋架制作的基本项目：木屋架的腹杆轴线与承压面垂直，连接紧密，（　　）牢固，且无变形。

A. 垫板　　　　B. 夹板

C. 螺旋　　　　D. 扒钉

102. 木屋架制作的允许偏差项目：制成的屋架及构件对（　　）的允许偏差不得超过规范规定。

A. 长度尺寸　　　　B. 设计尺寸

C. 高度尺寸　　　　D. 宽度尺寸

103. 木屋架安装的操作工艺顺序：（　　）、放线、安装、设置支撑、固定。

A. 熟悉图样　　　　B. 加固

C. 准备工作　　　　D. 起吊

104. 木屋架安装的准备工作之一：墙顶上如果是（　　）、应用焦油、沥青刷其表面，以作防腐。

A. 钢垫板　　　　B. 砼隔块

C. 木垫块　　D. 石垫层

105. 木屋架安装放线是在墙上测出标高，然后（　　）并弹出中心位置，起吊前用木杆将上弦水平加固。

A. 划线　　B. 找平

C. 找中心位置　　D. 加固

106. 木屋架安装第二榀起，在两屋架间至少钉三根檩条，（　　）一定要钉。

A. 端檩　　B. 脊檩

C. 支撑　　D. 剪刀撑

107. 木屋架的支座、支撑连接等构件必须符合设计要求和施工规范，连接必须牢固，无（　　）。

A. 裂缝　　B. 缺损

C. 松动　　D. 滑牙

108. 屋架安装时（　　）与砖石砌体、混凝土的接触处要有防腐处理。

A. 木构件　　B. 混凝土构件

C. 钢构件　　D. 铝合金构件

109. 木屋架安装后（　　）位置对设计要求的偏差，不应超过规范的规定。

A. 联系杆　　B. 屋架

C. 桁架　　D. 支撑

110. 屋面木基层的操作工艺顺序为安装木檩条、钉挂瓦条、（　　）、钉封山板。

A. 安装木檩条　　B. 铺钉屋面板

C. 铺钉油毡　　D. 钉封檐板

111. 木屋架木檩条安装原木檩条大小头相搭接用斧削成（　　），使屋面板铺钉平整。

A. 等宽　　B. 等高

C. 等厚　　D. 等长

112. 屋面板铺钉与檩条互相垂直，沿口处屋面板长度至少为两跨檩条档，上面几档可穿错（　　）铺钉。

A. 平行　　　　B. 交替

C. 重叠　　　　D. 垂直

113. 木屋架封檐板开钉时应从西山墙檐口处先钉，（　　）拉通长麻线，使其呈水平，板面通直。

A. 中间　　　　B. 两侧

C. 转角处　　　　D. 单边

114. 屋面木基层的保证项目有：（　　）必须安装牢固。

A. 屋面板　　　　B. 挂瓦条

C. 檩条　　　　D. 顺水压条

115. 屋面木基层基本项目：屋面板接头应在檩、椽条上分段（　　），无漏钉。

A. 平行　　　　B. 错开

C. 垂直　　　　D. 相交

116. 屋面木基层檩条、椽条、油毡、挂瓦条等设计尺寸允许（　　）应符合有关规范规定。

A. 开裂　　　　B. 偏差

C. 接头　　　　D. 条件

117. 木屋架应在（　　）拼装，否则应设安全措施。

A. 架空　　　　B. 墙顶

C. 地面　　　　D. 挂拼

118. 整体式模板、台模、定型模板、滑升模板和移动式模板，按（　　）不同划分。

A. 型号　　　　B. 材料

C. 施工　　　　D. 使用

119. 木模板和钢模板是较常见的模板，是按（　　）划分的。

A. 使用　　　　B. 型号

C. 工艺　　　　D. 材料

120. 模板的底模承受竖向荷载，（　　）主要承受新浇捣混凝土的侧向压力。

A. 支撑　　B. 底模

C. 侧模　　D. 立柱

121. 木模板的配置：配制好的模板应在（　　）写明编号与规格，分别堆放保管。

A. 正面　　B. 反面

C. 侧面　　D. 横档

122. 模板起拱的大小为梁跨的（　　），起拱以抵消跨中受力后梁模下垂的挠度。

A. 0.1%～0.3%　　B. 0.3%～0.5%

C. 0.5%～0.7%　　D. 0.7%～0.9%

123. 木模板的基本项目：模板与（　　）接触面应清理干净，并采取防止粘接措施。

A. 钢筋　　B. 加工台

C. 场地　　D. 混凝土

124. 防止模板事故的方法：向上延伸较高的模板，其第一道拉杆尽量布置在下部，以防模板挠度发展时产生（　　）作用。

A. 破裂　　B. 爆模

C. 下垂　　D. 上浮

125. 用L型模板是用来防止模板（　　）部位漏浆的方法之一。

A. 柱下　　B. 阴角

C. 阳角　　D. 板底

126. 模板施工安全：进入工地人员必须戴好（　　）；高空作业人员必须佩好安全带，并应系牢。

A. 工作证　　B. 安全帽

C. 工作服　　D. 工具包

127. 木门按其构造形式的不同可分为镶板门、（　　）、夹板门、玻璃门。

A. 折门　　B. 开关门

C. 推拉门　　D. 拼板门

128. 木门扇一般由门梃、上、下冒头、（　　）、门肚板组成。

A. 中梃　　B. 中贯挡

C. 贴脸板　　D. 度头板

129. 木窗扇一般窗梃由（　　）和窗棂子组成。

A. 中梃　　B. 裁口条

C. 中贯挡　　D. 上冒头、下冒头

130. 木门窗的制作工艺顺序为：放样、配料、截料、刨料、（　　）、打眼、开榫、拉肩、裁口、起线、拼装、光面、堆放。

A. 锯料　　B. 砍料

C. 光面　　D. 划线

131. 用于制作木门窗的木材含水率应不大于 12%，并应对其进行防虫、（　　）、防火处理。

A. 防开裂　　B. 防腐

C. 防晒　　D. 防潮

132. 为了达到木门窗表面质量要求，在制作中必须克服的缺陷有戗槎、（　　）、毛刺、锤印、脱棱与缺角。

A. 木纹不一致　　B. 虫眼

C. 刨痕　　D. 节子

133. 吊顶施工中，灰板条需钉牢、钉平，接头在格栅上，（　　）布置，间隙及对头缝大小均应符合要求。

A. 同一平面上　　B. 任意

C. 平行　　D. 交错

134. 在吊顶施工中，吊顶面不平顺产生的原因有：水平标高线控制不好、吊顶固定构造不妥、（　　）、钢丝网抹灰吊顶板条拱起。

A. 接缝不平直　　B. 板缝过大

C. 压条不直　　D. 起拱拱度不均匀

135. 塑料地面板铺设操作工艺顺序：机具准备、地面处理、塑料板处理、塑料板（　）、塑料板焊接、塑料踢脚板施工。

A. 压实　　B. 钉接

C. 粘贴　　D. 烫平

136. 纤维板地面铺设操作工艺顺序：地面处理、调制胶粘剂、（　）、铺设纤维板、表面处理。

A. 预铺　　B. 磨光

C. 锯割纤维板　　D. 弹线

137. 木质地板铺设时，木格栅、毛地板、垫木须进行防腐处理。木格栅安装必须牢固、（　），木质板面必须铺钉牢固，粘接牢固无空鼓。

A. 略倾斜　　B. 起拱

C. 平直　　D. 紧贴墙壁

138. 硬木长条地板铺设缝隙宽度不大于（　）。

A. 0.3 mm　　B. 0.5 mm

C. 0.8 mm　　D. 1 mm

139. 木质地板施工时其底层格栅含水率不大于（　）。

A. 18%　　B. 20%

C. 22%　　D. 24%

140. 框式家具制作的工艺顺序是：配料刨削、划线、（　）、拼板、净光、起槽、零部件组装、整体装配、外形装饰等。

A. 打眼开榫　　B. 小面平直

C. 断料拼装　　D. 点线定位

141. 家具板式部件的圆棒榫孔、螺栓孔、连接安装孔，都需先钻孔，有的在平面上，有的需在（　）或端头，依据使用要求，准确定位，控制孔间距的精度。

A. 点面　　B. 线位

C. 大面　　　　　　　　　　　　D. 侧边

142. 家具板式部件组装的开榫，一般固定式板式家具的上部结构采用（　　）直角多榫插合连接，即在部件的上端开直角榫，采用胶接和插接方法固定。

A. 凹凸开口　　　　　　　　　　B. 水平拼接

C. 贯通开口　　　　　　　　　　D. 相缺搭接

143. 板椅椅座板为实木板胶结合，椅面与椅架为木螺钉（　　），后腿与侧裙板采用贯通单榫结合，其他部位均为不贯通单榫结合。

A. 吊面结合　　　　　　　　　　B. 夹边结合

C. 夹角结合　　　　　　　　　　D. 边面结合

144. 长茶几的制作是按图放样，先打出榫眼后，腿的内侧加工成弯曲状，应用（　　）刨光滑，裙板依据使用者要求，雕刻成一定线型或加工成一定形状。

A. 铁刨　　　　　　　　　　　　B. 边刨

C. 线刨　　　　　　　　　　　　D. 槽刨

145. 写字台的制作采用框架结构，先下料划线，按线进行各部件的刨削。划出榫头及（　　）后再进行开榫打眼和开槽，最后组合装配成型。

A. 边夹角位　　　　　　　　　　B. 榫孔位置

C. 节点粘位　　　　　　　　　　D. 拼缝位置

146. 写字台的装配顺序：先组装左、右小柜，组装写字台框架，安装抽屉滑道，安装旁板、柜底板及钉后板，然后拢抽屉，安装小柜门，最后（　　）。

A. 直角固定　　　　　　　　　　B. 夹角固定

C. 固定形状　　　　　　　　　　D. 固定面板

147. 木屋架制作与装配的检查项目：构件截面尺寸、结构长度、屋架高度、齿连接刻凿深度、（　　）、螺栓中心间距等。

A. 支座节点　　　　　　　　　　B. 中心间距

C. 尺量检查　　　　　　　　　　D. 支座节点受剪面

148. 木屋架安装的检查项目：结构中心线间距、垂直度、受弯或压弯构件纵向弯曲、（　　）、支座标高。

A. 支座节点受剪面　　B. 尺量检查

C. 节点　　D. 支座轴线对支承面中心位移

149. 木模板安装的检查项目：轴线位移、标高、截面尺寸、每层垂直度、(　　)、表面平整度。

A. 相邻两板表面平直　　B. 木模板间距

C. 截面受剪面　　D. 相邻两板表面高低差

150. 楼梯木扶手的检查项目：栏杆垂直、栏杆间距、(　　)

A. 扶手表面平整　　B. 栏杆平直度

C. 轴线垂直尺寸　　D. 扶手纵向弯曲

151. 木门窗安装的检查项目：框的正、侧面垂直度；框对角线长度差；框与扇、扇与扇接触处高低差；门窗扇对口和扇与框间留缝宽度；(　　)；窗扇与下坎间留缝宽度；门扇与地面间留缝宽度；门扇与下坎间留缝宽度。

A. 框与扇弯曲　　B. 框与扇横向尺寸

C. 框与扇平直度　　D. 框与扇上留缝宽度

152. 木门窗制作的检查项目：框、扇翘曲；(　　)；胶合板（纤维板）门在 1 m^2 内平整度；宽度和高度；裁口线条和结合处高差（框、扇）。

A. 框与扇横向尺寸　　B. 对角线长度差（框、扇）

C. 框与扇弯曲　　D. 框与扇平直度

153.《建筑安装工人安全技术操作规程》规定：操作人员所穿工作服要整洁；工地内不准（　　）；在 3 m 以上高空作业时，不准穿硬底或带钉易滑的鞋靴；电工要穿绝缘鞋。

A. 戴帽、有跟带钉鞋　　B. 赤脚、穿拖鞋或高跟鞋

C. 穿衬衣、硬底皮鞋　　D. 穿拖鞋、皮靴

154. 进入施工区域，严禁打闹、吸烟要到吸烟室、动用明火要（　　），严禁酒后上岗操作。

A. 准备消防车　　B. 办用火证

C. 穿石棉衣　　D. 戴安全帽

155. 架设临时电线必须符合当地电业局的规定，线路必须绝缘良好，电动机械要做到（ ），遇到临时停电或停工时，要拉闸断电。

A. 设置掉闸装置　　B. 绝缘有效

C. 接零、接地　　D. 一机一闸

156.《建筑安装工人安全技术操作规程》规定：接触（ ）或粉尘作业时，要有按规定要求使用的防毒劳动保护用品等。

A. 砌块材料　　B. 粉刷材料

C. 有毒物品　　D. 装饰物品

157. 木制品制作完工后，应将施工（ ）的木屑等废料清扫洁净，保证施工现场卫生。

A. 现场内　　B. 现场外

C. 扬尘　　D. 洒水后

158. 木制品成品应按批次、（ ）进行分类堆放，摆放平整。

A. 剩余的数量　　B. 变形的程度

C. 式样、性质　　D. 规格、类型

159. 木制品成品为了避免压弯变形，应（ ），堆放高度不宜过高。

A. 散乱堆放　　B. 集中堆放

C. 分层堆放　　D. 堆放进室内

160. 堆放木制品成品的地方要注意（ ）、防腐蚀、防虫蛀、防火。

A. 压弯变形　　B. 防潮、防雨

C. 保持露天通风　　D. 堆放高度小于 5 m

得分	
评分人	

二、判断题（第 161 题～第 200 题。将判断结果填入括号中。正确的填“√”，错误的填“×”。每题 0.5 分，满分 20 分。）

161.（ ）社会主义职业道德是在同形形色色的腐朽思想和道德观念斗争中

形成和发展起来的。

162.（　　）为人民服务体现了正确的世界观、人生观、价值观。我们认识世界、改造世界的目的，归根到底是为广大人民群众谋福利，树立全心全意为人民服务的人生观。

163.（　　）在木加工凿榫眼时，第一凿应凿在榫眼线上处。

164.（　　）手工木工加工钻的种类有手钻、牵钻、陀螺钻、螺纹钻、弓摇钻、麻花钻、电动冲击钻。

165.（　　）手工木工在硬木上用手钻加工孔眼时，需用圆形尖锥的手钻。

166.（　　）表示管道走向、电气线路等的图主要有电气流程施工图。

167.（　　）表示建筑物的外形轮廓和各部分配件的形状及相互关系，墙面的装饰材料和做法等的图是建筑透视图。

168.（　　）家具分为框架式、板式、软家具、硬家具等。

169.（　　）手工木工常用的角尺有直角尺、活络尺、斜尺，主要用于在木料上划水平定位线、垂面定位点标注等，同时可检查木制品表面的平整度。

170.（　　）锯齿斜度根据锯的用途而定，一般顺斜度为 80°，前刃与后刃之间夹角为 55°，横锯的斜度为 90°，前刃与后刃之间夹角为 60°。

171.（　　）常见槽刨有固定槽刨和万能槽刨两种，常用槽刨的规格 10～20 mm，使用时按需选用规格，槽刨是供刨削用的。

172.（　　）推刨的步法、手法、眼法是手工木工基本功的三要素，而木料刨削后，视直角垂边和木板拼粘后无缝隙是确定手工木工技能水平高低的重要标准。

173.（　　）膘胶具有黏度高，抗水性强等特点。

174.（　　）防止木材燃烧一般采取结构防火措施和使用防火剂处理两种方法。

175.（　　）木丝板、沥青砼是属于建筑物的燃烧材料。

176.（　　）为了保证木材在储存期的防火安全，应在材垛周围设 2.5～3 m 防火线。

177.（　　）在施工作业中，出现成品损坏，经查实属有意破坏成品、半成品者要视其损坏程度确定赔偿办法。

178.（　　）材料的弯曲既降低木材的强度，也影响木材的含水率。

179.（　　）在平刨床上，容重大、质地坚硬的木材或软木，每次的刨削量相同，为便于操作，应控制在 1～2 mm 之间。

180.（　　）榫 T 字形燕尾接法，是在木件的端部制成内大外小的燕尾榫头，按其位置在另一木件中部剔缺口，然后将它们销接。这样，木件结合后会非常牢固。

181.（　　）三角形木屋架斜杆、竖杆和下弦统称为腹杆。

182.（　　）木屋架起吊时应由有经验的起吊工指挥，当屋架起吊离地面 300 mm 以后，应停车进行检查。

183.（　　）屋面木基层一般由檩条、屋面板、油毡、顺水压条、挂瓦条等组成。

184.（　　）木模板配置和预埋件的允许偏差应符合有关规范的规定。

185.（　　）木窗按其开关形式的不同可分为开关窗、翻窗、推窗。

186.（　　）木门窗制作遇死节和直径大于 5 mm 的虫眼，应用不同的木材塞加胶填补。

187.（　　）木门窗安装的工艺顺序为立樘子、门窗扇的安装、门窗五金的选用、门窗五金的安装。

188.（　　）木门窗安装的位置必须符合用户进出的要求。

189.（　　）吊顶施工的操作工艺顺序为：准备工作→放线→预埋吊点杆→安装平顶梁→安装平顶筋→安装面层。

190.（　　）在吊顶施工中，用胶合板作罩面板时，接缝高低允许偏差 0.5 mm。

191.（　　）木地板铺设操作工艺顺序为：放线→摆楼地板龙骨→钉剪刀撑→铺钉企口板→地板油漆→钉踢脚板。

192.（　　）方凳腿在制作时，凳腿应呈向外微垂状，因凳面斜接裙板 20 mm，会因此显得上大下小，给人以不稳定感。

193.（　　）长茶几的装配顺序：先将腿柱、裙板组合成框，再将腿和裙板顶面刨削平整，腿的弧度精加工，最后安装茶几面。

194.（　　）卧室柜制作的顺序是：备料、下料、划线，板件大面刨削方正平直，粘贴封边，开榫开槽和连接件固定，最后总体安装成型。

195.（　　）质量检查的主要依据是施工图和国家颁发的质量标准。

196.（　　）屋面木基层檩条、椽条的方木上表面平直检查项目的检查方法是使用水准仪检查。

197.（　　）木吊顶的立面垂直检查项目的检查方法是使用直尺和尺量检查。

198.（　　）木质地面的板表面平整度的检查方法是使用 2 m 靠尺和塞尺检查。

199.（　　）从事高处作业人员要不定期检查身体。

200.（　　）木制品制作完工后，对剩余的木料，应堆放好保管起来，以便今后使用，做到合理和节约用料。

初级手工木工理论知识考试模拟试卷答案

一、单项选择题

1. A　2. D　3. A　4. B　5. A　6. B　7. D　8. C

9. C　10. D　11. B　12. D　13. B　14. D　15. B　16. A

17. A　18. D　19. B　20. B　21. A　22. A　23. D　24. A

25. B　26. A　27. B　28. D　29. D　30. D　31. C　32. C

33. B　34. C　35. D　36. A　37. C　38. D　39. B　40. B

41. D　42. D　43. B　44. D　45. D　46. A　47. A　48. B

49. A　50. D　51. A　52. A　53. D　54. B　55. D　56. D

57. C　58. B　59. B　60. D　61. D　62. D　63. D　64. C

65. C　66. A　67. D　68. D　69. D　70. B　71. C　72. C

73. D　74. A　75. B　76. A　77. D　78. B　79. B　80. D

81. C	82. C	83. B	84. C	85. C	86. A	87. C	88. C
89. C	90. D	91. A	92. B	93. D	94. C	95. D	96. A
97. D	98. B	99. A	100. D	101. C	102. B	103. C	104. C
105. B	106. B	107. C	108. A	109. B	110. D	111. C	112. B
113. A	114. C	115. B	116. B	117. C	118. A	119. D	120. C
121. B	122. A	123. D	124. D	125. C	126. B	127. D	128. A
129. D	130. D	131. B	132. C	133. D	134. D	135. C	136. D
137. C	138. B	139. B	140. A	141. D	142. C	143. A	144. A
145. B	146. D	147. D	148. D	149. D	150. D	151. D	152. B
153. B	154. B	155. D	156. C	157. A	158. D	159. C	160. B

二、判断题

161. √	162. ×	163. ×	164. ×	165. ×	166. ×	167. ×	168. ×
169. ×	170. √	171. ×	172. ×	173. √	174. √	175. ×	176. ×
177. ×	178. ×	179. ×	180. ×	181. ×	182. √	183. √	184. ×
185. √	186. ×	187. √	188. ×	189. √	190. √	191. ×	192. ×
193. ×	194. ×	195. √	196. ×	197. ×	198. √	199. ×	200. √

第六章

初级手工木工操作技能考核要素

初级手工木工操作技能考核内容结构表

◉ 初级手工木工操作技能考核内容结构表说明

操作技能考核内容结构表中列出了初级手工木工的考核内容、选考方式、考核总体时间等内容。

1.“窗帘盒、窗台板制作”“门窗局部连接”“木屋架放样”考核时任选一项，鉴定比重为20%，考试时间为60 min。

2.“门制作”“窗制作”“家具制作”考核时任选一项，鉴定比重为40%，考试时间为90 min。

3.“地板铺设”“模板制作”“吊顶制作”考核时任选一项，鉴定比重为40%，考试时间为90 min。

总体考试时间为240 min。

◉ 初级手工木工操作技能考核内容结构表

初级手工木工操作技能考核内容结构表

鉴定范围 / 鉴定要求	窗帘盒、窗台板制作	门窗局部连接	木屋架放样	门制作	窗制作	家具制作	地板铺设	模板制作	吊顶制作	合计
选考方式	任选一项			任选一项			任选一项			3 项
鉴定比重（%）	20	20	20	40	40	40	40	40	40	100
考试时间（min）	60	60	60	90	90	90	90	90	90	240
考试形式	实际操作	实际操作	实际操作	实际操作	实际操作	实际操作	实际操作	实际操作	实际操作	

初级手工木工操作技能鉴定要素细目表

◉ 初级手工木工操作技能鉴定要素细目表说明

1. 鉴定要素细目表是在考核内容结构表的基础上，列出了本级别具体要考核的内容。其中，“鉴定点”即为具体的考核内容，每个鉴定点都有重要程度指标，即鉴定点后标注的“X”“Y”“Z”。“X”表示“核心要素”，是考核中最重要、出现频率也最高的内容；“Y”表示“一般要素”，是考核中出现频率一般的内容；“Z”表示“辅助要素”，在考核中出现的频率较低。

2. 表中每个鉴定范围都有鉴定比重指标，它表示在一份试卷中该鉴定范围所占的分数比例。每个鉴定点中有若干道试题，它们有共性的考核要求、配分与评分标准，这些试题都是考生应当掌握的。在每次操作技能考核时，试卷是根据考核内容结构表的要求，在鉴定要素细目表的相关鉴定点中由计算机自动抽取或由专家人工选取 3 道试题组成的。

◉ 初级手工木工操作技能鉴定要素细目表

初级手工木工操作技能鉴定要素细目表

鉴定范围			鉴定点	
名称	鉴定比重（%）	选考方式	重要程度	试题量
窗帘盒、窗台板制作	20	任选一项	X	2
门窗局部连接	20		X	3
木屋架放样	20		X	2
门制作	40	任选一项	X	2
窗制作	40		X	3
家具制作	40		X	3
地板铺设	40	任选一项	X	3
模板制作	40		X	2
吊顶制作	40		X	2

第七章

初级手工木工操作技能考核试题和考核模拟试卷

初级手工木工操作技能考核试题

一、窗帘盒、窗台板制作

本鉴定点下共有 2 道试题，这些试题统一的考核要求和配分与评分标准如下：

1. 考核要求

(1) 工具准备齐全。

(2) 正确选用木材的品种和规格。

(3) 正确使用工具，操作姿势正确，手势协调、灵活，操作顺序正确。

(4) 工具锉磨锋利，符合要求。

(5) 尺寸正确，制作牢固，拼缝密实。

(6) 角度准确，表面平直。

(7) 表面光洁，拼装平整，线条和顺。

2. 配分与评分标准

序号	考核内容	考核要点	配分	评分标准	扣分	得分
1	工具准备	工具准备齐全、刃口锋利	10	1. 工具缺少一件，扣5分 2. 工具不锋利，扣5分 3. 扣完为止，不倒扣		
2	材料准备	选材规格正确、配料尺寸正确	15	1. 选料不正确，扣5分 2. 配料多于10%，扣5分 3. 配料少于5%，扣5分 4. 扣完为止，不倒扣		
3	实际操作	工具使用正确，操作时姿势正确，手指、手臂灵活，动作协调，弹线、划线顺序正确	35	1. 工具使用不正确，扣10分 2. 操作姿势不正确，扣10分 3. 操作手势不协调、不灵活，扣5分 4. 基本操作顺序颠倒，扣10分 5. 扣完为止，不倒扣		
4	质量要求	制作牢固，尺寸正确，拼缝密实，角度准确，表面平直	25	1. 制作松动、不牢固，扣5分 2. 尺寸误差2 mm，扣5分 3. 拼缝空隙大于1 mm，扣5分 4. 角度不准确，扣5分 5. 表面不平直误差2 mm以上，扣5分 6. 扣完为止，不倒扣		
5	整体效果	表面光洁、拼装平整，线条和顺	15	1. 表面不平整误差2 mm以上，扣5分 2. 表面不光洁，有毛刺，扣5分 3. 线条不和顺，扣5分 4. 扣完为止，不倒扣		
合计			100			

否定项：

若考生出现下列情况之一，则应及时终止其考试，考生该试题成绩记为0分：

(1) 工具准备不齐，无法完成考试。

(2) 超过规定时间10 min。

【试题 1】窗帘盒制作（1.5 m）

1. 准备要求

（1）考场准备

序号	名称	规格	数量	备注
1	木工操作台	1.0 m×2 m×0.8 m（宽×长×高）	1 只×考生人数	
2	木工操作凳	0.2 m×1 m×0.6 m（宽×长×高）	1 只×考生人数	
3	木材	20 mm×200 mm×2 000 mm（厚×宽×长）	1 根×考生人数	
4	木线条	2 000 mm	1 根×考生人数	
5	胶合板	200 mm×1 500 mm	1 块×考生人数	
6	元钉	12 mm	0.2 kg×考生人数	

（2）考生准备

序号	名称	规格	数量	备注
1	木工铅笔	180 mm 椭圆形	1 支	
2	钢卷尺	2 m 以上	1 把	
3	长刨	450 mm	2 把	
4	直角尺	400 mm	1 把	
5	小框锯	锯条长 450 mm	1 把	
6	羊角锤	0.5 kg	1 把	

2. 考核要求

（1）本题分值：100 分。

（2）考核时间：60 min。

（3）考核形式：实际操作。

（4）具体考核要求：

① 工具准备齐全。

② 选用木材性能符合要求。

③ 正确使用工具，操作手势协调、灵活，操作顺序正确，姿势正确。

④ 制作牢固、尺寸正确、拼缝密实。

⑤ 角度正确、表面平直。

⑥ 表面光洁、线条和顺、拼装平整。

【试题 2】窗台板制作安装（1.5 m）

1. 准备要求

（1）考场准备

序号	名称	规格	数量	备注
1	木工操作台	1.0 m×2 m×0.8 m（宽×长×高）	1只×考生人数	
2	木工操作凳	0.2 m×1 m×0.6 m（宽×长×高）	1只×考生人数	
3	木材	20 mm×260 mm×1 600 mm（厚×宽×长）	1根×考生人数	
4	木线条	1 600 mm 以上	1根×考生人数	

（2）考生准备

序号	名称	规格	数量	备注
1	木工铅笔	180 mm 椭圆形	1支	
2	钢卷尺	2 m 以上	1把	
3	中框锯	550 mm	1把	
4	长刨	长 450 mm	2把	
5	羊角锤	0.5 kg	1把	
6	直角尺	400 mm	1把	

2. 考核要求

（1）本题分值：100 分。

（2）考核时间：60 min。

（3）考核形式：实际操作。

（4）具体考核要求：

① 工具准备齐全。

② 选用木材性能符合要求。

③ 窗尺寸 1 000 mm×500 mm×45 mm。

④ 正确使用工具，操作手势协调、灵活，操作顺序正确、姿势正确。

⑤ 制作牢固、尺寸正确、拼缝密实、角度正确、表面密实。

⑥ 表面光洁、线条和顺、拼装平整。

二、门窗局部连接

本鉴定点下共有 3 道试题，这些试题统一的考核要求和配分与评分标准如下：

1. 考核要求

（1）工具准备齐全。

（2）正确选用木料的品种和规格。

（3）正确的使用工具，操作姿势正确，手势协调灵活，操作顺序正确。

（4）刨料平整光洁，角度正，尺寸正确。

（5）划线清晰，不多线。

（6）榫大小符合要求，凿眼方正，眼内不凹凸。

（7）裁口、线条、开槽平直。

（8）接缝密实。

2. 配分与评分标准

序号	考核内容	考核要点	配分	评分标准	扣分	得分
1	工具准备	工具准备齐全、刀口锋利	10	1. 工具缺少一件，扣 5 分 2. 工具不锋利，扣 5 分 3. 扣完为止，不倒扣		
2	材料准备	选材规格正确，配料尺寸正确	15	1. 选材不正确，扣 5 分 2. 配料多于 10%，扣 5 分 3. 配料少于 5%，扣 5 分 4. 扣完为止，不倒扣		

续表

序号	考核内容	考核要点	配分	评分标准	扣分	得分
3	实际操作	正确使用各种工具，操作顺序符合要求，姿势正确、手指、手臂灵活，动作协调	35	1. 工具使用不正确，扣 10 分 2. 操作顺序不正确，扣 10 分 3. 手指、手臂不灵活，动作不协调，扣 5 分 4. 姿势不正确，扣 10 分 5. 扣完为止，不倒扣		
4	质量要求	刨料正确，锯榫凿眼符合要求，裁口线脚和顺，接缝密实	25	1. 刨料翘曲、尺寸误差 2 mm 以上，扣 5 分 2. 锯榫过线 2 mm，断肩 1 mm 以上，每处各扣 5 分 3. 眼内凹凸 1 mm 以上，扣 5 分 4. 裁口线条接口生硬不和顺，每处扣 5 分 5. 接缝缝隙大于 0.5 mm，每处扣 5 分 6. 扣完为止，不倒扣		
5	整体效果	光洁、平整，不翘曲	15	1. 表面不光洁，扣 5 分 2. 表面不平整，误差 2 mm 以上，扣 5 分 3. 表面翘曲，误差 2 mm 以上，扣 5 分 4. 扣完为止，不倒扣		
合计			100			

否定项：

若考生出现下列情况之一，则应及时终止其考试，考生该试题成绩记为 0 分：

（1）工具准备不齐，无法完成考试。

（2）超过规定时间 10 min。

【试题 1】门上冒头和门梃的连接（玻璃门）

1. 准备要求

（1）考场准备

序号	名称	规格	数量	备注
1	木工操作台	1.0 m×2 m×0.8 m（宽×长×高）	1只×考生人数	
2	木工操作凳	0.2 m×1 m×0.6 m（宽×长×高）	1只×考生人数	
3	木材	50 mm×100 mm×800 mm（厚×宽×长）	2根×考生人数	

（2）考生准备

序号	名称	规格	数量	备注
1	木工铅笔	180 mm 椭圆形	1支	
2	钢卷尺	2 m以上	1把	
3	长刨	长450 mm	2把	
4	木凿	15 mm	1把	
5	木凿	12 mm	1把	
6	直角尺	300 mm	1把	
7	长框锯	锯条长600 mm	1把	
8	小框锯	锯条长450 mm	1把	
9	活络尺	200 mm	1把	
10	斧	1 kg	1把	
11	边刨	300 mm	1把	

2. 考核要求

（1）本题分值：100分。

（2）考核时间：60 min。

（3）考核形式：实际操作。

（4）具体考核要求：

① 工具准备齐全。

② 选用木材性能符合要求。

③ 正确使用工具，操作手势协调、灵活，操作顺序正确。

④ 刨料尺寸正确。

⑤ 榫眼符合要求。

⑥ 线条、裁口和顺平直。

⑦ 接缝密实。

【试题 2】门下冒头和门梃的连接（板门）

1. 准备要求

（1）考场准备

序号	名称	规格	数量	备注
1	木工操作台	1.0 m×2 m×0.8 m （宽×长×高）	1 只×考生人数	
2	木工操作凳	0.2 m×1 m×0.6 m （宽×长×高）	1 只×考生人数	
3	木材	50 mm×100 mm×800 mm 50 mm×150 mm×800 mm （厚×宽×长）	2 根×考生人数	

（2）考生准备

序号	名称	规格	数量	备注
1	木工铅笔	180 mm 椭圆形	1 支	
2	钢卷尺	2 m 以上	1 把	
3	长刨	长 450 mm	2 把	
4	木凿	12 mm、15 mm	各 1 把	
5	直角尺、活络角尺	300 mm、200 mm	各 1 把	
6	斧	1 kg	1 把	
7	长框锯	锯条长 600 mm	1 把	
8	小框锯	锯条长 450 mm	1 把	
9	线刨	20 mm	1 把	
10	槽刨	12 mm	1 把	

2. 考核要求

（1）本题分值：100 分。

（2）考核时间：60 min。

（3）考核形式：实际操作。

（4）具体考核要求：

① 工具准备齐全。

② 选用木材性能符合要求。

③ 正确使用工具，操作手势协调、灵活，操作顺序正确。

④ 刨料尺寸正确。

⑤ 榫眼符合要求。

⑥ 线脚、槽和顺平直。

⑦ 接缝密实。

【试题 3】窗上冒头和窗梃的连接

1. 准备要求

（1）考场准备

序号	名称	规格	数量	备注
1	木工操作台	1.0 m×2 m×0.8 m（宽×长×高）	1 只×考生人数	
2	木工操作凳	0.2 m×1 m×0.6 m（宽×长×高）	1 只×考生人数	
3	木材	50 mm×100 mm×500 mm（厚×宽×长）	2 根×考生人数	

（2）考生准备

序号	名称	规格	数量	备注
1	木工铅笔	180 mm 椭圆形	1 支	
2	钢卷尺	2 m 以上	1 把	
3	长刨	长 450 mm	2 把	
4	木凿	12 mm、15 mm	各 1 把	

续表

序号	名称	规格	数量	备注
5	直角尺、活络角尺	200 mm、200 mm	各 1 把	
6	斧	1 kg	1 把	
7	长框锯	锯条长 600 mm	1 把	
8	小框锯	锯条长 450 mm	1 把	
9	边刨	长 300 mm 以上	1 把	
10	线刨	200 mm	1 把	

2. 考核要求

(1) 本题分值：100 分。

(2) 考核时间：60 min。

(3) 考核形式：实际操作。

(4) 具体考核要求：

① 工具准备齐全。

② 选用木材性能符合要求。

③ 正确使用工具，操作手势协调、灵活，操作顺序正确。

④ 刨料尺寸正确。

⑤ 榫眼符合要求。

⑥ 线条、裁口和顺平直。

⑦ 接缝密实。

三、木屋架放样

本鉴定点下共有 2 道试题，这些试题统一的考核要求和配分与评分标准如下：

1. 考核要求

(1) 工具准备齐全。

(2) 选择好放样的位置，场地要求清洁、平整。

(3) 弹线姿势正确，操作时手势协调灵活，操作步骤正确。

(4) 墨斗内墨汁适量，线长足够。

（5）弹线清晰，不多线，不少线，尺寸正确。

（6）节点齿槽深度符合要求。

（7）起拱尺寸正确。

2. 配分与评分标准

序号	考核内容	考核要点	配分	评分标准	扣分	得分
1	工具准备	工具准备齐全	10	1. 工具准备不齐全，扣10分 2. 扣完为止，不倒扣		
2	材料准备	选择好的弹线场地，平整清洁	15	1. 场地不清洁，扣5分 2. 场地放样位置不正确，扣10分 3. 扣完为止，不倒扣		
3	实际操作	墨斗内墨汁适量，墨色浓，墨线长度足够；弹线手指手法熟练，弹线方法得当，操作步骤正确	35	1. 墨色浅，扣10分 2. 弹线姿势不正确，扣10分 3. 弹线操作步骤不正确，扣10分 4. 弹线不熟练，扣5分 5. 扣完为止，不倒扣		
4	质量要求	屋架的端节点、中间节点符合考核要求。脊节点，下弦中央节点正确，起拱尺寸正确	25	1. 屋架弹线长、高尺寸误差10 mm，扣5分 2. 端节点、齿深大于1/3弦高或小于20 mm，扣5分 3. 中间节点齿槽深大于1/4弦高或小于20 mm，扣5分 4. 脊节点下弦中央节点不正确，每处扣5分 5. 起拱尺寸误差10 mm以上，扣5分 6. 扣完为止，不倒扣		
5	整体效果	弹线面清洁，线条清晰，无多线、少线，配件比例正确	15	1. 弹线面不清洁，每处扣5分 2. 弹线不清晰，多线、少线，每处扣5分 3. 配件比例不正确或配件缺少，扣5分 4. 扣完为止，不倒扣		
合计			100			

否定项：
若考生出现下列情况之一，则应及时终止其考试，考生该试题成绩记为0分：
（1）工具准备不齐，无法完成考试。
（2）超过规定时间10 min。

【试题 1】木屋架放样（12 m 以下）

1. 准备要求

（1）考场准备

序号	名称	规格	数量	备注
1	弹线考核场地	3.5 m×6.5 m（高×长）	每处×考生人数	1. 需辅助人员 1 名 2. 实考 1/2 屋架

（2）考生准备

序号	名称	规格	数量	备注
1	木工铅笔	180 mm 椭圆形	1 支	
2	钢卷尺	3 m 以上	1 把	
3	墨斗	硬木墨斗	1 只	
4	直角尺	500 mm	1 把	

2. 考核要求

（1）本题分值：100 分。

（2）考核时间：60 min。

（3）考核形式：实际操作。

（4）具体考核要求：

①考题的形状参照木屋架示意图（见图 1）。

②工具准备齐全。

③考核场地清洁平整。

④正确使用工具，操作手势协调、灵活、步骤正确。

⑤屋架的外径尺寸正确，线条清晰。

⑥屋架的各个节点齿槽深度符合要求。

⑦屋架的起拱尺寸正确。

⑧各部配件正确。

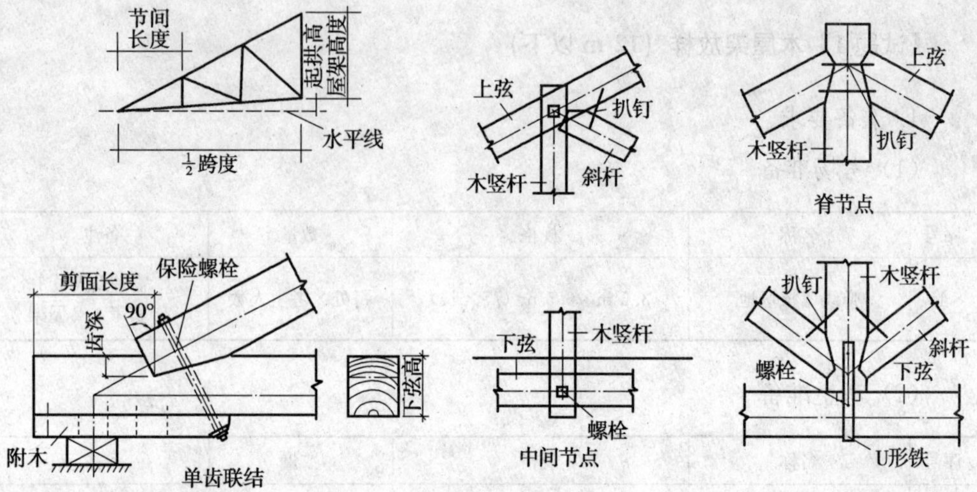

图1 木屋架

【试题2】钢木屋架放样（12 m以下）

1. 准备要求

（1）考场准备

序号	名称	规格	数量	备注
1	弹线考核场地	3.5 m×6.5 m（高×长）	每处×考生人数	1. 需辅助人员1名 2. 实考1/2屋架

（2）考生准备

序号	名称	规格	数量	备注
1	木工铅笔	180 mm椭圆形	1支	
2	钢卷尺	3 m以上	1把	
3	墨斗	硬木墨斗	1只	
4	直角尺	500 mm	1把	

2. 考核要求

（1）本题分值：100分。

（2）考核时间：60 min。

（3）考核形式：实际操作。

（4）具体考核要求：

①考题形状参照钢木屋架示意图（见图 2）。

②工具准备齐全。

③考核场地清洁平整。

④正确使用工具，操作手势协调、灵活，操作步骤正确。

⑤屋架的外径尺寸正确，线条清晰。

⑥屋架的各个节点齿槽深度符合要求。

⑦ 屋架的起拱尺寸正确。

⑧各部配件正确。

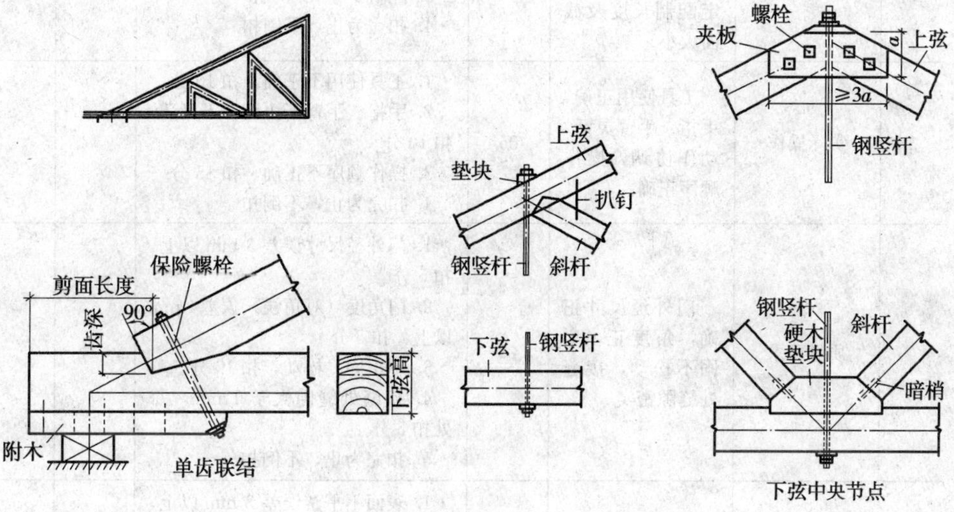

图 2　钢木屋架

四、门制作

本鉴定点下共有 2 道试题，这些试题统一的考核要求和配分与评分标准如下：

1. 考核要求

（1）工具准备齐全。

（2）正确选用木材的品种和规格。

（3）正确使用工具，并要求姿势正确，操作顺序正确，操作手势协调、灵活。

（4）门的外径尺寸正确。角度正。

（5）门扇结实牢固，不翘曲。

（6）接缝密实无缝隙。

2. 配分与评分标准

序号	考核内容	考核要点	配分	评分标准	扣分	得分
1	工具准备	工具准备齐全，刃口锋利	10	1. 工具缺少一件，扣5分 2. 工具不锋利，扣5分 3. 扣完为止，不倒扣		
2	材料准备	根据考核项目要求，选出木材的种类，并按规定配制长度及截面大小	15	1. 选材不正确，扣5分 2. 配料多于10%，扣5分 3. 配料少于5%，扣5分 4. 扣完为止，不倒扣		
3	实际操作	工具使用正确，手指、手臂灵活，动作协调，操作顺序正确	35	1. 工具使用不正确，扣10分 2. 手指、手臂不协调，不灵活，扣10分 3. 操作顺序不正确，扣15分 4. 扣完为止，不倒扣		
4	质量要求	门外经尺寸正确，角度正，牢固不松动，接缝处缝隙密实	25	1. 门外径尺寸误差3 mm以上，扣5分 2. 门角度（对角线）误差4 mm以上，扣5分 3. 不牢固、松动，扣10分 4. 接缝处缝隙大于1 mm，每处扣5分 5. 扣完为止，不倒扣		
5	整体效果	平整、光洁，不翘曲	15	1. 表面不平整误差3 mm以上，扣5分 2. 整体不光洁，扣5分 3. 翘曲4 mm以上，扣5分 4. 扣完为止，不倒扣		
合计			100			

否定项：

若考生出现下列情况之一，则应及时终止其考试，考生该试题成绩记为0分：

（1）工具准备不齐，无法完成考试。

（2）超过规定时间10 min。

【试题 1】胶合板门的制作（400 mm×1 000 mm×30 mm）（宽×高×厚）

1. 准备要求

（1）考场准备

序号	名称	规格	数量	备注
1	木工操作台	1 m×2 m×0.8 m （宽×长×高）	1 台×考生人数	
2	木工操作凳	0.2 m×1 m×0.6 m （宽×长×高）	1 只×考生人数	
3	木材	30 mm×35 mm×5 000 mm	1 根×考生人数	
4	胶合板	400 mm×1 000 mm	2 块×考生人数	
5	板条	8 mm×30 mm×2 800 mm	1 根×考生人数	
6	胶水（白胶）	0.5 kg（瓶）	0.2 g×考生人数	
7	元钉	12 mm	0.2 kg×考生人数	

（2）考生准备

序号	名称	规格	数量	备注
1	木工铅笔	180 mm 椭圆形	1 支	
2	钢卷尺	2 m 以上	1 把	
3	羊角锤	0.5 kg	1 把	
4	大框锯	锯条长度 600 mm	1 把	
5	小框锯	锯条长度 400 mm	1 把	
6	木凿	25 mm、8 mm	各 1 把	
7	直角尺	300 mm	1 把	
8	长刨	450 mm 以上	2 把	

2. 考核要求

（1）本题分值：100 分。

（2）考核时间：90 min。

（3）考核形式：实际操作。

（4）具体考核要求：

① 工具准备齐全。

② 正确选用木材的品种和规格。

③ 正确使用工具，操作顺序正确，手势协调、灵活。

④ 门扇外径尺寸正确，角度正。

⑤ 门扇不翘曲，无缝隙。

⑥ 门扇平整、光洁、牢固。

【试题 2】镶板门的制作（400 mm×1 000 mm×30 mm）（宽×高×厚）

1. 准备要求

（1）考场准备

序号	名称	规格	数量	备注
1	木工操作台	1 m×2 m×0.8 m （宽×长×高）	1 台×考生人数	
2	木工操作凳	0.2 m×1 m×0.6 m （宽×长×高）	1 只×考生人数	
3	木材	35 mm×50 mm×4 200 mm	1 根×考生人数	
4	薄板	8 mm×320 mm×900 mm （厚×宽×高）	1 块×考生人数	

（2）考生准备

序号	名称	规格	数量	备注
1	木工铅笔	180 mm 椭圆形	1 支	
2	钢卷尺	2 m 以上	1 把	
3	羊角锤	0.5 kg	1 把	
4	大框锯	锯条长度 600 mm	1 把	
5	小框锯	锯条长度 450 mm	1 把	

续表

序号	名称	规格	数量	备注
6	木凿	10 mm、25 mm	各1把	
7	斧	1 kg	1把	
8	槽刨	10 mm	1把	
9	长刨	450 mm	2把	

2. 考核要求

(1) 本题分值：100分。

(2) 考核时间：90 min。

(3) 考核形式：实际操作。

(4) 具体考核要求：

① 工具准备齐全。

② 正确选用木材的品种和规格。

③ 正确使用工具，操作顺序正确，手势协调、灵活。

④ 门扇外径尺寸正确，角度正。

⑤ 门扇牢固，不翘曲。

⑥ 接缝密实，无缝隙。

五、窗制作

本鉴定点下共有3道试题，这些试题统一的考核要求和配分与评分标准如下：

1. 考核要求

(1) 工具准备齐全。

(2) 正确选用木材的品种和规格。

(3) 正确使用工具，操作时姿势正确，手指、手臂协调灵活，操作顺序正确。

(4) 窗扇外径尺寸正确、角度正。

(5) 窗扇牢固，不翘曲。

(6) 接缝密实，不松动。

2. 配分与评分标准

序号	考核内容	考核要点	配分	评分标准	扣分	得分
1	工具准备	工具准备齐全，刃口锋利	10	1. 工具缺少一件，扣5分 2. 工具不锋利，扣5分 3. 扣完为止，不倒扣		
2	材料准备	根据考核项目要求，选出木材的种类，并按规定配制规格长度	15	1. 选材不正确，扣5分 2. 配料多于10%，扣5分 3. 配料少于5%，扣5分 4. 扣完为止，不倒扣		
3	实际操作	工具使用正确，手指、手臂灵活，动作协调，操作顺序正确	35	1. 工具使用不正确，扣10分 2. 手指、手臂不协调，不灵活，扣10分 3. 操作顺序不正确，扣15分 4. 扣完为止，不倒扣		
4	质量要求	窗外径尺寸正确，角度正，牢固不松动，接缝密实，裁口线条平直	25	1. 窗外径尺寸大于或小于3 mm，扣5分 2. 窗角度（对角线）误差4 mm以上，扣5分 3. 不牢固、松动，扣5分 4. 拼缝处缝隙大于1 mm，每处扣5分 5. 裁口线条不平直，扣5分 6. 扣完为止，不倒扣		
5	整体效果	平整、光洁、牢固，不翘曲	15	1. 表面不平整，误差3 mm以上，扣5分 2. 整体不光洁，扣5分 3. 翘曲4 mm以上，扣5分 4. 扣完为止，不倒扣		
合计			100			

否定项：
若考生出现下列情况之一，则应及时终止其考试，考生该试题成绩记为0分：
(1) 工具准备不齐，无法完成考试。
(2) 超过规定时间10 min。

【试题1】悬窗的制作（400 mm×400 mm×30 mm）（宽×高×厚）

1. 准备要求

(1) 考场准备

序号	名称	规格	数量	备注
1	木工操作台	1 m×2 m×0.8 m （宽×长×高）	1台×考生人数	
2	木工操作凳	0.2 m×1 m×0.6 m （宽×长×高）	1只×考生人数	
3	木材	35 mm×50 mm×1 680 mm	1根×考生人数	

（2）考生准备

序号	名称	规格	数量	备注
1	木工铅笔	180 mm椭圆形	1支	
2	钢卷尺	2 m以上	1把	
3	羊角锤	0.5 kg	1把	
4	大框锯	锯条长度600 mm	1把	
5	小框锯	锯条长度450 mm	1把	
6	木凿	10 mm	1把	
7	直角尺	300 mm	1把	
8	长刨	450 mm以上	2把	
9	边刨	250 mm	1把	
10	斧	1 kg	1把	

2. 考核要求

（1）本题分值：100分。

（2）考核时间：90 min。

（3）考核形式：实际操作。

（4）具体考核要求：

① 工具准备齐全。

② 选用木材性能符合要求。

③ 正确使用工具，操作顺序正确，手势协调、灵活。

④ 窗扇外径尺寸正确，角度正。

⑤ 窗扇牢固、光洁，不翘曲。

⑥ 接缝密实，裁口、线条平直。

【试题 2】平开窗的制作［（240 mm×500 mm×30 mm）（宽×高×厚），且具有两根横芯］

1. 准备要求

（1）考场准备

序号	名称	规格	数量	备注
1	木工操作台	1 m×2 m×0.8 m（宽×长×高）	1 台×考生人数	
2	木工操作凳	0.2 m×1 m×0.6 m（宽×长×高）	1 只×考生人数	
3	木材	35 mm×50 mm×1 780 mm	1 根×考生人数	

（2）考生准备

序号	名称	规格	数量	备注
1	木工铅笔	180 mm 椭圆形	1 支	
2	钢卷尺	2 m 以上	1 把	
3	羊角锤	0.5 kg	1 把	
4	大框锯	锯条长度 600 mm	1 把	
5	小框锯	锯条长度 450 mm	1 把	
6	木凿	10 mm	1 把	
7	直角尺	300 mm	1 把	
8	长刨	450 mm 以上	2 把	
9	边刨	250 mm	1 把	
10	斧	1 kg	1 把	

2. 考核要求

（1）本题分值：100 分。

（2）考核时间：90 min。

（3）考核形式：实际操作。

（4）具体考核要求：

① 工具准备齐全。

② 选用木材性能符合要求。

③ 正确使用工具，操作顺序正确，手势协调、灵活。

④ 窗扇外径尺寸正确，角度正。

⑤ 窗扇牢固、光洁，不翘曲。

⑥ 接缝密实，裁口、线条平直。

【试题 3】纱窗的制作（240 mm×500 mm×30 mm）（宽×高×厚）

1. 准备要求

（1）考场准备

序号	名称	规格	数量	备注
1	木工操作台	1 m×2 m×0.8 m （宽×长×高）	1 台×考生人数	
2	木工操作凳	0.2 m×1 m×0.6 m （宽×长×高）	1 只×考生人数	
3	木材	35 mm×50 mm×1 800 mm	1 根×考生人数	
4	窗纱	240 mm×500 mm	1 块×考生人数	

（2）考生准备

序号	名称	规格	数量	备注
1	木工铅笔	180 mm 椭圆形	1 支	
2	钢卷尺	2 m 以上	1 把	
3	羊角锤	0.5 kg	1 把	
4	大框锯	锯条长度 600 mm	1 把	
5	小框锯	锯条长度 450 mm	1 把	
6	木凿	10 mm	1 把	

续表

序号	名称	规格	数量	备注
7	直角尺	300 mm	1把	
8	长刨	450 mm以上	2把	
9	边刨	250 mm	1把	
10	斧	1 kg	1把	

2. 考核要求

（1）本题分值：100分。

（2）考核时间：90 min。

（3）考核形式：实际操作。

（4）具体考核要求：

① 工具准备齐全。

② 选用木材性能符合要求。

③ 正确使用工具，操作顺序正确，手势协调、灵活。

④ 窗扇外径尺寸正确，角度正。

⑤ 窗扇牢固、光洁，不翘曲。

⑥ 接缝密实，裁口、线条平直。

六、家具制作

本鉴定点下共有3道试题，这些试题统一的考核要求和配分与评分标准如下：

1. 考核要求

（1）工具准备齐全。

（2）正确选用木材的品种和规格。

（3）正确使用工具，并要姿势正确，操作顺序正确，手势协调、灵活。

（4）高宽尺寸正确，角度正。

（5）不翘曲，拼缝密实，表面光洁。

（6）榫眼方正，牢固不松动。

2. 配分与评分标准

序号	考核内容	考核要点	配分	评分标准	扣分	得分
1	工具准备	工具准备齐全，刃口锋利	10	1. 工具缺少一件，扣5分 2. 工具刃口不锋利，扣5分 3. 扣完为止，不倒扣		
2	材料准备	根据考项选择合适木材，按规定配制规格和长度	15	1. 选材不正确，扣5分 2. 配料多于10%，扣5分 3. 配料少于5%，扣5分 4. 扣完为止，不倒扣		
3	实际操作	工具使用正确，手指、手臂灵活，动作协调，操作顺序正确	35	1. 工具使用不正确，扣10分 2. 手指、手臂不协调，不灵活，扣10分 3. 操作顺序不正确，扣15分 4. 扣完为止，不倒扣		
4	质量要求	高宽尺寸正确，角度正，牢固不松动，拼缝密实，榫眼方正不松动	25	1. 高宽尺寸误差3 mm以上，扣5分 2. 对角线误差大于3 mm，扣5分 3. 不牢固、松动，扣5分 4. 榫眼不方正，扣5分 5. 拼缝处缝隙大于1 mm，每处扣5分 6. 扣完为止，不倒扣		
5	整体效果	平整度好，表面光洁、不翘曲	15	1. 平整度误差大于2 mm，扣5分 2. 表面不光洁，扣5分 3. 翘曲3 mm以上，扣5分 4. 扣完为止，不倒扣		
合计			100			

否定项：

若考生出现下列情况之一，则应及时终止其考试，考生该试题成绩记为0分：

(1) 工具准备不齐，无法完成考试。

(2) 超过规定时间10 min。

【试题1】方凳的制作（400 mm×300 mm×450 mm）（长×宽×高）

1. 准备要求

(1) 考场准备

序号	名称	规格	数量	备注
1	木工操作台	1 m×2 m×0.8 m （宽×长×高）	1台×考生人数	
2	木工操作凳	0.2 m×1 m×0.6 m （宽×长×高）	1只×考生人数	
3	木材	35 mm×45 mm×450 mm 25 mm×35 mm×1 450 mm 420 mm×320 mm×20 mm 10 mm×25 mm×1 450 mm	4根×考生人数 1根×考生人数 1块×考生人数 1块×考生人数	

（2）考生准备

序号	名称	规格	数量	备注
1	木工铅笔	180 mm 椭圆形	1支	
2	钢卷尺	2 m以上	1把	
3	小框锯	锯条长度450 mm	1把	
4	木凿	10 mm	1把	
5	直角尺	300 mm	1把	
6	长刨	450 mm以上	2把	
7	活络尺	200 mm	1把	
8	斧	1 kg	1把	
9	钢尺	150 mm	1把	
10	白胶	0.5 kg（瓶）	0.1 kg	

2. 考核要求

（1）本题分值：100分。

（2）考核时间：90 min。

（3）考核形式：实际操作。

（4）具体考核要求：

① 工具准备齐全。

② 选用木材性能符合要求。

③ 正确使用工具，操作顺序正确，手势协调、灵活。

④ 高宽尺寸正确，角度正。

⑤ 不翘曲，合缝密实。

⑥ 榫眼方正，平整度好。

【试题 2】方桌的制作（400 mm×400 mm×420 mm）（长×宽×高）

1. 准备要求

（1）考场准备

序号	名称	规格	数量	备注
1	木工操作台	1 m×2 m×0.8 m （宽×长×高）	1 台×考生人数	
2	木工操作凳	0.2 m×1 m×0.6 m （宽×长×高）	1 只×考生人数	
3	木材	45 mm×45 mm×420 mm 20 mm×60 mm×1 600 mm 400 mm×400 mm×15 mm 10 mm×25 mm×1 700 mm	4 根×考生人数 1 块×考生人数 1 块×考生人数 1 块×考生人数	

（2）考生准备

序号	名称	规格	数量	备注
1	木工铅笔	180 mm 椭圆形	1 支	
2	钢卷尺	2 m 以上	1 把	
3	大框锯	锯条长度 600 mm	1 把	
4	小框锯	锯条长度 400 mm	1 把	
5	木凿	12 mm、10 mm	各 1 把	
6	直角尺	300 mm	1 把	
7	长刨	450 mm 以上	2 把	
8	斧	1 kg	1 把	
9	钢尺	150 mm	1 把	
10	白胶	0.5 kg（瓶）	0.2 kg	
11	羊角锤	0.5 kg	1 把	

2. 考核要求

（1）本题分值：100 分。

（2）考核时间：90 min。

（3）考核形式：实际操作。

（4）具体考核要求：

① 工具准备齐全。

② 选用木材性能符合要求。

③ 正确使用工具，操作顺序正确，手势协调、灵活。

④ 高宽尺寸正确，角度正。

⑤ 不翘曲，合缝密实。

⑥ 榫眼方正，平整度好。

【试题 3】长茶几的制作（500 mm×225 mm×300 mm）（长×宽×高）

1. 准备要求

（1）考场准备

序号	名称	规格	数量	备注
1	木工操作台	1 m×2 m×0.8 m （宽×长×高）	1 台×考生人数	
2	木工操作凳	0.2 m×1 m×0.6 m （宽×长×高）	1 只×考生人数	
3	木材	25 mm×25 mm×300 mm 10 mm×45 mm×1 450 mm 10 mm×225 mm×500 mm 5 mm×20 mm×1 500 mm	4 根×考生人数 1 根×考生人数 1 块×考生人数 1 块×考生人数	

（2）考生准备

序号	名称	规格	数量	备注
1	木工铅笔	180 mm 椭圆形	1 支	
2	钢卷尺	2 m 以上	1 把	

续表

序号	名称	规格	数量	备注
3	大小框锯	锯条长度 600 mm、450 mm	各 1 把	
4	木凿	10 mm	1 把	
5	直角尺	300 mm	1 把	
6	长刨	450 mm 以上	2 把	
7	斧	1 kg	1 把	
8	钢尺	150 mm	1 把	
9	白胶	0.5 kg（瓶）	0.2 kg	

2. 考核要求

(1) 本题分值：100 分。

(2) 考核时间：90 min。

(3) 考核形式：实际操作。

(4) 具体考核要求：

① 工具准备齐全。

② 选用木材性能符合要求。

③ 正确使用工具，操作顺序正确，手势协调、灵活。

④ 高宽尺寸正确，角度正。

⑤ 不翘曲，合缝密实。

⑥ 榫眼方正，平整度好。

七、地板铺设

本鉴定点下共有 3 道试题，这些试题统一的考核要求和配分与评分标准如下：

1. 考核要求

(1) 工具准备齐全。

(2) 正确选用木材的品种和规格。

(3) 正确使用工具，姿势正确，操作顺序正确，手势协调、灵活。

(4) 地板的密缝度好。

（5）尺寸正确。

（6）铺设牢固。

（7）平整度好。

2. 配分与评分标准

序号	考核内容	考核要点	配分	评分标准	扣分	得分
1	工具准备	工具准备齐全，刃口锋利	10	1. 工具缺少一件，扣5分 2. 刃口不锋利，扣5分 3. 扣完为止，不倒扣		
2	材料准备	材料选用正确，配料尺寸正确	15	1. 选材不正确，扣5分 2. 配料多于10%，扣5分 3. 配料少于5%，扣5分 4. 扣完为止，不倒扣		
3	实际操作	工具使用正确，手指、手臂灵活，动作协调，操作顺序正确	35	1. 工具使用不正确，扣10分 2. 手指、手臂不协调，不灵活，扣5分 3. 姿势不正确，扣10分 4. 操作顺序不正确，扣10分 5. 扣完为止，不倒扣		
4	质量要求	地板铺设不松动，密缝度好，平直不弯，铺设尺寸正确	25	1. 地板松动，扣5分 2. 地板拼缝大于1 mm，扣5分 3. 地板之间高差大于1 mm，扣5分 4. 板面拼缝平直大于误差3 mm，扣5分 5. 铺设尺寸误差大于3 mm，扣5分 6. 扣完为止，不倒扣		
5	整体效果	光洁，平整，牢固	15	1. 地板不光洁，有刨痕，扣5分 2. 地板2 m之间误差大于2 mm，扣5分 3. 走路有响声，扣5分 4. 扣完为止，不倒扣		
合计			100			

否定项：

若考生出现下列情况之一，则应及时终止其考试，考生该试题成绩记为0分：

（1）工具准备不齐，无法完成考试。

（2）超过规定时间10 min。

【试题 1】长企口地板的铺设（空铺）（1 m^2）

1. 准备要求

（1）考场准备

序号	名称	规格	数量	备注
1	格栅	50 mm×100 mm×1 100 mm	4 根×考生人数	
2	木工操作凳	0.2 m×1 m×0.6 m（宽×长×高）	1 只×考生人数	
3	长企口地板	18 mm×70 mm×1 000 mm	1 m^2×考生人数	
4	元钉	50 mm	0.5 kg	

（2）考生准备

序号	名称	规格	数量	备注
1	木工铅笔	180 mm 椭圆形	1 支	
2	钢卷尺	2 m 以上	1 把	
3	羊角锤	0.5 kg	1 把	
4	大小框锯	锯条长度 600 mm、450 mm	各 1 把	
5	直角尺	300 mm	1 把	
6	长刨	450 mm 以上	2 把	
7	螺丝批	300 mm	1 把	
8	墨斗	自制硬木	1 把	

2. 考核要求

（1）本题分值：100 分。

（2）考核时间：90 min。

（3）考核形式：实际操作。

（4）具体考核要求：

① 工具准备齐全。

② 选用木材性能符合要求。

③ 正确使用工具，操作手势协调、灵活，操作顺序正确，操作姿势正确。

④ 地板密缝度好。

⑤ 尺寸正确，铺设牢固，平整度好。

⑥ 无钉眼，光洁度好。

⑦ 格栅符合要求。

【试题 2】小木地板的铺设（1 m^2）

1. 准备要求

（1）考场准备

序号	名称	规格	数量	备注
1	无企口小木地板	12 mm×50 mm×200 mm	1 m^2×考生人数	
2	木工操作凳	0.2 m×1 m×0.6 m（宽×长×高）	1 只×考生人数	
3	地板胶	0.5 kg（瓶）	2 瓶×考生人数	

（2）考生准备

序号	名称	规格	数量	备注
1	木工铅笔	180 mm 椭圆形	1 支	
2	钢卷尺	2 m 以上	1 把	
3	墨斗	自制硬木	1 把	
4	直角尺	300 mm	1 把	
5	小框锯	锯片长 400 mm	1 把	
6	胶刷	50 mm	1 把	

2. 考核要求

（1）本题分值：100 分。

（2）考核时间：90 min。

（3）考核形式：实际操作。

（4）具体考核要求：

① 工具准备齐全。

② 选用木材性能符合要求。

③ 正确使用工具，操作手势协调、灵活，操作顺序正确，操作姿势正确。

④ 地板密缝度好。

⑤ 尺寸正确，铺设牢固，平整度好。

⑥ 角度正，光洁度好。

【试题3】塑料地板的铺贴（1 m^2）

1. 准备要求

（1）考场准备

序号	名称	规格	数量	备注
1	工作操作台	1 m×2 m×0.8 m	1台×考生人数	
2	木工操作凳	0.2 m×1 m×0.6 m（宽×长×高）	1只×考生人数	
3	塑料地板	3 mm	1 m^2×考生人数	
4	黏合剂	聚氨酯胶粘剂	0.5 kg	
5	压辊	ϕ50 mm	1只	
6	胶刷	50 mm	1把	

（2）考生准备

序号	名称	规格	数量	备注
1	木工铅笔	180 mm椭圆形	1支	
2	钢卷尺	2 m以上	1把	
3	直尺	1 m	1把	
4	美工刀	150 mm	1把	
5	直角尺	300 mm	1把	

2. 考核要求

（1）本题分值：100分。

（2）考核时间：90 min。

（3）考核形式：实际操作。

（4）具体考核要求：

① 工具准备齐全。

② 正确使用工具，操作顺序正确，手势协调、灵活，操作姿势正确。

③ 地板接缝密实。

④ 尺寸正确，铺设牢固，平整度好。

⑤ 表面光洁、清洁平整。

八、模板制作

本鉴定点下共有 2 道试题，这些试题统一的考核要求和配分与评分标准如下：

1. 考核要求

（1）工具准备齐全。

（2）正确选用木材的品种和规格。

（3）正确使用工具，姿势正确，操作手势协调、灵活，操作顺序正确。

（4）构件高宽尺寸正确。

（5）底模、侧模尺寸正确。

（6）撑木长度规格正确，间距正确。

（7）垫木的长度和规格尺寸正确。

（8）各种搭头的规格数量正确。

2. 配分与评分标准

序号	考核内容	考核要点	配分	评分标准	扣分	得分
1	工具准备	工具准备齐全，刃口锋利	10	1. 工具缺少一件，扣 5 分 2. 刃口不锋利，扣 5 分 3. 扣完为止，不倒扣		
2	材料准备	材料选用正确，配料尺寸正确	15	1. 选材不正确，扣 5 分 2. 配材多于 10%，扣 5 分 3. 配材少于 5%，扣 5 分 4. 扣完为止，不倒扣		

续表

序号	考核内容	考核要点	配分	评分标准	扣分	得分
3	实际操作	工具使用正确，手指、手臂灵活，动作协调，操作顺序正确	35	1. 工具使用不正确，扣 10 分 2. 手指、手臂不协调，不灵活，扣 5 分 3. 姿势不正确，扣 10 分 4. 操作顺序不正确，扣 10 分 5. 扣完为止，不倒扣		
4	质量要求	构件高宽长尺寸正确，构件底板，侧模尺寸正确，长度规格正确，垫木的长度、规格正确，各种搭头的规格数量正确	25	1. 构件高、宽、长尺寸误差大于 3 mm，扣 5 分 2. 构件底板、侧模的规格长度误差大于 3 mm，扣 5 分 3. 撑木的长度、规格、间距不正确，扣 5 分 4. 垫木的长度、规格不正确，扣 5 分 5. 各种搭头木的数量缺少一根，扣 5 分 6. 扣完为止，不倒扣		
5	整体效果	平整、牢固，垂直度好，起拱符合要求	15	1. 顶撑不垂直、不平整，扣 5 分 2. 起拱不符合要求，误差大于 3 mm，扣 5 分 3. 整体不牢固，扣 5 分 4. 扣完为止，不倒扣		
合计			100			

否定项：
若考生出现下列情况之一，则应及时终止其考试，考生该试题成绩记为 0 分：
（1）工具准备不齐，无法完成考试。
（2）超过规定时间 10 min。

【试题 1】单梁模板制作［单梁尺寸：40 mm×60 mm×800 mm（宽×高×长）］

1. 准备要求

（1）考场准备

序号	名称	规格	数量	备注
1	底板	10 mm×40 mm×800 mm	1 块	
2	侧模板	10 mm×70 mm×800 mm	2 块	
3	T 形顶撑	20 mm×20 mm（496+200）mm	4 根	
4	顶撑斜搭	10 mm×10 mm×300 mm	4 根	
5	垫板	10 mm×40 mm×800 mm	1 块	
6	钆条木	10 mm×10 mm×800 mm	2 根	
7	模板搭头（平搭、斜搭）	10 mm×10 mm×280 mm	4 根	
8	剪刀撑	10 mm×10 mm×200 mm	1 根	
9	木楔	10 mm×20 mm×44 mm	4 副	
10	斜长搭头	10 mm×20 mm×1 600 mm	1 根	
11	元钉	20 mm	0.25 kg	

（2）考生准备

序号	名称	规格	数量	备注
1	木工铅笔	180 mm 椭圆形	1 支	
2	钢卷尺	2 m 以上	1 把	
3	羊角锤	0.5 kg	1 把	
4	小框锯	锯条长度 450 mm	1 把	

2. 考核要求

（1）本题分值：100 分。

（2）考核时间：90 min。

（3）考核形式：实际操作。

（4）具体考核要求：

①考题的形状参照如图 3 所示有斜撑的梁模示意图。

②梁底高 540 mm。

③工具准备齐全。

④选用木材性能符合要求。

⑤正确使用工具，操作手势协调、灵活，操作顺序正确、姿势正确。

⑥构件的高、宽、长尺寸准确。

⑦构件底板、侧模板尺寸正确。

⑧T 形顶撑长度，规格正确，间距正确。

⑨垫板的长度和规格尺寸正确。

⑩各种搭头的规格数量正确。

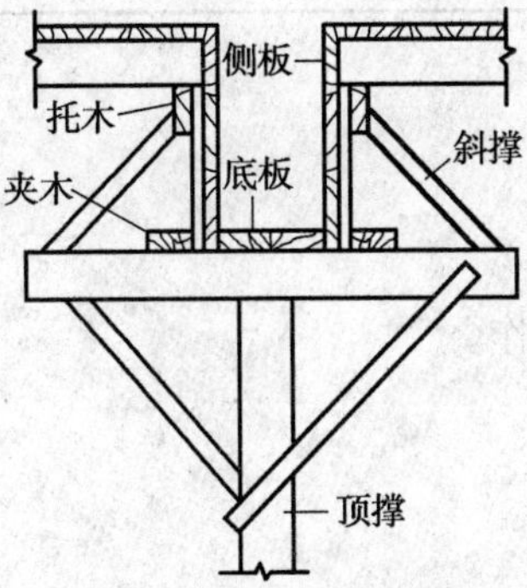

图 3　有斜撑的梁模

【试题 2】平台模板制作［(平台尺寸：240 mm×300 mm×24 mm)（宽×长×厚)］

1. 准备要求

(1) 考场准备

序号	名称	规格	数量	备注
1	底板	280 mm×340 mm×4 mm	1 块	
2	侧模	10 mm×24 mm×1 120 mm	1 块	
3	格栅	10 mm×15 mm×340 mm	4 根	
4	牵杠	10 mm×30 mm×280 mm	2 根	
5	顶撑	15 mm×15 mm×472 mm	4 根	
6	垫板	10 mm×40 mm×700 mm	2 根	
7	顶撑搭木	10 mm×10 mm×80 mm	4 根	
8	剪刀撑	10 mm×10 mm×600 mm	8 根	
9	木楔	10 mm×20 mm×44 mm	4 副	

（2）考生准备

序号	名称	规格	数量	备注
1	木工铅笔	180 mm 椭圆形	1 支	
2	钢卷尺	2 m 以上	1 把	
3	羊角锤	0.5 kg	1 把	
4	小框锯	锯条长度 450 mm	1 把	

2. 考核要求

（1）本题分值：100 分。

（2）考核时间：90 min。

（3）考核形式：实际操作。

（4）具体考核要求：

①平台高 560 mm。

②工具准备齐全。

③选用木材性能符合要求。

④正确使用工具，操作手势协调、灵活，操作顺序正确、姿势正确。

⑤构件的高、宽、长尺寸准确。

⑥构件底板、侧模板尺寸正确。

⑦顶撑长度，规格正确，间距正确。

⑧垫板的长度和规格尺寸正确。

⑨各种搭头的规格数量正确。

九、吊顶制作

本鉴定点下共有 2 道试题，这些试题统一的考核要求和配分与评分标准如下：

1. 考核要求

（1）工具准备齐全。

（2）正确选用木材的品种和规格。

（3）正确使用工具，并要姿势正确，操作手势协调、灵活，操作顺序正确。

（4）四角标高正确。

（5）平顶筋分布均匀。

（6）面材接缝平整。

（7）龙骨、吊筋布置位置正确。

2. 配分与评分标准

序号	考核内容	考核要点	配分	评分标准	扣分	得分
1	工具准备	工具准备齐全，刃口锋利	10	1. 工具缺少一件，扣 5 分 2. 刃口不锋利，扣 5 分 3. 扣完为止，不倒扣		
2	材料准备	根据考核选择合适木材的种类，配制规定规格和长度	15	1. 选材不正确，扣 5 分 2. 配料多于 10%，扣 5 分 3. 配料少于 5%，扣 5 分 4. 扣完为止，不倒扣		
3	实际操作	工具使用正确，操作手势协调灵活，操作顺序正确，脚手牢固安全	35	1. 工具使用不正确，扣 10 分 2. 手势不协调、不灵活，扣 5 分 3. 操作顺序不正确，扣 10 分 4. 脚手不牢固，扣 10 分 5. 扣完为止，不倒扣		
4	质量要求	四角标高正确，平顶筋分布尺寸正确，面材接缝平整，龙骨、吊筋布置位置正确	25	1. 四角标高误差±3 mm 以上，扣 5 分 2. 平顶筋分布尺寸误差 3 mm 以上，扣 5 分 3. 面材接缝高超过 2 mm，扣 5 分 4. 龙骨摆放位置不正确，扣 5 分 5. 吊筋缺少一根，扣 5 分 6. 扣完为止，不倒扣		
5	整体效果	平整、牢固，起拱正确	15	1. 表面不平整，扣 5 分 2. 吊顶松动，扣 5 分 3. 不起拱，扣 5 分 4. 扣完为止，不倒扣		
合计			100			

否定项：

若考生出现下列情况之一，则应及时终止其考试，考生该试题成绩记为 0 分：

（1）工具准备不齐，无法完成考试。

（2）超过规定时间 10 min。

【试题 1】板条吊顶的制作（1 m²）

1. 准备要求

（1）考场准备

序号	名称	规格	数量	备注
1	木工操作凳	0.2 mm×1 m×0.6 m （宽×长×高）	1 只×考生人数	
2	木材	50 mm×75 mm×110 mm	6 根	
3	板条	45 mm×6 mm×1 000 mm	1 m^2	
4	元钉	65 mm、25 mm	各 0.5 kg	
5	毛坯平顶	1.5 m×1.5 m	1 m^2×考生人数	

（2）考生准备

序号	名称	规格	数量	备注
1	木工铅笔	180 mm 椭圆形	1 支	
2	钢卷尺	2 m 以上	1 把	
3	墨斗	自制硬木	1 只	
4	大小框锯	锯条长 600 mm、450 mm	各 1 把	
5	羊角锤	0.5 kg	1 把	
6	尖头钢齿	250 mm	1 把	
7	直角尺	300 mm	1 把	
8	水平尺	600 mm	1 把	

2. 考核要求

（1）本题分值：100 分。

（2）考核时间：90 min。

（3）考核形式：实际操作。

（4）具体考核要求：

① 工具准备齐全。

② 选用木材性能符合要求。

③ 正确使用工具，操作手势协调、灵活，操作顺序正确，操作姿势正确。

④ 四角标高正确。

⑤ 平顶筋分布均匀。

⑥ 面材接缝平整。

⑦ 龙骨、吊筋的数量符合要求，位置正确。

【试题 2】胶合板吊顶的制作（1.2 m^2）

1. 准备要求

（1）考场准备

序号	名称	规格	数量	备注
1	木工操作凳	0.2 mm×1 m×0.6 m（宽×长×高）	1只×考生人数	
2	木材	50 mm×75 mm×1 100 mm	7根	
3	胶合板	500 mm×600 mm	4块	
4	元钉	65 mm、25 mm	各 0.25 kg	
5	毛坯平顶	1.5 mm×1.5 m	1.2 m^2×考生人数	

（2）考生准备

序号	名称	规格	数量	备注
1	木工铅笔	180 mm 椭圆形	1支	
2	钢卷尺	2 m 以上	1把	
3	墨斗	自制硬木	1只	
4	大小框锯	锯条长 600 mm、450 mm	各1把	
5	羊角锤	0.5 kg	1把	
6	尖头钢凿	250 mm	1把	
7	直角尺	300 mm	1把	
8	水平尺	600 mm	1把	
9	美工刀	大号	1把	

2. 考核要求

（1）本题分值：100分。

（2）考核时间：90 min。

（3）考核形式：实际操作。

（4）具体考核要求：

① 工具准备齐全。

② 选用木材性能符合要求。

③ 正确使用工具，操作手势协调、灵活，顺序正确，姿势正确。

④ 四角标高正确。

⑤ 平顶筋分布均匀。

⑥ 面材接缝平整。

⑦ 龙骨、吊筋的数量、位置正确。

初级手工木工操作技能考核模拟试卷

职业技能鉴定国家题库试卷

初级手工木工操作技能考核准备通知单（考场）

【试题1】

序号	名称	规格	数量	备注
1	木工操作台	1.0 m×2 m×0.8 m （宽×长×高）	1只×考生人数	
2	木工操作凳	0.2 m×1 m×0.6 m （宽×长×高）	1只×考生人数	
3	木材	50 mm×100 mm×800 mm 50 mm×150 mm×800 mm （厚×宽×长）	2根×考生人数	

【试题 2】

序号	名称	规格	数量	备注
1	木工操作台	1 m×2 m×0.8 m（宽×长×高）	1 台×考生人数	
2	木工操作凳	0.2 m×1 m×0.6 m（宽×长×高）	1 只×考生人数	
3	木材	35 mm×50 mm×4 200 mm	1 根×考生人数	
4	薄板	8 mm×320 mm×900 mm（厚×宽×高）	1 块×考生人数	

【试题 3】

序号	名称	规格	数量	备注
1	底板	280 mm×340 mm×4 mm	1 块	
2	侧模	10 mm×241 mm×1 120 mm	1 块	
3	格栅	10 mm×15 mm×340 mm	4 根	
4	牵杠	10 mm×30 mm×280 mm	2 根	
5	顶撑	15 mm×15 mm×472 mm	4 根	
6	垫板	10 mm×40 mm×700 mm	2 根	
7	顶撑搭木	10 mm×10 mm×80 mm	4 根	
8	剪刀撑	10 mm×10 mm×600 mm	8 根	
9	木楔	10 mm×20 mm×44 mm	4 副	

职业技能鉴定国家题库试卷

初级手工木工操作技能考核准备通知单（考生）

姓名：________ 准考证号：________________ 单位：________________

【试题 1】

序号	名称	规格	数量	备注
1	木工铅笔	180 mm 椭圆形	1 支	
2	钢卷尺	2 m 以上	1 把	
3	长刨	长 450 mm	2 把	
4	木凿	12 mm、15 mm	各 1 把	
5	直角尺、活络角尺	300 mm、200 mm	各 1 把	
6	斧	1 kg	1 把	
7	长框锯	锯条长 600 mm	1 把	
8	小框锯	锯条长 450 mm	1 把	
9	线刨	20 mm	1 把	
10	槽刨	12 mm	1 把	

【试题 2】

序号	名称	规格	数量	备注
1	木工铅笔	180 mm 椭圆形	1 支	
2	钢卷尺	2 m 以上	1 把	
3	羊角锤	0.5 kg	1 把	
4	大框锯	锯条长度 600 mm	1 把	
5	小框锯	锯条长度 450 mm	1 把	
6	木凿	10 mm、25 mm	各 1 把	

续表

序号	名称	规格	数量	备注
7	斧	1 kg	1把	
8	槽刨	10 mm	1把	
9	长刨	450 mm	2把	

【试题 3】

序号	名称	规格	数量	备注
1	木工铅笔	180 mm 椭圆形	1支	
2	钢卷尺	2 m 以上	1把	
3	羊角锤	0.5 kg	1把	
4	小框锯	锯条长度 450 mm	1把	

职业技能鉴定国家题库试卷

初级手工木工操作技能考核试卷

考件编号：________________

注　意　事　项

一、本试卷依据 2002 年颁布的《国家职业标准·手工木工》命制。

二、本试卷试题如无特别注明，则为全国通用。

三、请考生仔细阅读试题的具体考核要求，并按要求完成操作或进行笔答或口答。

四、操作技能考核时要遵守考场纪律，服从考场管理人员指挥，以保证考核安全顺利进行。

【试题 1】门下冒头和门梃的连接（板门）

（1）本题分值：20 分。

（2）考核时间：60 min。

（3）考核形式：实际操作。

（4）具体考核要求：

①工具准备齐全。

②选用木材性能符合要求。

③正确使用工具，操作手势协调、灵活，操作顺序正确。

④刨料尺寸正确。

⑤榫眼符合要求。

⑥线脚、槽和顺平直。

⑦接缝密实。

（5）否定项说明：考生若出现下列情况之一，则应及时终止考试，考生该试题成绩记为零分。

①工具准备不齐，无法完成考试。

②超过规定时间 10 min。

【试题 2】镶板门的制作（400 mm×1 000 mm×30 mm）（宽×高×厚）

（1）本题分值：40 分。

（2）考核时间：90 min。

（3）考核形式：实际操作。

（4）具体考核要求：

①工具准备齐全。

②正确选用木材的品种和规格。

③正确使用工具，操作顺序正确、手势协调、灵活。

④门扇外径尺寸正确，角度正。

⑤门扇牢固、不翘曲。

⑥接缝密实，无缝隙。

（5）否定项说明：考生若出现下列情况之一，则应及时终止考试，考生该试题成绩记为 0 分。

①工具准备不齐，无法完成考试；

②超过规定时间 10 min。

【试题 3】平台模板制作：平台尺寸 240 mm×300 mm×24 mm（宽×长×厚）

（1）本题分值：40 分。

（2）考核时间：90 min。

（3）考核形式：实际操作。

（4）具体考核要求：

①平台高 560 mm。

②工具准备齐全。

③选用木材性能符合要求。

④正确使用工具，操作手势协调、灵活，操作顺序正确、操作姿势正确。

⑤构件的高、宽、长尺寸准确。

⑥构件底板、侧模板尺寸正确。

⑦顶撑长度、规格正确，间距正确。

⑧垫板的长度和规格尺寸正确。

⑨各种搭头的规格数量正确。

（5）否定项说明：考生若出现下列情况之一，则应及时终止考试，考生该试题成绩记为 0 分。

① 工具准备不齐，无法完成考试。

② 超过规定时间 10 min。

职业技能鉴定国家题库试卷

初级手工木工操作技能考核评分记录表

考件编号：________　姓名：________　准考证号：________　单位：________

总　成　绩　表

序号	试题名称	配分	得分	权重	最后得分	备注
1	门下冒头和门梃的连接（板门）	20				
2	镶板门的制作（400 mm×1 000 mm×30 mm）（宽×高×厚）	40				
3	平台模板制作：平台尺寸 240 mm×300 mm×24 mm（宽×长×厚）	40				
	合计	100				

统分人：　　　　　　　　　　　　　　　　　　　　年　　月　　日

【试题 1】门下冒头和门梃的连接（板门）

序号	考核内容	考核要点	配分	评分标准	扣分	得分
1	工具准备	工具准备齐全、刀口锋利	10	1. 工具缺少一件，扣 5 分 2. 工具不锋利，扣 5 分 3. 扣完为止，不倒扣		
2	材料准备	选材规格正确，配料尺寸正确	15	1. 选材不正确，扣 5 分 2. 配料多于 10%，扣 5 分 3. 配料少 5%，扣 5 分 4. 扣完为止，不倒扣		
3	实际操作	正确使用各种工具，操作顺序符合要求，姿势正确、手指、手臂灵活，动作协调	35	1. 工具使用不正确，扣 10 分 2. 操作顺序不正确，扣 10 分 3. 手指、手臂不灵活，动作不协调，扣 5 分 4. 姿势不正确，扣 10 分 5. 扣完为止，不倒扣		

续表

序号	考核内容	考核要点	配分	评分标准	扣分	得分
4	质量要求	刨料正确，锯榫凿眼符合要求，裁口线脚和顺，接缝密实	25	1. 刨料翘曲、尺寸误差 2 mm，扣 5 分 2. 锯榫过线 2 mm，断肩1 mm，每处各扣 5 分 3. 眼内凹凸超 1 mm，扣 5 分 4. 裁口线条接口生硬不和顺，每处扣 5 分 5. 接缝缝隙大于 0.5 mm，每处扣 5 分 6. 扣完为止，不倒扣		
5	整体效果	光洁、平整，不翘曲	15	1. 表面不光洁，扣 5 分 2. 表面不平整超 2 mm，扣 5 分 3. 表面翘曲超 2 mm，扣 5 分 4. 扣完为止，不倒扣		
合计			100			

否定项：

若考生出现下列情况之一，则应及时终止其考试，考生该试题成绩记为 0 分：

(1) 工具准备不齐，无法完成考试。

(2) 超过规定时间 10 min。

评分人：　　　　年　　月　　日　　　　　　核分人：　　　　年　　月　　日

【试题 2】镶板门的制作（400 mm×1 000 mm×30 mm）（宽×高×厚）

序号	考核内容	考核要点	配分	评分标准	扣分	得分
1	工具准备	工具准备齐全，刃口锋利	10	1. 工具缺一件，扣 5 分 2. 工具不锋利，扣 5 分 3. 扣完为止，不倒扣		
2	材料准备	根据考核项目要求，选出木材的种类，并配制规定的长度及截面大小	15	1. 选材不正确，扣 5 分 2. 配料多配 10%，扣 5 分 3. 配料少配 5%，扣 5 分 4. 扣完为止，不倒扣		
3	实际操作	工具使用正确，手指、手臂灵活，动作协调，操作顺序正确	35	1. 工具使用不正确，扣 10 分 2. 手指、手臂不协调，不灵活，扣 10 分 3. 操作顺序不正确，扣 15 分 4. 扣完为止，不倒扣		

续表

序号	考核内容	考核要点	配分	评分标准	扣分	得分
4	质量要求	门外径尺寸正确，角度正，牢固不松动，接缝处缝隙密实	25	1. 门外径尺寸误差 3 mm，扣 5 分 2. 门角度（对角线）误差 4 mm，扣 5 分 3. 不牢固、松动，扣 10 分 4. 接缝处缝隙大于 1 mm，每处扣 5 分 5. 扣完为止，不倒扣		
5	整体效果	平整、光洁，不翘曲	15	1. 表面不平整，误差 3 mm，扣 5 分 2. 整体不光洁，扣 5 分 3. 翘曲 4 mm，扣 5 分 4. 扣完为止，不倒扣		
合计			100			

否定项：

若考生出现下列情况之一，则应及时终止其考试，考生该试题成绩记为 0 分：

（1）工具准备不齐，无法完成考试。

（2）超过规定时间 10 min。

评分人：　　　　年　　月　　日　　　　　　核分人：　　　　年　　月　　日

【试题 3】平台模板制作：平台尺寸 240 mm×300 mm×24 mm（宽×长×厚）

序号	考核内容	考核要点	配分	评分标准	扣分	得分
1	工具准备	工具准备齐全，刃口锋利	10	1. 工具缺一件，扣 5 分 2. 刃口不锋利，扣 5 分 3. 扣完为止，不倒扣		
2	材料准备	材料选用正确，配料尺寸正确	15	1. 选材不正确，扣 5 分 2. 配材多于 10%，扣 5 分 3. 配材少于 5%，扣 5 分 4. 扣完为止，不倒扣		
3	实际操作	工具使用正确，手指、手臂灵活，动作协调，操作顺序正确	35	1. 工具使用不正确，扣 10 分 2. 手指、手臂不协调，不灵活，扣 5 分 3. 姿势不正确，扣 10 分 4. 操作顺序不正确，扣 10 分 5. 扣完为止，不倒扣		

续表

序号	考核内容	考核要点	配分	评分标准	扣分	得分
4	质量要求	构件高宽长尺寸正确，构件底板，侧模尺寸正确，长度规格正确，垫木的长度、规格正确，各种搭头的规格数量正确	25	1. 构件高宽长尺寸误差 3 mm，扣 5 分 2. 构件底板，侧模的规格长度误差 3 mm，扣 5 分 3. 撑木的长度、规格、间距不正确，扣 5 分 4. 垫木的长度、规格不正确，扣 5 分 5. 各种搭头木的规格数量少一根，扣 5 分 6. 扣完为止，不倒扣		
5	整体效果	平整、牢固，垂直度好，起拱符合要求	15	1. 顶撑不垂直、不平整，扣 5 分 2. 起拱不符合要求，误差 3 mm，扣 5 分 3. 整体不牢固，扣 5 分 4. 扣完为止，不倒扣		
合计			100			

否定项：

若考生出现下列情况之一，则应及时终止其考试，考生该试题成绩记为 0 分：

（1）工具准备不齐，无法完成考试。

（2）超过规定时间 10 min。

评分人：　　　　年　　月　　日　　　　　　核分人：　　　　年　　月　　日

第三部分

中级手工木工

ZHONGJI SHOUGONG MUGONG

第八章

中级手工木工理论知识鉴定要素和考试复习要点

中级手工木工理论知识鉴定要素细目表说明

1. 理论知识鉴定要素细目表是依据国家职业标准，参考国家职业资格培训教程内容细化而成，是国家题库理论知识试题命题和抽题组卷依据。

2. 理论知识鉴定要素细目表中的鉴定点就是理论知识考试的知识要点。

3. 理论知识鉴定要素细目表中，每个鉴定点都有重要程度指标，即鉴定点后标注的“X”“Y”“Z”。其中：

“X”表示“核心要素”，是鉴定点集合中最重要、考试中出现频率也最高的内容；

“Y”表示“一般要素”，是鉴定点集合中一般重要的内容；

“Z”表示“辅助要素”，是鉴定点集合中重要程度较低的内容。

4. 理论知识鉴定要素细目表中，每个鉴定内容都有鉴定比重指标，它表示在一份考试卷中该鉴定内容所占的分数比例。例如，某一鉴定内容的鉴定比重为 5，就表示在组成 100 分为满分的试卷中，该鉴定内容所占分值为 5 分。

中级手工木工理论知识鉴定要素细目表

中级手工木工理论知识鉴定要素细目表

鉴定范围						鉴定点		
一级		二级		三级				
名称	鉴定比重（%）	名称	鉴定比重（%）	名称	鉴定比重（%）	序号	名称	重要程度
基本要求	20	职业道德	5	职业道德基本知识	5	1	职业道德的基本内涵	Z
						2	社会主义职业道德的形成和发展	Y
						3	社会主义职业道德的特点	X
						4	职业道德的基本原则	X
						5	为人民服务的原则	X
						6	职业道德协调的核心	X
						7	主人翁的劳动态度	X
						8	加强职业道德修养的意义和方法	X
						9	人生观与职业道德的关系	X
						10	树立正确人生观的意义	X
		基础知识	15	基本知识	15	1	投影的概念	Z
						2	投影的分类	Z
						3	正投影法的概念	Y
						4	三面投影图的形成	X
						5	三面正投影图的三等关系	X
						6	塑料装饰板的用途	X
						7	细木工板的用途	X
						8	钙塑板的用途	X
						9	带锯机的用途	X
						10	吊截锯机的用途	Y
						11	手推电锯的使用方法	X

续表

<table>
<tr><th colspan="6">鉴定范围</th><th colspan="3">鉴定点</th></tr>
<tr><th colspan="2">一级</th><th colspan="2">二级</th><th colspan="2">三级</th><th rowspan="2">序号</th><th rowspan="2">名称</th><th rowspan="2">重要程度</th></tr>
<tr><th>名称</th><th>鉴定比重(%)</th><th>名称</th><th>鉴定比重(%)</th><th>名称</th><th>鉴定比重(%)</th></tr>
<tr><td rowspan="21">基本要求</td><td rowspan="21">20</td><td rowspan="21">基础知识</td><td rowspan="21">15</td><td rowspan="21">基本知识</td><td rowspan="21">15</td><td>12</td><td>圆锯机的用途</td><td>Y</td></tr>
<tr><td>13</td><td>圆锯机的基本操作方法</td><td>X</td></tr>
<tr><td>14</td><td>压刨床的用途</td><td>Y</td></tr>
<tr><td>15</td><td>压刨床的基本操作方法</td><td>X</td></tr>
<tr><td>16</td><td>四面刨床的用途</td><td>Y</td></tr>
<tr><td>17</td><td>四面刨床的基本操作</td><td>X</td></tr>
<tr><td>18</td><td>平刨床的用途</td><td>Y</td></tr>
<tr><td>19</td><td>平刨床的安全防护装置</td><td>X</td></tr>
<tr><td>20</td><td>平刨床的基本操作方法</td><td>X</td></tr>
<tr><td>21</td><td>手提式电钻的分类</td><td>Z</td></tr>
<tr><td>22</td><td>木工铣床的使用方法</td><td>X</td></tr>
<tr><td>23</td><td>开榫机的使用方法</td><td>X</td></tr>
<tr><td>24</td><td>常见的组合机械</td><td>Y</td></tr>
<tr><td>25</td><td>国际单位制的基本单位</td><td>X</td></tr>
<tr><td>26</td><td>常用的法定计量单位</td><td>X</td></tr>
<tr><td>27</td><td>长度单位的换算关系</td><td>X</td></tr>
<tr><td>28</td><td>面积单位的换算关系</td><td>X</td></tr>
<tr><td>29</td><td>体积单位的换算关系</td><td>X</td></tr>
<tr><td>30</td><td>坡度计算方法</td><td>X</td></tr>
<tr><td>31</td><td>面积计算方法</td><td>X</td></tr>
<tr><td>32</td><td>简易的体积计算方法</td><td>X</td></tr>
<tr><td rowspan="4">相关知识</td><td rowspan="4">80</td><td rowspan="4">工前准备</td><td rowspan="4">25</td><td rowspan="4">识图与制图</td><td rowspan="4">10</td><td>1</td><td>建筑剖面图的内容</td><td>X</td></tr>
<tr><td>2</td><td>断面图与剖面图的区别</td><td>X</td></tr>
<tr><td>3</td><td>建筑施工图的内容</td><td>X</td></tr>
<tr><td>4</td><td>结构施工图的内容</td><td>X</td></tr>
</table>

续表

鉴定范围						鉴定点		
一级		二级		三级		序号	名称	重要程度
名称	鉴定比重（%）	名称	鉴定比重（%）	名称	鉴定比重（%）			
相关知识	80	工前准备	25	识图与制图	10	5	装饰施工图的内容	X
						6	装饰平面图的内容	X
						7	顶棚平面图的内容	X
						8	装饰立面图的内容	X
						9	装饰剖面图的内容	X
						10	水电设备施工图的内容	X
						11	家具图的内容	X
						12	工程图尺寸的标注	Y
						13	工程制图常用的比例	Y
						14	工程结构的分类	Y
						15	木结构选材的要求	X
						16	木结构连接的基本要求	X
						17	木结构连接的方式	X
						18	木结构螺栓的连接	X
						19	工程施工总说明的内容	Z
						20	建筑总平面图的内容	Z
				工机具准备	5	1	电锤常见故障的原因	X
						2	电锤常见故障排除的方法	X
						3	圆锯常见故障的原因	X
						4	圆锯常见故障排除方法	X
						5	带锯机常见故障的原因	X
						6	带锯机常见故障排除的方法	X
						7	木工平刨常见故障的原因	X
						8	木工平刨常见故障排除方法	X
						9	钻床常见故障的原因	X
						10	钻床常见故障排除方法	X

续表

鉴定范围						鉴定点		
一级		二级		三级		序号	名称	重要程度
名称	鉴定比重（%）	名称	鉴定比重（%）	名称	鉴定比重（%）			
相关知识	80	工前准备	25	材料准备	5	1	木材的年轮线	X
						2	木材的心材与边材	X
						3	木材的髓心	X
						4	木材的髓线	Z
						5	木材的力学性质	X
						6	木材的抗拉强度	X
						7	木材的抗压强度	X
						8	木材的抗弯强度	X
						9	木材的抗剪强度	X
						10	木材的容许应力	X
						11	木材胶接的胶料	X
				施工技术准备	5	1	木屋架制作工艺顺序	X
						2	基础模板施工操作的工艺顺序	Y
						3	柱模板配制安装工艺顺序	X
						4	梁模板配制安装工艺顺序	X
						5	阳台模板操作工艺顺序	X
						6	一般预制构件模板操作工艺顺序	Y
						7	升模法施工操作工艺顺序	X
						8	薄型硬木地板粘贴工艺顺序	X
						9	高架曲线箱梁模板安装工艺顺序	Y
						10	庑殿建筑大木操作工艺顺序	X
		施工制作	45	木模板	10	1	桁架模板的组成	Y
						2	分节脱模方法	X
						3	吊车梁模板的组成	X
						4	吊车梁模板支设的方法	X

续表

鉴定范围						鉴定点		
一级		二级		三级		序号	名称	重要程度
名称	鉴定比重（%）	名称	鉴定比重（%）	名称	鉴定比重（%）			
相关知识	80	施工制作	45	木模板	10	5	工字形柱模板的组成	X
						6	锥形斜斗模板的组成	Y
						7	楼梯模板的构造	X
						8	楼梯模板操作工艺顺序	X
						9	楼梯模板配制尺寸的确定	X
						10	楼梯模板的配制	X
						11	平台板模板的安装	X
						12	托木、楼梯板格栅的钉置	X
						13	牵杠和牵杠撑的钉置	X
						14	梯段底模板的铺设	X
						15	踏步侧板及支撑的钉置	X
						16	栏杆预埋件的安置	X
						17	圆形结构模板操作工艺顺序	X
						18	设备基础模板操作工艺顺序	Y
						19	现浇整体式结构模板的拆除	X
						20	预制构件模板的拆除	X
						21	楼梯模板常见质量通病	X
						22	圆形结构模板常见质量通病	X
						23	大模板操作工艺顺序	X
				木门窗施工	5	1	弹簧门操作工艺顺序	X
						2	门扇加工的刨削	X
						3	地弹簧的安装	X
						4	弹簧门顶轴的安装	X
						5	弹簧门门扇安装的就位	X
						6	弹簧门弹簧铰链的安装	X

续表

鉴定范围						鉴定点		
一级		二级		三级		序号	名称	重要程度
名称	鉴定比重（%）	名称	鉴定比重（%）	名称	鉴定比重（%）			
相关知识	80	施工制作	45	木门窗施工	5	7	门扇安装后翘曲的主要原因	X
						8	门扇开关不灵活的主要原因	X
						9	六边形硬百叶窗的构造	X
						10	六边形硬百叶窗制作工艺顺序	X
						11	六边形硬百叶窗的放样方法	X
						12	百叶板与斜窗框交角的求取方法	X
						13	百叶板尺寸的计算	X
						14	百叶窗杆件的制作	X
						15	六边形硬百叶窗的拼装	X
						16	百叶窗成型后注意事项	X
				室内木装修	5	1	人字纹空铺硬木拼花地板的操作工艺顺序	X
						2	硬木拼花地板的施工准备	X
						3	硬木拼花地板格栅的铺钉	X
						4	硬木拼花地板毛地板的铺钉	X
						5	施工控制线的弹画	X
						6	人字形地板的铺设	X
						7	人字形地板镶边条的镶钉	X
						8	人字形地板铺设后的刨平磨光	X
						9	薄型硬木地板操作工艺顺序	X
						10	地板缝不严的处理	X
						11	地板表面不平整的原因	X
						12	拼花不符合设计要求的处理	X
						13	木楼梯的组成	X
						14	木楼梯操作工艺步骤	X
						15	木楼梯踏步板的配制	X

续表

鉴定范围						鉴定点		
一级		二级		三级		序号	名称	重要程度
名称	鉴定比重（%）	名称	鉴定比重（%）	名称	鉴定比重（%）			
相关知识	80	施工制作	45	室内木装修	5	16	木楼梯格栅与斜梁的安装	X
						17	木楼梯三角木的钉置	X
						18	踏步板、踢脚板的铺钉	X
						19	栏杆、扶手的安装	X
						20	挑口线的钉置	X
						21	护墙板操作工艺顺序	X
				木家具制作	5	1	室内配套木家具制作工艺顺序	X
						2	选料与配料的要求	X
						3	木料刨削加工方法	X
						4	划线的方法	X
						5	榫槽的制作	X
						6	组装的方法	X
						7	框架组装步骤	X
						8	抽屉的分类	X
						9	橱柜顶边的装配制作	X
						10	底脚的安装	X
						11	面板的安装	X
						12	家具线脚的装饰	X
				施工测量	5	1	量尺的种类	X
						2	水平尺的使用	X
						3	线锤的使用	X
						4	划线工具的种类	Y
						5	直角尺的用途	X
						6	划线笔使用的方法	X
						7	墨斗的使用方法	X

续表

鉴定范围						鉴定点		
一级		二级		三级		序号	名称	重要程度
名称	鉴定比重（%）	名称	鉴定比重（%）	名称	鉴定比重（%）			
相关知识	80	施工制作	45	施工测量	5	8	墨株的使用方法	X
						9	划线的技巧	X
						10	划线的符号	Y
				木结构工程施工	10	1	12 m以上木屋架制作工艺顺序	X
						2	按1∶1比例放屋架的大样	X
						3	框架材料配备的要求	X
						4	框架加工制作注意事项	X
						5	木屋架的拼装成型	X
						6	木屋架的保证项目	X
						7	木屋架质量检验基本项目	X
						8	木屋架允许偏差项目	X
						9	木屋架节点不牢、端头劈裂的防治方法	X
						10	木屋架槽齿符合结构要求的保障措施	X
						11	屋架高度超差过大的防止方法	X
						12	槽齿承压面不密贴的防止方法	X
						13	马尾屋架制作步骤	X
						14	角梁长度的计算	X
						15	角梁的放样	X
						16	马尾屋架的安装	X
						17	马尾屋架齿槽结合缝隙过大的原因	X
						18	马尾屋架凿槽结合缝隙过大的防治方法	X
						19	木屋架和梁、柱安装的允许偏差	X
						20	木屋架和梁、柱安装的检验方法	X
				装饰木门窗	5	1	铝合金门、窗制作安装工艺顺序	X
						2	铝合金门、窗制作的断料	X

续表

鉴定范围						鉴定点		
一级		二级		三级		序号	名称	重要程度
名称	鉴定比重（%）	名称	鉴定比重（%）	名称	鉴定比重（%）			
相关知识	80	施工制作	45	装饰木门窗	5	3	铝合金门、窗制作的钻孔	X
						4	铝合金门、窗的组装	X
						5	铝合金门、窗框的安装	X
						6	铝合金门、窗扇的安装	X
						7	铝合金门、窗玻璃的安装	X
						8	塑料门、窗安装工艺顺序	X
						9	塑料门、窗框与墙体连接的方法	X
						10	组合窗的安装	X
						11	伸缩缝的处理	X
						12	圆弧形窗制作工艺顺序	X
						13	圆弧形窗弹线放大样的方法	X
						14	圆弧形窗出样板的方法	X
						15	圆弧形窗的配料要求	X
						16	圆弧形窗窗梃的制作	X
						17	圆弧形窗窗棂的制作	X
						18	圆弧形窗的拼装	X
		工后处理	10	质量检查	5	1	楼梯模板的保证项目	X
						2	楼梯模板的基本项目	X
						3	楼梯模板的允许偏差项目	X
						4	弹簧门梃的保证项目	X
						5	弹簧门梃的基本项目	X
						6	弹簧门梃的允许偏差项目	X
						7	铝合金门窗安装的质量要求	X
						8	铝合金门窗安装的允许偏差	X
						9	木地板面层的允许偏差	X

续表

鉴定范围						鉴定点		
一级		二级		三级		序号	名称	重要程度
名称	鉴定比重（%）	名称	鉴定比重（%）	名称	鉴定比重（%）			
相关知识	80	工后处理	10	质量检查	5	10	木地板面层的检验方法	X
						11	工件疵病的修补	X
				现场整理	5	1	施工现场材料的管理	X
						2	进场材料的验收	X
						3	板、方等木材的保管要求	X
						4	木门窗保管要求	X
						5	木模板保管要求	X
						6	工件完工后的保养	Y
						7	木工机械保护保养方法	Y
						8	木工机械的维护清理	Z
						9	木工机械的检查调整	Z
						10	木工机械加油保养	Z

中级手工木工基本要求复习要点

一、职业道德基本知识

该部分内容见“第四章初级手工木工理论知识鉴定要素和考试复习要点”的相关内容。

二、手工木工基础知识

1. 投影的概念（见“第四章初级手工木工理论知识鉴定要素和考试复习要点”的相关内容）。

2. 投影的分类（见“第四章初级手工木工理论知识鉴定要素和考试复习要点”

的相关内容）。

3. 正投影法的概念（见“第四章初级手工木工理论知识鉴定要素和考试复习要点”的相关内容）。

4. 三面投影图的形成（见“第四章初级手工木工理论知识鉴定要素和考试复习要点”的相关内容）。

5. 三面投影图的“三等”关系（见“第四章初级手工木工理论知识鉴定要素和考试复习要点”的相关内容）。

6. 塑料装饰板的用途

塑料装饰板又称塑料贴面板，是将浸过胶的表层纸、装饰纸和底层纸按顺序叠放在一起经热压塑化而成的一种薄型板材。其表有模拟的木材纹理或大理石纹，花纹美丽而光滑，能抵抗水烫及酸碱的侵蚀。用复面方法将其装饰在木材、胶合板面上，可以代替打底色和涂料（油漆），能改变板面的色泽并弥补缺陷，加强被贴板的强度，提高木制品的质量和装饰效果。

7. 细木工板的用途

细木工板是一种拼板，分为空心和实心两种。它的内部采用各种拼板竹片或构成空心骨架，两面再胶合一层或数层旋削的薄木而制成板材。细木工板不易开裂、变形，强度比同样厚的木板高，因而多用于细木装修、制作家具等。

8. 钙塑板的用途

钙塑板表观密度小，可防潮；表面可作成各种美观的凹凸立体图型；穿孔后可满足一定的吸声要求；固定方法可钉、可粘。是一种值得推广的装修吊顶面板材料。

9. 带锯机的用途

带锯机主要用于木材纵向锯割，其种类包括：平台带锯机、跑车带机锯和细木工带锯机。

10. 吊截锯机的用途

吊截锯机可横向截断圆木、板方材、边材等。

11. 手推电锯的使用方法

操作时，先将手推电锯推到断料地点，接通电源，同时将木料放在木制滚筒上，然后启动电动机。待锯片运转正常后，将木料扶稳，同时握住活动架手柄徐徐下压，截断木料。注意：下锯时不要用力过猛，以免锯片卡住；锯片对面不要站人，防止锯屑飞入眼睛或其他物体飞出伤人。

12. 圆锯机的用途

圆锯机主要用于纵向锯割木材，也可配合带锯机割板方材，为建筑工地和小型木材加工厂应用较广的一种木工机械。

13. 圆锯机的基本操作方法

（1）操作前检查锯片有无断齿裂纹现象，并安装好防护罩。

（2）安装锯片时应使其与主轴同心，片内孔与轴的空隙应控制在0.15～0.2 mm。

（3）检查被锯割的木材是否有钉子等坚硬物。

（4）操作者应站在锯片稍左位置，不应与锯片站在同一直线上，以防木料弹出伤人。

（5）送料不要用力过猛，木料应端平，不要摆动或抬高、压低。

（6）锯到木节处要放慢速度，并应注意防止木节弹出伤人。

（7）木料锯到尽头时，不得用手推按，以防锯伤手指。

（8）锯割作业完成后要及时关闭电门，拔去插头，切断电源，确保安全。

14. 压刨床的用途

压刨床是一种将木材刨制成一定厚度和宽度的规格材料的加工机械。

15. 压刨床的基本操作方法

（1）压刨床的操作是由两人共同完成的，一人送料，一人接料，二人均应站在机床的侧面，应避免站在机床的正面防止工件退回时被碰伤。

（2）进给速度要慢，吃刀深度要浅；毛料厚度过大的工件，应根据压刨的吃刀深浅分几次进行刨削。

（3）刨削较长的工件，应在压刨工作台面的出料部分，增设一块与台面同宽、高低相等的附加木制台面，其作用是防止工件的端头低落和翘起。

16. 四面刨床的用途

四面刨床是利用装有刨刀和铣刀的主轴，从四个面按照平面或成型面来刨削木材的机械，地板、企口板大都利用四面刨进行加工，四面刨床具有不同数目的工作轴，一般为四轴，还有五轴、六轴、八轴。

17. 四面刨床的基本操作方法

四面刨床的操作需由三人共同完成的，一人送料，一人接料，一人负责调整机床和随时处理可能发生的情况，送料人应一根一根地将料送入进料滚筒，待压料器压上木料后即可松手。接料人不可拉料，待料出左右立刀后，方可把料拿出堆放。

18. 平刨床的用途

平刨床（手压刨）可以用来刨削工件的一个基准面或两个相邻的平面或直角，也可利用调整导板和加设模具刨削斜面或曲面，是施工现场用得比较广的一种刨削机械。

19. 平刨床的安全防护装置

常用的安全防护装置有扇形罩、双护罩、护指键等。

20. 平刨床的基本操作方法

（1）操作前，全面检查机械各部件及安全装置是否有松动或失灵现象，如发现问题，应修理后使用。

（2）检查刨刃锋利程度，调整刨刃吃刀深度。

（3）操作时，左手压住木料，右手均匀推进，不可猛力推拉。切勿用手指按木料侧面以防刨伤手指。

（4）刨料时可先刨大面作为基准面，然后再刨小面。

（5）木质比较坚硬或有木节，在刨削中木料容易跳动，手指容易滑向刨刃，必须思想集中，进行慢刨。

（6）刨削短料时要用推棍推送。

21. 手提式电钻的分类

手提式电钻可分为微型电钻和电动冲击钻两种。

22. 木工铣床的使用方法

（1）开始铣削之前，必须做好机械检查与工前准备工作，开启电动机，待机床运转正常后方可进行铣削操作。

（2）进行裁口工作时，一般需两人操作。

（3）推进与接拉速度要均匀，不宜太快，要与铣刀回转速度相适应。遇节子时要减速。

（4）进行开榫作业时，可将木料夹在推车上，推车前进，开出榫头。

23. 开榫机的使用。

（1）操作时，应按榫头大小，选好S刀的宽度和直径，装上刀具。

（2）在S刀的两边装好防护罩。

（3）刨口不得过大，刨刃要锋利，不得有麻刃。

（4）操作时，先夹紧木料，将活动台慢慢推进，再逐渐加深，不要猛推猛拉。

24. 常见的组合机械

组合机械指的是多功能木工机械常见的有MQ型多用木工机床、多用微型木工机床、M型木工多用机床。

25. 国际单位制的基本单位

国际单位制的基本单位有时间、电流、质量、长度、发光强度、热力学温度、物质的量等。

26. 常用的法定计量单位

常用的法定计量单位有长度、面积、体积、质量（重量）、力、强度、分布荷载、力矩、弯矩、应力、平面角、温度。

27. 长度单位的换算关系

$$1\ \text{km}=10^3\ \text{m}$$

28. 面积单位的换算关系

$$1\ \text{km}^2=10^6\ \text{m}^2$$

29. 体积单位的换算关系

$$1\ \text{m}^3=10^3\ \text{dm}^3$$

30. 坡度计算方法

坡度是三角形斜边的倾斜程度，即三角形小边和大边的比值。坡度的大小取决于大边和小边的差数，差数越大，坡度越小；差数越小，坡度越大。简易坡度计算公式：

$$坡度=小边/大边\times100\%$$

（1）已知大边、小边求坡度：

$$坡度=小边/大边\times100\%$$

（2）已知大边、坡度求小边：

$$小边=大边\times坡度$$

（3）已知小边、坡度求大边：

$$大边=小边/坡度$$

（4）已知大边、小边求斜坡长度：

①先用小边、大边的关系求坡度。

②根据坡度求出坡度系数。

③斜坡长度=大边×坡度系数。

（5）已知斜坡长度和坡度，求大边和小边。

$$大边=斜坡长度/坡度系数$$

$$小边=大边\times坡度$$

31. 面积计算方法

（1）设正方形的边长为 a，面积为 $A=a^2$。

（2）设长方形边长为 a 和 b，面积为 $A=a\times b$。

（3）设三角形的底边为 b，高为 h，面积 $A=bh/2$。

32. 体积计算方法

（1）设立方形的棱长为 a，体积为 $V=a^3$。

（2）设长方体（棱柱）的边长分别为 a、b、h，其体积为 $V=a\times b\times h$。

（3）设三棱柱的高为 h，底面积为 A，其体积为 $V=A\times h$。

（4）设棱锥的底面积为 A，锥高为 h，其体积为 $V=1/3\ (A\times h)$。

中级手工木工相关知识复习要点

一、识图与制图

1. 建筑剖面图的内容

建筑剖面图反映建筑物内部的空间布局，垂直方向的高度，楼层的分层情况，各种设施垂直的形式和构造做法，简要的建筑结构做法等。它是通过假想用垂直于外墙轴线的竖直剖切平面将建筑物切开，移去一部分，对剩余部分的建筑物作正投影所得到的图，它也是整幢建筑物的垂直剖面图。

建筑剖面图的剖切位置，应选择在房屋内部构造较为复杂且有变化的部位。对房间剖切应通过门窗洞口，这样可以在剖面图中表示门窗洞口的高度。剖面图的数量应根据建筑的复杂程度和建筑施工的实际需要而定，以能够指导施工，给施工带来方便为准。

建筑剖面图一般只需表达建筑物室外地坪以上部分，以下部分省略，在图中用折断线断开。由于建筑剖面图是建筑物上某一垂直面的投影图，因此它反映的内容有局限性，要全面了解建筑物形状、内部构造和构配件的相互关系，还应结合建筑平面图及其他有关图一起阅读。在建筑剖面图上主要反映以下内容：

（1）剖面图的剖切位置和投射方向。

（2）建筑剖面图中应标注被剖切部分的尺寸。建筑剖面图中一般标注三道尺寸：

1）第一道尺寸为门窗洞口高度和窗间墙的尺寸。

2）第二道尺寸为层高尺寸，同时还应标注室内外地坪面高差和檐口到女儿墙之间的尺寸。

3）第三道尺寸为室外地坪面到房屋最高处总高度尺寸。

（3）建筑剖面图中应标注被剖切部分标高。如室外设计地坪面、室内各层楼地面、楼梯休息平台面、屋顶檐口底、梁底、雨篷底标高等。

（4）建筑剖面图上有些细部构造或构件表达不清楚，需要另见详图，可用符号索引。

2. 剖面图和断面图的区别

根据剖面图和断面图的形成可知：断面是剖面的一部分，剖面中包含断面，它们的剖切符号也不完全相同。断面图剖切符号的剖切位置线只用一条长度 8～10 mm的粗实线绘制，编号标注在剖面方向的一侧。而剖面图上不仅要画剖切位置线，同时，还要画出剖面方向线，编号标注在剖面方向线的一侧。

3. 建筑施工图的内容

表示建筑的总体布置、外形造型、内部布置、细部构造、装修和施工要求等。

建筑施工图分基本图和详图两种。基本图包括建筑施工总说明、总平面图、建筑平面图、建筑立面图、建筑剖面图。建筑详图包括建筑的局部放大图、节点构造图及构、配件详图。建筑施工图在施工中，主要用作新建建筑定位、放线、砌筑墙体，安装门窗、室内外装饰和细部构造施工的依据。

4. 结构施工图的内容

结构施工图主要表示建筑物承重结构的布置情况，构件的种类、大小及做法等。结构施工图包括结构施工说明、结构平面布置图、结构构件详图、标准图等。

5. 装饰施工图的内容

一般装饰施工图中的各图样是依照建筑施工图标准绘制的。一套装饰施工图包括：装饰平面图、天棚平面图、装饰立面图、装饰剖面图、构造节点、装饰详图。必要时增绘效果图和家具图。

6. 装饰平面图的内容

装饰平面图主要表达房间的平面形状，大小家具及陈设布置，地面图案的划分与材料要求等。具体为：

(1) 表明建筑空间的平面形状与尺寸。建筑物在装饰平面图中的平面尺寸分为三个层次，即外包尺寸和各房间的净空尺寸及门、窗、墙、柱的结构尺寸。

(2) 表明装饰结构在建筑空间内的平面布置，及其与建筑结构的相互尺寸关系；表明装饰结构的具体平面轮廓及尺寸；表明楼地面的饰面材料和工艺要求等。

(3) 表明各种装饰及家具安放的位置，与建筑结构相互关系尺寸，并说明其数量、规格和要求。

（4）表明与平面图相关的各立面图的视图投影关系和视图的位置编号。

（5）表明各剖面图的剖切位置、详图及通用配件的位置和编号。

（6）表明各种房间的平面形式、位置和功能，走道、楼梯等人员流动空间的位置和尺寸。

（7）表明门窗的位置和尺寸。

（8）表明台阶、水池、雨篷、阳台及绿化设施和装饰小品的平面轮廓与位置尺寸。

7. 顶棚平面图的内容

顶棚平面图也称天花板平面图，主要表达顶棚的造型样式、灯具的规格类型、通风口的位置等。其表现的基本内容为：

（1）表明顶棚装饰造型平面形式和尺寸。

（2）说明顶棚装饰所用的材料种类及其规格。

（3）表明灯具的种类规格及其布置形式和安装位置。

（4）表明空调送风口和吊顶有关的布置形式和安装位置。

（5）对于需要另设剖视图或构件详图的情况，表明剖切位置和剖切面编号。

8. 装饰立面图的内容

装饰立面图是装饰工程中建筑外观墙面及内部墙面和固定装饰设置的正立投影图。用于表达建筑空间各墙体，墙面及各种装饰设置的装饰方式、相关尺寸、相关位置、基本的构造做法等。其表现的基本内容为：

（1）使用相对标高，以室内地坪为基准，表明装饰立面有关部位的标高尺度。

（2）表明墙面装饰造型的构造方式并标明所需装饰材料及施工工艺要求。

（3）表明墙柱等各立面所用设备及其位置尺寸和规格尺寸。

（4）表明装饰吊顶高度及其迭级造型的构造关系和尺寸。

（5）表明墙柱等立面与吊顶的衔接收口形式。

（6）表明门、窗、隔墙或隔断等设施的高度尺寸和安装尺寸。

（7）表明建筑结构与装饰结构的连接方式与衔接方法及其相应的尺寸。

9. 装饰剖面图的内容

装饰剖面图是将装饰面作整体或局部剖切，以精确表达其内容构造做法的设计图。主要表达内部结构、细部构造、尺寸大小、材料选择、工艺要求等。其表现的基本内容为：

（1）表明装饰面或装饰造型的结构和构造形式、材料组成及连接和支撑构件的相互关系。

（2）表明重要部位的装饰构、配件的详细尺寸、工艺做法和施工要求。

（3）表明装饰构造与建筑主体结构之间的连接方法和衔接尺寸。

（4）表明饰面之间的拼接方式及封边、盖缝、收口等工艺处理的详细做法和尺寸要求。

（5）表明装饰面上的设备安装方式或固定方式以及设备与装饰面的收口衔接形式。

10. 水电设备施工图的内容

（1）给排水平面图

给排水管道及设备的平面布置，干管、立管、支管的平面位置，管径以及立管的编号。

（2）系统图

分给水系统图和排水系统图，用轴测图说明给排水管道系统上、下层之间，左、右、前、后之间的空间关系。

（3）详图

某些设备和管道节点的详细构造和安装详图。

11. 家具图的内容

（1）家具立体图

一般采用轴测图或透视图的方法绘制，能够直观表达家具的整体造型以及家具顶面、正立面、侧面的形状和式样。但是，细部的连接方法及定型尺寸、定位尺寸无法表达清楚。所以，它主要作为辅助图形，帮助阅读理解其他图样的内容。

（2）家具平面图

用于表达家具的平面形状、顶面的图案划分、材料颜色的要求等。图内应详细标出顶面四周的轮廓尺寸以及定型尺寸、定位尺寸。

（3）家具立面图

用于表达家具主要立面的外形轮廓和立面柜门、抽屉、把手、搁板的形式和数量以及分割尺寸，表达柜门的开启方式和面层的材料、颜色的要求等。

（4）家具剖面图

家具剖面图用于表达家具内部结构以及部件装配关系的设计图。

12. 工程图尺寸的标注

在施工图中，除了按比例画出相应图形外，还必须标注完整的的实际尺寸，以作为施工、生产制作、加工等的依据。图样上标注的尺寸，由尺寸线、尺寸界线、尺寸起止线、尺寸数字四大部分组成。

（1）尺寸线应用细实线表示，应与被注长度平行。任何图线均不得用作尺寸线。

（2）尺寸界线应用细实线表示，其一端应离开图样轮廓线不小于 2 mm，另一端应超出尺寸线 2～3 mm。必要时，图样轮廓线可用作尺寸界线。

（3）尺寸起止符号一般为 45°倾斜的中粗斜短划绘制应用，其倾斜方向应与尺寸界限成顺时针 45°角度，长度宜为 2～3 mm。

（4）尺寸数字按规定注写，尺寸数字的单位，除标高及总平面图中采用米（m）外，其余均以毫米（mm）为单位，标注尺寸时，数字后不注单位。

13. 工程制图常用的比例

设计图上的比例是指图面上的长度与实际产品长度的比例关系。例如，1∶100 表示图面上长 1 mm，代表实际产品长度为 100 mm。比例有缩小比例和扩大比例及实样比例三种。工程项目上一般都用以下缩小比例：1∶10、1∶20、1∶50、1∶100、1∶150、1∶200、1∶500 等。扩大比例一般用于微型产品设计图中。例如 3∶1，即图样扩大为实物的 3 倍。实样比例是按产品的实足尺寸画出的图样，常用于放样绘图中。

14. 工程结构的分类

一般为框架结构、钢结构、木结构、砖木结构、混合结构等。

15. 木结构选材的要求

在为保证使用安全，必须对木材弊病的数量和大小加以限制。

16. 木结构连接的基本要求

（1）构造简单，传力明确，连接的实际情况尽可能符合理论计算。

（2）有高度的紧密性。

（3）尽量采用韧性好的结合等。

（4）在同一连接中不宜采用两种或两种以上刚度不同的连接方式。

（5）便于制作，便于检查，以保证制作质量。应尽可能减少构件截面的削弱，并减少材料的消耗。

17. 木结构连接的方式

木结构构件的结合在很大程度上取决于连接的方式。木结构连接的方式很多，比较常用的是齿连接和螺栓连接。

齿连接是指通过构件与构件之间直接传力的方式。

螺栓连接是木结构中使用较广的结合形式之一，主要用在构件的接长连接和节点的连接中。螺栓连接主要是螺栓受弯和螺栓孔木材受承压作用，其韧性都较好，因而螺栓连接相当可靠。

18. 木结构螺栓的连接

木结构螺栓是使用较广的方式，主要用于接长连接和节点的连接。

19. 工程施工总说明的内容

对整个工程的统一要求、具体做法，以及对该工程有关情况所做的具体文字说明称为工程施工总说明，具体内容包括：

（1）工程概况及设计标准

工程概况及设计标准包括工程的名称、位置、建筑平面形状、层数、建筑面积、室内外地坪标高，以及交通、照明等要求和标准。

（2）结构特征

结构特征包括选用的结构类型及结构设计依据、主要结构的材料和施工要求。

（3）建筑构造做法

建筑构造做法是指建筑各部位的构造要求，尤其是装饰装修的做法和材料要求等。

20. 建筑总平面图的内容

建筑总平面图用来表示建筑工程区域内的总体布局，新建房屋和构筑物的位置、平面形状、层数、绝对标高、建筑结构周围的地貌，以及旧建筑平面形状，新旧建筑物的相对位置、道路、水源、电源、上下水干线的位置和地形等高线等内容。建筑总平面图是进行建筑区域内的整体规划、确定新建房屋的位置、地面水的排除等工作的重要依据。

二、工机具准备

1. 电锤常见故障的原因

（1）电动机负载不能启动或转速低

1）电源电压过低。

2）定子绕组或电枢绕组匝间短路。

3）电刷压力不够。

4）整流子片间短路。

5）过负荷。

（2）电动机过热

电动机超负荷或工作时间太长；电枢铁心和定子铁心相摩擦；通风口阻塞；风流受阻、绕组受潮。

（3）电动机空转时不能启动

电源无电压、电源断线或插头接触不良；开关损坏或接触不良；碳刷或整流子接触不良；电枢绕组或定子绕组断线；定子绕组短路；换向片之间有导电粉末；电枢绕组短路；装配不好或轴承过紧卡住电枢。

（4）机壳带电

接地线和相线接线错误；绝缘损坏致使绕组接地、刷握接地。

（5）工作头只旋转不冲击

用力过大、零件装配位置不正确；活塞环磨损、活塞缸有异物。

（6）工作头只冲击不旋转

刀夹座与刀杆四方磨损；钻头在孔中被卡死；遇混凝土内的钢筋。

2. 电锤常见故障排除方法

（1）电动机负载不能启动或转速低

1）调整电源电压。

2）检修或更换定子电枢。

3）调整弹簧压力。

4）清除片间碳粉。

5）设法减轻负荷。

（2）电动机过热

1）减轻负荷、按技术条件规定的工作方式使用。

2）拆开检查定子、转子之间是否有异物及转轴是否弯曲、校直或更换电枢。

3）疏通风口。

4）烘干绕组。

（3）电动机空转时不能启动

1）检查电源电压。

2）检查电源线或插头。

3）检查开关。

4）调整弹簧压力或更换弹簧。

5）检修或更换定子绕组。

6）检修或更换电枢，清除片间导电粉末。

7）调换润滑油或更换轴承。

（4）机壳带电

按说明书规定接线；排除接地故障或更换零件；更换刷握。

（5）工作头只旋转不冲击

用力适当；按结构图重新装配；更换活塞环；排除缸内异物。

(6) 工作头只冲击不旋转

更换刀夹座或刀杆；更换钻孔位置；调换位置避开钢筋。

3. 圆锯常见故障的原因及排除方法

(1) 锯截时锯缝太宽

原因：锯片端面有摇摆。排除方法：磨锯片端面并进行千分表检验。

(2) 工作时锯片发热

原因：锯齿钝或锯片体的预应力不均。排除方法：前者刃磨锯齿，后者另作预应力处理。

(3) 锯末堵塞锯齿

原因：齿槽有锐角。排除方法：消除齿槽内的锐角。

(4) 锯齿钝，齿尖易崩裂

原因：齿顶尖不在同一圆周上。排除方法：刃磨齿形。

(5) 锯盘上靠近齿槽有裂缝

原因：齿槽不够大。排除方法：为防止裂缝继续蔓延，应在裂缝末端钻孔 $\phi 1.5 \sim 2$ mm。

4. 带锯机常见故障的原因及排除方法

(1) 锯条经常折断

1) 原因。

①锯轮外缘磨损不匀。

②导引装置的夹板磨损过大。

③锯条厚度不匀。

④锯条拉得过紧。

⑤锯条过分挤压。

⑥锯条焊接的宽度和厚度不匀。

⑦锯齿开得不好，锯齿槽太小。

⑧锯过钝。

2）排除方法。

①检查磨损程度，重新磨平轮缘。

②检查调整夹板，减少磨损。

③将锯条焊接处调直。

④将锯条放松，并使其行程均匀。

⑤张紧锯条，调整靠盘，消除对锯条的挤压力。

⑥检查焊缝，并将其仔细修理平整。

⑦检查锯齿的张开情况，增大锯齿槽。

⑧将锯齿磨锐。

（2）机体振动

1）原因。

①机座与基础结合，下支撑架与机座结合等螺栓有松动现象。

②上下锯轮的静平衡达不到要求。

③各部件结合面不严密。

④轴承精度超差或经长期使用磨损。

⑤上下轴轮径向跳动和端面跳动超过标准精度：轴颈和轴承有损伤。

2）排除方法。

①检查各处螺栓并紧固。

②将上下锯轮进行静平衡试验，并消除不平衡，使之达到标准。

③检查机身和机座结合面，下轮支撑架与机座结合面接触是否良好。

④检查轴承精度，并更换不合格轴承。

⑤接触面涂色检查，并进行修整。

⑥更换轴承。

（3）锯条蹿动

1）原因。

①锯轮外径圆锥度超过允许范围。

②上轮和下轮安装精度达不到要求。

③锯条修整不良。

2）排除方法。精车或磨锯轮；重新校正安装位置；重新修整。

5. 木工平刨常见故障的原因及排除方法

（1）刨削厚度不均匀

原因：台面高度不当。排除方法：调整台面。

（2）刨削两相邻面不垂直

原因：靠山与台面不垂直。排除方法：调整靠山。

（3）刨削面不光滑

原因：刨刀伸出量不一致或刨刀过钝。排除方法：重新安装刨刀、磨刨刀。

（4）V 带打滑

原因：吃刀量过大。排除方法：调整台面高度，张紧 V 带。

6. 钻床常见故障的原因及排除方法

（1）振动或噪声过大

原因：钻头安装不垂直或木身不垂直。排除方法：停机重装或更换。

（2）钻头打滑

原因：钻头端部未卡紧。排除方法：卡紧钻头。

（3）钻头卡塞

原因：压力过大。排除方法：减小下压力。

（4）钻头转动减速

原因：压力过大。排除方法：减小下压力。

（5）钻孔过慢

原因：钻头磨钝。排除方法：调换磨修。

三、材料准备

做好材料准备，其目的是为了保证工程顺利进展和工程质量，提高劳动生产率。要根据工程要求和方案，了解工程概况和施工现场条件，计算材料用量，编制材料计划，确定供料时间。并在现场妥善保管材料，验收入场材料。

1. 木材的年轮线

通过木材的横切面可以看到，围绕髓心一圈圈呈同心圆分布的木质层，称为年轮。年轮实际上就是树木在生长过程中，每年形成向内生长的一层。年轮由春材（早材）和秋材（晚材）两部分组成。每个年轮内，靠里面的一部分是树木生长季春季形成的，颜色较淡，材质较软，为春材。靠外面的一部分是夏末生成的，颜色较深，组织较密，材质较硬，为秋材。

2. 木材的心材与边材

（1）心材

心材指木材横切面上靠近树心的部分，颜色比较深。心材纤维较稠密，收缩性比边材小，耐腐朽，是木质较坚韧的部分。心材范围内的春材和秋材，年久之后不易分辨，木质丧失生理活动功能。

（2）边材

边材指距离树皮近的，木质色泽淡的部分。边材木质较松软，水分较多，耐腐性差。边材在生长过程中，随着树龄增长逐渐变为心材。不同树种心材成长的年限很不一致，有些树种几年就开始形成心材，但松树要10～12年以后才会形成心材。

3. 木材的髓心

在树木中心由第一轮年轮组成的初生木质部分称为髓心（又称树心）。其材质松软，色较深，强度低，易腐朽开裂，有的树种形成孔洞。

4. 木材的髓线

髓心线呈射状穿过年轮的条线称为髓线。髓线与周围细胞连接，在干燥过程中易沿髓线开裂。髓线的宽窄对木材的抗剪强度影响很大，若髓线宽，则木材的抗剪强度减弱；相反，则强度增强。

5. 木材的力学性质

木材的力学性质是指木材抵抗外力作用的能力。木结构在外力作用下，构件内部单位截面上所产生的内力称应力。木材抵抗外力达到破坏时的应力称为极限强度，简称强度。

外力根据其性质不同，有拉力、压力、弯曲、剪切，相应地木材就有木材的抗拉强度、抗压强度、抗弯强度、抗剪强度。

木材是各向异性材料，不同的方向其受力性能相差很大。力的方向与木纹纤维方向一致时，称为顺纹受力，其强度最高；力的方向与木纹纤维方向垂直时称为横纹受力，其强度最低；方向介于顺纹和横纹之间时，称为斜纹受力，其强度介于顺纹和横纹之间。

6. 木材的抗拉强度

木材的抗拉强度有顺纹抗拉强度和横纹抗拉强度之分。顺纹抗拉强度即外力与木材纤维方向相平行的抗拉强度。横纹抗拉强度即外力与纤维方向相垂直的抗拉强度。

木材的顺纹抗拉强度最高，木材的横纹抗拉强度最低，一般为顺纹抗拉强度的1/40～1/10，因此在木结构中不允许木材横向受拉。斜纹抗拉强度介于两者之间，并且随着力与木纹方向间的角度增大而很快降低，因此在材质标准中斜纹受力有较严的限制。

7. 木材的抗压强度

木材的抗压强度也有顺纹抗压强度和横纹抗压强度之分。木材的横纹抗压强度较顺纹抗压强度小，木材横纹抗压强度较低，仅为顺纹抗压强度的 1/7～1/5，横纹承压后变形较大。斜纹抗压强度介于顺纹与横纹之间，其变形也介于两者之间，木材的缺陷对顺纹受压影响较小。

8. 木材的抗弯强度

木构件受弯时，在截面上部受到顺纹压力，截面下部受到顺纹拉力，越靠近截面边缘所受到的拉力与压力就越大。木材的弯曲强度介于顺纹抗压强度与顺纹抗拉强度之间。木材的缺陷对木材的抗弯强度影响很大，尤其在受拉区的边缘更甚。为此，对于大梁、格栅、檀条等受弯构件，不允许在中间段的受拉区内存在节子或斜纹等缺陷。

9. 木材的抗剪强度

外力作用于木材，使其两部分互相滑动而脱离，在滑动面上单位面积所承受的力称为木材的抗剪强度。有顺纹剪切强度、横纹剪切强度和剪断强度 3 种形式。

（1）顺纹抗剪强度

顺纹抗剪强度是指剪力方向和剪切面均匀与木材纤维平行时的抗剪强度。木材顺纹受剪时，绝大部分是破坏在受剪面中纤维的连接部分，因此木材顺纹抗剪强度较小。

（2）横纹抗剪强度

横纹抗剪强度是指剪力方向与木材纤维方向相垂直，而剪切面与木材纤维方向平行时的抗剪强度。木材的横纹抗剪强度只有顺纹抗剪强度的一半左右。

（3）剪断强度

剪断强度是指剪力方向和剪切面都与木材纤维方向相垂直时的抗剪强度。木材的剪断强度约为顺纹抗剪强度的 3 倍。木材的抗剪强度很低，用于建筑工程中的受剪情况比受压、受弯和受拉少得多。

10. 木材的容许应力

极限强度是木材达到破坏的应力，实际工作应用比极限强度低的应力，这就是容许应力。其前提是根据构件在不同条件下以一个综合各方面因素而确定的安全系数。容许应力的公式是将极限强度除以安全系数，即：

$$容许应力=\frac{极限强度}{安全系数}$$

11. 木材胶接的胶料

胶接木材所用的胶料分为蛋白胶和化学胶两大类。蛋白胶又分为皮胶、骨胶和酪素胶。化学胶又分为酚醛树脂胶、尿醛树脂胶、聚醋酸乙烯树脂胶和乙烯－醋酸乙烯共聚树脂胶等。

四、施工技术准备

事前做好施工技术准备的目的：保证工期周期，保证工程质量，提高生产效率。

1. 木屋架制作工艺顺序

熟悉木屋架设计图，便于施工操作和保证其质量。

木屋架制作工艺顺序：熟悉设计图的内容→按 1∶1 比例放屋架大样→按大样

画出各弦杆凿槽的样板→按要求选择材料→配备材料→加工制作各弦杆→拼装成型。

2. 基础模板施工操作顺序

基础模板施工操作顺序，即：放线→组装模板→校准模板→浇筑混凝土→拆除模板。

模板一般采用统一配料、统一制作、统一回收和统一管理的方法。

3. 柱模板配制安装的工艺顺序

放线→定位→组装模板→安装柱箍→校准柱模→设置支撑→浇筑混凝土→拆除模板。

4. 梁模板配制安装工艺顺序

组装模板→就位→支撑→调整模板→浇筑混凝土→拆除模板。在梁模板配制安装的工艺操作中，混凝土浇筑质量直接影响梁的强度。

5. 阳台模板操作工艺顺序

定标高→支过梁→钉托木→立牵杆→铺挑平台→安装侧板→浇筑混凝土→拆除模板。

6. 一般预制构件模板操作工艺顺序

场地平整→铺设底模→立侧模→绑扎钢筋→浇捣混凝土→拆除模板。

7. 升模法施工操作工艺顺序

升模法施工工艺具有机械化程度高、施工速度快、整体性强、结构抗震性能好等特点。其顺序为：弹墙、柱位置线→安装劲性钢柱→绑扎墙、柱钢筋→安装墙、柱、梁模板及梁钢筋绑扎→吊装操作工台→组装承力架→安装工具柱→安装升板机→提升承力架至规定标高→安装吊杆→浇筑混凝土→提升模板→楼板支模、绑扎钢筋、浇筑混凝土→降模→拆除模板。

8. 薄型硬木地板粘贴工艺顺序

施工准备→弹线→粘贴硬木地板→养护→刨平、磨光。

9. 高架曲线箱梁模板安装工艺顺序

底模铺设→定位弹线→侧模安装。

10. 庑殿建筑大木操作工艺顺序

定位编号→配备材料→丈杆制备→构件制作→大木安装。

五、木模板

1. 桁架模板的组成

桁架模板外形不一，有梯形、弧形、折线星等几种外形，其构造基本相同，均由底板、横楞、侧板、斜撑和搭头木等组成。横楞垂直于桁架长度，底板依所弹的边线铺钉在横楞上，沿底板的两边立起侧板。侧板外侧用斜撑撑住。沿各杆件侧板上口加钉若干搭头木，以保持杆件宽度达到要求。

2. 分节脱模方法

分节脱模方法就是在安装构件的底模时，设置若干个固定支座，在支座之间安装活动模板，当混凝土灌注完毕并达到混凝土设计强度 50％后，即拆除活动模板，进行周转，这时构件的重量全部由固定支座承受。对于柱、梁等细长构件，为使底模尽早拆除，提高周转使用，可采取分节脱模方法。

3. 吊车梁模板的组成

吊车梁根据生产方法的不同，模板形式分立模和平模两种。目前，一般采用立模的方法浇注吊车梁，模板由侧板、端板、夹木、斜撑、立档组成。

4. 吊车梁模板的支设方法

（1）首先在地面上铺通长的垫板。

（2）在垫板上匀摆横楞。

（3）在横楞与垫板的上面钉搭头木，以保持吊梁的宽度。

5. 工字形柱模板的组成

工字形柱模板由垫板、横楞、底板、侧板、端板、斜撑及下芯模和上芯模组成。芯模用方木与木板钉成。

6. 锥形料斗模板的组成

锥形料斗模板由孔口圈梁、斜壁及上口圈梁组成。上口圈梁由柱或墙支撑。

7. 楼梯模板的构造

双跑板式楼梯包括梯段（梯段板和踏步）、梯基梁、平台梁及平台板等。

楼梯梯段模板由底板、格栅、牵杠、牵杠撑、外帮板（方木加正三角木）、踏步侧板、反扶梯基（反三角木）等组成。

平台梁及平台板模板的构造与肋形楼盖楼板的构造基本相同。

8. 楼梯模板操作工艺顺序

楼梯模板操作工艺顺序：确定模板的配置尺寸→配置模板→安装梯基梁模板、安装平台梁、平台模板→钉托木→铺梯段落格栅→钉牵杠和牵杠撑→铺梯段底板→弹线→钉外帮板→绑扎钢筋→钉踏步侧板及其支撑→安置栏杆预埋件。

9. 楼梯模板配置尺寸的确定

楼梯模板有些部位的配置尺寸，可按图计算直接求得，还有一些部位的配置尺寸，需通过放样或较复杂的计算才能确定。确定楼梯板配置尺寸的方法有以下 3 种：用 1∶1 放大样确定模板的配置尺寸；用计算方法确定模板的配置尺寸；用三角木样板上局部放样确定模板的配置尺寸。

10. 楼梯模板的配置

目前，支撑楼梯模板已普遍采用定型组合钢模板、钢顶撑或扣件式脚手钢管。因此，模板配置的工作量大大减少。首先，根据上述求得的模板尺寸，分别准备好相应规格的钢模板、钢顶撑或脚手钢管及扣件。然后，按三角木样板制作三角木。梯基梁、平台梁里侧模板的顶面需制成斜面。可采取钢模板和木模板组合的方法，斜面部分用木模板配置，再连接在相应高度的钢模板上。

11. 平台板模板的安装

确保梯基梁、平台板的标高和水平距离，是楼梯支模的关键。因此，支模时要认真丈量距离和校核标高。平台梁、平台板顶撑下面的泥土应夯实，并放置50 mm厚的通长垫头板。顶撑之间应加设水平拉杆和剪刀撑，顶撑底部应加木楔，并与垫头板用钉固定（不要钉死）。

12. 托木、楼梯板格栅的钉置

托木钉在梯基梁、平台梁内侧模板的背面。托木离内侧模板上口的距离，应等于格栅厚度加梯段底模的厚度。托木钉好后，在其上铺格栅。格栅间距 50～60 cm

左右。若梯段底模板采用定型组合钢模板，则格栅间距应满足钢模板的尺寸要求。

13. 牵杠和牵杠撑的钉置

牵杠位于格栅的下面，间距 80～100 cm。牵杠撑支于牵杠下面，不应与地面垂直。牵杠撑下面泥土应夯实，并铺垫头板。牵杠撑之间以及牵杠撑与平台梁顶撑之间，应设拉杆连接，增强整体稳定。

14. 梯段底模板的铺设

梯段底模板的宽度应大于或等于设计图上混凝土梯段的宽度加外帮板的宽度。梯段底模板铺钉时要紧密，以防漏浆；钉子尽量少钉，以便拆模。

15. 踏步侧板及支撑的钉置

待楼梯钢筋绑扎好后，方可钉踏步侧板。为防止踏步侧板在混凝土浇捣时产生凸肚，需在其中间加设小支撑。通常用反扶梯基来代替小支撑，其优点是：操作简单易于翻模周转使用，支撑效果好。

16. 栏杆预埋件的安置

栏杆预设埋件，一般随混凝土浇筑而进行埋设，其平面位置应符合设计图要求，高低位置应与踏步侧板上口平。同时要保证预埋件与周围混凝土密实，预埋件位置不准确将会影响栏杆和扶手的安装质量。

17. 圆形结构模板操作工艺顺序

木带配料尺寸计算→木带放样及制作→模板钉制→内模板安装→绑扎钢筋→外模板安装→浇筑混凝土→拆模。

18. 设备基础模板操作工艺顺序

操作工艺顺序为：熟悉设计图计算尺寸→安装基础模板→预留地脚螺栓洞和预埋地脚螺栓→浇筑混凝土→拆模。

熟悉设计图，掌握基础构造形式和要求；模板配制方法有展开法和直接按图分块计算法两种；模板安装要考虑施工工序，先装深处（下部）模板，后装上部模板；预留地脚螺栓洞和预留地脚螺栓，一般采取预留洞法；混凝土下料和振捣时，不得冲撞和振及固定架、地脚螺栓和预留洞木模。固定架立柱、脚螺栓下端及预留洞模板下端四周的混凝土，必须分层同时浇筑；模板拆除应遵循拆模顺序和要求，不得猛敲乱撬，损伤混凝土。

19. 现浇整体式结构模板的拆除

现浇整体式结构的模板的拆除分为不承重模板和承重模板两大类不同的方法。

（1）不承重模板：应在混凝土强度能保证其表面及棱角不因拆除模板而受损时，即可拆除。

（2）承重模板：应在与结构同条件养护的试块达到规定强度后，方可拆除。如结构跨度大于等于 8 m 的梁混凝土强度达到设计强度的 70%时即可拆除。

20. 预制构件模板的拆除

（1）侧面模板

应在混凝土强度能保证构件不变形，棱角完整时，即可拆除。

（2）承重底模

其构件跨度等于或小于 4 m 时，应在混凝土强度达到设计强度 50%以上，方可拆除。

（3）构件

构件跨度大于 4 m 时，应在混凝土强度达到设计强度 70%以上时方可拆除。

21. 楼梯模板常见质量通病

（1）楼梯坡度不符合设计要求。

（2）踏步中间混凝土凸肚。

（3）同一跑梯段踏步的建筑尺寸不一致。

（4）上、下跑梯段的踏步口的投影不在一条直线上。

（5）楼梯模板的施工缝位置留设不正确。

22. 圆形结构模板常见质量通病

（1）模板断裂（爆壳子），产生的原因主要是采用的模板厚度不够或材质差。

（2）相邻两块模板接头处发生胀裂错位，产生的原因主要是相邻模板缺少足够的搭接长度。

（3）混凝土浇筑过程中模板严重变形，模板支撑不实，外模未加钢筋箍以及混凝土未采取分层和来回交替浇捣是圆形模板发生变形的主要原因。

23. 大模板操作工艺顺序

找平放线→外墙砌砖→敷设钢筋→固定门窗框→安装外墙板→墙板接缝防水→浇筑混凝土→拆除模板→整理混凝土墙面→养护混凝土→安装预制构件→板缝施工→内外墙装修。

六、木门窗施工

1. 弹簧门操作工艺顺序

刨削制作门扇→安装地弹簧→安装顶轴→安装门扇顶部轴套和底部轴套→门扇安装就位。

2. 弹簧门扇的加工

刨削门扇，先量出门樘子内净尺寸，然后在门扇上确定相应的高度和宽度进行刨削，弹簧门门梃应刨削成与门框圆弧相吻合的弧形，门扇高度方向的刨削量，应以主要刨削下冒头为原则。弹簧门上、下冒头的小面（即门扇的顶面和底面），不能刨削成斜面状，必须与冒头大面成直角。

3. 地弹簧的安装

地弹簧由顶轴、顶轴套、回转轴套、底座组成。先根据门框底部的锯路线或室内地坪标高或地坪装角层的面标高，预埋地弹簧底座，底座回转轴的中心应对准门框边梃的中心线。若门框边梃垂直度稍有偏差，底座位置应作相应的调整，然后用细石混凝土将底座外壳四周捣实，混凝土浆水不得流入底座内部。

4. 弹簧门顶轴的安装

根据回转中心、引垂直线确定门框头或中贯挡上安装顶轴轴心位置，然后剔槽开孔安装顶轴。

5. 弹簧门门扇的安装就位

地面底部回转轴套埋设处的混凝土终凝并产生一定的强度后，即可安装门扇。先将门扇底部的回转轴套在底部的回转轴上，再将门扇顶部轴套的轴与门梃上的顶轴的轴心对准，然后拧动顶轴上的调节螺钉，使顶轴的轴心杆进入顶轴套的孔内，门扇即可启闭使用。

6. 弹簧门弹簧铰链的安装

弹簧铰链有单筒、双筒两种，由铰链板、筒管（管内装有弹簧）、调节杆和调节器等组成。安装弹簧铰链前，须将弹簧放松，然后按铰链规格画出剔槽位置，一般上铰链离门扇顶距离为 175 mm，下铰链离门扇底距离为 200 mm。铰链剔槽深度约为铰链厚度的 1/2，同时剔槽的外形应与弹簧铰链外形吻合。安装铰链时，调节器放在上端，先将铰链拧在门扇上，然后再往框上拧，木螺丝拧完后上紧弹簧，将拨棍插入调节器的小圆孔内向右拨动即可上紧弹簧，至两扇门自动关闭时能平齐为止。

7. 门扇安装后翘曲的主要原因

(1) 门框翘曲导致门扇安装翘曲。主要是由于门扇安装前，未认真吊线检查门框的垂直度。

(2) 门扇本身翘曲引起门扇安装翘曲。

(3) 双扇弹簧门两边铰链或地弹簧的位置不准确。

8. 门扇安装后开关不灵活的主要原因

(1) 地弹簧底座位置安装不准确。

(2) 门梃圆弧与门框圆弧不吻或风缝太小（门梃与门框梃的风缝不宜小于 3 mm），将会引起门扇开启时磕碰。

9. 六边形硬百叶窗的构造

(1) 六边形硬百叶窗窗框的内角为 120°，窗框间采取割角榫接，百叶板与窗框嵌槽加榫结合，百叶板与平面的倾斜角度为 45°。

(2) 百叶板之间留一定的空隙，且上面百叶板的下端与下面百叶板的上端有适当的重叠遮盖。

(3) 常见六边形硬百叶窗有平顶与尖顶两种。

10. 六边形硬百叶窗的制作工艺顺序

放样→计算百叶板与斜窗柜的交角→计算百叶板尺寸→杆件加工制作→拼装。

11. 六边形硬百叶窗的放样方法

(1) 应按 1∶1 比例放样弹出百叶窗平面形状。

（2）根据等边六角形画法，先画得六边形窗外边框，然后根据窗框料尺寸，在六边形内部分别画平行线，平行线间距即为窗框宽度。

（3）根据百叶板的厚度及百叶板与窗平面的倾斜角，计算出成品百叶板的小面宽度。

（4）在放样图上量取两内顶点间的间距，即可计算出百叶板的间距。

（5）最后在图上依次截取百叶板的间距和成品百叶板的小面宽度并用尺分别画出各块百叶板的平面位置。

12. 六边形硬百叶窗百叶板与斜面窗框交角的求取方法

百叶板与斜面窗框的交角可通过基本作图法量得，也可以通过直角三角形法求得。

13. 百叶板尺寸的计算方法

（1）两侧竖直窗框间的百叶板长度加上伸进槽料的深度。

（2）两侧斜窗框间的百叶板，其上口和下口的长度不相同，两者的差值可通过作图得出。

（3）百叶窗上部斜框间的百叶板，其上口长度大于下口长度。下部斜框间的百叶板，其上口长度小于下口长度。百叶板上口尺寸，可由放样图量得，端面倾斜角为 30°。

14. 百叶窗杆件的制作

将窗框料、百叶板料按图样尺寸要求刨削平直，兜方。划出窗框间连接的燕尾榫、槽线和割角线。窗框间的割角为 60°，然后将窗框放在放样图上，引出百叶板位置，在竖直框上用 45°活络尺分别划出凹槽线，最后划出凹槽中的榫眼线。百叶板划线时，榫头的位置、大小、长短，必须与凹槽中的榫眼相符，上部第一块百叶的宽度应根据第一条凹槽的实际长度配制。按线锯割、刨削、凿眼制作窗框和百叶板，百叶板一小面刨成 45°，另一小面待拼装后，统一刨平。

15. 六边形硬百叶窗的拼装

拼装前，应认真检查各杆件的制作质量。在确认无误后，先将三根窗框拼装成一体，然后将百叶板逐一插入，最后拼装另三根拼成一体的窗框，连接成型，并刨平凸出的百叶板及四周净面。

16. 百叶窗成型后注意事项。

（1）百叶窗成型后，百叶板倾斜角度不准。

（2）百叶窗成型后，百叶板不平行。在制作尖顶百叶窗使用活络尺画线时，不宜一把多用，需用26.57°、45°、30°、60°四把专用活络尺。

（3）百叶窗割角，凹槽接缝不严密。

（4）平顶百叶窗首、末百叶板与上、下窗框接缝不严。

七、室内木装修

1. 人字纹空铺硬木拼花地板操作工艺顺序

施工准备→铺钉格栅→钉毛地板→弹施工控制线→铺人字形面层→铺滚边条→刨平磨光。

2. 硬木拼花地板的施工准备

在施工前应首先了解基层情况、现场情况、房间尺寸、面层的控制标高、材料的规格，并对照图样进行分析，明确设计和施工要求，同时还要做好下道工序的准备工作。

3. 硬木拼花地板格栅的铺钉

先在铺有油毡的基础或地垄墙上，设置通长沿椽木，格栅放置在沿椽木上。铺钉格栅时应注意：格栅上口小面要平直，不翘曲，格栅间距要符合要求，格栅间应加剪刀撑，格栅要高出墙30 mm左右。先在沿椽木表面上画出各格栅中线，间距不大于40 mm。然后两边的格栅对准中线先摆上，离墙面留30 mm缝隙。格栅面根据地板面标高来固定，并以此格栅作为基准格栅。再在两格栅之间依次铺中间部分格栅，表面应平直，并用2 m长平尺检查，尺与格栅平面间的空隙不应超过3 mm。最后格栅之间钉剪刀撑，剪刀撑应成一条直线，撑头不能伸出格栅的上、下表面，间距不大于2 m，断面一般为38 mm×50 mm或50 mm×50 mm。

4. 硬木拼花地板毛地板的铺钉

由于面层选用人字形图案，为了避免面层板条与毛地板的板缝重合，故毛地板应垂直于格栅铺钉。若面层是正芦席纹地板或长条地板，则毛地板应与格栅成 30°或 45°斜向铺钉。毛地板的宽度不宜大于 120 mm，铺钉时，应使毛地板的髓心向上，板间应留不大于 3 mm 的缝隙，采用明钉，钉长为板厚的 2.5 倍。

5. 施工控制线的弹画

为了保证地板按照预定角度铺钉，一般用施工线来控制。先弹出房间纵横中心线和镶边线，在纵向中心线的两旁弹出起始施工线，再在起始施工线左右依次弹出施工线。

为了保证弹线的精度，避免产生累计误差，弹线施工时，可采用斜线整数等分点法。

若设计要求房间的面层地板下铺摊油毡，则不能采取弹线的方法，而应采取挂线的方法。即按上述方法在房间两端头分点后，钉上钉子并拉麻线，线悬空在毛地板面上，作为施工时的控制线。

6. 人字形地板的铺设

拼花地板面层应从房间中央开始向四周铺开铺钉。人字形木地板第一块的铺设是保证整个地板均匀对称的关键。

各块板条间要排紧，个别缝隙不得超过 0.3 mm。对于企口缝地板条，钉子长为板厚的 2～2.5 倍，从板的凸榫一边的凹角处斜向钉入，钉帽要砸扁，不得外露。当地板条长度小于 300 mm 时，着钉 2 只；地板条长度大于 300 mm 时，应着钉 3 只。在铺钉靠镶边线旁的地板条时，不应锯一块钉一块，应将该排地板条排紧统一锯割后再铺钉。

7. 人字形地板镶边条的铺钉

镶边条应采用直条跨缝铺钉，拼角处宜 45°交接。当室内外面层材料不同时，门口条的镶边条应铺到门扇位置的外口，使门扇关闭后看不到木地板。镶边宽度不满足镶边条宽度的整数倍时，不得采取扩大缝隙的办法，应按实际缝隙的大小锯割镶边铺在靠墙一边。

8. 人字形地板铺设后的刨平磨光

手工刨削地板，应先垂直木纹方向粗刨一遍，后顺木板方向细刨一遍，最后用砂纸磨光或采用机械方法磨光。在拼好的木地板上不能刨削，直接用地板磨光机磨光，边角处采用角向磨光砂轮磨光。

9. 薄型硬木地板操作工艺顺序

施工准备→弹线→粘贴硬木地板→养护→刨光磨光。

10. 地板缝不严的处理

(1) 地板条含水率过大，超过12%，这是产生板缝不严密的常见原因。因此，地板条进场必须存放在干燥通风的室内，铺设时要严格控制地板条的含水率。

(2) 木地板铺定后，未及时遮盖，刨平磨光后未立即上油或烫蜡，引起拔缝。

(3) 地板条不直，宽窄、长短不匀，钉子未钉牢也是产生地板缝隙过大的常见原因。因此，铺设前应有专人逐块严格挑选。

(4) 企口缝的质量不好导致地板缝不严。合格的企口缝的凸榫应比凹槽短1～2 mm。不合格的企口缝，应经修理后使用。

(5) 对于小于1 mm的不合格缝隙，可用同种木料的锯末加树脂胶和腻子嵌缝修补；对于个别大于1 mm的缝隙，可用同种木料刨成薄片（呈刀背状），涂胶后嵌入缝内刨平。

11. 地板表面不平整的原因

(1) 使用电刨操作不当，手工刨配合欠妥是导致地板表面不平整的常见原因。电刨的两把刀片吃料深浅不一，刨料过程中停顿，操作不稳都会加剧表面不平整，因此，使用电刨时，刨刃要锋利，转速不宜低，行走速度要均匀，中途不要停顿。手工刨刨去的厚度要与电刨相一致。

(2) 格栅表面不水平，最终将引起室内外地面装饰层相接处不平整。因此，铺格栅前要校核墙上水平线的准确性。格栅铺好后，对格栅的水平度要加强验收。

12. 拼花不符合设计要求的处理

选料马虎，地板条的外形、尺寸不一致，势必引起对角不方，端头不齐，施工线弹得不准或未按施工线铺钉，由此产生的累计误差都会导致拼花不符合设计要求。对于板条端头不齐且在2 mm以内的，可用同材质锯末加胶水嵌入缝内进行补救。

13. 木楼梯的组成

木楼梯由踏步板、踢脚板、三角木、休息平台、斜梁、栏杆及扶手组成。具体构造形式有明步木楼梯和暗步木楼梯两种。

明步木楼梯斜梁上下端由吞肩榫与平台梁（楼格栅）、地格栅相连，并用铁件加固。踏步三角木钉在斜梁上，踏步板、踢脚板分别钉在三角木上。为遮盖三角木与斜梁的接缝，斜梁外侧面钉有护板。踏步靠墙处需制作踢脚板，以保护墙面和遮盖踏步与墙面的竖缝。楼梯栏杆分别与扶手、踏脚板榫接。

暗步木楼梯的踏步板和踢脚板分别嵌在斜梁的凹槽内。栏杆上端凸榫插入扶手内，下端凸榫插入斜梁上的压条内，若无压条，则凸榫直接插入斜梁内。楼梯背面一般做板条粉刷或钉纤维板封完备。

14. 木楼梯操作工艺步骤

放样或计算制作样板→配制各部件→安装格栅与斜梁→钉三角木（明步木楼梯才有）→铺钉踏步板→安装栏杆、扶手→安装靠墙踢脚板和护板→钉挑口线。

15. 木楼梯踏步板的配制

踏步板须用整块木板，厚度 30～40 mm。若用拼板则应采取有效措施防止错缝开裂。明步木楼梯的踏步板长度要考虑挑出护板的尺寸。

16. 木楼梯格栅与斜梁的安装

安装前，先按施工图定出地格栅、休息平台格栅和楼格栅的中心线和标高位置。施工时先安装格栅后再安装斜梁。斜梁入榫后，再使用铁件加固，底层斜梁的下端可制成凹槽压在垫木（枕木）上。

17. 木楼梯三角木的钉置

明步木楼梯需钉三角木，三角木位置应先在斜梁上画出，然后按线钉牢。每块三角木至少用两只钉子固定，钉子钉入斜梁深度不少于 60 mm，收紧钉子时要注意不使三角木开裂。两根斜梁上的三角木应高低进出一致，护板处的三角木必须与斜梁外侧面平。每钉一级三角木应随铺临时踏步板，以方便施工操作。

18. 踏步板、踢脚板的铺钉

踏步板与踢脚板连接的槽口接缝要严密。若不采取冲头三角木，则踏步板与踢脚板应互相垂直。相邻踏步板以及相邻踢脚板均应互相平行。踏步板、踢脚板均采用暗钉，钉帽敲扁顺纹冲入板内。

19. 栏杆、扶手的安装

先分别将栏杆榫接在踏步板或斜梁的压条上，然后将已榫接好的扶手和楼梯柱一起安装上去，使这四部分榫接成整体。安装立杆前，必须认真检查杆长、榫长和榫肩的斜度。立杆长度不一致或立杆榫长大于眼深，都会引起扶手安装后顶面不平直。榫肩斜度一致性差，将会引起肩缝不严密，影响感观质量。

20. 挑口线的钉置

挑口线的制作要求：线条清晰、顺直、光洁。

挑口线的安装：截料长短要合适，割角要严密，钉帽砸扁顺纹冲入木内，表面不应有锤印。宜用割角箱锯割挑口线割角以及护板与踢脚板的割角，以保证割角角度正确，接缝严密。

21. 护墙板操作工艺顺序

护墙板不超过 1.8 m 时又叫木墙裙，其操作工艺顺序一般为：按图弹出标高水平线和纵横分档线→按分档线打眼下木榫→墙面做防潮层，并钉护墙筋→选择面料并加工成型→钉护墙板面层→钉压条。

八、木家具制作

1. 室内配套木家具制作工艺顺序

室内配套工程中需要于现场制作的木家具，主要是各类柜、台、桌、橱等，它们与标准家具的区别在于构造、造型的表面装饰等皆与室内装饰风格密切相关，且由于室内配套工程受工期限制，要求在根据装饰布置和装饰施工配套的基础上较快完成，故其制作方法一般都采用板式结构或板柜组合式结构。

其工艺顺序一般为：选配料→刨削→画线→榫槽制作→组装（框架组装、门扇组装、搁板组装、抽屉装配、橱柜顶边的装配、脚架的安装、面板的安装、线脚装配）。

2. 选料与配料的要求

选料与配料要根据家具或装饰设置的施工图进行，并按设计指定的规格、结构、式样列出所需木方料及胶合板或其他人造板的数量和种类。

木方料是用于制作骨架的基本材料，应选用木质较好、无腐朽、不潮湿、无扭曲变形的合格材料。

3. 木料刨削加工方法

对木料进行刨削加工时，应首先识别木纹方向，不论是机械或是手工刨削，均按顺木纹方向，先刨大面，再刨小面，一般无特别要求两个相邻的面刨成90°。

构件的结合面或工作面应选平直并不显节疤的面向树心的一面，尽可能将面向树皮的一面用于构件的背面。

4. 划线的方法

对于两块或两根相对应位置的木料，可将其拼合在一起划线，划好一面后，用直尺把线引向侧面。所划线条必须准确、清楚。画线之后，应将空格相等的两根或两块木料颠倒并列进行校对，检查划线和空格是否准确相符。若有差别则说明其中有错，应及时查对、修正。

5. 榫槽的制作

凿榫槽或榫眼时应选择与榫眼宽度相适应的凿子，先从木料的工作面开始凿，凿至1/2深度时翻转至背面将榫眼凿通。

木料的正面即工作面上的榫眼划线应保留两端处的各半条线，透孔背面的榫眼孔膛应大于画线以外1 mm左右，以避免装榫头时发生劈裂。

榫孔眼的两端中部要略微凸起，以便挤紧榫头。

凿半孔眼时，应在距榫眼画线内边3～5 mm处下凿，凿至所需深度后再将榫眼孔壁垂直切齐，剔出木屑。

6. 木家具组装的方法

木家具组装分部件组装和整体组装，组装前应将所有的结构件用细刨刨光，然后按顺序逐件进行装配，装配时应注意构件的部位和正反面。衔接部位需涂胶时，应刷涂均匀并及时擦除挤出的胶液。锤击拼装时，应将锤击部位垫上木板或木块，不可猛击，若有拼合不严处应查找原因采取修整或补救措施，不可硬敲、硬装就位。各种五金配件的安装位置应定位准确，安装紧密严实，方正可靠，结合处不得崩茬、歪扭松动，不得缺件漏钉和漏装。

7. 框架组装步骤

（1）木方框架的组装

一般是先装侧边框，后装底框和顶框，最后将边框、底框和顶框连接装配成整体框架。每种框架以榫结构方式组装后，都需进行对角测量并校正其垂直度和水平度，合格后方可钉上后板定位。

（2）板式框架组装

一般是先从横向板与竖向侧板开始连接。横向板与竖直板组装连接完成后，检查其方正度，然后再安装顶板和底板，最后安装背板。

8. 抽屉的分类

抽屉是家具构造中的重要部件，由于家具种类和式样的不同，抽屉的形状也常有差异，主要有平齐面板抽屉和盖板抽屉两类。其中盖板抽屉分为面板两侧长出、三边长出及四边长出等不同样式，但其主要区别在面板。

9. 橱柜顶边的装配制作

由于橱柜式样较多，其顶帽的形式也富有变化，其构造形式有平式、大边或小边式、凸凹式、围边式。

一般的平式顶帽橱柜在顶边装配完成后，再同时进行整体装配和顶帽安装。其他顶帽形式橱柜可在主体装配完成后再进行顶帽安装。

安装均采用胶粘加钉接的固定方法。在钉接的过程中对于板的斜角、端头、线条的接头、弯曲部位，应先按钉件的直径钻通孔眼后再用钉结合，避免木料劈裂。

10. 底脚的安装

现代家具的底脚多采用底柜包脚或不锈钢柱脚。底柜包脚结构在形式上分为板落地式和板杠装配式两种，前者在制作橱架时连底板一同制出，后者是单独制作后再与橱柜整体进行连接，固定的方法是在连接面涂胶后用木螺钉或元钉加固。

11. 面板的安装

若家具的表面做油漆涂饰，则其框架的外封板一般即同时是面板。若家具的表面是使用装饰细木夹板，如水曲柳夹板、木夹板或柚木夹板、胡桃木夹板等进行饰面或使用塑料板做贴面，则家具框架外填封板就是其饰面的基层板。饰面与基层板之间常采用胶粘贴合。

12. 家具线脚的装饰

家具线脚采用木质、塑料或金属线脚、线条对家具进行装饰并统一室内整体装饰风格的做法是当前广泛采用的一种装饰方式，其线脚的排布与图案造型形式，可以灵活多变，但不宜过于繁琐。常见的线脚类型为：边缘线脚、衔接过渡收口线脚、框形线脚、平行线脚等。

九、施工测量

1. 量尺的种类

量尺有钢卷尺、布卷尺、直角尺、木折尺、三角板、活络三角尺和丈杆（数棒）等。

钢卷尺丈量准确、携带方便，用毕后应保持清洁，防止生锈。

木折尺常用规格为 1 m，木折尺在使用时要拉直、紧贴物面；铰接处易松动而产生误差，应经常进行校验。

丈杆自行制作，一般采用松木，杆上划有尺度，适用丈量长度较大的物面。

2. 水平尺的使用方法

水平尺有木制品和金属制品两种，尺的中部及端部装有水准管。水平尺用来校验物面的水平或垂直情况，将水平尺置于物面上，中部水准管内气泡居中，表示物面呈水平；将水平尺一边紧靠物体的立面，端部水准管内气泡居中，表示该面垂直。

3. 线锤的使用方法

线锤是用金属制成的正圆锥体，在其上端中央设有带孔螺栓盖，可系一根线绳。线锤用以校验物面时否垂直，使用时手持线的上端，锤体自由下垂，视线随绳线，当绳线与物面上下距离一致时，即表示物面垂直。

4. 划线工具的种类

（1）角尺

角尺又称曲尺、拐尺和方尺，有木制品和金属制品两种。

（2）活尺

活尺又称活络三角尺、活络尺、板尺、活动曲尺，用来划任意角度的斜线，它由尺座、活动尺翼、螺栓组成。

（3）竹笔

竹笔又称墨衬，用韧性较好的竹片或牛角制成。

（4）拖线器

拖线器又称墨线，由竹片和木板制成，开有各种距离的三角槽口，中间用挡板来控制划线尺寸。利用拖丝器的三角槽口，配合划线笔，用以拖划直线。

5. 直角尺用途

（1）划垂直线或平行线。

（2）检查工件表面是否平整。

（3）校验木料相邻两面是否垂直和是否直角。

（4）校验划线时的直角线是否垂直，校验半成品或成品拼装后的方正情况。

6. 划线笔的使用方法

划线笔有木工铅笔、竹笔等。

木工铅笔的笔杆呈椭圆形。将铅芯削成扁平形，划线时使铅芯扁平面沿着尺顺划。笔尖宜细不宜粗，这样精度高。

竹笔又称墨衬，用韧性较好的竹片或牛角制成，长约 200 mm，一端削扁成斜刀形状，宽约 15～18 mm，角度 40°，并砍成很多细口，以便吸取墨汁，扁刃越薄，画线越细。笔尖稍加切除成弧形，以利划线时笔尖转动角度滑利。使用时手持竹笔垂直不偏。

7. 墨斗的使用方法

墨斗由圆筒、摇把、线轮和定针等组成。墨斗一般由坚韧的硬质木材（香樟木）组成。墨斗的圆筒内装有含墨汁的丝棉，筒身上留有对穿线孔，线轮上绕有线绳，一端拴住定针。弹线时握住墨斗中部，先将线绳拉出一些，将定针扎在木料一端的划分线上，随后用竹笔挤压丝棉，使线绳饱含墨汁，将墨斗拉到另一端，用一手食指将线绳压在划分线上，同时拉紧线绳，另一食指和拇指将线绳的中点提起，放手回弹，即在木料面上弹出一条墨线。弹线时，提起的线绳要保持垂直，只有这样才能使墨线弹得正确。

8. 墨株的使用方法

在齐整的木料上大批量纵向划直线时，可用固定的墨株划线，划线时应将墨株平放在木料上。

9. 划线的技巧

（1）划下料线时，必须留出加工余量和干缩量。锯口余量一般留 2～4 mm，单面刨光余量为 3 mm；双面刨光余量为 5 mm。

（2）划对向料的线时，必须把料合起来，相对地划线。

（3）划线时，必须注意尺寸的精确度，划线后要经过校核才能进行加工。

10. 划线的符号

木工操作中，常用的符号有下料线、中心线、作废线、大面、全眼、半眼、榫头、长头线等。

十、木结构工程施工

1. 12 m 以上木屋架制作工艺顺序

熟悉设计图的内容→按 1∶1 比例放屋架大样→按大样画出各弦杆齿槽的样板→按要求选择材料→配备材料→加工制作各弦杆→拼装成型。

2. 按 1∶1 比例放屋架的大样

放大样是屋架制作最关键的一个环节，操作程序：选择放样场地并进行清理→弹出各杆件的轴线→弹出杆件边线→画出节点大样。

首先在合适的场地上弹出各弦、腹杆的中心线或轴线，再根据设计图各弦、腹杆截面尺寸，弹出各弦、腹杆的边线，然后根据屋架的组成形式分别弹出上下弦中间节点齿槽、端节点齿槽、下弦中央节点齿槽、脊节点齿槽等各类槽线。

3. 木屋架材料配备的要求

木屋架配备材料要综合考虑木材质量、长短、宽窄等情况，做到合理安排，避让缺陷，具体要求如下：

（1）木材有弯曲：用于下弦时，凸面应向上；用于下弦时，凸面应向下。

（2）木材有裂缝处不得用于受剪部位，如端节点处。

（3）木材的节子及斜纹不得用于齿槽等节点部位。

（4）木材的髓心应避开齿槽及螺栓排列部位。

（5）上弦、斜杆断料长度要比样板实长多 30～50 mm。

（6）若弦杆需接长，则各榀屋架的各段长度尽可能一致，以免混淆，造成错接。

4. 木屋架加工制作注意事项

（1）各类木材齿槽，要用细锯锯割，不要用斧砍。锯割后用刨或凿修整，齿槽的结合面应力求平整，以使贴合严密。

（2）结合面凸凹倾斜不大于 1 mm，弦杆接头处要锯齐锯平。

（3）钻螺栓孔的钻头要直，其直径应比螺栓直径大约 1 mm，每钻入 50～60 mm，需提出钻头加以清理，眼内不得留有木渣。在钻孔时，先将需要结合的杆件按正确位置叠合起来，并加以临时固定，然后用钻子一气钻透，以提高结合的紧密性。

5. 木屋架的拼装成形

（1）先装下弦，注意按起拱高度将中间垫起。

（2）下弦拼好后即可安装中柱，无中柱而使用钢拉杆的，则安装两根上弦杆，脊节点位置对准，两侧用临时支撑钢板，使用螺栓将脊节点固定；把各拉杆串装进去，初步拧紧螺帽；将各受压杆逐根装进去，齿槽互相抵紧，经检查无误后再把拉杆两端的螺帽进一步拧紧。

（3）在拼装过程中，对于不符合要求的地方，应随时调整或修理，在拼装结束前应在上弦杆标出檩条的安放位置，并钉上三角木。

6. 木屋架的保证项目

（1）木材的树种、材质等级、含水率和防腐、防虫、放火处理必须符合设计要求和施工规范。受拉构件或拉弯构件，应选用Ⅰ等材；受弯构件或压弯构件可选用Ⅱ等材。含水率大于25%的木材，不得直接制作木屋架。

（2）木屋架中所用钢材的钢号应符合设计要求，并有钢材的出厂质量证明书或试验报告单。

（3）屋架支座节点、脊节点和上、下弦接头的构造必须符合设计要求和施工规范规定。

（4）放大样的偏差应符合规定。

7. 木屋架质量检验基本项目

（1）木屋架中螺帽数量及螺杆伸出螺帽长度应符合施工规范的规定。

（2）钢拉杆顺直，垫板平整，各钢件均应作防锈处理。

（3）木屋架中腹杆轴线垂直平分槽齿承压面，连接应紧密，扒钉牢固，扒钉孔处无裂缝。

8. 木屋架允许偏差项目

木屋架和梁、柱制作的允许偏差和检验方法应符合规定。如跨度大于15 m的屋架高度允许偏差为±15 mm；跨度小于等于15 m的屋架高度允许偏差为±10 mm。

9. 木屋架节点不牢、端头劈裂的防治方法

（1）承重木结构的用料应符合现行规定的质量标准。

（2）严格按各杆件的受力选用相应的木材等级。

（3）木屋架受剪面长度应符合设计要求，且木材髓心要避开受剪面。

（4）木节应避开齿槽处，下弦中央节点附近的木料，其下边缘不得有较大的缺孔和木节。

（5）木材裂缝处不宜用在下弦端点及弦杆接头。

（6）对有微弯的木材，用于上弦时凸面应向下，用于下弦时凸面应向上。

（7）上、下弦的接头位置应错开。

（8）对于上、下弦端头发生开裂而又无条件调换的，应及时在开裂处灌注乳胶，并用8号镀锌铁丝捆扎牢固；弦杆接头处开裂，除按上述方法加固外，还要根

据开裂程度，适当加长夹板，并增加接头螺栓的数量。

10. 木屋架槽齿符合结构要求的保障措施

正确掌握槽齿连接的放样及划线方法，确保腹杆槽齿部的承压面被该腹杆的中心线垂直平分。槽齿结合错误的杆件必须调换。

11. 屋架高度超差过大的防止方法

(1) 木屋架放大样和套样板时，各弦杆的中心线、轴线必须正确，相交弦杆的中心线或轴线汇交于节点中心。

(2) 弦杆加工时，划线、锯割要准确。

(3) 弦杆组装时，各节点连接严密。

(4) 发现屋架高度超差时，应首先校验各杆长度基本正确，然后可放松钢拉杆螺帽，采用逐个分数次上紧钢柱杆螺帽的方法加以调整。

12. 槽齿承压面不密贴的防止方法

用作屋架的木料要有一定的自然干燥时间。选用干燥不易变形的软材制成样板，按样板划线时，样板与木料要贴紧，笔要紧靠样板划线，线要细、且清晰。

弦杆加工时，注意力要集中。

钻保险螺栓孔时，应将上、下弦临时固定在一起，然后划线，从上弦向下钻孔，最好一次钻透。

槽口锯割过线严重的应增设夹板加固。

13. 马尾屋架制作步骤

角梁长度计算→角梁放样→出样板→选料→加工→安装下弦→安装上弦→安装竖杆→安装斜杆。

14. 角梁长度的计算

马尾屋架的上弦，即角梁。角梁的计算长度，一般是以角梁下端外墙的中心至角梁上端上皮中心点计算的。理论上可以利用勾股定理求解角梁长度，也可以利用马尾屋架系数来计算角梁长度，马尾屋架角梁长度等于角梁机端至外墙水平投影距离乘角梁长度系数。实际施工时，应根据结构的不同予以具体考虑。

15. 角梁的放样

角梁的平面投影与空间位置有差异。角梁的投影图即平面图上有以下关系：由于角梁在空间位置有坡度，故角梁上表面长角长出短角的长度等于角梁料宽乘角梁坡度系数；在角梁交接处的角梁高度这个面上，也存在斜度，即在角梁侧面上长角长出短角的长度等于角梁高度乘角梁坡度。

16. 马尾屋架的安装

由于马尾屋架与正屋架的连接比较复杂，为避免在放样、计算、制作过程中出现误差，不宜采用先装配后吊装方法。马尾屋架的安装顺序：下弦杆→上弦杆→竖杆→斜杆。

马尾屋架应在正屋架安装固定后，将其逐根杆件就位安装。对于有三榀马尾屋架弦杆与正屋架跨中相交的，应先安装中间的一榀。

安装过程中，所有螺栓不要先拧得很紧，待全部安装完毕，且检查无误后，再拧紧全部螺帽，并在中间节点处用扒钉钉牢。

17. 马尾屋架齿槽结合面缝隙过大的原因及防止方法

制作误差和组装不妥是产生马尾屋架齿槽结合面缝隙过大的常见原因。

发现马尾屋架齿槽结合面缝隙过大，首先应采取调整相邻螺栓松紧度的方法加以解决。若无效，则再检查螺栓处的垫木长度、齿槽的形状、质量等，并采取相应的修整措施。

18. 木屋架和梁、柱安装的允许偏差

木屋架和梁、柱安装的允许偏差与屋架、柱的高度、构件长度有关，共有 5 项内容。

（1）结构中心线的间距允许偏差为±20 mm。

（2）垂直度允许偏差为 1/200 的屋架高度（柱的高度）且都不大于 15 mm。

（3）受压或压弯构件纵向弯曲允许偏差为 1/300 的构件长度。

（4）支座轴线对支承面中心位移允许偏差为 10 mm。

（5）支座标高允许偏差为±5 mm。

19. 木屋架和梁、柱安装的检验方法

木屋架和梁、柱安装的检验方法，主要有吊线、尺量检查、吊（拉）线和水准仪检查。其中水准仪可用于检查木屋架和梁、柱安装中支座标高的允许偏差。

吊线和尺量检查结合可用于检验木屋架和梁、柱安装中垂直度和受压或压弯构件纵向弯曲的允许偏差。

尺量检查可用于结构中心线和支座轴线对支承面中心位移的允许偏差。

十一、装饰木门窗

1. 铝合金门、窗制作安装工艺顺序

断料→钻孔→组装→保护或包装→安装前的准备→门窗框安装→门窗扇的安装→玻璃安装与清理保护。

2. 铝合金门、窗制作的断料

断料前应按照门、窗各杆件需要的长度划线，按线用切割设备进行断料。

断料时应根据铝合金门窗设计图的规格、尺寸，结合所用铝合金型材的长度，长短搭配，合理用料，减少短头废料。

切割设备可用小型台锯、手提式锯以及普通钢锯切割。无论采用何种机具切割，均应保证切割的精度，尤其是切割具有一定角度的斜面时，更要十分注意，以免影响组装质量。

断料时要注意同一批料一次下齐，并要求表面氧化膜的颜色一致，以免影响美观。

一般推拉门、窗断料宜采用直角切割，平开门、窗断料宜采用 45°角切割。其他类型铝合金门窗采用哪种方式切割，应根据拼装方式决定。

3. 铝合金门、窗制作的钻孔

铝合金门、窗各杆件的连接，均采用螺钉、铝拉钉进行固定。因此，在连接部位都要钻孔。在钻孔前，应先在工作台或铝型材上划线，量准孔眼的位置，经核对无误后再钻孔，以免钻出废孔，难以修复。

4. 铝合金门、窗的组装

铝合金门、窗的组装方式有 45°角对接、直角对接、垂直插接 3 种。横竖杆件的连接，一般采用专用的连接件或铝角，再用螺钉、螺栓或铝拉钉固定。平开窗在

45°角对接处，可在杆件内部加设铝角，然后用撞角的办法将横竖杆件连接成整体。推拉窗框横竖构件的连接，一般可在杆件端头加铝角，然后钻孔用螺钉或铝拉钉固定，边成整体。

5. 铝合金门、窗框的安装

（1）按照在洞口上弹出的门、窗位置线，根据设计要求，将门、窗框立于墙的中心线部位或内侧，使门、窗的表面与饰面层材料相适应。

（2）将铝合金门、窗框临时用木楔固定，待检查立面垂直、左右间隙大小、上下位置均符合要求后，再将镀锌锚板固定于门、窗洞口内。

（3）铝合金门、窗框上的锚固板与墙体的固定方法有射钉固定法、膨胀螺钉固定法以及燕尾铁脚固定法等。

（4）锚固板是铝合金门、窗框与墙体固定的连接件，锚固板的一端固定在门、窗框的外侧，另一端固定在密实的洞口墙体内。

6. 铝合金门、窗扇的安装

（1）铝合金门、窗扇的安装，应在室内外装修基本完成后进行。

（2）推拉门、窗扇的安装：配好的门、窗扇分内扇和外扇，先将外扇插入滑道的外槽内，自然下落于对应的下滑道的外滑道内，然后再用同样的方法安装内扇。

（3）可调导向轮应在门、窗扇安装之后调整，调节门、窗扇在滑道上的高度，并使门、窗扇与边框间平行。

（4）平开门、窗扇的安装：应先把合页按要求位置固定在铝合金门、窗框上，然后将门、窗扇嵌入框内临时固定，调整合适后再将门、窗固定在合页上。注意必须保证上、下两个转动部分在同一个轴线上。

7. 铝合金门、窗玻璃的安装

（1）玻璃裁割

裁割玻璃时，应根据门、窗扇（固定扇则为框）的尺寸计算下料尺寸。一般要求玻璃侧面及上、下部位都应与金属面留出一定的间隙，以适应玻璃胀缩变形的需要。

（2）玻璃就位

1）当玻璃单块尺寸较小时，可用双手夹住就位。

2）当单块玻璃尺寸较大时，为便于操作，需用玻璃吸盘。

（3）玻璃密封与固定

玻璃就位后，应及时用胶条固定并进行密封。玻璃的下部不能直接落在金属面上，而应用 3 mm 厚的氯丁橡胶垫块将玻璃垫起。

（4）交付使用

铝合金门、窗交工前，应将型材表面的塑料胶纸撕除。当塑料胶纸在型材表面留有胶痕时，宜用香蕉水清洗干净后，方可交付使用。

8. 塑料门、窗安装工艺顺序

补贴保护膜→框上找中线→装固定片→洞口找中线→卸玻璃（或门、窗）→框进洞口→调整定位→与墙体固定→拼装樘料（一般组合窗和门联副才有）→装窗台板（专指窗）→填充弹簧材料→洞口抹灰→清理砂浆→嵌缝→装玻璃（或门、窗扇）→装纱门、窗→安装五金件→表面清理→撕除保护膜。

9. 塑料门、窗框与墙体连接的方法

（1）连接件法

比较经济，施工方便，基本上可保证门窗的稳定性，是应用较普遍的一种连接方法。

（2）直接固定法

施工方便，用于清水墙面比较美观，稳定性较好。

（3）假框法

适用于将旧木门、窗改换成塑料门、窗时使用。操作时可先抹灰，后安装门、窗，这样有利于塑料门、窗安装后的成品保护。

10. 组合窗的安装

安装组合窗时，应将拼樘料与混凝土过梁或柱子的预埋件焊牢。

拼樘料与砖墙连接时，应先将拼樘料两端插入预留洞中，然后用 C20 的细石混凝土浇灌固定。

11. 伸缩缝的处理

（1）门、窗框与洞口之间的伸缩缝内腔，应采用闭孔泡沫塑料、发泡聚苯乙烯等弹性材料分层填塞，填塞不宜过紧。

（2）对于保温、隔热等级要求较高的工程，应采用相应的保温、隔热材料填塞。

（3）门、窗洞口内、外侧与门、窗框之间的缝隙，应采用水泥砂浆或麻刀白灰填实抹平，其外侧再用嵌缝膏进行密封处理。

12. 圆弧形窗制作工艺顺序

弹线放大样→出样板→配料→窗梃制作→窗棂制作→拼装。

13. 圆弧形窗弹线放大样的方法

首先应根据作图法弹出 1∶1 比例的窗外形。制作椭圆的方法有多种，常用的适宜于木工制作的简单作图方法有四圆心法和钉线法。

14. 圆弧形窗出样板的方法

椭圆形窗梃一般由四块料拼接而成。出样板前，应先确定拼接位置。为方便制作，四块料应两两对称。拼接位置宜设在四条分界线与椭圆的相交处。样板材料宜选用硬质纤维板，样板制作要准确，误差不得超过 0.2 mm，窗棂榫接位置也应在窗梃样板上划出。窗棂与窗梃相交处接缝是不规则的，故也应出窗棂样板。

15. 圆弧形窗的配料要求

（1）制作椭圆形窗的材料，应选用木纹顺直、含水率不大于 12%的硬材。

（2）套样板划线配样时，应使窗梃料的木纹尽量长，不得有节子、斜纹和裂缝。

（3）窗棂料的榫头、榫眼应避开节子和斜纹。

（4）窗梃料的长度要放足余量，满足高低缝搭接的长度要求。

16. 圆弧形窗窗梃的制作

先用窄细锯（俗称绕锯）留半线锯割成型，然后用轴刨（又名滚刨、蝙蝠刨）将窗梃内边刨修光滑。窗梃刨好后，即可划出榫眼线、线脚线以及窗梃间连接的榫槽位置线。窗梃凿眼时，应将锯割下来的弧形边料垫在窗梃下面，这样凿眼方便、稳妥，不易发生断料或榫眼偏斜质量事故。

17. 圆弧形窗窗棂的制作

纵横窗棂有通长和短接两种。

对于短接的窗棂，应先按窗棂全长刨削成型，然后根据相应的安装尺寸锯断制成多根短窗棂，再按序编号（拼装时不易出错），这样，既加工制作方便，又易保证拼装后的窗棂顺直。窗棂和窗梃，采用半榫，飘肩结合。该处飘肩的外形是不规则的，故也应根据样板划线、锯割。

18. 圆弧形窗的拼装

先将窗棂拼装成型，四块窗梃两两相连，然后将窗棂与连成一体的两块窗梃榫接，最后将另两块连成一体的窗梃拼装上去，并用木销楔紧。

拼装时，榫头、榫眼、凹槽、木销、高低缝结合面等都应涂胶加固。窗扇拼装成型后，应按大样图校核，静置 24 h 后，修整接头，细刨净面。

十二、质量检查

1. 楼梯模板的保证项目

模板及其支架必须具有足够的强度、刚度和稳定性，其支架的支撑部分有足够的支撑面积。

安装在基土上的，基土必须坚实并有排水措施。对湿陷性黄土，必须有防水措施；对冻胀性土，必须有防冻融措施。

2. 楼梯模板的基本项目

模板接缝处，接缝的最大宽度不超过 1.5 mm；模板与混凝土的接触面，应清理干净并满涂隔离剂。

3. 楼梯模板的允许偏差项目

高层框架、多层（含单层）住宅建筑模板安装相邻两板表面高低差允许偏差为 2 mm，常用尺量（直尺）进行检查。

4. 弹簧门梃的保证项目

（1）门框安装位置必须确保准确。门框应按下端锯路线为准，对照设计所指定的安装标高。

（2）门框必须安装牢固，每边的固定点应不少于两处，且间距不大于 1.2 m。

5. 弹簧门梃的基本项目

（1）木门窗安装应刨面圆弧光滑，开关灵活、稳定，无碰磕和倒翘。

（2）门扇小五金安装位置应适宜，槽深一致，边缘整齐，尺寸准确，小五金安装齐全且规格符合要求，木螺丝拧紧卧平，插销关启灵活。

6. 弹簧门梃的允许偏差项目

门扇对口缝或扇与框之间的横缝留缝限值为 2～4 mm，常用楔形塞尺进行检验。门框的水平度，允许偏差限值为 1.5 mm，用 1 m 水平尺和楔形塞尺检验。

7. 铝合金门、窗安装质量要求

（1）检查数量应按不同门窗品种、类型的樘数各抽查 5%，但均不少于 3 樘。

（2）所用门、窗的品种、规格、开启方向及安装位置应符合设计要求。

（3）门、窗安装必须牢固，横平竖直，高低一致。框与墙体缝隙应嵌填饱满密实，表面平整光滑，无裂缝，填塞材料与方法等应符合设计要求。

（4）预埋件的数量、位置、埋设连接方法必须符合设计要求。

（5）门、窗扇开启灵活，无倒翘、阻滞及反弹现象。五金配件齐全，位置正确。关闭后密封条应处于压缩状态。

（6）门、窗安装后外观质量：表面洁净；大面积无划痕、碰伤、锈蚀；涂膜大面平整光滑、厚度均匀、无气孔。

8. 铝合金门窗安装的允许偏差

当铝合金门窗槽口宽度与高度＞2 000 mm 时，其允许偏差值为±2 mm。

9. 木地板面层的允许偏差

（1）松木长条木地板表面的允许偏差为 2 mm。

（2）木地板的木格栅允许偏差为 3 mm。

（3）硬木长条木地板允许偏差为 2 mm。

（4）拼花地板允许偏差为 2 mm。

10. 木地板面层的检验方法

（1）硬木长条木地板表面平整度允许偏差的检验方法采用 2 m 靠尺和楔形塞

尺检查。

（2）缝隙宽度检验方法采用尺量检查。

11. 工件疵病的修补

一般按施工原理参考规范对症下药修补工件疵病。疵点修补是一个极需耐心又关系成败的过程，要搞清问题的真正所在，准确定位，不可盲目下手。要有步骤有计划逐步修复，切不可操之过急，以免小错变大错。

十三、现场管理

1. 施工现场材料的管理

施工准备阶段的现场材料管理工作的主要内容是：了解工程概况；调整现场条件；计算材料用量；编制材料计划；确定供料时间的存放位置。

2. 进场材料的验收

现场材料管理人员应全面检查、验收入场材料。施工现场进场材料验收的内容主要包括：材料的规格、材料的质量和材料的数量。

3. 板、方等木材的保管要求

（1）板、方等木材要按树种、规格、长短、新旧分别码垛。

（2）堆垛保持一定空隙，稀疏堆放。

（3）注意通风、防火、防潮、防止霉烂，避免曝晒开裂翘曲。

4. 木门窗保管要求

（1）木门窗应注意配套，分品种、规格、型号堆放。

（2）木门窗可露天存放，用垫楞垫高 30 cm，苫好，防止雨淋日晒。

（3）木门窗扇、木附件要存入库棚内，挂牌标明品名、规格、数量。

5. 木模板保管要求

木模板一般采用统一配料、统一制作、统一回收、统一管理的办法。木模板可以多次使用，使用中的保管与维护由使用单位负责，包括安装、拆卸、整理等工作。实行节约有奖、超耗受罚的经济责任制。

6. 工件完工后的保养

工件完工后，对工件的保养也是非常重要的环节，结合工件的产品特征，综合分析人员、机器、环境、材料各种外部条件可能对工件构成的影响，制定具体有效的保护措施。工件的完成就像一件作品，不只代表了工件本身的价值，现场废料垃圾处理、文明施工等，这些都意味着一个企业工程自身形象的完成。

7. 木工机械保护保养方法

工作完成后，为了提高木工机械的工作效率、延长木工机械的使用寿命，木工机械的维护、保养是很重要的工作，木工机械的保护和保养主要工作是维护清理和加油保养。

8. 木工机械的维护清理

木工机械在使用前后都要进行维护清理。机械在工作时，必须注意滚动轴承的温度，温度禁止超过 60℃，如超过应立即换油。若换油后仍无效，则应卸下轴承，用洁净柴油清洗干净，涂上锂基润滑脂。

磨锐利的刀片和锯片需要进行平衡，刃口部位不应有烧坏变蓝及小崩口、裂缝等现象。

9. 木工机械的检查调整

木工机械在使用前应检查和调整台面，使之平整光滑，刃口锋利，锯路正常，吃刀正确，靠山与台面垂直，带松紧合适，机械不塞屑，只有运转正常的木工机械方能投入正常使用。在使用过程中，确保使用方法正确，注意安全和机械运转的情况，发现异常情况立即停机检查。

机械使用完毕，应关闭电源，用揩布或回丝或 3 寸漆刷（1 寸＝3.333 cm）将其表面的木屑、灰尘清扫干净，清扫不到的地方用皮老虎吸干净。

10. 木工机械加油保养

必须经常对木工机械各运动部件进行润滑，润滑良好能延长机械的使用寿命且利于机械正常运转。机械导向扳手轮轴承采用压注油杯的润滑方法，使用 30 号机械油每天润滑一次。

第九章

中级手工木工理论知识试题精选和考试模拟试卷

中级手工木工理论知识试题精选

一、单项选择题（第1题～第136题。选择一个正确的答案，将相应的字母填入题内的括号中。）

1. 社会主义职业道德是建立在以公有制为主体的经济基础之上的人和人之间的职业关系，基本上消灭了人剥削人、人压迫人的现象，建立了同志式的（　　）关系。

A. 团结互助　　B. 互平互动

C. 个人形象　　D. 职业行为

2. 职业道德的基本原则就是人们在职业活动中调整人们职业关系和个人利益与社会利益关系时所必须遵循的（　　）的职业道德规范。

A. 原由　　B. 获利　　C. 根本　　D. 关联

3. 社会主义职业道德的（　　）是解决劳动态度问题，所以要求在社会主义社会里，每个从业人员在工作中必须树立主人翁的劳动态度。

A. 政策　　B. 概论

C. 内容　　D. 重点

4. 提高职业道德的修养，必须将理论学习和实践相结合，向革命前辈和先进人物学习，自觉地进行（　　）和慎独。

A. 节奏速度　　B. 引入提升

C. 展示　　D. 自省

5. 一个人职业道德品质的好坏，修养水平的高低，根本上（　　）于以什么样的人生观为基础。

A. 过程　　B. 指教

C. 服从　　D. 取决

6. 为人民服务体现了正确的世界观、人生观、价值观，认识世界、改造世界的目的，归根到底是为广大人民群众（　　），树立全心全意为人民服务的人生观。

A. 谋利益　　B. 找职业

C. 争职位　　D. 创环境

7. 如果将物体放在互相垂直的投影面之间，用三组分别（　　）的平行投射线进行投影，就得到物体三个方向的正投影图，形成三面投影图。

A. 收缩　　B. 垂直

C. 平行　　D. 折射

8. 在三面投影图中，正立投影与（　　）投影长对正；正立投影与侧立投影高平齐；水平投影与侧立投影宽相等。

A. 背面　　B. 左侧

C. 右侧　　D. 水平

9. 塑料装饰板具有耐（　　）及酸碱的侵蚀。

A. 磨损　　B. 冲击

C. 火　　D. 水烫

10. 钙塑板是主要用于（　　）的材料。

A. 桌子面板　　B. 橱柜门板

C. 装修吊顶面板　　D. 模板

11. 木工手推电锯使用注意事项：下锯时（　　），以免锯片卡住；锯片对面不要站人。

A. 使其自然下落　　B. 上下移动

C. 不要用力过猛　　D. 先用较小的力，后用猛力

12. 木工机械平刨床的安全防护装置通常由扇形罩、（　　）、护指键组成。

A. 双护罩　　B. 刹车手把

C. 操纵栏　　D. 滚动罩

13. 木工铣床在使用中应做到推进与接拉速度要（　　），要与铣刀回转速度相适应。

A. 先快后慢　　B. 均匀

C. 快速　　D. 逐渐加速

14. 木工开榫机在操作时，先夹紧木料，将活动台慢慢推进，再（　　）加深，不要猛推猛拉。

A. 逐渐　　B. 快速

C. 先快后慢　　D. 极慢的速度

15. 长度单位换算：1 km=（　　）。

A. 10 m　　B. 10^3 m

C. 10^3 dm　　D. 10^3 m

16. 体积单位换算 $1m^3$ =（　　）。

A. 10 cm^3　　B. 10^2 dm^3

C. 10^3 dm^3　　D. 10^3 cm^3

17. 剖面图和断面图的区别：断面是剖面的一部分，剖面中包含断面，它们的（　　）也不完全相同。

A. 剖面符号　　B. 断面符号

C. 剖切符号　　D. 截面符号

18. 表示建筑的总体布置、外形造型、内部布置、细部构造、装修和施工要求

等的图是指（　　）。

A. 建筑施工图　　B. 水平投影图

C. 道路工程图　　D. 环境投影图

19. 结构施工图主要表示建筑物（　　）的布置情况、构件的种类大小及做法等。

A. 非承重结构　　B. 承重结构

C. 主体结构　　D. 砌体工程

20. 装饰施工图的内容包括：装饰平面图、（　　）、装饰立面图、装饰剖面图、构造节点图、装饰详图。

A. 建筑平面图　　B. 装饰纵剖面图

C. 建筑详图　　D. 顶棚平面图

21. 装饰立面图主要表达建筑空间各墙体，墙面及各种装饰设置的（　　）相关尺寸和相关位置的构造做法等。

A. 轮廓　　B. 尺寸

C. 编号　　D. 装饰方式

22. 家具图的内容主要有家具（　　）、结构装配图、零件图、细件图、大样图、组装图。

A. 原理图　　B. 立体图

C. 节点图　　D. 流程图

23. 木结构在选材中，为保证使用安全，必须对木材弊病的（　　）和大小加以限制。

A. 加工　　B. 处理

C. 范围　　D. 数量

24. 木结构连接的基本要求：构造简单（　　），有高度的紧密性，尽量采用韧性好的结合等。

A. 传力明确　　B. 传力复杂

C. 省时省力　　D. 费时费力

25. 常用的木结构连接方式是齿连接和（　　）。

A. 单齿连接　　B. 螺栓连接

C. 双齿连接　　D. 多齿连接

26. 螺栓是木结构中使用较广的连接方式，主要用在接长连接和（　　）连接。

A. 固定　　B. 节点

C. 叠合　　D. 非对称

27. 电锤常见故障的原因：①（　　）；②定子绕组或电枢绕组匝间短路；③电刷压力不够；④整流子片间短路；⑤过负荷。

A. 电源电压过低　　B. 工作时间过长

C. 电源断线　　D. 用力过大

28. 电锤常见故障排除方法：①调整电源电压；②（　　）；③调整弹簧压力；④清除片间碳粉；⑤设法减轻负荷。

A. 更换零件或附件　　B. 校直或调整定子或电枢

C. 烘干绕组　　D. 检修或更换定子电枢

29. 当发生圆锯锯截时锯缝太宽的故障时，常采用的故障排除方法是：（　　）并做千分表检验。

A. 磨锯片端面　　B. 修整锯片

C. 磨锯轮外轮缘　　D. 刃磨齿形

30. 带锯机工作时发生锯条经常折断故障的原因是：①锯轮外轮缘磨损不匀；②导引装置的夹板磨损过大；③（　　）；④锯条拉得过紧；⑤锯条过分挤压；⑥锯条焊接的厚度和宽度不匀；⑦锯齿开得不好，锯齿槽太小；⑧锯过钝。

A. 锯条修整不良　　B. 锯齿开槽过宽

C. 锯条厚度不匀　　D. 锯片端面有摇摆

31. 木工平刨产生刨削两相邻面不垂直故障的原因是由于（　　）所造成的。

A. 刨刀伸出量不一致或刨刀过钝　　B. 靠山与台面不垂直

C. 台面高度不当　　D. 吃刀量过大

32. 木工平刨产生刨削面不光滑故障现象时，常采用的处理方法是：（　　）。

A. 调整台面　　B. 调整台面高度，张紧皮带

C. 重新安装刨刀、磨刨刀　　D. 调整靠山

33. 钻床工作时产生振动或噪声过大故障是由于（　　）所造成的。

A. 钻头安装不垂直或木身不垂直

B. 钻头端部未卡紧

C. 压力过大

D. 钻头磨钝

34. 钻床工作发生钻头卡塞或钻头转动减速故障现象时，常采用（　　）的处理方法。

A. 停机重装或更换　　B. 卡紧钻头

C. 减小下压力　　D. 调换磨修

35. 在原木的横断面上，有一圈圈的木质层，这些同心圆圈叫做（　　）线。

A. 年轮　　B. 边材

C. 心材　　D. 晚材

36. 在靠髓心周围材色较深，含水率较小的部分称为（　　）。

A. 边材　　B. 春材

C. 夏材　　D. 心材

37. 树木中心由一轮年轮组成的初生木质部分称为（　　）。

A. 晚材　　B. 髓心

C. 夏材　　D. 早材

38. 木材的力学性质是指木材抵抗（　　）作用的能力。

A. 压力　　B. 拉力

C. 外力　　D. 弯曲

39. 木材的顺纹抗压强度比顺纹抗拉强度（　　）。

A. 小　　B. 低

C. 差　　D. 好

40. 木材的缺陷对木材的（　　）影响很大，尤其在受拉区的边缘更明显。

A. 抗拉强度　　B. 抗压强度

C. 抗弯强度　　D. 横纹受力

41. 制作木屋架的第一道工艺施工操作顺序是（　　）。

A. 熟悉设计图　　B. 选择木材材料

C. 确定屋架强度值　　D. 按比例放大样

42. 放线→定位→组装模板→安装柱箍→（　　）→设置支撑→浇筑和拆除模板是柱模板配制安装的工艺顺序。

A. 熟悉图样　　B. 按比例放样

C. 配料　　D. 校准柱模

43.（　　）是第二道升模法施工工艺操作顺序。

A. 安装劲性钢柱　　B. 提升模板

C. 吊装操作台　　D. 安装工具柱

44. 下列选项中不属于庑殿建筑大木操作工艺顺序范围是（　　）。

A. 定位编号　　B. 备料

C. 丈杆制备　　D. 绑扎钢筋

45. 柱、梁等细长构件（　　）尽早拆除，可采取分节脱模法，这样可提高周转使用。

A. 顶模　　B. 活动模

C. 侧模　　D. 底模

46. 吊车梁模板支设方法为：先在地面上铺通长的垫板及其上（　　），在横楞与垫板上钉搭头木。

A. 横楞　　B. 搭头木

C. 夹木　　D. 底板

47.（　　）模板由垫板、横楞、底板、侧板、端板、斜撑及下芯模和上芯模组成。

A. 楼梯　　B. 吊车梁

C. 圆柱　　D. 工字形柱

48. 楼梯模板的配制：普遍采用（　　）和少量配制钢、木组合模板。

A. 木模板　　B. 组合木模板

C. 塑料模板　　D. 定型组合钢模板

49. 安装平台板模板须认真丈量距离和校核（　　）。

A. 垂直度　　B. 平整面

C. 倾斜　　D. 标高

50. 梯段底模板铺钉时要（　　），以防漏浆；钉子尽量少钉，以便拆模。

A. 搭接　　B. 紧密

C. 加固　　D. 注意

51. 待楼梯钢筋绑扎好后，就可钉（　　）。为防止踏步侧板产生凸肚，故应钉设小支撑。

A. 踏步底板　　B. 托木

C. 踏步侧板　　D. 格栅

52. 木楼梯由踏步板、踢脚板、（　　）、休息平台、斜梁、栏杆及扶手组成，其构造形式有明步木楼梯和暗步木楼梯两种。

A. 直角木　　B. 三角木

C. 垫位木　　D. 斜角边

53. 木楼梯的操作工艺顺序为：放样→配制各部件→安装格栅与斜梁→铺钉踏步板→安装栏杆→扶手→安装靠墙踢脚板和护板→（　　）。

A. 粘三角条　　B. 钉压角条

C. 角边定位　　D. 钉挑口线

54. 木楼梯格栅与斜梁的安装：首先按图样定出地格栅、休息平台格栅和楼格栅的中心线和（　　），施工时先安格栅后装斜梁。

A. 标高位置　　B. 轴线位置

C. 垂直定位　　D. 直角定位

55. 铺钉踏步板和踢脚板的要求：踏步板与踢脚板连接的槽口要密缝，若不采用冲头三角木，则踏步板与踢脚板应（　　），固定均采用暗钉。

A. 连接粘贴　　　　B. 连接固定

C. 互相水平　　　　D. 互相垂直

56. 木楼梯挑口线起盖缝和装饰要求：制作时，线条清晰、顺直光洁；钉置时，截料长短合适，（　　）要正确严密，钉帽砸扁顺纹冲入木内无锤印。

A. 割角　　　　B. 直角

C. 斜角　　　　D. 接角

57. 护墙板的操作顺序为：按图弹出标高水平线和（　　）→打眼下木榫→墙面做防潮层→钉护墙筋→钉护墙板面层→钉压条。

A. 水平分格线　　　　B. 纵横连接线

C. 纵横分档线　　　　D. 错位粘接线

58. 室内配套木家具制作方法一般都采用板式结构或板柜组合式结构，其工艺顺序为：选配料→刨削→划线→（　　）→组装。

A. 节点定位　　　　B. 连接位置

C. 榫卯定位　　　　D. 榫槽制作

59. 对方木料进行刨削加工时，应首先识别木纹方向，无论是机械刨削还是手工刨削，均按顺木纹方向，先刨（　　）、再刨小面。

A. 截面　　　　B. 大面

C. 顶面　　　　D. 正面

60. 凿榫槽或榫眼时应选择与榫眼宽度相适应的凿子，先从木料的工作面开始凿，凿至（　　）深度时翻转至背面将榫眼凿通。

A. 2/3　　　　B. 1/2

C. 1/3　　　　D. 1/4

61. 木家具组装分部件组装和整体组装，组装前应将所有的结构构件用细刨刨光，然后按顺序逐渐进行装配，装配时应注意构件的部位和（　　）。

A. 大小面　　　　B. 正反面

C. 粘接面　　　　D. 安置面

62. 木方框架的组装：一般是先装侧边柜，后装底柜和顶框，最后将三框装配成整体框架。组装后必须进行（　　）并校正垂直度和水平度，合格后钉后板定位。

A. 尺寸定位　　　　B. 直角定位

C. 正面测量　　　　D. 对角测量

63. 抽屉是家具构造中的重要部件，由于家具种类和式样的不同，抽屉的形状也有差异，主要有（　　）抽屉和盖板抽屉两类。

A. 水平整体　　　　B. 相同宽度

C. 平行面板　　　　D. 平齐面板

64. 橱柜顶边的装配制作：由于橱柜式样多，其顶帽的形式富有变化，常见的有平式、凹凸式、围边式等。顶帽可在主体装配完后安装，一般采用（　　）加钉接固定。

A. 榫接　　　　B. 边接

C. 点粘　　　　D. 胶粘

65. 家具脚架的安装：常见的底脚多采用底柜包脚或不锈钢柱脚，安装固定的方法是在（　　）涂胶后用木螺钉或元钉加固。

A. 连接点　　　　B. 榫接点

C. 连接面　　　　D. 接角面

66. 家具的线脚装饰采用木质、塑料或金属线脚。线脚的排布与图案、造型，可以灵活多变，但不宜过于繁琐。常见线脚类型有：（　　）、框形线脚、平行线脚等。

A. 钙塑线脚　　　　B. 边缘线脚

C. 立面线脚　　　　D. 斜面线脚

67. 木工安装时，水平尺用来校验物面的（　　）或垂直情况。

A. 直角　　　　B. 倾斜

C. 平面　　　　D. 水平

68. 在立门窗樘时，线锤是用以校验物面是否（　　）。

A. 二门樘平行　　　　B. 水平

C. 平行　　　　D. 垂直

69. 木工常用的角尺有直角尺、活尺、三角尺。直角尺的用途是：划垂直线或平行线；检查工件表面是否平整；校验木料相邻两面是否垂直；校验划线时的直角线是否垂直；校验半成品或成品拼装后的（　　）情况。

A. 大小　　B. 光滑

C. 方正　　D. 高低

70. 木工竹笔制作方法：笔端削扁成约（　　）的斜面，纵向切许多细口，以便吸墨。

A. 15°　　B. 30°

C. 40°　　D. 65°

71. 墨斗使用时，定钩挂在木料前端，墨斗拉到木料的后端，左手拉紧并压住线绳，右手（　　）将线绳中部提起，松手回弹，即在木料上弹出墨线。

A. 垂直　　B. 平行

C. 稍有倾角　　D. 向上

72. 在大批木料上划纵向直线时，可用固定的墨株划线，划线时应将墨株（　　）在木料上。

A. 平放　　B. 斜放

C. 垂直放　　D. 侧放

73. 木工划下料线时，必须留出加工余量：锯口余量一般留 2～4 mm；单面刨光余量为 3 mm；双面刨光余量为（　　）。

A. 10 mm　　B. 8 mm

C. 7 mm　　D. 5 mm

74. 圆弧形窗的制作工艺顺序：弹线放大样→（　　）→配料→窗梃制作→窗棂制作→拼装。

A. 定直径　　B. 测中心

C. 出样板　　D. 定直角

75. 椭圆形窗梃一般由四块料拼接而成，出样板前先确定拼接位置。为方便制作，四块料应两两对称，拼接位置宜设在四条（　　）与椭圆的相交处。样板制作要准确。

A. 分段线　　B. 分界线

C. 斜垂线　　D. 直角线

76. 制作椭圆形窗的材料，应选用木纹顺直、含水率不大于（　　）的硬材，不得有节子、斜纹和裂缝。

A. 12%　　B. 13%

C. 14%　　D. 15%

77. 圆弧形窗窗梃制作时，先用窄细锯留半线锯料成型，然后用轴刨将窗梃（　　）刨修光滑，窗梃刨好后，方可划榫眼线、线脚线等下序制作。

A. 小面　　B. 内边

C. 底面　　D. 外边

78. 圆弧形窗窗棂制作有纵横通长和短接两种。对于短接的窗棂，应按窗棂全长刨削成型，然后根据（　　）锯断制成多根短窗棂并按序编号。

A. 水平尺寸　　B. 垂直尺寸

C. 安装尺寸　　D. 轴线位置

79. 楼梯模板接缝处，接缝的最大宽度不超过 1.5 mm；模板与混凝土的（　　），应清理干净并满涂隔离剂。

A. 水平面　　B. 垂直面

C. 支承面　　D. 接触面

80. 高层建筑墙、柱、梁模板安装截面尺寸允许偏差为（　　）。

A. +5 mm、−10 mm　　B. −10 mm、+15 mm

C. −20 mm、+10 mm　　D. +2 mm、−5 mm

81. 弹簧门梃安装时必须保证：门框安装必须牢固，每边的固定点应不少于（　　），且间距不大于 1.2 m。

A. 一处　　B. 两处

C. 0.5 m　　D. 0.7 m

82. 木门扇安装应达到以下要求：刨面圆弧光滑，开关灵活、稳定，无（　　）。

A. 碰磕和倒翘　　B. 间隙和开裂
C. 翘曲和偏差　　D. 剔槽或倾斜

83. 门扇对口缝或扇与框之间的横缝留缝限值允许偏差限值为：（　）。

A. 1～3 mm　　B. 2～4 mm
C. 3～5 mm　　D. 7～9 mm

84. 铝合金门窗检查数量应按不同门窗品种、类型的樘数各抽查（　），但均不少于3樘。

A. 3%　　B. 5%
C. 6%　　D. 8%

85. 木地板施工时，松木长条木地板表面的允许偏差为（　），木地板的木格栅允许偏差为3 mm。

A. 2.0 mm　　B. 2.5 mm
C. 3.0 mm　　D. 3.5 mm

86. 木地板施工时，硬木长条木地板表面允许偏差的检验方法是用2 m靠尺和（　）检查。

A. 木尺　　B. 钢卷尺
C. 楔形塞尺　　D. 水平尺

87. 工件（　）的修补一般按施工原理参考规范进行，对症下药准确定位，有步骤有计划逐步修复，切不可操之过急，以免小错变大错。

A. 疵病　　B. 废品
C. 成品　　D. 产品

88. 施工准备阶段的现场材料管理工作的主要内容是：（　）；调查现场条件；计算材料用量；编制材料计划；确定供料时间的存放位置。

A. 材料的保管　　B. 了解工程概况
C. 减少材料储备　　D. 扩大材料来源

89. 施工现场进场材料的验收的内容主要包括：（　）、材料的质量和材料的数量。

A. 材料的规格　　　　B. 材料储备

C. 减少供应　　　　D. 计算材料用量

90. 现场材料要妥善保管，减少损耗。板、方等木材要按（　　）、规格、长短、新旧分别码垛。

A. 树种　　　　B. 生长年轮

C. 型号　　　　D. 质量

91. 栏杆预设埋件，一般随（　　）而进行埋设。

A. 楼梯钢筋绑扎　　　　B. 混凝土浇筑

C. 钉踏步侧板　　　　D. 铺梯段底模

92. 圆形结构模板操作工艺顺序：木带配料尺寸计算→（　　）→模板钉制→绑扎钢筋→拆模。

A. 木带放样及制作　　　　B. 内模板安装

C. 外模板安装　　　　D. 浇混凝土

93. 现浇整体式结构，（　　）模板应在混凝土强度能保证其表面及棱角不因拆除模板而受损时拆除。

A. 承重　　　　B. 不承重

C. 整体　　　　D. 组合

94. 楼梯模板常见质量通病：楼梯（　　）不符合设计要求。

A. 宽度　　　　B. 斜度

C. 边长度　　　　D. 坡度

95. 圆形结构模板常见的质量通病：（　　）。

A. 模板接头膨胀　　　　B. 模板严重变形

C. 模板断裂　　　　D. 模板错位

96. 大模板安装模板前的操作工艺顺序：找平行线→（　　）→敷设钢筋→固定门窗框。

A. 外墙砌砖　　　　B. 安装外墙板

C. 安装预制板　　　　D. 弹线砌墙

97. 地弹簧门门扇的安装就位：应先将门扇（　　）套在底部的回转轴上，再将门扇顶部轴套的轴孔与门梃上顶轴的轴心对准，然后拧动顶轴上的调节螺钉。

A. 铰链板　　B. 顶轴套

C. 底座　　D. 底部的回转轴套

98. 弹簧铰链分单筒和双筒两种，由铰链板、（　　）、调节杆和调节器组成。

A. 筒管　　B. 顶轴

C. 回转轴　　D. 底座

99. 木门扇安装后翘曲的主要原因是：（　　）、门扇本身翘曲、双扇弹簧门两边铰链或地弹簧的位置不准。

A. 门框翘曲　　B. 不平整

C. 裂缝　　D. 对角线不准

100. 木门扇开关不灵活的主要原因是：地弹簧底座位置安装不准、门梃圆弧与门框圆弧不吻合或（　　）。

A. 对角线不准　　B. 竖风缝过大

C. 顶角冲斜　　D. 风缝太小

101. 制作六边形硬百叶窗窗框的内角为（　　）。窗框间采取割角榫接，百叶板与窗框嵌槽加榫结合，百叶板与窗平面的倾斜角度为45°。

A. 30°　　B. 60°

C. 90°　　D. 120°

102. 制作六边形硬百叶窗的工艺顺序为：放样→求百叶板与斜窗柜的交角落→（　　）→杆件加工制作→拼装。

A. 弹出百叶窗平面形状　　B. 计算百叶窗框尺寸

C. 百叶窗框加工制作　　D. 计算百叶板尺寸

103. 制作六边形硬百叶窗时，百叶板与竖直窗框的交角（　　）。

A. 45°　　B. 60°

C. 75°　　D. 90°

104. 计算百叶板的尺寸时，两侧竖直窗框间的百叶板长度加上伸进槽料的（　）。

A. 宽度　　B. 角度

C. 垂直宽度　　D. 深度

105. 制作六边形硬百叶窗时，窗框间的割角为（　　）。

A. 60°　　B. 70°

C. 80°　　D. 90°

106. 六边形硬百叶窗的拼装：先将三根窗框拼装成一体，然后插入百叶板，最后拼装另（　　）拼成一体的窗框。

A. 一根　　B. 二根

C. 三根　　D. 四根

107. 制作六边形尖顶硬百叶窗，宜用多把活络尺分别固定划线角度，不要一尺多用，一般需用 26.57°、（　　）、45°、60°四把专用活络尺。

A. 20°　　B. 30°

C. 40°　　D. 50°

108. 人字纹空铺硬木拼花地板的操作步骤为：施工准备→铺钉格栅→钉毛地板→（　）→铺人字形面层→铺滚边条→刨平磨光。

A. 弹施工控制线　　B. 弹柱位控制线

C. 弹交叉控制线　　D. 弹高宽控制线

109. 硬木拼花地板的施工准备：首先明确设计和施工要求，了解现场情况房间平面尺寸、面层的（　　）、材料的规格。

A. 控制标高　　B. 控制分格

C. 门位控制　　D. 轴线控制

110. 硬木拼花地板格栅的铺钉要求：先设置通长沿椽子，格栅放置在沿椽木上；格栅上口小面要平直不翘曲，格栅间距符合要求，格栅间应加（　　），格栅高出墙 30 mm 左右。

A. 连接撑　　B. 水平撑

C. 剪刀撑　　　　　　　　D. 直角撑

111. 弹硬木拼花地板施工控制线的方法：先弹出房间纵横中心线，在纵向中心线的两旁弹出起始施工线，再在起始施工线（　　）弹出施工控制线。

A. 左右交叉　　　　　　　B. 左右定点

C. 左右依次　　　　　　　D. 左右水平

112. 人字形地板镶边条应采用（　　）铺钉，拼角处宜45°交接。当室内外面层材料不同时，门口条的镶边条应铺到门扇位置的外口，以门扇关闭后看不到木地板为准。

A. 水平拼缝　　　　　　　B. 直条跨缝

C. 错位跨缝　　　　　　　D. 交叉拼缝

113. 人字形地板铺设后手工刨削地板的要求：先（　　）方向粗刨一遍，后顺木板方向细刨一遍，成活后用砂纸磨光或采用机械方法磨光。

A. 斜边木纹　　　　　　　B. 直角位置

C. 垂直木纹　　　　　　　D. 交错位置

114. 12 m以上木屋架制作的工艺顺序中首个顺序为：（　　）。

A. 按1∶1比例放屋架大样　B. 配备材料

C. 熟悉设计图内容　　　　D. 了解一般工艺

115. 按1∶1比例放屋架大样是（　　）制作最关键的一个环节。

A. 屋架　　　　　　　　　B. 齿槽

C. 杆件　　　　　　　　　D. 节点

116. 木屋架（　　）要做到合理安排，避让缺陷。

A. 配备材料　　　　　　　B. 维修

C. 吊装　　　　　　　　　D. 设计

117. 木屋架加工制作时，钻螺栓孔的钻头要直，每钻入（　　）后，需提出清理。

A. 20～30 mm　　　　　　B. 30～40 mm

C. 40～50 mm　　　　　　D. 50～60 mm

118. 木屋架的（　　）：先装下弦，再接中柱、上弦，串装拉杆，逐根装压杆，最后上固定或调整。

A. 维修　　B. 拼装成型

C. 检查　　D. 吊装

119. 木屋架中腹杆轴线（　　）平分槽齿承压面，连接应紧密。

A. 平行　　B. 穿过

C. 相切　　D. 垂直

120. 木屋架和梁、柱（　　）的允许偏差和检验方法应符合规定。

A. 维修　　B. 吊装

C. 选择　　D. 制作

121. 木屋架中严格按各杆件的（　　）选用相应的木材等级，好料放端节点处，以防节点不牢、端头劈裂。

A. 大小　　B. 受力

C. 位置　　D. 材料

122. 木屋架各弦杆的中心线、（　　）必须正确，弦杆锯割准确，节点连接严密，以防屋架高度超差过大。

A. 边线　　B. 轴线

C. 齿连接　　D. 拼接

123. 木屋架槽齿（　　）的防止办法：选用干燥不易变形的软材制成样板，且与木料贴紧划线。

A. 不符合构造要求　　B. 错位

C. 承压面不密贴　　D. 受剪面过大

124. 角梁放样：角梁上表面（　　）长出短角的长度等于角梁料宽乘角梁坡度系数。

A. 阳角　　B. 长角

C. 暗角　　D. 阴角

125. 马尾屋架应在（　　）固定后将其逐根杆件就位安装。

A. 下弦杆　　B. 正屋架

C. 两端　　D. 连接杆

126. 制作误差和（　　）是产生马尾屋架齿槽结合面缝隙过大的常见原因。

A. 杆件错位　　B. 螺栓连接过松

C. 组装不妥　　D. 钢扣件不牢

127. 检查螺栓处的垫木长度是发现与防止马尾屋架齿槽（　　）的有效方法之一。

A. 尺寸不妥　　B. 结合面错位

C. 质量低劣　　D. 结合面缝隙过大

128. 木屋架和梁、柱安装的（　　）与屋架、柱的高度、构件长度有关。

A. 要求　　B. 允许偏差

C. 质量　　D. 次序

129. 吊线和尺量检查结合可检验木屋架和梁、柱安装中（　　）项目。

A. 结构中心线的间距　　B. 垂直度

C. 屋架高度　　D. 螺栓中心间距

130. 铝合金门窗的制作安装工艺顺序：（　　）→组装→保护或包装→安装前的准备→门窗框安装→门窗扇安装→玻璃安装与清理保护。

A. 尺寸与位置　　B. 中线与定位

C. 断料与钻孔　　D. 备料与定点

131. 铝合金门窗的组装有45°角对接、（　　）、垂直插接三种方法。横竖杆件的连接，采用专用连接件或铝角，再用螺钉、螺栓或铝拉钉固定。

A. 直边拉结　　B. 直角对接

C. 斜边粘接　　D. 水平对接

132. 根据设计要求，按照在洞口上弹出的门、窗位置线，将门、窗框立于墙的（　　）部位或内侧，使门、窗的表面与饰面层材料相适应。

A. 中心线　　B. 直角线

C. 外角线　　D. 斜边线

133. 铝合金门、窗玻璃安装就位：当单块玻璃尺寸较小，可双手夹住就位；尺寸较大的玻璃需用吸盘，就位后及时用（　　）。同时注意：玻璃下部不能直接落在金属面上。

A. 胶条固定　　B. 嵌条固定

C. 拉结固定　　D. 铝钉固定

134. 塑料门、窗安装工艺顺序：补贴保护膜→框上找中线→装（　　）→洞口找中线→卸玻璃→框进洞口→调整定位→与墙体固定等。

A. 膨胀栓　　B. 固定片

C. 填充片　　D. 铝拉钉

135. 塑料门、窗框与墙体的连接方法有连接件法、（　　）法和假框法三种。其特点是：比较经济、施工方便、稳定性好、比较美观。

A. 垫块固定　　B. 直接固定

C. 密封固定　　D. 垂直固定

136. 安装组合窗时，应将拼樘料与混凝土过梁或柱子的预埋件（　　）。拼樘料与砖墙连接时，拼樘料两端插入预留洞中，用 C20 的细石混凝土浇灌固定。

A. 绑扎牢固　　B. 焊接牢固

C. 膨胀牢固　　D. 粘贴牢固

二、判断题（第 137 题～第 203 题。将判断结果填入括号中。正确的填“√”，错误的填“×”。）

137.（　　）勤奋好学是社会主义职业道德的基本原则。

138.（　　）社会主义职业道德是以协调个人、集体与社会关系为核心，而离开集体主义，这三者之间的矛盾，是无法协调的。

139.（　　）细木工板主要用于制作门窗、家具。

140.（　　）锯割机械中，带锯机的主要用途是木材纵向锯割。

141.（　　）操作圆锯机时，操作者应站在与锯片在同一直线上的位置，以防木料弹出伤人。

142.（　　）木工机械压刨床应由两人操作，一人送料，一人接料，二人均应站在机床的侧面。

143.（　　）木工四面刨床的操作需要二人同时进行。

144.（　　）操作木工机械平刨床时，操作者左手压住木料，右手均匀推进，不可猛力推进。

145.（　　）属于国际单位制的基本单位有时间、电流、质量、长度、发光强度等。

146.（　　）常用的法定计量单位有重量、强度、力矩、应力、平面角、温度。

147.（　　）面积单位换算关系：$1\ km^2=10^6\ m^2$。

148.（　　）坡度是三角形斜边的倾斜程度，坡度的大小取决于大边和小边的差数，简易的坡度计算是：坡度＝小边×大边×100％。

149.（　　）平面图形简易的面积计算：若正方形的边长为 a，则面积 $A=a^2$；若长方形的边长分别为 a 和 b，则面积 $A=ab$；若三角形的底边为 b，高为 h，则面积 $A= bh$。

150.（　　）多面体的简易的体积计算：若立方体的棱长为 a 则体积 $V=a^3$；若长方体（棱柱）的边长分别为 a、b、h，则它的体积 $V= abh$。

151.（　　）墙面展开图表示建筑物内部垂直方向的构配件的标高，楼层的分层情况，垂直空间的利用以及结构形式和节点构造方式等。

152.（　　）装饰平面图主要表达房间的立体形状，大小家具及陈设布置，地面的图案划分与材料要求等。

153.（　　）顶棚平面图主要表达顶棚的造型样式，灯具的规格类型，通风口的位置等。

154.（　　）装饰剖面图主要表达内部结构、外表构造、尺寸大小、材料选择、工艺要求等。

155.（　　）水电设备施工图主要有给排水平面图、工艺图、详图。

156.（　　）锯齿外轮缘磨损不均或锯片体的预应力不均是导致圆锯常见故障的原因之一。

157.（　　）带锯机工作发生锯条蹿动故障现象时，常采用：精车或磨锯轮；

重新校正安装位置；将锯条焊接处调直；更换轴承的处理方法。

158.（ ）木材的顺纹抗拉强度最高，横纹抗拉强度最小。

159.（ ）木材的抗弯强度很低，用于建筑工程中的木构件受剪情况比受压、受弯和受拉少得多。

160.（ ）极限强度应力低于实际工作的应力称为容许应力。

161.（ ）骨胶具有胶着力强、耐水、耐腐等特点。

162.（ ）支撑是不属于梁模板配置的工艺操作范围。

163.（ ）定标高是模板施工制作阳台的第二道工艺操作。

164.（ ）薄型硬木地板粘贴的施工工艺顺序是：施工准备→弹线→粘贴硬木地板→养护→刨平和磨光。

165.（ ）立浇吊车梁时，模板由侧板、端板、夹木、斜撑、立档组成。

166.（ ）楼梯梯段模板由底板、格栅、牵杠、牵杠撑、外帮板、踏步侧板、反扶梯基等组成。

167.（ ）楼梯模板操作工艺顺序：确定模板的配置尺寸→配置模板→安装梯基梁模板→安装平台梁→平台模板等。

168.（ ）模板配置尺寸以按图计算为主，其他都不准确。

169.（ ）托木钉在梯基梁、平台梁内侧模板的背面，托木钉好后，在其上铺格栅，间距为 50～60 cm。

170.（ ）牵杠位于格栅的下面，间距 80～100 cm。牵杠撑支于牵杠下面，不应与地面垂直。

171.（ ）薄型硬木地板的操作工艺顺序为：材料准备→中线定位→弹分格线→地板面层的粘贴→成活后养护打蜡。

172.（ ）木地板缝不严，主要是由操作不当引起的。此外地板条含水率过小（小于 8%），在使用过程中木地板吸收空气中水分膨胀引起板缝不严。

173.（ ）木地板表面不平整，是由于使用刨平工具操作不当和格栅表面不平整引起的。因此，木地板铺设要校核墙上水平线的准确性，对格栅表面平整度加强验收。

174.（　　）木地板拼花不规则，是由地板条尺寸不一致、选料随意、铺设铺钉不准引起的，常见的处理方法是使用同颜色的腻子嵌缝。

175.（　　）木楼梯踏步板须用整块木板，材质越硬越好，厚度越厚越好，使用中强度高，整体性好，耐久性好。

176.（　　）明步大楼梯需钉置三角木，三角木位置应先在斜梁上划出。然后按线钉牢，每块三角木至少用两只钉子固定，钉子钉入深度不少于 60 mm。

177.（　　）木楼梯栏杆与扶手的安装：先分别将栏杆榫接在踏步板或斜梁的压条上，然后将扶手和楼梯柱一起安装，使这四部分组合成整体。

178.（　　）木家具选料、配料是依据家具或装饰设置的施工图进行，其中木方料用于骨架，成活后不露面，选配料可随意些，只要基本平直即可。

179.（　　）对于两块或两根相对应位置的木材，可将其拼合在一起划线，划好一面后，用直角尺把线引向侧面，所划线条必须准确清楚。

180.（　　）家具面板安装：表面涂油漆的，外封板即是面板；表面用细木夹板或塑料板贴面的，外封板就是面板，饰面与面板安装常采用钉接法，油漆罩面。

181.（　　）木工作业中量尺有钢卷尺、布卷尺、钢直尺、木折尺、三角板、活络三角尺和水平尺等。

182.（　　）圆弧形窗制作弹线放大样，一般依据草图和木材长宽尺寸弹出1∶1比例的窗外形。常见放样简单作图法有四直边定圆心法和钉线法。

183.（　　）圆弧形窗拼装时，先将窗棂窗梃拼装成型，随后用铜钉连接成整体，缝结合处灌胶加固，修整接头细刨光面。

184.（　　）楼梯模板及其支架如安装在湿陷性黄土上，基土必须坚实并有防冻融措施。

185.（　　）当铝合金门窗槽口宽度与高度＞2 000 mm 时，其允许偏差的检验方法是用 3 m 钢卷尺检查。

186.（　　）木门窗扇、木附件要存入库棚内，挂牌标明品名、规格、数量。

187.（　　）木模板可以按树种拆卸，使用中保管维护由使用单位负责，实行节约有奖、超耗受罚的经济责任制。

188.（　　）预置构件的承重底模当其构件跨度等于或小于 4 m 时，应在混凝土强度达到设计强度的 70%以上，方可拆除。

189.（　　）木工制作弹簧门的一般操作工艺顺序：刨削制作门扇→安装地弹簧→安装顶轴→安装门扇顶部轴套和底部的回转轴套→门扇安装就位。

190.（　　）弹簧门扇安装时，弹簧门上、下冒头的小面，必须与冒头大面成斜角。

191.（　　）地弹簧由顶轴、顶轴套、回转轴套、底座组成。

192.（　　）地弹簧门顶轴的安装：根据回转中心，引平行线找出门框头或中贯挡上安装顶轴轴心位置，然后剔槽开孔安装顶轴。

193.（　　）制作六边形硬百叶窗应按 1∶1 比例放样弹出百叶窗平面形状。

194.（　　）硬木拼花毛地板的铺钉：因面层是人字形图案，为避免面层板与毛地板缝重合，毛地板应垂直于格栅铺钉。若层是正芦席纹或长条地板，则毛地板与格栅成 30°斜向铺钉。

195.（　　）人字形拼花地板面层，应从房间四周向中央中心点铺设，各块板条间要排紧，不产生缝隙。

196.（　　）含水率大于 25%的木材，不得直接用于木屋架制作。

197.（　　）保证木屋架腹杆槽齿部的承压面被该腹杆的中心线垂直平分，可以防止槽齿不符合构造要求。

198.（　　）马尾屋架应先安装下弦再安装上弦。

199.（　　）马尾屋架角梁长度为角梁机端至外墙水平投影距离乘角梁坡度系数。

200.（　　）铝合金门窗制作断料应按照门窗各杆件的长度划线，按线断料，断料依据设计图的规格、尺寸，长短搭配合理，减少短头废料。

201.（　　）铝合金门窗的制作，在型材与定孔位划好线后可直接钻孔，成活后复核孔位尺寸，以保证钻孔的准确性。

202.（　　）平开门、窗扇的安装，是先把合页按要求临时固定在铝合金门、窗框上，然后将门、窗扇嵌入框内紧固，并保证上下两个转动部分在同一轴线上。

203.（　　）门、窗框与洞口之间的伸缩缝内腔，现场施工时，一般都采用细石混凝土填塞，目的是为了增加密实度与整体性。

中级手工木工理论知识试题精选答案

一、单项选择题

1. A	2. C	3. D	4. D	5. D	6. A	7. B	8. D
9. D	10. C	11. C	12. A	13. B	14. A	15. D	16. C
17. C	18. A	19. B	20. D	21. D	22. B	23. D	24. A
25. B	26. B	27. A	28. D	29. A	30. C	31. B	32. C
33. A	34. C	35. A	36. D	37. B	38. C	39. A	40. C
41. A	42. D	43. A	44. D	45. D	46. A	47. D	48. D
49. D	50. B	51. C	52. B	53. D	54. A	55. D	56. A
57. C	58. D	59. B	60. B	61. B	62. D	63. D	64. D
65. C	66. B	67. D	68. D	69. C	70. C	71. A	72. A
73. D	74. C	75. B	76. A	77. B	78. C	79. D	80. D
81. B	82. A	83. B	84. B	85. A	86. C	87. A	88. B
89. A	90. A	91. B	92. A	93. B	94. D	95. C	96. A
97. D	98. A	99. A	100. D	101. D	102. D	103. A	104. D
105. A	106. C	107. B	108. A	109. A	110. C	111. C	112. B
113. C	114. C	115. A	116. A	117. D	118. B	119. D	120. D
121. B	122. B	123. C	124. B	125. B	126. C	127. D	128. B
129. B	130. C	131. B	132. A	133. A	134. B	135. B	136. B

二、判断题

137. ×	138. √	139. ×	140. √	141. ×	142. √	143. ×	144. √
145. √	146. √	147. √	148. ×	149. ×	150. √	151. ×	152. ×
153. √	154. ×	155. ×	156. ×	157. ×	158. √	159. ×	160. ×
161. ×	162. ×	163. ×	164. √	165. √	166. √	167. √	168. ×
169. √	170. √	171. ×	172. ×	173. √	174. ×	175. ×	176. √
177. √	178. ×	179. √	180. ×	181. ×	182. ×	183. ×	184. ×

185. √ 186. √ 187. × 188. × 189. √ 190. × 191. √ 192. ×
193. √ 194. √ 195. × 196. √ 197. √ 198. √ 199. × 200. √
201. × 202. × 203. ×

中级手工木工理论知识考试模拟试卷

职业技能鉴定国家题库

中级手工木工理论知识试卷

注 意 事 项

1. 考试时间：120 min。
2. 本试卷依据 2002 年颁布的《国家职业标准·手工木工》命制。
3. 请首先按要求在试卷的标封处填写您的姓名、准考证号和所在单位的名称。
4. 请仔细阅读各种题目的回答要求，在规定的位置填写您的答案。
5. 不要在试卷上乱写乱画，不要在标封区填写无关的内容。

	一	二	总分
得分			

得分	
评分人	

一、单项选择题（第 1 题～第 160 题。选择一个正确的答案，将相应的字母填入题内的括号中。每题 0.5 分，满分 80 分。）

1. 职业道德是指从事一定职业的人，在工作或劳动过程中，所应遵循的与其职业活动紧密联系的（ ）的总和。

A. 劳动方法　　　　B. 工作规程

C. 道德规范　　　　D. 思维习惯

2. 社会主义职业道德是在社会主义道德、共产主义道德的（　　）下形成和发展起来的。

A. 指导　　　　B. 时尚

C. 宽松　　　　D. 制约

3. 社会主义职业道德是建立在以公有制为主体的经济基础之上的人和人之间的职业关系，基本上消灭了人剥削人、人压迫人的现象，建立了同志式的（　　）关系。

A. 团结互助　　　　B. 指导规范

C. 互平互动　　　　D. 职业行为

4. 职业道德的基本原则就是人们在职业活动中调整人们职业关系和个人利益与社会利益关系时所必须遵循的（　　）的职业道德规范。

A. 根本　　　　B. 关联

C. 获利　　　　D. 互有

5.（　　）是社会主义职业道德的基本原则之一。

A. 努力工作　　　　B. 积极向上

C. 战胜困难　　　　D. 为人民服务

6. 社会主义职业道德是以协调个人、集体与（　　）为核心，而离开集体主义，这三者之间的矛盾，是无法协调的。

A. 职业群体　　　　B. 和谐社会

C. 社会关系　　　　D. 市场义务

7. 社会主义职业道德的（　　）是解决劳动态度问题，所以要求在社会主义社会里，每个从业人员在工作中必须树立主人翁的劳动态度。

A. 重点　　　　B. 方法

C. 内容　　　　D. 定位

8. 当一个光源发出的光线照到物体上，光线被物体遮挡，在平面上形成的影子，称为（ ）。

A. 承影面　　B. 光线

C. 投影　　D. 影子

9. 投影的分类很多，根据（ ）的不同，分为平行投影和中心投影两大类。

A. 投射线　　B. 光线

C. 角度　　D. 承影面

10. 投射线互相平行并且（ ）投影面的方法称之为正投影法。

A. 垂直　　B. 倾斜

C. 定比　　D. 积聚

11. 如果将物体放在互相垂直的投影面之间，用三组分别（ ）的平行投射线进行投影，就得到物体三个方向的正投影图，形成三面投影图。

A. 收缩　　B. 垂直

C. 平行　　D. 折射

12. 在三面投影图中，正立投影与水平投影长对正；正立投影与（ ）投影高平齐；水平投影与侧立投影宽相等。

A. 底面　　B. 平面

C. 侧立　　D. 水平

13. 塑料装饰板具有耐（ ）及酸碱的侵蚀。

A. 水烫　　B. 高温

C. 虫蛀　　D. 防火

14. 细木工板主要用于（ ）、制作家具。

A. 制作地板　　B. 制作门窗

C. 制作模板　　D. 细木装修

15. 锯割机械中，带锯机的主要用途是（ ）。

A. 板材的横向截断　　B. 木材纵向锯割

C. 拉肩　　D. 木材圆弧锯割

16. 锯割机械中，吊截锯机的主要用途是（　）。

A. 截断木料　　B. 开榫

C. 方木纵向锯割　　D. 长木料的纵向锯割

17. 木工手推电锯使用注事项：下锯时（　　），以免锯片卡住；锯片对面不要站人。

A. 使其自然下落　　B. 上下移动

C. 不要用力过猛　　D. 先用较小的力，后用猛力

18. 操作圆锯机时，操作者应站的位置是（　），以防木料弹出伤人。

A. 锯片的左面　　B. 锯片的右面

C. 与锯片在同一直线上　　D. 稍左于锯片

19. 木工机械中，压刨床的主要用途是将木料刨制成（　　）。

A. 斜面　　B. 曲面

C. 双面企口　　D. 厚度和宽度

20. 木工机械压刨床应由两人操作，一人送料，一人接料，二人均应站在机床的（　　）。

A. 左后方　　B. 右前方

C. 同一直线上　　D. 侧面

21. 木工四面刨床的主要用途是加工地板、（　　）。

A. 踢脚板　　B. 窗台板

C. 刨花板　　D. 企口板

22. 木工四面刨床的操作需要（　　）同时进行。

A. 2 人　　B. 3 人

C. 4 人　　D. 5 人

23. 木工平刨床主要用于刨削木料的一个基准面或两个相邻的（　　），也可利用调整导板和加设模具刨削斜面或曲面。

A. 曲面或斜角　　B. 平面或曲面

C. 平面或斜角　　D. 平面或直角

24. 木工机械平刨床的安全防护装置一般由扇形罩、（　　）、护指键组成。

A. 操纵栏　　B. 围栏

C. 刹车手把　　D. 双护罩

25. 操作木工机械平刨床时，（　　），不可猛力推进。

A. 双手同时压住木料

B. 右手压住木料侧面，左手均匀推进

C. 左手压住木料侧面，右手均匀推进

D. 左手压住木料，右手均匀推进

26. 手提式电钻可分为两种：一种是（　　）；另一种是电动冲击钻。

A. 手钻　　B. 微型电钻

C. 陀螺钻　　D. 螺纹钻

27. 木工铣床在使用中应做到推进与接拉速度要（　　），要与铣刀回转速度相适应。

A. 逐渐加速　　B. 逐渐减速

C. 均匀　　D. 快慢结合

28. 木工开榫机操作方法：先夹紧木料，将（　　）慢慢推进，再逐渐加深，不要猛推猛拉。

A. 刀轴　　B. 电动机

C. 手轮　　D. 活动台

29. 常见多功能木工组合机械有：（　　）、多用微型木工机床、M 型木工多用机床。

A. NQ 型多用木工机床　　B. NG 型多用木工机床

C. MG 型多用木工机床　　D. MQ 型多用木工机床

30. 下列选项中不属于常用国际单位制基本单位的是（　　）。

A. 能量　　B. 长度

C. 质量　　D. 时间

31. 1 km^2 =（　　）。

A. 10^2 m^2　　B. 10^2 mm^2

C. 10^6 m^2　　D. 10^2 cm^2

32. 1 m^3＝（　　）。

A. 10^3 cm^3　　B. 10^2 dm^3

C. 10^3 dm^3　　D. 10^3 cm^3

33. 坡度是三角形斜边的倾斜程度，坡度的大小取决于大边和小边的差数，简易的坡度计算公式是（　　）。

A. 坡度＝小边/大边×100％　　B. 坡度＝小边×大边

C. 坡度＝小边/大边　　D. 坡度＝斜度×系数×100％

34. 若正方形的边长为 a ，则面积 $A=a^2$；若长方形的边长分别为 a 和 b，则面积 $A=ab$；若三角形的底边为 b，高为 h，则面积（　　）。

A. $A= bh$　　B. $A=bh/2$

C. $A= bh\sin\alpha$　　D. $A=(b+h)/2$

35. 若立方体的棱长 a 则体积 $V=a^3$，若长方体（棱柱）的边长分别为 a、b、h，则体积为（　　）。

A. $V=abh/3$　　B. $V=(a+b+h)/6$

C. $V=abh$　　D. $V=a+b+h$

36.（　　）表示建筑物内部的空间布局，垂直方向的高度，楼层的分层情况，各种设施垂直的形式和构造做法，简要的建筑结构做法等。

A. 建筑立面图　　B. 建筑剖面图

C. 横剖面图　　D. 纵剖面图

37. 剖面图和断面图的区别：断面是剖面的一部分，剖面中包含断面，它们的（　　）也不完全相同。

A. 连接符号　　B. 剖切符号

C. 详图符号　　D. 索引符号

38.（　　）表示建筑的总体布置、外形造型、内部布置、细部构造、装修和施工要求等。

A. 绿化道路图　　　　B. 环境投影图

C. 建筑施工图　　　　D. 河流布置图

39. 结构施工图主要表示建筑物（　　）的布置情况、构件的种类大小及做法等。

A. 主体结构　　　　B. 装饰工程

C. 梁板结构　　　　D. 承重结构

40. 装饰施工图的内容往往包括：装饰平面图、（　　）、装饰立面图、装饰剖面图、构造节点图、装饰详图。

A. 顶棚平面图　　　　B. 建筑平面图

C. 装饰平面图　　　　D. 装饰横剖面图

41. 装饰平面图主要表达房间的（　　），家具的尺寸及陈设布置，地面图案的划分与材料要求等。

A. 侧面形状　　　　B. 平面形状

C. 阶梯形状　　　　D. 立体形状

42. 顶棚平面图主要表达顶棚的（　　），灯具的规格类型，通风口的位置等。

A. 造型样式　　　　B. 家具轮廓

C. 对称样式　　　　D. 建筑外貌

43. 装饰立面图主要表达建筑空间各墙体、墙面及各种装饰设置的（　　）、相关尺寸、相关位置基本的构造做法等。

A. 装饰方式　　　　B. 构造

C. 功能　　　　D. 轮廓

44. 装饰剖面图主要表达（　　）、细部构造、尺寸大小、材料选择、工艺要求等。

A. 相邻结构　　　　B. 外表结构

C. 顶部结构　　　　D. 内部结构

45. 水电设备施工图主要有给排水平面图、（　　）、详图。

A. 系统图　　　　B. 立面图

C. 双线图　　D. 流程图

46. 家具图的内容主要有家具（　　）、结构装配图、零件图、细件图、大样图、组装图。

A. 系统图　　B. 流程图

C. 立体图　　D. 操作图

47. 工程图尺寸标注包括尺寸线、尺寸起止线、尺寸数字、（　　）四大部分。

A. 箭头　　B. 尺寸界限

C. 建筑标高　　D. 内部尺寸

48. 工程制图常用的比例 1∶10、1∶20、（　　）、1∶100、1∶150、1∶200、1∶500 等。

A. 1∶25　　B. 1∶50

C. 1∶250　　D. 1∶125

49. 工程结构的分类为：框架结构、钢结构、木结构、砖木结构、（　　）、钢木结构等。

A. 耐火结构　　B. 耐久结构

C. 抗震结构　　D. 混合结构

50. 木结构在选材中，为保证使用安全，必须对木材弊病的（　　）和大小加以限制。

A. 数量　　B. 种类

C. 纹理　　D. 材料

51. 木结构连接的基本要求为：构造简单传力明确，有高度的紧密性，尽量采用（　　）的结合等。

A. 强度高　　B. 刚度好

C. 稳定好　　D. 韧性好

52. 螺栓是木结构中使用较广的连接方式，主要用在接长连接和（　　）的连接。

A. 节点　　B. 组合

C. 单体　　　　　　　　D. 叠合

53. 工程施工总说明的内容包括三方面：（　　）设计标准、结构特征和建筑构造做法。

A. 结构材料　　　　　　B. 工程概况

C. 施工要求　　　　　　D. 构造要求

54. 用来表示建筑工程区域内的总体布局、新建房屋和构筑物的位置、平面形状、层数、绝对标高、建筑结构周围的地貌，以及旧建筑平面形状等的图是（　　）。

A. 天棚平面图　　　　　B. 系统平面图

C. 建筑平面图　　　　　D. 建筑总平面图

55. 电锤常见故障的原因有：①电源电压过低；②定子绕组或电枢绕组匝间短路；③电刷压力不够；④（　　）；⑤过负荷。

A. 电源断线　　　　　　B. 电源电压过高

C. 定子绕组或电枢绕组断线　D. 整流子片间短路

56. 圆锯常见故障的原因有：①锯片端面有摇摆；②锯齿已钝或锯片体的预应力不均；③（　　）；④齿顶尖不在同一圆周上；⑤齿槽不够大。

A. 锯条修整不良　　　　B. 锯齿槽太小

C. 齿槽有锐角　　　　　D. 锯轮外轮缘磨损不均

57. 带锯机工作发生锯条蹿动故障现象时，通常采用的方法：①精车或磨锯轮；②重新校正安装位置；③（　　）的处理方法。

A. 将锯齿钝锐　　　　　B. 检查调整夹板，减少磨损

C. 检查各处螺栓并紧固　D. 重新修整

58. 木工平刨工作发生刨削面不光滑故障现象是由（　　）所造成的。

A. 吃刀量过大

B. 台面高度不当

C. 刨刀伸出量不一致或刨刀过钝

D. 靠山与台面不垂直

59. 钻床工作时发生钻孔过慢故障现象是由于（　　）所造成的。

A. 钻头安装不垂直或木身不垂直

B. 压力过大

C. 钻头端部未卡紧

D. 钻头磨钝

60. 在靠髓心周围材色较深，含水率较小的部分称为（　　）。

A. 心材　　B. 边材

C. 波痕　　D. 髓线

61. 在树木中心由一轮年轮组成的初生木质部分称为（　　）。

A. 晚材　　B. 髓心

C. 夏材　　D. 早材

62. 髓线的宽窄对木材的（　　）影响很大。

A. 抗拉强度　　B. 含水率大小

C. 纤维饱和点　　D. 抗剪强度

63. 由于木材的横纹抗拉强度约为顺纹抗拉强度的（　　），因此在木结构中不允许木材横向受拉。

A. 1/5～1/2　　B. 1/40～1/10

C. 1/80～1/70　　D. 1/50～1/40

64. 木材的缺陷对木材的（　　）影响很大，尤其在受拉区的边缘更明显。

A. 抗弯强度　　B. 顺纹受力

C. 抗压强度　　D. 抗拉强度

65. 容许应力定义是指（　　）的应力应采用比极限强度低的应力。

A. 现场施工　　B. 实际工作

C. 受压区域　　D. 剪切区域

66. 胶接木材所用的胶料分为（　　）和化学胶两大类。

A. 醋酸乙烯共聚树脂胶　　B. 白胶

C. 蛋白质胶　　D. 尿醛树脂胶

67. 制作木屋架的第一道工艺施工操作顺序是（　　）。

A. 确定屋架尺寸　　B. 熟悉设计图

C. 确定屋架强度值　　D. 按比例放大样

68. 第二道基础模板施工操作顺序是（　　）。

A. 放线　　B. 定位

C. 组装模板　　D. 校准模板

69. 柱模板配制安装的工艺顺序：放线→定位→组装模板→安装柱箍→（　　）→设置支撑及浇筑和拆除模板。

A. 选择材料　　B. 确定尺寸

C. 校准柱模　　D. 配料

70. 下列选项中不属于梁模板配置的工艺操作范围是（　　）。

A. 放样　　B. 调整模板

C. 就位　　D. 支撑

71. 采用模板施工方式制作阳台时，在立牵杆之前的工艺操作应是（　　）。

A. 安装侧板　　B. 铺挑平台

C. 钉托木　　D. 放线

72. （　　）是为一般预制构件模板工艺操作的前道准备。

A. 就位　　B. 定位

C. 场地平整　　D. 放线

73. 薄型硬木地板被粘贴后还需进行（　　）、刨平、磨光等施工操作。

A. 养护　　B. 油漆

C. 支撑　　D. 打蜡

74. 底模铺设、定位弹线及侧模安装是（　　）梁模板安装的施工工艺顺序。

A. 高架曲线箱　　B. 胶合板

C. 升模法　　D. 预制构件

75. 桁架模板由底板、横楞、（　　）、斜撑、搭头木等组成。

A. 顶板　　B. 侧板

C. 垫木　　　　　　　　D. 立档

76. 为柱、梁等细长构件底模尽早拆除，提高周转使用，可采取（　　）法。

A. 合并底模　　　　　　B. 分节脱模

C. 拆除塔头木　　　　　D. 分层支模

77. 吊车梁模板由侧板、（　　）、夹木、斜撑、立档组成。

A. 夹木　　　　　　　　B. 搭头木

C. 垫板　　　　　　　　D. 端板

78. 吊车梁模板支设方法：先在地面上铺通长的垫板及其上横楞，在横楞与垫板的上面钉（　　）。

A. 木楔　　　　　　　　B. 立档

C. 搭头木　　　　　　　D. 夹木

79.（　　）模板由垫板、横楞、底板、侧板、端板、斜撑及下芯模和上芯模组成。

A. 阳台　　　　　　　　B. 分隔墙

C. 工字形柱　　　　　　D. 圈梁

80. 锥形料斗模板由（　　）、斜壁及上口圈梁组成。

A. 搭头木　　　　　　　B. 孔口圈梁

C. 内模牵杠　　　　　　D. 内模立档

81. 楼梯梯段模板由底板、格栅、牵杠、牵杠撑、外帮板、踏步侧板、（　　）等组成。

A. 顶板　　　　　　　　B. 踏步板

C. 侧板　　　　　　　　D. 反扶梯基

82. 楼板模板操作工艺顺序：确定模板的配置尺寸→配置模板→（　　）→安装平台梁→平台模板等。

A. 安装栏杆预埋件　　　B. 钉托木

C. 铺梯段落格栅　　　　D. 安装梯基梁模板

83. 模板（　　）尺寸可按图计算、放样或较复杂的计算确定。

A. 安装　　　　B. 选择

C. 维修　　　　D. 配置

84. 普遍采用的楼梯模板配制方法：（　　）和少量配制钢、木组合模板。

A. 定型组合钢模板　　　　B. 砖木组合模板

C. 滑升模板　　　　D. 塑料模板

85. 托木钉在梯基梁、平台梁内侧模板的背面，托木钉好后，在其上铺（　　），间距 50～60 cm。

A. 底板　　　　B. 拉杆

C. 踏步板　　　　D. 格栅

86. 待楼梯钢筋绑扎好后，方可钉（　　）。为防止踏步侧板产生凸肚，应钉设小支撑。

A. 踏步底板　　　　B. 托木

C. 踏步侧板　　　　D. 格栅

87. （　　）一般随混凝土浇筑面进行埋设。

A. 反扶梯激　　　　B. 牵杠撑

C. 拉杆　　　　D. 栏杆预埋件

88. 圆形结构模板操作工艺顺序：木带配料尺寸计算→模板钉制→（　　）→外模板安装→拆模。

A. 浇筑混凝土　　　　B. 预留孔洞

C. 木带放样及制作　　　　D. 绑扎钢筋

89. 设备基础模板操作工艺顺序：熟悉设计图配置模板→（　　）→预留地脚螺栓洞和预埋地脚螺栓→浇筑混凝土→拆模。

A. 确定模板数量　　　　B. 安装基础模板

C. 绑扎钢筋　　　　D. 浇筑混凝土

90. 现浇整体式结构承重模板应在与结构同条件（　　）的试块达到规定强度后，方可拆除。

A. 养护　　　　B. 使用

C. 加压　　D. 预应力

91. 预置构件的承重底模，其构件跨度大于（　　）时，混凝土强度达到设计强度 70%以上方可拆除。

A. 8 m　　B. 6 m

C. 5 m　　D. 4 m

92. 楼梯坡度不符合设计要求是楼梯（　　）常见质量通病。

A. 外形　　B. 高度

C. 模板　　D. 跨度

93. 模板（　　）是圆形结构模板常见质量通病。

A. 凸出　　B. 凹腹

C. 裂缝　　D. 断裂

94. 地弹簧门顶轴安装：根据回转中心，引（　　）找出门框头或中贯挡上安装顶轴轴心位置，然后剔槽开孔安装顶轴。

A. 中心线　　B. 垂直线

C. 对角线　　D. 平行线

95. 木门扇开关不灵活的主要原因：地弹簧底座位置安装不准、门梃圆弧与门框圆弧不吻合或（　　）。

A. 对角线不准　　B. 竖风缝过大

C. 顶角冲斜　　D. 风缝太小

96. 六边形硬百叶窗窗框的内角为 120°，窗框间采取割角榫接，百叶板与窗框嵌槽加榫结合，百叶板与窗平面的倾斜角度为（　　）。

A. 15°　　B. 30°

C. 45°　　D. 60°

97. 硬木拼花地板格栅的铺钉方法：先设置通长沿椽子，格栅放置在沿椽木上。格栅上口小面要平直不翘曲，格栅间距符合要求，格栅间应加（　　），格栅高出墙 30 mm 左右。

A. 剪刀撑　　B. 斜角撑

C. 粘接撑　　　　　　　　　　D. 水平撑

98. 硬木拼花毛地板的铺钉方法：因面层是人字形图案，为避免面层板与毛地板缝重合，毛地板应（　　）于格栅铺钉。若面层是正芦席纹或长条地板，则毛地板与格栅成 30°斜向铺钉。

A. 错缝　　　　　　　　　　B. 交叉

C. 垂直　　　　　　　　　　D. 水平

99. 硬木拼花地板施工控制线的弹划方法：先弹出房间纵横中心线，在纵向中心线的两旁弹出起始施工线，再在起始施工线（　　）弹出施工控制线。

A. 上下分块　　　　　　　　B. 左右依次

C. 左右分格　　　　　　　　D. 左右水平

100. 薄型硬木地板操作工艺顺序：（　　）→弹线→粘贴硬木地板→养护→刨光磨光。

A. 轴线确定　　　　　　　　B. 分格点线

C. 辅件准备　　　　　　　　D. 施工准备

101. 木地板缝不严是地板条含水率过大，超过（　　）造成的。因此，地板条进场安放地点必须干燥通风，铺设成活后即刻刨平磨光上油或烫蜡。

A. 6%　　　　　　　　　　B. 12%

C. 18%　　　　　　　　　　D. 24%

102. 木地板拼花不规则是由地板条尺寸不一致、端头不齐、铺设铺钉不准等原因造成的。由此累计误差引起板端头不齐在 2 mm 以内，可用（　　）锯末加胶水嵌入缝内作补救。

A. 白水泥颗粒　　　　　　　B. 石膏粉

C. 同材质　　　　　　　　　D. 胶条粘条

103. 木楼梯的操作工艺顺序：放样→配制各部件→安装格栅与斜梁→铺钉踏步板→安装栏杆→扶手→安装靠墙踢脚板和护板→（　　）。

A. 粘三角条　　　　　　　　B. 钉压角条

C. 角边定位　　　　　　　　D. 钉挑口线

104. 踏步板和踢脚板铺钉要求：踏步板与踢脚板连接的槽口要密缝。若不采用冲头三角木，则踏步板与踢脚板应（ ），固定均采用暗钉。

A. 互相垂直　　B. 互相斜接

C. 榫接固定　　D. 斜接固定

105. 护墙板的操作工艺顺序：按图弹出标高水平线和（ ）→打眼下木榫→墙面做防潮层→钉护墙筋→钉护墙板面层→钉压条。

A. 中线位置线　　B. 中轴定位线

C. 纵横连接线　　D. 纵横分档线

106. 室内配套木家具制作一般都采用板式结构或板柜组合式结构→其工艺顺序为：选配料→刨削→划线→（ ）→组装。

A. 节点定位　　B. 连接位置

C. 榫卯定位　　D. 榫槽制作

107. 刨削方木料时，应首先识别木纹方向，无论是机械刨削还是手工刨削，均应按顺木纹方向，先刨（ ）再刨小面。

A. 垂面　　B. 平面

C. 大面　　D. 正面

108. 对于两块或两根相对应位置的木材，可将其拼合在一起划线，划好一面后，用（ ）把线引向侧面，所划线条必须准确清楚。

A. 折尺　　B. 直角尺

C. 竹笔　　D. 木工铅笔

109. 凿榫槽或榫眼时应选择与榫眼宽度相适应的凿子，先从木料的工作面开始凿，凿至（ ）深度时翻转至背面将榫眼凿通。

A. 1/6　　B. 1/4

C. 1/2　　D. 1/5

110. 橱柜顶边的装配制作：由于橱柜式样多，其顶帽的形式富有变化，常见有平式、凹凸式、围边式等。顶帽可在主体装配完毕后安装，一般采用（ ）加钉接固定。

A. 榫接　　B. 边接

C. 点粘　　D. 胶粘

111. 家具脚架的安装：常见的底脚多采用底柜包脚或不锈钢柱脚，安装固定的方法是在（　　）涂胶后用木螺钉或元钉加固。

A. 连接面　　B. 粘接点

C. 斜边面　　D. 直边面

112. 家具表面涂油漆的，其框架的外封板即是面板。若家具的表面使用装饰细木夹板进行饰面或用塑料板贴面，则外填封板就是基层板，饰面与基层板常用（　　）。

A. 胶粘贴合　　B. 夹板钉接

C. 四边粘接　　D. 条边榫接

113. 家具的线脚装饰采用木质、塑料或金属线脚，线脚的排布图案与造型可以灵活多变，但不宜过于繁琐。常见线脚类型有：（　　）、框形线脚、平行线脚等。

A. 钙塑线脚　　B. 边缘线脚

C. 立面线脚　　D. 斜面线脚

114. 木工作业中使用的量尺有钢卷尺、布卷尺、钢直尺、木折尺、三角板、活络三角尺和（　　）等。

A. 划线笔　　B. 水平仪

C. 游标卡尺　　D. 丈杆

115. 木工安装时水平尺用来校验物面的（　　）或垂直情况。

A. 直角　　B. 倾斜

C. 平面　　D. 水平

116. 在立门窗樘时线锤是用以校验物面是否（　　）。

A. 水平　　B. 垂直

C. 平行　　D. 二对角相等

117. 木工作业中常用的角尺有直角尺、活尺、三角尺。直角尺的用途：划垂直线或平行线；检查工件表面是否平整；校验木料相邻两面是否垂直和是否直角；校验划线时的直角线是否垂直；校验半成品或成品拼装后的（　　）情况。

A. 榫结合　　B. 光滑

C. 尺寸　　D. 方正

118. 木工竹笔笔端削扁并成约（　　）的斜面，纵向切许多细口，以便吸墨。

A. 5°　　B. 15°

C. 25°　　D. 40°

119. 在大批木料上划纵向直线时，可用固定的墨株划线，划线时应将墨株（　　）在木料上。

A. 垂直放　　B. 倾斜放

C. 成30°角　　D. 平放

120. 木工划下料线时，必须留出加工余量，锯口余量一般留 2～4 mm。单面刨光余量为 3 mm；双面刨光余量为（　　）。

A. 5 mm　　B. 6 mm

C. 7 mm　　D. 8 mm

121. 木工作业中常用的划线符号有：下料线、（　　）、作废线、大面、全眼、半眼、榫头、长头线。

A. 中心线　　B. 平行线

C. 对角线　　D. 小面线

122. （　　）是屋架制作最关键的一个环节。

A. 按比例找场地　　B. 计算齿槽深度

C. 按 1∶1 比例放屋架大样　　D. 定节点

123. 木屋架配备材料要做到：合理安排，避让缺陷，木材的节子及（　　）不得用于齿槽节点部位。

A. 顺纹　　B. 髓心

C. 斜纹　　D. 裂缝

124. 木屋架加工制作时，各类木材齿槽不要用（　　），锯割后用刨或凿修整。

A. 锯割　　B. 刨推

C. 斧砍　　D. 凿修

125. 木屋架的（　　）：先装下弦，再接中柱、上弦，串装拉杆，逐根装压杆，最后上固定或调整。

A. 维修　　B. 拼装成型

C. 检查　　D. 吊装

126. 木屋架受弯构件或（　　）构件可选用Ⅱ等材。

A. 受拉　　B. 受压

C. 压弯　　D. 受剪

127. 木屋架中腹杆轴线（　　）平分槽齿承压面，连接应紧密。

A. 平行　　B. 穿过

C. 相切　　D. 垂直

128. 木屋架和梁、柱（　　）的允许偏差和检验方法应符合规定。

A. 维修　　B. 吊装

C. 选择　　D. 制作

129. 木屋架中严格按各杆件的受力选用相应的木材等级，好料放（　　）处，以防节点不牢、端头劈裂。

A. 联系点　　B. 节间

C. 中央节点　　D. 端节点

130. 木屋架中确保腹杆槽齿部的（　　）被该腹杆的中心线垂直平分，以防槽齿不符合构造要求。

A. 开挖　　B. 承压面

C. 位置　　D. 连接

131. 木屋架高度超差过大时，应首先校验各杆（　　）。

A. 中心线　　B. 位置

C. 连接　　D. 长度

132. 马尾屋架角梁长度等于角梁机端至外墙水平投影距离乘（　）。

A. 角梁长度系数　　B. 角梁坡度系数

C. 正屋架坡度　　D. 角梁坡度

133. 角梁放样：角梁上表面长角长出短角的长度等于角梁料宽乘角梁（　）。

A. 坡度系数　　B. 长度系数

C. 坡度　　D. 高度

134. 下弦杆、上弦杆、竖杆、斜杆是（　）的安装次序。

A. 12 m 以上正屋架　　B. 12 m 以下正屋架

C. 桁架　　D. 马尾屋架

135. 检查螺栓处的（　）是发现与防止马尾屋架齿槽结合面缝隙过大的方法之一。

A. 孔径大小　　B. 垫木长度

C. 垫木质量　　D. 螺栓质量

136. 木屋架和梁、柱安装的允许偏差与屋架、柱的高度、构件长度有关，共有（　）项。

A. 3　　B. 4

C. 5　　D. 6

137. 木屋架和梁、柱安装的检验方法，主要有（　）、吊（拉）线和用水准仪检查。

A. 尺量　　B. 吊坠

C. 肉眼观察　　D. 托线板

138. 铝合金门窗制作时，在钻孔前，先在工作面或型材上划好线，量准孔眼的位置，经（　）后再钻孔，以免钻出废孔，难以修复。

A. 直角定位　　B. 核对无误

C. 标注点线　　D. 标注角度

139. 铝合金门窗的组装有 45°角对接、（　）、垂直插接三种方法，横竖杆件的连接，采用专用连接件或铝角，再用螺钉、螺栓或铝拉钉固定。

A. 斜边拼结　　B. 直边拼结

C. 直角对接　　D. 螺栓连接

140. 平开门、窗扇的安装方法：先把合页按要求固定在铝合金门、窗框上，然后将门、窗扇嵌入框内（　　），调整合适后将其固定在合页上，并保证上下两个转动部分在同一轴线上。

A. 临时固定　　B. 平行定位

C. 直角固定　　D. 中心定位

141. 塑料门、窗安装工艺顺序：补贴保护膜→框上找中线→装（　　）→洞口找中线→卸玻璃→框进洞口→调整定位→与墙体固定等。

A. 锚固板　　B. 拉结钉

C. 固定片　　D. 填充片

142. 圆弧形窗制作弹线放大样，应根据作图法弹出 1∶1 比例的窗外形。常用的适宜于木作活的放样简单作图方法有（　　）法和钉线法。

A. 四弧边　　B. 四角边

C. 四圆心　　D. 四垂点

143. 制作椭圆形窗的材料，应选用木纹顺直、含水率不大于（　　）的硬材，不得有节子、斜纹和裂缝。

A. 16%　　B. 14%

C. 12%　　D. 10%

144. 圆弧形窗窗棂制作有纵横通长和短接两种。对于短接的窗棂，应按窗棂全长刨削成型，随后根据（　　）锯断制成多根短窗棂，并按序编号。

A. 点线位置　　B. 安装尺寸

C. 拼缝位置　　D. 水平尺寸

145. 楼梯模板及其支架必须具有足够的强度、刚度和稳定性，其支架的支撑部分有足够的（　　）。

A. 底模板位置　　B. 栏杆位置

C. 防冻融措施　　　　D. 支承面积

146. 弹簧门梃安装质量保证项目之一是：门框安装必须牢固，每边的固定点应不少于两处，且间距不大于（　　）。

A. 0.5 m　　　　B. 0.3 m

C. 0.6 m　　　　D. 1.2 m

147. 门扇对口缝或扇与框之间的横缝留缝限值允许偏差限值为：（　　）。

A. 1～1.5 mm　　　　B. 1～3 mm

C. 2.5～4.5 mm　　　　D. 2～4 mm

148. 铝合金门窗检查数量应按不同门窗品种、类型的樘数各抽查5%，但均不少于（　　）樘。

A. 1　　　　B. 2

C. 3　　　　D. 4

149. 当铝合金门窗槽口宽度与高度>2 000 mm时，其允许偏差值为（　　）。

A. ±3.0 mm　　　　B. ±3.5 mm

C. ±1.5 mm　　　　D. ±2.0 mm

150. 硬木长条木地板表面允许偏差的检验方法是用（　　）靠尺和楔形塞尺检查。

A. 1.5 m　　　　B. 2.0 m

C. 2.5 m　　　　D. 0.5 m

151. 工件疵病的（　　）一般按施工原理参考规范实施对症下药、准确定位、有步骤有计划逐步修复，切不可操之过急，以免小错变大错。

A. 损坏　　　　B. 变质

C. 更换　　　　D. 修补

152. 施工准备阶段现场材料管理工作的主要内容是：了解工程概况，调查现场条件，（　　），编制材料计划，确定供料时间的存放位置。

A. 材料规格的选择　　　　B. 扩大材料储备

C. 调整材料计划　　　　D. 计算材料用量

153. 施工现场进场材料的验收内容主要包括：材料的规格、（　　）和材料的数量。

A. 计算材料用量的损耗　　B. 材料供应

C. 材料储备　　D. 材料的质量

154. 木门窗应注意配套且分品种、规格、型号堆放。木门窗口可露天存放，用垫愣垫高（　　），苫好，防止雨淋日晒。

A. 10 cm　　B. 20 cm

C. 30 cm　　D. 40 cm

155. 木模板可以（　　），使用中保管维护由使用单位负责，包括安装、拆卸、整理等工作。实行节约有奖、超耗受罚的经济责任制。

A. 按型号回收　　B. 按树种拆卸

C. 多次制作　　D. 多次使用

156. 工件完成后，工件的保养是非常重要的环节，结合工件的产品特征，综合分析人员、（　　）、环境、材料各种外部条件可能对工件构成的影响，制定具体有效的保护措施。

A. 施工方案　　B. 机器

C. 消防要求　　D. 验收条件

157. 木工机械的保护和保养主要工作是维护清理和（　　）。

A. 换水降温　　B. 放大中心距

C. 间隙错位　　D. 加油保养

158. 木工机械在工作时，必须注意滚动轴承的温度，不许超过（　　），超过应立即换油。若换油无效，则应卸下轴承，用洁净柴油清洗干净，涂锂基润滑脂。

A. 65℃　　B. 60℃

C. 55℃　　D. 50℃

159. 机械在使用前应先检查和调整台面，使之平整光滑，刃口锋利，锯路正常，吃刀正确，（　　）垂直，带松紧合适，机械不塞屑。运转正常后，方能进行正常使用。

A. 锯片与轴承　　B. 附件

C. 轴承与刀具　　D. 靠山与台面

160. 必须经常对机械的各运动部件进行润滑，润滑良好能使机械延长寿命并有利于其正常运转。机械导向扳手轮轴承采用（　　）的润滑方法。

A. 机械揩油　　B. 去盖油杯

C. 压注油杯　　D. 手工注油

得分	
评分人	

二、判断题（第 161 题～第 200 题。将判断结果填入括号中。正确的填“√”，错误的填“×”。每题 0.5 分，满分 20 分。）

161.（　　）提高职业道德的修养，必须将学习理论和实践相结合，向革命前辈和先进人物学习，自觉地进行自省和慎独。

162.（　　）一个人的职业道德品质的好坏，修养水平的高低，根本上服从于以什么样的人生观基础。只有树立正确的人生观，才有可能成为职业群体中的一员。

163.（　　）为人民服务体现了正确的世界观、人生观、价值观，人们认识世界、改造世界的目的，归根到底是为广大人民群众争福利，争食品、住房，全心全意为人民服务的人生观。

164.（　　）圆锯机在使用中主要用于横向锯割短小木料，也可配合带锯机锯割板方材。

165.（　　）常用的法定计量单位有重量、强度、力矩、应力、平面角、温度。

166.（　　）比较常用的木结构连接的方式是铰连接和螺栓连接。

167.（　　）检修或更换定子电枢是电锤常见故障排除方法之一。

168.（　　）圆锯工作时发生锯齿易钝、齿尖易崩裂的故障原因是由于齿顶尖不在同一圆周上，常采用刃磨齿形的处理方法。

169.（　　）带锯机工作时发生锯条经常折断故障现象的原因之一是由于锯齿开得不好，锯齿槽太小。

170.（　　）发生木工平刨 V 带打滑故障时，常采用重新刃磨刨刀、换刨刀的方法故障排除。

171.（　　）发生钻床钻头卡塞或钻头转动减速故障时，常采用停机重装或更换的方法。

172.（　　）当力的方向与木纹方向垂直时，其强度最高。

173.（　　）木材的顺纹抗压强度高于顺纹抗拉强度。

174.（　　）在滑动面上单位体积所承受的外力称为木材的抗剪强度。

175.（　　）升模法施工虽然能够节约材料、改善劳动条件，但要增加施工周期。

176.（　　）定位编号→备料→丈杆制备→构件制作和大木安装等是庑殿建筑大木操作工艺顺序。

177.（　　）安装平台板模板须认真检查泥土性质，以防高差。

178.（　　）木工制作弹簧门的一般操作工艺顺序：刨削制作门扇→安装门扇顶部轴套和底部的回转轴套→安装顶轴→安装地弹簧→门扇安装就位。

179.（　　）地弹簧由顶轴、顶轴套、铰链板、底座组成。

180.（　　）弹簧铰链分单筒和双筒两种，均由铰链板、顶轴、调节杆和调节器组成。

181.（　　）木门扇安装后翘曲的主要原因是：对角线不准、门扇本身未翘曲、双扇弹簧门两边铰链或地弹簧的位置准确。

182.（　　）制作六边形硬百叶窗操作工艺顺序为：放样→求百叶板与斜窗柜的交角落→配百叶板料→杆件加工制作→拼装。

183.（　　）制作六边形硬百叶窗时，窗框间的割角为 90°。

184.（　　）六边形硬百叶窗拼装方法：先将三根窗框拼装成一体，然后插入百叶板，最后将另三根拼成一体的窗框拼装上去。

185.（　　）木楼梯踏步板须用整块木板，材质越硬越好，厚度越厚越好，使用中强度高，整体性好，耐久性好。

186.（　　）木家具选料、配料按家具或装饰设置的施工图进行。木方料是用于制作骨架的基本材料，应选用木质较好、无腐朽、不潮湿、无扭曲变形的合格材料。

187.（　　）抽屉是家具构造中的关键部件，但因家具种类和式样不同，抽屉的形状却基本相同，主要有水平整体、相同高度的抽屉。

188.（　　）制作木门的划线工具有角尺、活尺、墨斗、划线笔、拖线器。

189.（　　）墨斗使用方法：定钩挂在木料前端，墨斗拉到木料的后端，左手拉紧并压住线绳，右手垂直将线绳中部提起，松手回弹，即在木料上弹出墨线。

190.（　　）12 m 以上木屋架制作工艺顺序的最后一道顺序为成型检验。

191.（　　）木屋架槽齿承压面不密贴的防止办法：选用软材制成样板，且与木料固定划线，确保断料准确。

192.（　　）马尾屋架的安装：先安装下弦再安装上弦。

193.（　　）组装不妥是产生马尾屋架齿槽结合面缝隙过大的唯一原因。

194.（　　）铝合金门、窗的制作安装工艺顺序有断料与钻孔、组装、保护和包装等。掌握关键顺序划线、打眼、钻孔，就能保证施工操作质量。

195.（　　）根据设计要求，按照在洞口上弹出的门、窗位置线，将门、窗框立于墙的外侧或内侧两部位，使门、窗外平或内平。

196.（　　）塑料门、窗框与墙体的连接方法有连接件法、垂直固定法和假框法三种。三种连接法的特点是：施工经济、施工简单、有利成品保护。

197.（　　）楼梯模板接缝的最大宽度不超过 1.5 mm；模板与混凝土的接触面，应清理干净并满涂隔离剂。

198.（　　）高层建筑建筑模板安装相邻两板表面高低差允许偏差为 5 mm。

199.（　　）拼花木踢脚线的上口平直要求允许偏差均为 5 mm。

200.（　　）现场材料的堆垛要注意通风、防火、防潮、防止霉烂，避免新旧分别码垛。

中级手工木工理论知识考试模拟试卷答案

一、单项选择题

1. C　2. D　3. A　4. A　5. D　6. C　7. A　8. C

9. A　10. A　11. B　12. C　13. A　14. D　15. B　16. A

17. C　18. D　19. D　20. D　21. D　22. B　23. D　24. D

25. D　26. B　27. C　28. D　29. D　30. A　31. C　32. C

33. A　34. B　35. C　36. B　37. B　38. C　39. D　40. A

41. B　42. A　43. A　44. D　45. A　46. C　47. B　48. B

49. D　50. A　51. D　52. A　53. B　54. D　55. D　56. C

57. D　58. C　59. D　60. A　61. B　62. D　63. B　64. A

65. B　66. C　67. B　68. C　69. C　70. A　71. C　72. C

73. A　74. A　75. B　76. B　77. D　78. C　79. C　80. B

81. D　82. D　83. D　84. A　85. D　86. C　87. D　88. D

89. B　90. A　91. D　92. C　93. D　94. B　95. D　96. C

97. A　98. C　99. B　100. D　101. B　102. C　103. D　104. A

105. D　106. D　107. C　108. B　109. C　110. D　111. A　112. A

113. B　114. D　115. D　116. B　117. D　118. D　119. D　120. A

121. A　122. C　123. C　124. C　125. B　126. C　127. D　128. D

129. D　130. B　131. D　132. A　133. A　134. D　135. B　136. C

137. A　138. B　139. C　140. A　141. C　142. C　143. C　144. B

145. D　146. D　147. D　148. C　149. D　150. B　151. D　152. D

153. D　154. C　155. D　156. B　157. D　158. B　159. D　160. C

二、判断题

161. √	162. ×	163. ×	164. ×	165. √	166. ×	167. √	168. √
169. √	170. ×	171. ×	172. ×	173. ×	174. ×	175. ×	176. √
177. ×	178. ×	179. ×	180. ×	181. ×	182. ×	183. ×	184. √
185. ×	186. √	187. ×	188. √	189. √	190. ×	191. ×	192. √
193. ×	194. ×	195. ×	196. ×	197. √	198. ×	199. ×	200. ×

第十章

中级手工木工操作技能考核要素

中级手工木工操作技能考核内容结构表

◉ 中级手工木工操作技能考核内容结构表说明

操作技能考核内容结构表中列出了中级手工木工的考核内容、选考方式、考核总体时间等内容。

1. “门制作”“窗制作”“家具制作”考核时任选一项，鉴定比重为50%，考试时间为120 min。

2. “地板铺设”“模板制作”“吊顶制作”考核时任选一项，鉴定比重为50%、考试时间为120 min。

总体考试时间为240 min。

◉ 中级手工木工操作技能考核内容结构表

中级手工木工操作技能考核内容结构表

鉴定范围 鉴定要求	门制作	窗制作	家具制作	地板铺设	模板制作	吊顶制作	合计
选考方式	任选一项			任选一项			2项
鉴定比重（%）	50	50	50	50	50	50	100
考试时间（min）	120	120	120	120	120	120	240
考试形式	实际操作	实际操作	实际操作	实际操作	实际操作	实际操作	

中级手工木工操作技能鉴定要素细目表

◉ 中级手工木工操作技能鉴定要素细目表说明

1. 鉴定要素细目表是在考核内容结构表的基础上，列出了本级别具体要考核的内容。其中，“鉴定点”即为具体的考核内容，每个鉴定点都有重要程度指标，即鉴定点后标注的“X”“Y”“Z”。“X”表示“核心要素”，是考核中最重要、出现频率也最高的内容；“Y”表示“一般要素”，是考核中出现频率一般的内容；“Z”表示“辅助要素”，在考核中出现的频率较低。

2. 表中每个鉴定范围都有鉴定比重指标，它表示在一份试卷中该鉴定范围所占的分数比例。每个鉴定点中有若干道试题，它们有共性的考核要求、配分与评分标准，这些试题都是考生应当掌握的。在每次操作技能考核时，试卷是根据考核内容结构表的要求，在鉴定要素细目表的相关鉴定点中由计算机自动抽取或由专家人工选取 2 道试题组成的。

◉ 中级手工木工操作技能鉴定要素细目表

中级手工木工操作技能鉴定要素细目表

鉴定范围			鉴定点	
名称	鉴定比重（%）	选考方式	重要程度	试题量
门制作	50	任选一项	X	3
窗制作	50		X	3
家具制作	50		X	3
地板铺设	50	任选一项	X	3
模板制作	50		X	3
吊项制作	50		X	2

第十一章

中级手工木工操作技能考核试题和考核模拟试卷

中级手工木工操作技能考核试题

一、门制作

本鉴定点下共有 3 道试题，这些试题统一的考核要求和配分与评分标准如下：

1. 考核要求

（1）工具准备齐全。

（2）正确选用木材的品种和规格。

（3）正确使用工具，操作姿势正确，操作手势协调、灵活，操作顺序正确。

（4）尺寸正确、表面光洁平整。

（5）角度正，不翘曲，走头不开裂。

（6）裁口、线条平直，合缝密实，门板拼缝密实。

（7）锯榫不过线、不断肩。

2. 配分与评分标准

序号	考核内容	考核要点	配分	评分标准	扣分	得分
1	工具准备	工具准备齐全、刃口锋利	10	1. 工具缺少一件，扣 5 分 2. 工具不锋利，扣 5 分 3. 扣完为止，不倒扣		
2	材料准备	选材规格正确、配料尺寸正确	15	1. 选料不正确，扣 5 分 2. 配料多于 10%，扣 5 分 3. 配料少于 5%，扣 5 分 4. 扣完为止，不倒扣		
3	实际操作	工具使用正确，操作时姿势正确，手势协调，身体灵活，操作顺序正确	35	1. 工具使用不正确，扣 10 分。 2. 操作姿势不正确，扣 10 分 3. 操作手势不协调、不灵活，扣 5 分 4. 操作顺序不正确，扣 10 分 5. 扣完为止，不倒扣		
4	质量要求	尺寸正确，角度正，走头不开裂，裁口、线条平直，合缝密实（包括拼板），锯榫不过线、不断肩	25	1. 外经尺寸误差 3 mm 以上，扣 5 分 2. 锯榫过线 3 mm，断肩2 mm，每处扣 5 分 3. 走头开裂，每处扣 5 分 4. 裁口、线条不平直，扣 5 分 5. 合缝缝隙（包括拼板）超 1 mm每处扣 1 分，最多扣 5 分 6. 扣完为止，不倒扣		
5	整体效果	表面平整、光洁、不翘曲	15	1. 表面不光洁，扣 5 分 2. 表面不平整误差 2 mm 以上，扣 5 分 3. 翘曲 3 mm，扣 5 分 4. 扣完为止，不倒扣		
合计			100			

否定项：

若考生出现下列情况之一，则应及时终止其考试，考生该试题成绩记为 0 分：

(1) 工具准备不齐，无法完成考试。

(2) 超过规定时间 15 min。

【试题 1】玻璃门的制作（400 mm×1 000 mm×30 mm）（宽×高×厚）

1. 准备要求

（1）考场准备

序号	名称	规　格	数量	备注
1	木工操作台	1 m×2 m×0.8 m （宽×长×高）	1 只×考生人数	
2	木工操作凳	0.2 m×1 m×0.6 m （宽×长×高）	1 只×考生人数	
3	木材	35 mm×50 mm×2 450 mm 35 mm×75 mm×820 mm 35 mm×20 mm×1 600 mm	1 根×考生人数	
4	薄板	350 mm×400 mm×10 mm	一块×考生人数	

（2）考生准备

序号	名称	规　格	数量	备注
1	木工铅笔	180 mm 椭圆形	1 支	
2	钢卷尺	2 m 以上	1 把	
3	羊角锤	0.5 kg	1 把	
4	木凿	10 mm	1 把	
5	斧	1 kg	1 把	
6	边刨	300 mm	1 把	
7	直角尺	300 mm	1 把	
8	长刨	4 500 mm 以上	2 把	
9	槽刨	6 mm	1 把	
10	三角槽刨	长 200 mm	1 把	
11	大小框锯	锯条长 600 mm、400 mm	各 1 把	

2. 考核要求

（1）本题分值：100 分。

（2）考核时间：120 min

（3）考核形式：实际操作。

（4）具体考核要求：

①工具准备齐全。

②选用木材性能符合要求。

③正确使用工具，操作手势协调、灵活，顺序正确、姿势正确。

④尺寸正确，表面光洁、平整。

⑤角度正，不翘曲，走头不开裂。

⑥裁口、线条平直，合缝密实。

⑦榫眼方正，锯榫不伤肩、不过线。

【试题 2】有中梃门的制作（400 mm×1 000 mm×30 mm）（宽×高×厚）

1. 准备要求

（1）考场准备

序号	名称	规　　格	数量	备注
1	木工操作台	1 m×2 m×0.8 m （宽×长×高）	1 台×考生人数	
2	木工操作凳	0.2 m×1 m×0.6 m （宽×长×高）	1 只×考生人数	
3	木材	35 mm×50 mm×3 300 mm 35 mm×75 mm×820 mm	1 根×考生人数	
4	薄板	35 mm×90 mm×12 mm	1 块×考生人数	

（2）考生准备

序号	名称	规　　格	数量	备注
1	木工铅笔	180 mm 椭圆形	1 支	
2	钢卷尺	2 m 以上	1 把	
3	羊角锤	0.5 kg	1 把	
4	木凿	10 mm	1 把	
5	斧	1 kg	1 把	
6	大小框锯	锯条长 600 mm，450 mm	各 1 把	
7	直角尺	300 mm	1 把	
8	长刨	450 mm 以上	2 把	
9	槽刨	10 mm	1 把	

2. 考核要求

（1）本题分值：100 分。

（2）考核时间：120 min。

（3）考核形式：实际操作。

（4）具体考核要求

①工具准备齐全。

②选用木材性能符合要求。

③正确使用工具，操作手势协调、灵活，顺序正确、姿势正确。

④尺寸正确，表面光洁、平整。

⑤角度正，不翘曲，走头不开裂。

⑥裁口、线条平直，合缝密实。

⑦榫眼方正，锯榫不伤肩、不过线。

【试题 3】弹簧门的制作（400 mm×1 100 mm×35 mm）（宽×高×厚）

1. 准备要求

（1）考场准备

序号	名称	规　格	数量	备注
1	木工操作台	1 m×2 m×0.8 m （宽×长×高）	1 台×考生人数	
2	木工操作凳	0.2 m×1 m×0.6 m （宽×长×高）	1 只×考生人数	
3	木材	40 mm×60 mm×2 650 mm 40 mm×100 mm×420 mm	1 根×考生人数	
4	线条	15 mm×15 mm×5 000 mm	1 根	
5	元钉	12 mm	0.05 kg	

（2）考生准备

序号	名称	规　格	数量	备注
1	木工铅笔	180 mm 椭圆形	1 支	
2	钢卷尺	2 m 以上	1 把	
3	羊角锤	0.5 kg	1 把	
4	木凿	12 mm	1 把	
5	斧	1 kg	1 把	
6	大小框锯	锯条长 600 mm、450 mm	各 1 把	
7	直角尺	300 mm	1 把	
8	长刨	450 mm 以上	2 把	

2. 考核要求

（1）本题分值：100 分。

（2）考核时间：120 min。

（3）考核形式：实际操作。

（4）具体考核要求

①工具准备齐全。

②选用木材性能符合要求。

③正确使用工具，操作手势协调、灵活，顺序正确、姿势正确。

④尺寸正确，表面光洁、平整。

⑤角度正，不翘曲，走头不开裂。

⑥裁口、线条平直，合缝密实。

⑦榫眼方正，锯榫不伤肩、不过线。

二、窗制作

本鉴定点下共有3道试题，这些试题统一的考核要求和配分与评分标准如下：

1. 考核要求

(1) 工具准备齐全。

(2) 正确选用木材的品种和规格。

(3) 正确使用工具，操作姿势正确，手势协调灵活，操作顺序正确。

(4) 尺寸正确、平整光洁。

(5) 角度正，不翘曲，走头不开裂，锯榫不过线、不断肩。

(6) 合缝密实，榫眼方正不开裂。

2. 配分与评分标准

序号	考核内容	考核要点	配分	评分标准	扣分	得分
1	工具准备	工具准备齐全，刃口锋利	10	1. 工具缺少一件，扣5分 2. 工具不锋利，扣5分 3. 扣完为止，不倒扣		
2	材料准备	选材规格正确，配料尺寸正确	15	1. 选材不正确，扣5分 2. 配料多于10%，扣5分 3. 配料少于5%，扣5分 4. 扣完为止，不倒扣		
3	实际操作	工具使用正确，操作姿势正确，手势协调，身体灵活，操作顺序正确	35	1. 工具使用不正确，扣10分 2. 操作姿势不正确，扣10分 3. 手势不协调、不灵活，扣5分 4. 操作顺序不正确，扣10分 5. 扣完为止，不倒扣		

续表

序号	考核内容	考核要点	配分	评分标准	扣分	得分
4	质量要求	尺寸正确，角度正，不翘曲，合缝密实，榫眼方正，锯榫不过线、不伤肩	25	1. 外经尺寸误差超 2 mm，扣 5 分 2. 对角线误差超 3 mm，扣 5 分 3. 翘曲误差超 3 mm，扣 5 分 4. 锯榫过线 3 mm，伤肩 2 mm，每处扣 5 分 5. 合缝缝隙超 1 mm，每处扣 2 分，最多扣 5 分 6. 扣完为止，不倒扣		
5	整体效果	表面平整、光洁，榫眼牢固不松动，走头不开裂	15	1. 表面不光洁，扣 5 分 2. 表面不平整，误差超 2 mm 以上扣 5 分 3. 榫眼松动、走头开裂各扣 5 分 4. 扣完为止，不倒扣		
合计			100			

否定项：

若考生出现下列情况之一，则应及时终止其考试，考生该试题成绩记为 0 分：

(1) 工具准备不齐，无法完成考试。

(2) 超过规定时间 15 min。

【试题 1】硬百叶窗的制作（400 mm×600 mm×45 mm）（宽×高×厚）

1. 准备要求

(1) 考场准备

序号	名称	规　格	数量	备注
1	木工操作台	1 m×2 m×0.8 m（宽×长×高）	1 台×考生人数	
2	木工操作凳	0.2 m×1 m×0.6 m（宽×长×高）	1 只×考生人数	
3	木材	50 mm×75 mm×2 100 mm	1 根×考生人数	
4	薄板	15 mm×80 mm×360 mm	8 块×考生人数	

（2）考生准备

序号	名称	规　格	数量	备注
1	木工铅笔	180 mm 椭圆形	1支	
2	钢卷尺	2 m 以上	1把	
3	羊角锤	0.5 kg	1把	
4	木凿	12 mm，25 mm	各1把	
5	大小框锯	锯条长 600 mm、450 mm	各1把	
6	直角尺	300 mm	1把	
7	长刨	450 mm 以上	2把	
8	45°角尺	20 mm	1把	

2. 考核要求

（1）本题分值：100 分。

（2）考核时间：120 min。

（3）考核形式：实际操作。

（4）具体考核要求

①工具准备齐全。

②选用木材性能符合要求。

③正确使用工具，操作手势协调、灵活，顺序正确，姿势正确。

④尺寸正确，角度正，不翘曲。

⑤合缝密实，榫眼方正，锯榫不过线、不伤肩。

⑥表面光洁，平整，牢固。

【试题 2】斜面隔扇窗的制作（400 mm×600 mm×22 mm）（宽×高×厚）

1. 准备要求

（1）考场准备

序号	名称	规　　格	数量	备注
1	木工操作台	1 m×2 m×0.8 m （宽×长×高）	1台×考生人数	
2	木工操作凳	0.2 m×1 m×0.6 m （宽×长×高）	1只×考生人数	
3	木材	12 mm×24 mm×6 200 mm	1根×考生人数	

（2）考生准备

序号	名称	规　　格	数量	备注
1	木工铅笔	180 mm椭圆形	1支	
2	钢卷尺	2 m以上	1把	
3	羊角锤	0.5 kg	1把	
4	木凿	6 mm	1把	
5	小框锯	锯条长450 mm	各1把	
6	直角尺	300 mm	1把	
7	长刨	450 mm以上	2把	
8	活络尺	200 mm	1把	

2. 考核要求

（1）本题分值：100分。

（2）考核时间：120 min。

（3）考核形式：实际操作。

（4）具体考核要求：

①考题的形状参照格扇的示意图（见图4）。

②工具准备齐全。

③选用木材性能符合要求。

④正确使用工具，操作手势协调、灵活，顺序正确，姿势正确。

⑤尺寸正确，角度正，不翘曲。

⑥合缝密实，榫眼方正，锯榫不过线、不伤肩。

⑦表面光洁、平整、牢固。

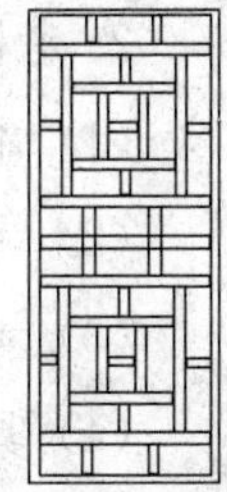

图 4　格扇

【试题 3】半圆窗的制作（450 mm×260 mm×45 mm）（宽×高×厚）

1. 准备要求

（1）考场准备

序号	名称	规　格	数量	备注
1	木工操作台	1 m×2 m×0.8 m（宽×长×高）	1 台×考生人数	
2	木工操作凳	0.2 m×1 m×0.6 m（宽×长×高）	1 只×考生人数	
3	木材	50 mm×75 mm×700 mm 50 mm×100 mm×600 mm	1 根×考生人数	

（2）考生准备

序号	名称	规　格	数量	备注
1	木工铅笔	180 mm 椭圆形	1 支	
2	钢卷尺	2 m 以上	1 把	
3	斧	1 kg	1 把	
4	木凿	15 mm	1 把	
5	大小框锯	锯条长 600 mm、450 mm	各 1 把	
6	直角尺	300 mm	1 把	
7	长刨	450 mm 以上	2 把	
8	羊角锤	0.5 kg	1 把	
9	铁刨	250 mm	1 把	

2. 考核要求

（1）本题分值：100 分。

（2）考核时间：120 min。

（3）考核形式：实际操作。

（4）具体考核要求：

①考题的形状参照半圆窗的示意图（见图 5）。

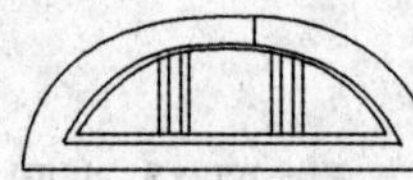

图 5 半圆窗

②工具准备齐全。

③选用木材性能符合要求。

④半圆形有三块镶接，中间有 2 根竖窗心。

⑤正确使用工具，操作手势协调、灵活，顺序正确，姿势正确。

⑥尺寸正确，角度正，无翘曲。

⑦拼缝密实，榫眼方正，锯榫不过线、不伤肩。

⑧表面光洁、平整、牢固。

三、家具制作

本鉴定点下共有 3 道试题，这些试题统一的考核要求和配分与评分标准如下：

1. 考核要求

（1）工具准备齐全。

（2）正确选用木材的品种和规格。

（3）正确使用工具，操作时姿势正确，手势协调灵活，操作顺序正确。

（4）尺寸正确、不翘曲。

（5）角度正确，合缝密实，表面平整。

（6）榫眼方正，光洁牢固。

2. 配分与评分标准

序号	考核内容	考核要点	配分	评分标准	扣分	得分
1	工具准备	工具准备齐全，刃口锋利	10	1. 工具缺少一件，扣 5 分 2. 工具不锋利，扣 5 分 3. 扣完为止，不倒扣		

续表

序号	考核内容	考核要点	配分	评分标准	扣分	得分
2	材料准备	正确选择木材的种类、规格，配料尺寸正确	15	1. 选材不正确，扣 5 分 2. 配料多于 10%，扣 5 分 3. 配料少于 5%，扣 5 分 4. 扣完为止，不倒扣		
3	实际操作	工具使用正确，操作姿势正确，手势协调，身体灵活，操作顺序正确	35	1. 工具使用不正确，扣 10 分 2. 操作姿势不正确，扣 10 分 3. 手势不协调、不灵活，扣 5 分 4. 操作顺序不正确，扣 10 分 5. 扣完为止，不倒扣		
4	质量要求	尺寸正确，角度正，不翘曲，接缝密实，榫眼方正	25	1. 尺寸误差 3 mm 以上，扣 5 分 2. 翘曲误差 3 mm 以上，扣 5 分 3. 对角线误差 3 mm 以上，扣 5 分 4. 合缝的缝隙误差每超 1 mm 扣 1 分，最多扣 5 分 5. 榫眼不方正，扣 5 分 6. 扣完为止，不倒扣		
5	整体效果	光洁，平整，牢固	15	1. 表面不光洁，扣 5 分 2. 表面不平整，误差 3 mm 以上，扣 5 分 3. 不牢固，扣 5 分 4. 扣完为止，不倒扣		
合计			100			

否定项：

若考生出现下列情况之一，则应及时终止其考试，考生该试题成绩记为 0 分：

(1) 工具准备不齐，无法完成考试。

(2) 超过规定时间 15 min。

【试题1】板椅的制作300 mm×300 mm×600 mm（座宽×座深×背高）

1. 准备要求

（1）考场准备

序号	名称	规格	数量	备注
1	木工操作台	1 m×2 m×0.8 m （宽×长×高）	1台×考生人数	
2	木工操作凳	0.2 m×1 m×0.6 m （宽×长×高）	1只×考生人数	
3	椅座板	300 mm×300 mm×20 mm	1块	
4	前脚	30 mm×30 mm×300 mm	2根	
5	后脚	50 mm×25 mm×600 mm	2根	
6	侧裙板	20 mm×30 mm×280 mm	2块	
7	前后裙板	20 mm×30 mm×280 mm	2块	
8	脚拉撑	15 mm×20 mm×280 mm	2块	
9	脚侧拉撑	15 mm×20 mm×280 mm	2根	
10	冒头	35 mm×50 mm×280 mm	1块	
11	靠背档	25 mm×30 mm×280 mm	2根	
12	白胶	500 g/瓶	0.1 kg	

（2）考生准备

序号	名称	规格	数量	备注
1	木工铅笔	180 mm椭圆形	1支	
2	钢卷尺	2 m以上	1把	
3	羊角锤	0.5 kg	1把	
4	木凿	10 mm、8 mm	各1把	

续表

序号	名称	规　　格	数量	备注
5	中小框锯	锯条长 500 mm、400 mm	各 1 把	
6	直角尺	300 mm	1 把	
7	长刨	450 mm 以上	2 把	
8	旋凿	250 mm	1 把	
9	铁刨	250 mm	1 把	

2. 考核要求

（1）本题分值：100 分。

（2）考核时间：120 min。

（3）考核形式：实际操作。

（4）具体考核要求：

①工具准备齐全。

②选用木材性能符合要求。

③正确使用工具，操作手势协调、灵活，顺序正确，姿势正确。

④尺寸正确，不翘曲。

⑤角度正确，合缝密实，表面平整。

⑥榫眼方正，光洁牢固。

【试题 2】单人写字台的制作 500 mm×250 mm×400 mm（长×宽×高）

1. 准备要求

（1）考场准备

序号	名称	规　　格	数量	备注
1	木工操作台	1 m×2 m×0.8 m （宽×长×高）	1 台×考生人数	
2	木工操作凳	0.2 m×1 m×0.6 m （宽×长×高）	1 只×考生人数	
3	台面板	500 mm×250 mm×15 mm	1 块	

续表

序号	名称	规格	数量	备注
4	脚	20 mm×25 mm×400 mm	4 根	
5	长横档	20 mm×25 mm×500 mm	4 根	
6	短横档	20 mm×20 mm×250 mm	8 根	
7	短竖档	20 mm×25 mm×300 mm	2 根	
8	外围板	240 mm×80 mm 240 mm×190 mm 480 mm×80 mm	三夹板×2 块 三夹板×2 块 三夹板×1 块	
9	大抽屉	10 mm×70 mm×280 mm 10 mm×70 mm×240 mm 280 mm×240 mm	2 块 2 块 三夹板×1 块	
10	小抽屉	10 mm×70 mm×180 mm 10 mm×70 mm×240 mm 180 mm×240 mm	2 块 2 块 三夹板×1 块	
11	小门	180 mm×180 mm×15 mm	1 块	
12	面板镶边	8 mm×13 mm×1 600 mm	1 根	

（2）考生准备

序号	名称	规格	数量	备注
1	木工铅笔	180 mm 椭圆形	1 支	
2	钢卷尺	2 m 以上	1 把	
3	羊角锤	0.5 kg	1 把	
4	木凿	6 mm、8 mm	各 1 把	
5	中小框锯	锯条长 500 mm、400 mm	各 1 把	
6	直角尺	300 mm	1 把	
7	长刨	450 mm 以上	2 把	
8	旋凿	250 mm	1 把	

2. 考核要求

（1）本题分值：100 分。

（2）考核时间：120 min。

（3）考核形式：实际操作。

（4）具体考核要求：

①工具准备齐全。

②选用木材性能符合要求。

③正确使用工具，操作手势协调、灵活，顺序正确，姿势正确。

④尺寸正确，不翘曲。

⑤角度正确，合缝密实，表面平整。

⑥榫眼方正，光洁牢固。

【试题 3】卧室柜 980 mm×400 mm×260 mm（高×宽×厚）

1. 准备要求

（1）考场准备

序号	名称	规　　格	数量	备注
1	木工操作台	1 m×2 m×0.8 m （宽×长×高）	1 台×考生人数	
2	木工操作凳	0.2 m×1 m×0.6 m （宽×长×高）	1 只×考生人数	
3	旁板	1 000 mm×260 mm	2 块	
4	顶、底板	400 mm×260 mm	2 块	
5	隔板	380 mm×280 mm	1 块	
6	门板	20 mm×1 000 mm	2 块	
7	后板	1 000 mm×400 mm	三夹板×1 块	
8	挂衣棍	ϕ 20 mm×360 mm	1 根	
9	金属连接件		1 套	

（2）考生准备

序号	名称	规　格	数量	备注
1	木工铅笔	180 mm 椭圆形	1 支	
2	钢卷尺	2 m 以上	1 把	
3	羊角锤	0.5 kg	1 把	
4	木凿	10 mm、8 mm	各 1 把	
5	中小框锯	锯条长 500 mm、400 mm	各 1 把	
6	直角尺	300 mm	1 把	
7	长刨	450 mm 以上	2 把	
8	旋凿	250 mm	1 把	

2. 考核要求

（1）本题分值：100 分。

（2）考核时间：120 min。

（3）考核形式：实际操作。

（4）具体考核要求：

① 工具准备齐全。

②选用木材性能符合要求。

③旁板、顶、底板等采用细木工板。

④正确使用工具，操作手势协调、灵活，顺序正确，姿势正确。

⑤尺寸正确，不翘曲。

⑥角度正确，合缝密实，表面平整。

⑦榫眼方正，光洁牢固。

四、地板铺设

本鉴定点下共有 3 道试题，这些试题统一的考核要求和配分与评分标准如下：

1. 考核要求

（1）工具准备齐全。

（2）正确选用地板的品种和质量。

（3）正确使用工具，操作时姿势正确，手势协调灵活，操作顺序正确。

（4）镶边拼花尺寸正确。

（5）合缝密实，拼缝直、角度准，拼花齐整。

（6）粘接牢固，无脱胶，表面平整光洁。

2. 配分与评分标准

序号	考核内容	考核要点	配分	评分标准	扣分	得分
1	工具准备	工具准备齐全，刃口锋利	10	1. 工具缺少一件，扣 5 分 2. 工具不锋利，扣 5 分 3. 扣完为止，不倒扣		
2	材料准备	选择地板正确，配材准确	15	1. 选择地板质量不好、花纹不正确，扣 5 分 2. 配料多于 10%，扣 5 分 3. 配料少于 5%，扣 5 分 4. 扣完为止，不倒扣		
3	实际操作	工具使用正确，操作姿势正确，手势协调，身体灵活，操作顺序正确	35	1. 工具使用不正确，扣 10 分 2. 操作姿势不正确，扣 10 分 3. 手势不协调、不灵活，扣 5 分 4. 操作顺序不正确，扣 10 分 5. 扣完为止，不倒扣		
4	质量要求	镶边、拼花尺寸准确，合缝密实，拼缝直，对角准，粘接牢固，无脱胶	25	1. 镶边、拼花尺寸误差 3 mm 以上，扣 5 分 2. 合缝缝隙大于 1 mm，每处扣 2 分，最多扣 5 分 3. 拼缝不直，误差 2 mm 以上，扣 5 分 4. 对角线不准，误差 3 mm 以上，扣 5 分 5. 粘接不牢固，松动一块扣 2 分，最多扣 5 分 6. 扣完为止，不倒扣		

续表

序号	考核内容	考核要点	配分	评分标准	扣分	得分
5	整体效果	光洁，平整，花纹齐整	15	1. 表面不光洁，扣 5 分 2. 表面不平整，误差 2 mm 以上，扣 5 分 3. 花纹不齐整，扣 5 分 4. 扣完为止，不倒扣		
合计			100			

否定项：

若考生出现下列情况之一，则应及时终止其考试，考生该试题成绩记为 0 分：

(1) 工具准备不齐，无法完成考试。

(2) 超过规定时间 15 min。

【试题 1】硬木席纹小木地板铺设（1 m^2）

1. 准备要求

(1) 考场准备

序号	名称	规　格	数量	备注
1	木工操作凳	0.2 m×1 m×0.6 m（宽×长×高）	1 只×考生人数	
2	硬木小地板	50 mm×250 mm×20 mm	1 m^2×考生人数	
3	地板胶	500 g/瓶	1 瓶	
4	胶刷	5 cm	1 把	

(2) 考生准备

序号	名称	规　格	数量	备注
1	木工铅笔	180 mm 椭圆形	1 支	
2	钢卷尺	2 m 以上	1 把	
3	羊角锤	0.5 kg	1 把	

续表

序号	名称	规　格	数量	备注
4	墨斗	自制硬木	1把	
5	中框锯	锯条长 500 mm	1把	
6	直角尺	500 mm	1把	

2. 考核要求

(1) 本题分值：100 分。

(2) 考核时间：120 min。

(3) 考核形式：实际操作。

(4) 具体考核要求：

①考题的形状参照席纹小木地板的示意图（见图 6）。

②工具准备齐全。

③选用木材性能符合要求。

④正确使用工具，操作手势协调、灵活，顺序正确，姿势正确。

⑤镶边拼花尺寸准确。

⑥合缝密实，拼缝直，角度准，拼花整齐。

⑦粘接牢固，无脱胶，表面平整，光洁。

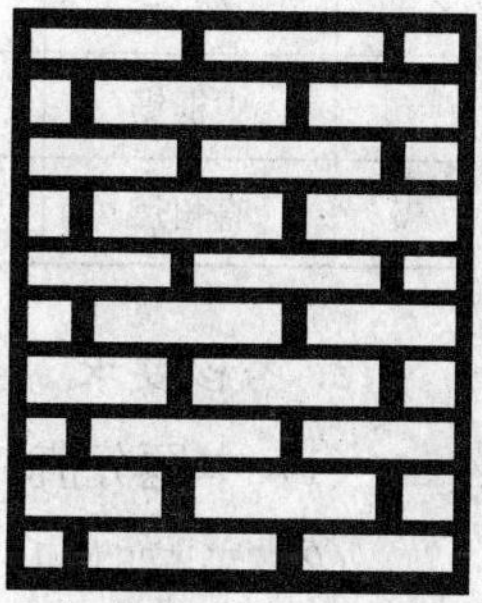

图 6　席纹

【试题 2】硬木人字纹小木地板铺设（1 m²）

1. 准备要求

(1) 考场准备

序号	名称	规　格	数量	备注
1	木工操作凳	0.2 m×1 m×0.6 m（宽×长×高）	1只×考生人数	
2	硬木小地板	50 mm×250 mm×20 mm	1 m²×考生人数	

续表

序号	名称	规　格	数量	备注
3	地板胶	500 g/瓶	1瓶	
4	胶刷	5 cm	1把	

（2）考生准备

序号	名称	规　格	数量	备注
1	木工铅笔	180 mm椭圆形	1支	
2	钢卷尺	2 m以上	1把	
3	羊角锤	0.5 kg	1把	
4	墨斗	自制硬木	1把	
5	中框锯	锯条长500 mm	1把	
6	直角尺	500 mm	1把	

2. 考核要求

（1）本题分值：100分。

（2）考核时间：120 min。

（3）考核形式：实际操作。

（4）具体考核要求：

①考题的形状参照人字纹小木地板示意图（见图7）。

②工具准备齐全。

③选用木材性能符合要求。

④正确使用工具，操作手势协调、灵活，顺序正确，姿势正确。

⑤镶边拼花尺寸准确。

⑥合缝密实，拼缝直，角度准，拼花整齐。

⑦粘接牢固，无脱胶，表面平整，光洁。

图7　人字纹

【试题 3】硬木方格纹小木地板铺设

1. 准备要求

（1）考场准备

序号	名称	规　　格	数量	备注
1	木工操作凳	0.2 m×1 m×0.6 m（宽×长×高）	1 只×考生人数	
2	硬木小地板	50 mm×250 mm×20 mm	1 m^2×考生人数	
3	地板胶	500 g/瓶	1 瓶	
4	胶刷	5 cm	1 把	

（2）考生准备

序号	名称	规　　格	数量	备注
1	木工铅笔	180 mm 椭圆形	1 支	
2	钢卷尺	2 m 以上	1 把	
3	羊角锤	0.5 kg	1 把	
4	墨斗	自制硬木	1 把	
5	中框锯	锯条长 500 mm	1 把	
6	直角尺	500 mm	1 把	

2. 考核要求

（1）本题分值：100 分。

（2）考核时间：120 min。

（3）考核形式：实际操作。

（4）具体考核要求：

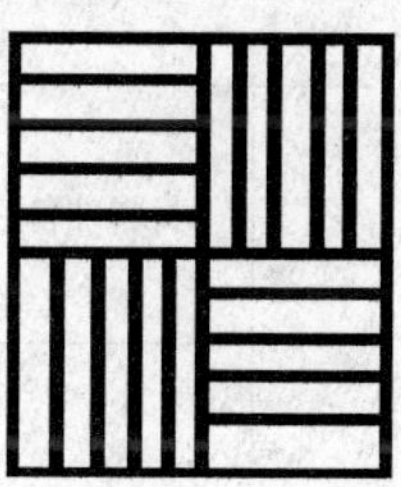

图 8　方格纹

①考题的形状参照方格纹小木地板示意图（见图 8）。

②工具准备齐全。

③选用木材性能符合要求。

④正确使用工具，操作手势协调、灵活，顺序正确，姿势正确。

⑤镶边拼花尺寸准确。

⑥合缝密实，拼缝直，角度准，拼花整齐。

⑦粘接牢固，无脱胶，表面平整，光洁。

五、模板制作

本鉴定点下共有 3 道试题，这些试题统一的考核要求和配分与评分标准如下：

1. 考核要求

（1）工具准备齐全。

（2）正确选用木材的品种和质量。

（3）正确使用工具，操作时姿势正确，手势协调灵活，操作顺序正确。

（4）平台及梁高、宽尺寸正确，楼梯的开步、起步尺寸正确。

（5）撑头、长度、规格、间距正确。

（6）垫木的长度和规格尺寸正确。

（7）各种搭头的规格、数量准确。

2. 配分与评分标准

序号	考核内容	考核要点	配分	评分标准	扣分	得分
1	工具准备	工具准备齐全，刃口锋利	10	1. 工具缺少一件，扣 5 分 2. 工具不锋利，扣 5 分 3. 扣完为止，不倒扣		
2	材料准备	配料规格，尺寸正确	15	1. 配料规格不正确，扣 5 分 2. 配料多于 10%，扣 5 分 3. 配料少于 5%，扣 5 分 4. 扣完为止，不倒扣		
3	实际操作	工具使用正确，操作姿势正确，手势协调，身体灵活，操作顺序正确	35	1. 工具使用不正确，扣 10 分 2. 操作姿势不正确，扣 10 分 3. 手势不协调、不灵活，扣 5 分 4. 操作顺序不正确，扣 10 分 5. 扣完为止，不倒扣		

续表

序号	考核内容	考核要点	配分	评分标准	扣分	得分
4	质量要求	平台及梁高、宽尺寸正确，开步，起步尺寸正确，撑头、垫木的长度规格间距尺寸正确，各种搭头的规格数量准确	25	1. 平台及梁或内径外经尺寸误差 3 mm 以上，扣 5 分 2. 楼梯开步、起步或高误差 3 mm以上，每处扣 2 分，最多扣 5 分 3. 撑头木或木带的长度规格间距尺寸误差 3 mm 以上，扣 5 分 4. 垫板的长度规格间距尺寸不正确，扣 5 分 5. 各种搭头的规格数量不准确，每根扣 2 分，最多扣 5 分 6. 扣完为止，不倒扣		
5	整体效果	模板表面平整，撑头支撑垂直，各搭头木支搭准确	15	1. 模板表面不平整，误差3 mm 以上，扣 5 分 2. 撑头木不垂直，扣 5 分 3. 搭头位置不正确，扣 5 分 4. 扣完为止，不倒扣		
合计			100			

否定项：

若考生出现下列情况之一，则应及时终止其考试，考生该试题成绩记为 0 分：

（1）工具准备不齐，无法完成考试。

（2）超过规定时间 15 min。

【试题 1】楼梯及平台模板制作：平台 300 mm×240 mm×240 mm（高×宽×深）；梯段 540 mm×240 mm×16 mm（长×宽×厚）

1. 准备要求

（1）考场准备

序号	名称	规　格	数量	备注
1	木工操作凳	0.2 m×1 m×0.6 m （宽×长×高）	1 只×考生人数	
2	平台底板	200 mm×280 mm×5 mm	1 块	
3	梯段底板	270 mm×550 mm×5 mm	1 块	
4	梁地板	10 mm×40 mm×280 mm	1 块	

续表

序号	名称	规　格	数量	备注
5	梁侧模	10 mm×94 mm×280 mm 5 mm×60 mm×240 mm	各 1 块	
6	斜格栅	10 mm×15 mm×540 mm	4 根	
7	平台格栅	10 mm×15 mm×180 mm	4 根	
8	牵杠	150 mm×20 mm×440 mm	2 根	
9	夹木	8 mm×10 mm×240 mm 8 mm×10 mm×560 mm	各 2 根	
10	牵杠撑	16 mm×16 mm×40 mm 16 mm×16 mm×160 mm 16 mm×16 mm×268 mm	各 2 根	
11	外帮板	10 mm×60 mm×600 mm	2 块	
12	反三角	10 mm×48 mm×620 mm	4 块	
13	三角顶撑	16 mm×16 mm×154 mm 10 mm×20 mm×200 mm 8 mm×10 mm×140 mm	2 根 2 根 4 根	
14	垫板	10 mm×40 mm×500 mm 10 mm×40 mm×240 mm	各 2 块	
15	木楔	10 mm×20 mm×44 mm	8 付	
16	斜撑	10 mm×8 mm×140 mm	4 根	
17	水平拉杆	10 mm×8 mm×780 mm	2 根	
18	剪刀撑	10 mm×8 mm×600 mm 8 mm×8 mm×400 mm	2 根 8 根	
19	木档	10 mm×15 mm×60 mm	8 根	
20	踢脚板	10 mm×30 mm×260 mm	10 块	
21	元钉	25 cm	0.5 kg	

（2）考生准备

序号	名称	规　格	数量	备注
1	木工铅笔	180 mm 椭圆形	1 支	
2	钢卷尺	2 m 以上	1 把	
3	羊角锤	0.5 kg	1 把	
4	大中框锯	锯条长 600 mm、500 mm	各 1 把	

2. 考核要求

（1）本题分值：100 分。

（2）考核时间：120 min。

（3）考核形式：实际操作。

（4）具体考核要求：

①工具准备齐全。

②选用木材性能符合要求。

③扶梯梁：100 mm×40 mm（高×宽）；踏步：30 mm×60 mm（高×宽），踏步为 10 步。

④正确使用工具，操作顺序正确，手势协调、灵活，姿势正确。

⑤梁及平台的尺寸正确，楼梯开步、起步的尺寸正确。

⑥撑头垫木的长度，规格，间距正确。

⑦各种搭头的规格，数量，尺寸正确。

【试题 2】梁板模板的制作：梁 50 mm×48 mm×240 mm（高×宽×长）；板 240 mm×120 mm×（16～20）mm（长×宽×厚）；板底高 480 mm

1. 准备要求

（1）考场准备

序号	名称	规　格	数量	备注
1	木工操作台	1 m×2 m×8 m（宽×长×高）	每台×考生人数	

续表

序号	名称	规　　格	数量	备注
2	木工操作凳	0.2 m×1 m×0.6 m （宽×长×高）	1只×考生人数	
3	（梁）底板	10 mm×48 mm×180 mm	1块	
4	侧模	10 mm×60 mm×240 mm 10 mm×30 mm×240 mm 10 mm×10 mm×240 mm	各1块	
5	（板）底板	260 mm×140 mm×5 mm	1块	
6	侧模	10 mm×20 mm×120 mm	1块	
7	（梁）顶撑	160 mm×160 mm×416 mm 10 mm×20 mm×240 mm 10 mm×8 mm×120 mm	2根 2根 4根	
8	（板）牵杠	10 mm×30 mm×260 mm	2根	
9	顶撑	16 mm×16 mm×430 mm	1根	
10	轧条木	10 mm×8 mm×260 mm	3根	
11	平搭	10 mm×8 mm×400 mm	1根	
12	斜搭	10 mm×8 mm×240 mm	1根	
13	垫板	10 mm×40 mm×180 mm 10 mm×40 mm×240 mm	各1块	
14	木楔	10 mm×20 mm×44 mm	4根	
15	剪刀撑	10 mm×8 mm×600 mm	8根	
16	元钉	25 mm	0.25 kg	

（2）考生准备

序号	名称	规　　格	数量	备注
1	木工铅笔	180 mm椭圆形	1支	

续表

序号	名称	规　格	数量	备注
2	钢卷尺	2 m 以上	1 把	
3	羊角锤	0.5 kg	1 把	
4	小框锯	锯条长 400 mm	1 把	

2. 考核要求

（1）本题分值：100 分。

（2）考核时间：120 min。

（3）考核形式：实际操作。

（4）具体考核要求：

①工具准备齐全。

②选用木材性能符合要求。

③正确使用工具，操作顺序正确，手势协调、灵活，姿势正确。

④梁及板的尺寸正确。

⑤撑头垫木的长度、规格、间距正确。

⑥各种搭头的规格、数量、尺寸正确。

【试题 3】圆形模板的制作：内径 400 mm，高 300 mm，壁、底厚 30 mm（内、外模都是 8 块拼制）

1. 准备要求

（1）考场准备

序号	名称	规　格	数量	备注
1	木工操作台	1 m×2 m×8 m（宽×长×高）	1 台×考生人数	
2	木工操作凳	0.2 m×1 m×0.6 m（宽×长×高）	1 只×考生人数	
3	外壳	10 mm×1 260 mm×300 mm（厚×长×高）	1 块	

续表

序号	名称	规　格	数量	备注
4	内壳	10 mm×1 080 mm×270 mm（厚×长×高）	1块	
5	外壳木带	25 mm×30 mm×220 mm	24块	
6	内壳木带	25 mm×30 mm×200 mm	24块	
7	元钉	25 mm	0.25 kg	

（2）考生准备

序号	名称	规　格	数量	备注
1	木工铅笔	180 mm椭圆形	1支	
2	钢卷尺	2 m以上	1把	
3	羊角锤	0.5 kg	1把	
4	小框锯	锯条长400 mm	1把	
5	绕锯	锯条长400 mm以上	1把	
6	长刨	450 mm	2把	

2. 考核要求

（1）本题分值：100分。

（2）考核时间：120 min。

（3）考核形式：实际操作。

（4）具体考核要求：

①工具准备齐全。

②选用木材性能符合要求。

③正确使用工具，操作顺序正确，手势协调、灵活，姿势正确。

④内、外模尺寸正确。

⑤内、外模高度尺寸准确。

⑥内外木带的位置尺寸规格正确。

六、吊顶制作

本鉴定点下共有 2 道试题，这些试题统一的考核要求和配分与评分标准如下：

1. 考核要求

（1）工具准备齐全。

（2）正确选用木材的品种和规格。

（3）正确使用工具，操作时姿势正确，手势协调灵活，操作顺序正确。

（4）四角标高尺寸正确，接缝平直。

（5）平顶筋，龙骨，吊杆间距位置正确。

（6）表面平直，起拱尺寸正确，拼缝密实。

2. 配分与评分标准

序号	考核内容	考核要点	配分	评分标准	扣分	得分
1	工具准备	工具准备齐全，刃口锋利	10	1. 工具缺少一件，扣 5 分 2. 工具不锋利，扣 5 分 3. 扣完为止，不倒扣		
2	材料准备	选择规格正确，配料尺寸正确	15	1. 选材规格不正确，扣 5 分 2. 配料多于 10%，扣 5 分 3. 配料少于 5%，扣 5 分 4. 扣完为止，不倒扣		
3	实际操作	工具使用正确，操作姿势正确，手势协调，身体灵活，操作顺序正确	35	1. 工具使用不正确，扣 10 分 2. 操作姿势不正确，扣 10 分 3. 手势不协调、不灵活，扣 5 分 4. 操作顺序不正确，扣 10 分 5. 扣完为止，不倒扣		
4	质量要求	四角标高尺寸正确，平顶筋，龙骨间距设置位置正确，吊杆的位置正确，牢固	25	1. 四角标高尺寸误差 5 m 以上，扣 5 分 2. 平顶筋，龙骨间距误差 10 mm 以上，扣 5 分 3. 吊杆位置不正确，扣 5 分 4. 板缝不平直误差 3 mm 以上，扣 5 分 5. 不牢固，扣 5 分 6. 扣完为止，不倒扣		

续表

序号	考核内容	考核要点	配分	评分标准	扣分	得分
5	整体效果	表面平整，起拱尺寸正确，板缝密实	15	1. 表面平整，1 m 内误差 3 mm 以上，扣 5 分 2. 起拱尺寸误差 3 mm 以上，扣 5 分 3. 板缝缝隙大于 2 mm 以上，扣 5 分 4. 扣完为止，不倒扣		
合计			100			

否定项：

若考生出现下列情况，则应及时终止其考试，考生该试题成绩记为零分：

（1）工具准备不齐，无法完成考试。

（2）超过规定时间 15 min。

【试题 1】叠级顶棚的制作 1 000 mm×1 000 mm（长×宽）；窗帘箱 250 mm×200 mm×1 000 mm（高×宽×长）

1. 准备要求

（1）考场准备

序号	名称	规　格	数量	备注
1	木工操作凳	0.2 m×1 m×0.6 m（宽×长×高）	1 只×考生人数	
2	细木工板	230 mm×180 mm 1 000 mm×180 mm、1 000 mm×250 mm	2 块 各 1 块	
3	木材	50 mm×50 mm×1 100 mm 50 mm×50 mm×1 000 mm	各 3 根	
4	三层胶合板	1 000 mm×1 100 mm	1 块	
5	线条	凹凸纹	1 m	
6	元钉	50 mm、20 mm	0.5 kg，0.15 kg	

（2）考生准备

序号	名称	规　格	数量	备注
1	木工铅笔	180 mm 椭圆形	1支	
2	钢卷尺	2 m以上	1把	
3	羊角锤	0.5 kg	1把	
4	中框锯	锯条长500 mm	1把	
5	尖头钢凿	250 mm	1把	
6	美工刀	200 mm	1把	
7	冲击钻	ϕ22 mm型	1把	
8	直角尺	300 mm	1把	
9	直尺	1 000 mm	1把	
10	长刨	450 mm	1把	

2. 考核要求

（1）本题分值：100分。

（2）考核时间：120 min。

（3）考核形式：实际操作。

（4）具体考核要求：

①工具准备齐全。

②选用木材性能符合要求。

③正确使用工具，操作顺序正确，手势协调、灵活，姿势正确。

④四角标高尺寸正确。

⑤平顶筋、龙骨间距设置位置正确。

⑥表面平整、安装牢固、接缝平直，起拱尺寸正确。

【试题2】灯槽顶棚的制作1 000 mm×1 000 mm（长×宽）；灯槽1 000 mm×200 mm×200 mm（长×高×宽）

1. 准备要求

（1）考场准备

序号	名称	规　格	数量	备注
1	木工操作台	1 m×2 m×0.8 m （宽×长×高）		
	木工操作凳	0.2 m×1 m×0.6 m （宽×长×高）	1只×考生人数	
2	木材	50 mm×50 mm×1 050 mm 50 mm×50 mm×1 000 mm	各3根	
3	三夹胶合板	1 000 mm×1 100 mm	1块	
4	元钉	50 mm、20 mm	0.5 kg、0.15 kg	
5	细木工板	1 000 mm×200 mm 18 mm×20 mm 1 000 mm×80 mm	2块 2块 1块	

（2）考生准备

序号	名称	规　格	数量	备注
1	木工铅笔	180 mm椭圆形	1支	
2	钢卷尺	2 m以上	1把	
3	羊角锤	0.5 kg	1把	
4	中框锯	锯条长500 mm	1把	
5	直角尺	250 mm	1把	
6	美工刀	200 mm	1把	
7	冲击钻	ϕ22 mm型	1把	
8	直尺	1 000 mm	1把	
9	长刨	450 mm	1把	

2. 考核要求

（1）本题分值：100 分。

（2）考核时间：120 min。

（3）考核形式：实际操作。

（4）具体考核要求：

①工具准备齐全。

②选用木材性能符合要求。

③正确使用工具，操作顺序正确，手势协调、灵活，姿势正确。

④四角标高尺寸正确。

⑤平顶筋、龙骨间距设置位置正确。

⑥表面平整、安装牢固、接缝平直，起拱尺寸正确。

中级手工木工操作技能考核模拟试卷

职业技能鉴定国家题库试卷

中级手工木工操作技能考核准备通知单（考场）

【试题 1】

序号	名称	规　格	数量	备注
1	木工操作台	1 m×2 m×0.8 m （宽×长×高）	1 台×考生人数	
2	木工操作凳	0.2 m×1 m×0.6 m （宽×长×高）	1 只×考生人数	
3	木材	50 mm×75 mm×700 mm 50 mm×100 mm×600 mm	1 根×考生人数	

【试题 2】

序号	名称	规　　格	数量	备注
1	木工操作台	1 m×2 m×0.8 m （宽×长×高）	1 个×考生人数	
	木工操作凳	0.2 m×1 m×0.6 m （宽×长×高）	1 只×考生人数	
2	木材	50 mm×50 mm×1 050 mm 50 mm×50 mm×1 000 mm	各 3 根	
3	三夹胶合板	1 000 mm×1 100 mm	1 块	
4	元钉	50 mm、20 mm	0.5 kg，0.15 kg	
5	细木工板	1 000 mm×200 mm 18 mm×20 mm 1 000 mm×80 mm	2 块 2 块 1 块	

职业技能鉴定国家题库试卷

中级手工木工操作技能考核准备通知单（考生）

姓名：________　准考证号：________________　单位：________________

【试题 1】

序号	名称	规　格	数量	备注
1	木工铅笔	180 mm 椭圆形	1 支	
2	钢卷尺	2 m 以上	1 把	
3	斧	1 kg	1 把	
4	木凿	15 mm	1 把	
5	大小框锯	锯条长 600 mm，450 mm	各 1 把	
6	直角尺	300 mm	1 把	
7	长刨	450 mm 以上	2 把	
8	羊角锤	0.5 kg	1 把	
9	铁刨	250 mm	1 把	

【试题 2】

序号	名称	规　格	数量	备注
1	木工铅笔	180 mm 椭圆形	1 支	
2	钢卷尺	2 m 以上	1 把	
3	羊角锤	0.5 kg	1 把	
4	中框锯	锯条长 500 mm	1 把	
5	直角尺	250 mm	1 把	
6	美工刀	200 mm	1 把	
7	冲击钻	ϕ22 mm 型	1 把	
8	直尺	1 000 mm	1 把	
9	长刨	450 mm	1 把	

职业技能鉴定国家题库试卷

中级手工木工操作技能考核试卷

考件编号：________________

注　意　事　项

一、本试卷依据 2002 年颁布的《国家职业标准·手工木工》命制。

二、本试卷试题如无特别注明，则为全国通用。

三、请考生仔细阅读试题的具体考核要求，并按要求完成操作或进行笔答或口答。

四、操作技能考核时要遵守考场纪律，服从考场管理人员指挥，以保证考核安全顺利进行。

【试题 1】半圆窗的制作（450 mm×260 mm×45 mm）（宽×高×厚）

（1）本题分值：50 分。

（2）考核时间：120 min。

（3）考核形式：实际操作。

（4）具体考核要求：

①考题的形状参照半圆窗的示意图（见图卷 1）。

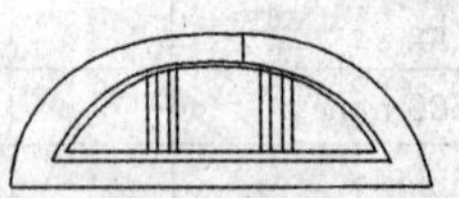

图卷 1　半圆窗

②工具准备齐全。

③选用木材性能符合要求。

④半圆形有三块镶接，中间有 2 根竖窗心。

⑤正确使用工具，操作手势协调、灵活，顺序正确，姿势正确。

⑥尺寸正确，角度正，无翘曲。

⑦拼缝密实，榫眼方正，锯榫不过线、不伤肩。

⑧表面光洁、平整、牢固。

（5）否定项说明：考生若出现下列情况之一，则应及时终止考试，考生该试题成绩记为零分。

①工具准备不齐，无法完成考试。

②超过规定时间 15 min。

【试题 2】灯槽顶棚的制作：1 000 mm×1 000 mm（长×宽）；灯槽 1 000 mm×200 mm×200 mm（长×高×宽）

（1）本题分值：50 分

（2）考核时间：120 min。

（3）考核形式：实际操作。

（4）具体考核要求：

①工具准备齐全。

②选用木材性能符合要求。

③正确使用工具，操作顺序正确，手势协调、灵活，姿势正确。

④四角标高尺寸正确。

⑤平顶筋、龙骨间距设置位置正确。

⑥表面平整，安装牢固，接缝平直，起拱尺寸正确。

（5）否定项说明：考生若出现下列情况之一，则应及时终止考试，考生该试题成绩记为零分。

①工具准备不齐，无法完成考试。

②超过规定时间 15 min。

职业技能鉴定国家题库试卷

中级手工木工操作技能考核评分记录表

考件编号：________　姓名：________　准考证号：________　单位：________

总　成　绩　表

序号	试题名称	配分	得分	权重	最后得分	备注
1	半圆窗的制作：（450 mm×260 mm×45 mm）（宽×高×厚）	50				
2	灯槽顶棚的制作：1 000 mm×1 000 mm（长×宽）；灯槽 1 000 mm×200 mm×200 mm（长×高×宽）	50				
	合计	100				

统分人：　　　　年　　月　　日

【试题 1】半圆窗的制作（450 mm×260 mm×45 mm）（宽×高×厚）

序号	考核内容	考核要点	配分	考核标准	扣分	得分
1	工具准备	工具准备齐全，刃口锋利	10	1. 工具缺少一件，扣 5 分 2. 工具不锋利，扣 5 分 3. 扣完为止，不倒扣		
2	材料准备	选材规格正确，配料尺寸正确	15	1. 选材不正确，扣 5 分 2. 配料多于 10%，扣 5 分 3. 配料少于 5%，扣 5 分 4. 扣完为止，不倒扣		
3	实际操作	工具使用正确，操作姿势正确，手势协调，身体灵活，操作顺序正确	35	1. 工具使用不正确，扣 10 分 2. 操作姿势不正确，扣 10 分 3. 手势不协调、不灵活，扣 5 分 4. 操作顺序不正确，扣 10 分 5. 扣完为止，不倒扣		

续表

序号	考核内容	考核要点	配分	考核标准	扣分	得分
4	质量要求	尺寸正确，角度正，不翘曲，合缝密实，榫眼方正，锯榫不过线、不伤肩	25	1. 外经尺寸误差 2 mm 以上，扣 5 分 2. 对角线误差 3 mm 以上，扣 5 分 3. 翘曲误差 3 mm 以上，扣 5 分 4. 锯榫过线 3 mm，伤肩 2 mm，每处扣 5 分 5. 合缝缝隙超 1 mm 每处扣 2 分，最多扣 5 分 6. 扣完为止，不倒扣		
5	整体效果	表面平整、光洁，榫眼牢固不松动，走头不开裂	15	1. 表面不光洁，扣 5 分 2. 表面不平整，误差 2 mm 以上，扣 5 分 3. 榫眼松动、走头开裂，各扣 5 分 4. 扣完为止，不倒扣		
合计			100			

否定项：

若考生出现下列情况，则应及时终止其考试，考生该试题成绩记为零分：

(1) 工具准备不齐，无法完成考试。

(2) 超过规定时间 15 min。

评分人：　　　　　年　　月　　日　　　　　　核分人：　　　　　年　　月　　日

【试题 2】灯槽顶棚的制作 1 000 mm×1 000 mm（长×宽）；灯槽 1 000 mm×200 mm×200 mm（长×高×宽）

序号	考核内容	考核要点	配分	评分标准	扣分	得分
1	工具准备	工具准备齐全，刃口锋利	10	1. 工具缺一件扣 5 分 2. 工具不锋利扣 5 分 3. 扣完为止，不倒扣		
2	材料准备	选择规格正确，配料尺寸正确	15	1. 选材规格不正确扣 5 分 2. 配料多于 10%扣 5 分 3. 配料少于 5%扣 5 分 4. 扣完为止，不倒扣		

续表

序号	考核内容	考核要点	配分	考核标准	扣分	得分
3	实际操作	工具使用正确，操作姿势正确，手势协调，身体灵活，操作顺序正确	35	1. 工具使用不正确，扣10分 2. 操作姿势不正确，扣10分 3. 手势不协调、不灵活，扣5分 4. 操作顺序不正确，扣10分 5. 扣完为止，不倒扣		
4	质量要求	四角标高尺寸正确，平顶筋，龙骨间距设置位置正确，吊杆的位置正确、牢固	25	1. 四角标高尺寸误差5 m，扣5分 2. 平顶筋、龙骨间距误差10 mm以上，扣5分 3. 吊杆位置不正确，扣5分 4. 板缝不平直误差3 mm以上，扣5分 5. 不牢固，扣5分 6. 扣完为止，不倒扣		
5	整体效果	表面平整，起拱尺寸正确，板缝密实	15	1. 表面平整，1 m内误差3 mm以上，扣5分 2. 起拱尺寸误差3 mm以上，扣5分 3. 板缝缝隙大于2 mm以上，扣5分 4. 扣完为止，不倒扣		
合计			100			

否定项：

若考生出现下列情况之一，则应及时终止其考试，考生该试题成绩记为0分：

（1）工具准备不齐，无法完成考试。

（2）超过规定时间15 min。

评分人：　　　　年　月　日　　　　　　核分人：　　　　年　月　日

第四部分

高级手工木工

GOJI SHOUGONG MUGONG

第十二章

高级手工木工理论知识鉴定要素和考试复习要点

高级手工木工理论知识鉴定要素细目表说明

1. 理论知识鉴定要素细目表是依据国家职业标准，参考国家职业资格培训教程内容细化而成，是国家题库理论知识试题命题和抽题组卷的依据。

2. 理论知识鉴定要素细目表中的鉴定点就是理论知识考试的知识要点。

3. 理论知识鉴定要素细目表中，每个鉴定点都有重要程度指标，即鉴定点后标注的“X”“Y”“Z”。其中：

“X”表示“核心要素”，是鉴定点集合中最重要、考试中出现频率也最高的内容；

“Y”表示“一般要素”，是鉴定点集合中一般重要的内容；

“Z”表示“辅助要素”，是鉴定点集合中重要程度较低的内容。

4. 理论知识鉴定要素细目表中，每个鉴定内容都有鉴定比重指标，它表示在一份考试卷中该鉴定内容所占的分数比例。例如，某一鉴定内容的鉴定比重为 5，就表示在组成 100 分为满分的试卷中，该鉴定内容所占分值为 5 分。

高级手工木工理论知识鉴定要素细目表

高级手工木工理论知识鉴定要素细目表

鉴定范围						鉴定点		
一级		二级		三级		序号	名称	重要程度
名称	鉴定比重（%）	名称	鉴定比重（%）	名称	鉴定比重（%）			
基本要求	15	职业道德	5	职业道德基本知识	5	1	职业道德的基本内涵	Z
						2	社会主义职业道德的形成和发展	Y
						3	社会主义职业道德的特点	X
						4	职业道德的基本原则	X
						5	为人民服务的原则	X
						6	职业道德协调的核心	X
						7	主人翁的劳动态度	X
						8	加强职业道德修养的意义和方法	X
						9	人生观与职业道德的关系	X
						10	树立正确人生观的意义	X
		基础知识	10	基本知识	10	1	力的三要素	Z
						2	合力与分力的基本概念	Z
						3	力的合成	Y
						4	力的分解	Y
						5	平衡的基本概念	X
						6	二力平衡的规则	X
						7	拉伸和压缩的概念	Y
						8	截面法计算内力的方法	X
						9	虎克定律的基本概念	X
						10	受弯构件的变形特点	X
						11	受压构件的分类	X

续表

鉴定范围						鉴定点		
一级		二级		三级		序号	名称	重要程度
名称	鉴定比重（%）	名称	鉴定比重（%）	名称	鉴定比重（%）			
基本要求	15	基础知识	10	基本知识	10	12	三角形木屋架的组成	Z
						13	三角形木屋架的节点	Y
						14	端节的构造	Y
						15	中间节点的构造	Y
						16	脊节点的构造	X
						17	下弦中央节点的构造	X
						18	平瓦屋面的木基层	X
						19	波形瓦屋面的木基层	X
						20	封檐板与封山板的要求	X
						21	古建筑屋盖（顶）的分类	X
						22	木檀条选择要求	X
						23	木椽条选择要求	X
						24	屋面板铺设要求	X
						25	挂瓦条施工顺序要求	X
相关知识	85	工前准备	25	识图与制图	10	1	投影变换的方法	Z
						2	曲线的投影	Z
						3	一般位置圆的投影	Y
						4	垂直于投影面圆的投影	Y
						5	平行于投影面圆的投影	X
						6	曲面的形成	X
						7	曲面的分类	X
						8	柱面的形成及其投影	X
						9	翘平面的形成及其投影	X
						10	旋转面的形成及其投影	X
						11	轴测投影图的形成	X

续表

鉴定范围						鉴定点		
一级		二级		三级		序号	名称	重要程度
名称	鉴定比重（%）	名称	鉴定比重（%）	名称	鉴定比重（%）			
相关知识	85	工前准备	25	识图与制图	10	12	正轴测投影图的特点	X
						13	斜轴测投影图的特点	X
						14	常见的轴测投影图	X
						15	三等正轴测投影图	X
						16	二等正轴测投影图	X
						17	三等正面斜轴测投影图	X
						18	物体轴测图绘制步骤	X
						19	透视图的形成	X
						20	透视图绘制的基本方法	X
				工具、材料及定额准备	5	1	常用工具的准备	X
						2	建筑工程定额的概念	Y
						3	劳动定额的形成	X
						4	时间定额的计算公式	X
						5	劳动定额的表示方法	Z
						6	劳动定额应用掌握的重点	X
						7	材料消耗定额的组成	X
						8	材料消耗量的表示方法	Z
						9	材料消耗量定额应用注意事项	Y
						10	机械台班消耗定额	Y
				施工计划准备	5	1	劳动管理的总任务	Z
						2	劳动管理的主要内容	Y
						3	材料管理的环节	X
						4	材料进场的验收	X
						5	材料进场的时间	X
						6	现场材料堆放要求	X

续表

鉴定范围						鉴定点		
一级		二级		三级		序号	名称	重要程度
名称	鉴定比重(%)	名称	鉴定比重(%)	名称	鉴定比重(%)			
相关知识	85	工前准备	25	施工计划准备	5	7	现场材料的保管	X
						8	现场材料使用的环节	X
						9	施工工艺卡的编制	X
				模板工艺设计	5	1	木模板工艺设计步骤	X
						2	容许荷载的确定	X
						3	模板配料的确定	X
						4	木模板的配制要点	X
						5	组合钢模板工艺设计步骤	Y
						6	施工作业段的划分	Y
						7	模板位置平面图的绘制	X
						8	钢模板配版图的绘制	X
						9	支撑系统布置图的绘制	X
						10	模板图转程序图的绘制	X
						11	施工设计说明的编写	Z
						12	混凝土的组成材料	Z
						13	混凝土养护的温度和湿度	X
						14	模板设计荷载的种类和取值	Y
						15	荷载组合遵循的原则	X
						16	模板拆除的原则	X
						17	建筑结构的荷载	Z
						18	钢筋混凝土的受弯构件	X
						19	钢筋混凝土的受压构件	X
						20	砌体的结构	Z
						21	房屋的静力计算方案	Y

续表

鉴定范围						鉴定点		
一级		二级		三级				
名称	鉴定比重（%）	名称	鉴定比重（%）	名称	鉴定比重（%）	序号	名称	重要程度
相关知识	85	施工制作	40	室内木装修	5	1	活动地板操作工艺步骤	X
						2	活动地板基层的要求	X
						3	定位弹线的方法	X
						4	活动地板支座的设立	X
						5	活动地板面板的安装	X
						6	活动地板精平的检查	X
						7	活动地板的维护和保养	X
						8	艺术吊顶的结构	X
						9	反光灯槽的设置分类	X
						10	开敞式反光灯槽形式	X
						11	发光吊顶的形式	X
						12	墙面软包装饰操作工艺步骤	X
						13	墙面软包装饰基层的处理	X
						14	墙面软包装饰龙骨与基面板的制作	X
						15	面层与填充料的固定	X
						16	墙面软包装饰的压边收口	X
				木家具制作	10	1	室内配套木家具制作工艺步骤	X
						2	选料、配料要求	X
						3	家具制作的高级木材	X
						4	五金配件的色彩要求	X
						5	木料刨削加工方法	X
						6	家具制作的划线方法	X
						7	家具的榫槽制作	X
						8	木家具的组装方法	X
						9	板材拼缝结合的形式	X

续表

鉴定范围						鉴定点		
一级		二级		三级		序号	名称	重要程度
名称	鉴定比重（%）	名称	鉴定比重（%）	名称	鉴定比重（%）			
相关知识	85	施工制作	40	木家具制作	10	10	家具框架组装的步骤	X
						11	家具门扇的组装	X
						12	家具搁板的安装	X
						13	家具抽屉的装配	X
						14	家具橱柜顶边的制作装配	X
						15	家具底脚的安装	X
						16	家具面板的安装	X
						17	家具线脚的装饰	X
						18	薄木单片的封边收口	X
						19	装饰木线的封边收口	X
						20	框形线脚的装饰	X
				旋转楼梯施工	10	1	旋转楼梯的分类	Z
						2	木模渐近法操作工艺步骤	X
						3	木模渐近法定位放线的方法	X
						4	木模渐近法组合支架的定位组合	X
						5	木模渐近法底板的铺设	X
						6	木模渐近法侧板制作的安装	X
						7	木模渐近法踏步板的安装	X
						8	钢筋筏支模法操作的工艺顺序	X
						9	钢筋筏支模法定位放线的方法	X
						10	钢筋筏支模法钢支架的搭设	X
						11	钢筋筏的绑扎	X
						12	钢筋筏支模法底板的铺设	X
						13	钢筋筏支模筏侧板制作的安装	X
						14	钢筋筏支模法踏步板的安装方法	X

续表

鉴定范围						鉴定点		
一级		二级		三级		序号	名称	重要程度
名称	鉴定比重（%）	名称	鉴定比重（%）	名称	鉴定比重（%）			
相关知识	85	施工制作	40	旋转楼梯施工	10	15	旋转楼梯模板安装的保证项目	X
						16	旋转楼梯模板安装的基本项目	X
						17	旋转楼梯模板安装的允许偏差项目	X
						18	旋转楼梯栏杆扶手与制作顺序	X
						19	旋转楼梯栏杆扶手放样的方法	X
						20	旋转楼梯栏杆扶手加工落料的计算划线	X
						21	旋转楼梯栏杆扶手加工划线后的绕锯制榫	X
						22	旋转楼梯栏杆扶手的修正刨光	X
						23	旋转楼梯栏杆扶手制作的保证项目	X
						24	旋转楼梯栏杆扶手制作基本项目	X
						25	旋转楼梯栏杆扶手制作允许偏差项目	X
				古建筑木作营造与修缮	15	1	古建筑主要建筑形式	X
						2	庑殿建筑的基本构造	X
						3	庑殿建筑柱类构件中的主要柱	X
						4	庑殿建筑梁类构件中的主要梁	X
						5	庑殿建筑枋类构件中的主要楞	X
						6	庑殿建筑桁檩类构件中的主要桁檩	X
						7	古建筑基本模数的建筑法则	Y
						8	古建筑大木的划线方法	X
						9	古建筑大木的位置标号	X
						10	古建筑大木的丈杆样板	X
						11	古建筑大木的榫卯构造	X
						12	古建筑斗拱的构造	X
						13	古建筑斗拱的制作	X
						14	庑殿建筑大木操作工艺步骤	X

续表

鉴定范围						鉴定点		
一级		二级		三级		序号	名称	重要程度
名称	鉴定比重（%）	名称	鉴定比重（%）	名称	鉴定比重（%）			
相关知识	85	施工制作	40	古建筑木作营造与修缮	15	15	庑殿建筑大木操作的定位编号	X
						16	庑殿建筑大木操作的备料	X
						17	庑殿建筑大木操作的丈杆制备	X
						18	庑殿建筑大木操作的构件制作	X
						19	庑殿建筑大木操作的安装	X
						20	庑殿建筑大木安装的保证项目	X
						21	庑殿建筑大木安装的基本项目	X
						22	庑殿建筑大木安装的允许偏差项目	X
						23	古建筑木构架的修缮	X
						24	古建筑斗拱的修缮	X
						25	格扇的基本结构	X
						26	挂落的式样分类	X
						27	格扇制作工艺步骤	X
						28	格扇制作的刨料	X
						29	格扇制作划线方法	X
						30	格扇制作的拼装	X
						31	挂落制作工艺步骤	X
						32	挂落制作的刨料	X
						33	挂落制作的拼装	X
						34	挂落的安装	X
						35	六角亭小式制作工艺步骤	X
						36	六角亭小式制作的定位编号	X
		工后处理	10	质量检查	5	1	质量管理的三个阶段	Z
						2	单纯质量检查和全面质量管理的区别	Z
						3	全面质量管理的过程	X

续表

鉴定范围						鉴定点		
一级		二级		三级		序号	名称	重要程度
名称	鉴定比重（%）	名称	鉴定比重（%）	名称	鉴定比重（%）			
相关知识	85	工后处理	10	质量检查	5	4	全面质量管理的四个阶段	Y
						5	PDCA 循环的形象化	X
						6	PDCA 循环的特点	X
						7	全面质量管理步骤	X
						8	全面质量管理的七种工具	Z
						9	全面质量管理的运用	X
						10	质量管理小组的建立	Z
				现场整理	5	1	工程技术档案的作用	Z
						2	开工申请报告	Y
						3	工程协议书（合同）	X
						4	施工指导性的文件	X
						5	施工主要材料的质量证明	X
						6	施工试验的记录	X
						7	隐蔽工程检查验收	X
						8	竣工的文件资料和交工移交资料	Z
						9	优质工程的复验	Z
						10	工程技术档案的归档	Z
		施工管理	10	施工现场管理	10	1	班组管理的内容	Z
						2	班组的特点	Z
						3	班组长的质量管理职责	X
						4	班组质量员的质量管理职责	X
						5	操作人员的质量管理职责	X
						6	工程质量	X
						7	班组施工中的质量管理	X
						8	班组的安全管理	X

续表

鉴定范围						鉴定点		
一级		二级		三级		序号	名称	重要程度
名称	鉴定比重（%）	名称	鉴定比重（%）	名称	鉴定比重（%）			
相关知识	85	施工管理	10	施工现场管理	10	9	班组作业计划管理	Y
						10	施工现场材料、工具管理的内容	X
						11	施工前现场材料的准备工作	Y
						12	施工材料进场的管理问题	Y
						13	材料的现场保管	X
						14	材料的限额领料单的使用	Y
						15	现场材料工具的耗用核算	X
						16	施工收尾阶段的材料管理	X
						17	工具供应管理的基本原则	X
						18	木模板“四统一”的管理	X
						19	加速木模板周转的方法	Z
						20	组合钢模板的管理	Z

高级手工木工基本要求复习要点

一、职业道德基本知识

该部分内容见“第四章初级手工木工理论知识鉴定要素和考试复习要点”的相关内容。

二、手工木工基础知识

1. 力的三要素

力的三要素：力的大小、力的方向、力的作用点。工程上常用的力的单位是牛顿（N）或千牛顿（kN）。力的方向包含方位和指向两个方面，故力是矢量。力的作用点是物体上被力直接作用的部位（将看成一点）。力作用于物体时所顺沿的直线称为力的作用线。力对物体的作用效果有运动效果和变形效果两种，作用的效果决定于力的大小和力的方向。力是物体与物体之间的相互作用，当物体处于平衡状态时，作用力与反作用力虽然等值、反向、共线，但分别作用在两个物体上，不能抵消。

2. 合力与分力的基本概念

作用在同一物体上的力系，如果可以用一个力来代替而不改变原力对物体的作用效果，这个力称为力系的合力，力系中各个力则称作合力的分力。

3. 力的合成

由分力计算合力的过程称为力的合成，合力和分力之间存在着平行四边形的关系：即作用于物体同一点的两个力，其合力大小和方向可以用代表这两个力的线段作邻边所得的平行四边形对角线来表示，这种合成方法称为力的平行四边形法则。

4. 力的分解

由合力计算分力的过程称力的分解。力的分解是力的合成的逆运算，分力与合力之间仍然遵循平行四边形法则。一根对角线可以作出许多平行四边形，所以一个合力分解时，可以得到许多结果，要得唯一的解答，就必须给出其他限制条件，如给出两个分力的方向或者给出一个分力的大小及方向。

5. 平衡的基本概念

物体平衡是指物体相对于地球处于静止或做匀速直线运动。建筑物的平衡指的是建筑物在地面上处于静止不动的状态。一个构件或结构，在力系作用下处于平衡状态，作用在构件上的力系称平衡力系。

6. 二力平衡的规则

一个物体上作用两个力使物体保持平衡时，两个力必须是大小相等、方向相反、作用在同一直线上。这就是两个力平衡的规则，称二力平衡原理。物体平衡时，作用力的合力一定等于零。

7. 拉伸和压缩的概念

构件受拉和受压的共同特点是：杆的两端沿杆轴线作用有一对大小相等，方向相反的力。当作用力背离杆端时为拉伸，作用力称为拉力；作用力指向杆端时为压缩，作用力称为压力。在工程中，最常见的受压构件是柱子、屋架中的下弦杆。

8. 截面法计算内力

内力总是与截面一边所作用的外力平衡，当内力不能平衡这种外力时构件将会发生破坏。利用内外力的这种关系，一般采用截面法计算内力。用截面法求内力的过程如下：

(1) 在需求内力的截面处假想用一平面将构件切开成两部分。

(2) 留下一部分，弃去另一部分，并以内力代替弃去部分对留下部分的作用。

(3) 对保留部分建立静力平衡方程从而确定内力的大小和方向。

9. 虎克定律的基本概念

在弹性范围内，杆件的伸长（或缩短）$\triangle L$ 与轴力 N，杆长 L 成正比，与横截面面积 A 成反比。引入一个弹性模量 E，$\triangle L=NL/EA$，这个关系式称为虎克定律。

虎克定律用应力和应变的形式即 $\sigma=E\varepsilon$ 表示。它表明：在弹性范围内，应力与应变成正比。

10. 受弯构件的变形特点

梁和板是工程中最常见的受弯构件，受弯构件的变形特点是：构件受到垂直轴线的外力作用，构件的轴线由直线变成了曲线，梁变形后，伸长部分受拉力，缩短部分受压力。

11. 受压构件的分类

受压构件按纵向力的作用点与截面形心相互位置的不同，可分为轴心受压构件和偏心受压构件。轴心受压时构件的全截面都受压。偏心受压构件，当偏心距较小时构件全截面受压；当偏心距较大时构件的部分截面受压，部分截面受拉。

12. 三角形木屋架的组成

三角形木屋架主要由上弦（又称人字木）、下弦（又称大柁）、斜杆、竖杆（又称拉杆）等组成。斜杆和竖杆统称为腹杆。上弦、下弦、斜杆用木料制成，竖杆用木料或圆钢制成。

13. 三角形木屋架的节点

屋架各杆件连接处称为节点，两节点之间的空挡称为节间。屋架两端的节点称为端节点，屋脊处的节点称为脊节点，屋架中央下弦与其他杆件连接处称为下弦中央节点，其余各杆件连接均称为中间节点。木屋架承受屋面荷载时，若檩条仅放在屋架上弦节点处，下弦无吊顶，则屋架的上弦承受压力，下弦承受拉力，斜杆承受压力，竖杆承受拉力。

14. 三角形木屋架端节点的构造

端节点是上弦与下弦的连接处，一般采用齿连接，即在上弦端头做凸榫，在下弦端部开槽齿，凸榫紧密地挤压在槽齿内。根据弦杆受力大小，有单齿连接和双齿连接。在齿连接中，上弦中心线和支座反力的作用线，交汇于一点。槽齿的深度应不大于下弦截面高度的 1/3，第二齿深度应比第一齿深大 20 mm。为了防止端节点在使用过程中发生突然破坏，上弦和下弦交接处还要串装保险螺栓，保险螺栓要与上弦中线相垂直，直径不小于 12 mm。

15. 中间节点的构造

中间节点是弦杆、斜杆、竖杆连接处，一般是在斜杆端头做凸榫，弦杆上开槽齿，齿深应不大于弦杆截面的 1/4 ，且不小于 20 mm，凸榫抵紧于槽齿内，在交角处两面用扒钉拉接。弦杆为木料的，所用垫板厚度应不小于螺栓直径的 1/4，垫板宽度应不小于螺栓直径的 3.5 倍。竖杆为圆钢的，所用垫板厚度应不小于圆钢直径的 0.5 倍，垫板宽度应不小于圆钢直径的 5 倍。

16. 脊节点的构造

脊节点是两根上弦与中竖杆的连接点。当竖杆为圆钢时，上弦端头平接，相互抵紧，两侧用硬木夹板（或钢夹板），穿上螺栓夹紧，螺栓直径不小于 12 mm，每侧面至少两只。竖杆为木料的，在上弦端头做凸榫，竖杆两侧开槽齿，凸榫抵紧于槽齿内，并在两面用扒钉拉结。

17. 下弦中央节点的构造

当竖杆为圆钢时，在下弦上开槽，用一块硬木垫块嵌在槽内，两边斜杆端头锯平，紧顶于垫块斜面上，并在中间加暗梢，暗梢直径不小于 12 mm，长度不小于 100 mm，中竖杆穿过下弦及垫板，端头加垫板，螺母拧紧。

当中竖杆为木料时，在斜杆端头做凸榫，竖杆上开槽齿，凸榫抵紧在槽齿内，在交角处两面用扒钉拉结。竖杆的端头也要做凸榫，插手下弦的凹槽中，并用 U 形铁兜住下弦，用螺栓将下弦与竖杆固定牢固。

18. 平瓦屋面的木基层

平瓦屋面的木基层的基本构造是在屋架上铺设檩条，檩条上铺屋面板（或钉椽木条），屋面板上铺油毡、顺水条、挂瓦条等。若屋面木基层不用屋面板，则垂直于檩条设置椽条，常见的以方木居多。采用原木时，原木的小头应朝向屋脊，顶面略砍削平整。

19. 波形瓦屋面的木基层

波形瓦种类很多，其中以波形石棉瓦应用最多。石棉瓦可直接用螺钉钉在木檩条上，或在木檩条上铺放一层钢丝（或钢板网）后再铺瓦。一般每块瓦常搭盖三根檩条，瓦的上、下接缝应在檩条上，檩条间距视瓦的长度与厚度而定。木檩条宜采用上下斜搭接法。若有屋面板，则在屋面板上铺一层油毡，瓦固定在屋面板上，起防水隔热的作用。

20. 封檐板与封山板的要求

在檐口条外侧钉有通长的封檐板，封檐板宽 200～250 mm、厚 20 mm。在房屋端部可将檩条端部挑出山墙，在檩条端头外钉通长的封山板，封山板的规格与封檐板相同。

21. 古建筑屋盖（顶）的分类

（1）庑殿式屋顶

庑殿式屋顶的前后、左右、四面都有斜坡落水。

（2）硬山式屋顶

这类屋顶只有前后坡，两端头是山墙封头。

（3）悬山式屋顶

悬山式屋顶与硬山式一样只有前后两坡，所不同的是木架中的檩条伸出山墙，形成悬挑的出檐，故名为悬山屋顶。

（4）歇山式屋顶

这类屋顶可以说是悬山和庑殿相结合的形式。

22. 木檩条选择要求

(1) 木檩条的选择必须符合承重木结构的材质标准。

(2) 屋脊檩条必须选用好料。

(3) 材料挑选后找平、找直，加工开榫，分类堆放。

(4) 檩条与屋架交接处，需用三角托木（爬山虎）承托。

(5) 有挑檐木的，必须在砌墙时放上，并用砖砌压稳固。

(6) 安装后的檩条，所有上表面应在同一平面上，设计有特殊要求的，应按设计要求划出曲度。

(7) 檩条距离烟囱不得小于 300 mm，必要时可做拐子。

(8) 防火墙上的檩条不得通长设置。

23. 木椽条选择要求

(1) 椽条应按设计要求选用方椽或圆椽，其间距应按设计规定放置。

(2) 椽条应连续通过两跨檩距，并用钉子与椽条钉牢。

(3) 椽条端头在檩条上应互相错开，不得采用斜搭接的形式。

(4) 采用圆椽或半圆椽时，椽条的小头应朝向屋脊。

24. 屋面板铺设要求

(1) 屋面板应按设计要求密铺或稀铺。

(2) 屋面板接头不得全部钉在一根檩条上，每段接头的长度不得超过 1.5 m，木板要与檩条或椽条钉牢。

(3) 钉屋面板的元钉长度应为板厚的 2 倍，板在檩条上至少钉两个元钉。

(4) 全部屋面板铺完后，应顺檐口弹线，待钉完三角条后锯齐。

25. 挂瓦条施工顺序要求

(1) 挂瓦条应根据瓦的长度及屋面斜坡长度进行分档后再弹线。

(2) 檐口第一根瓦条应较一般高出一片瓦的厚度，第一排瓦应探出檐口 50～60 mm。

(3) 挂瓦条须用 50 mm 长的元钉钉在顺水条上，不能直接钉在油毡上。当不在顺水条档子时，应在接头处加顺水条一根，接头须锯齐。斜沟、斜脊的瓦条弹出线后，应先钉两边的边口。

高级手工木工相关知识复习要点

一、识图与制图

1. 投影变换的方法

（1）辅助投影面法。

辅助投影面法是在原有的投影体系中增加新的投影面，从而利用新的投影面与空间元素有利位置关系在新投影中求出答案。

（2）旋转法

旋转法是通过改变空间几何元素对投影面的位置，利用有利位置关系在新投影中求出相应的答案。

2. 曲线的投影

作曲线的投影的方法：一般通过曲线上各点向投影面作投射线，把各点的投影作出后，再依次连接。曲线的投影一般有三种情况：

（1）一般曲线的投影仍为曲线。

（2）当平面曲线垂直于投影面时，投影为直线。

（3）当平面曲线平行于投影面时，投影显示实形。

3. 圆的投影

（1）一般位置的圆的投影

对一般位置的圆，其圆心的投影即为辅圆心，过圆心且平行与投影面直径的投影即为椭圆的长轴，它的长度等于圆周直径。圆周内与该直径垂直的那条直径的投影，即为椭圆的短轴，它的长度等于圆周直径与倾角即圆周平面与该投影面的倾角的余弦的乘积。

（2）垂直于投影面圆的投影

当圆平面垂直 V 面而倾斜于 H 面，在 V 面投影为一直线，在 H 面投影为椭圆。

（3）平行于投影面圆的投影

当圆平面平行于 H 面，其 H 面投影显示实形即为一个等圆。由于 H 面垂直

于 V 面，故 V 面投影等于直径长度的水平直线。

4. 曲面的形成与分类

一般曲面视为线的运动而形成，线按一定的规律运动形成规则曲面。

规则曲面分为两大类：直线面和曲线面。直线面是以直线为母线来运动而形成的，例如柱面、锥面；曲线面是以曲线为母线来运动而形成的，例如球面。

5. 柱面的形成及其投影

一直线沿曲线滑动，且始终垂直于曲线，便形成柱面。作出直线和曲线的投影，即可确定柱面的投影。

6. 旋转面的形成及其投影

一平面曲线绕垂直于 H 面的轴线旋转便形成旋转面。旋转面的投影主要以它的轮廓线、外形线和轴线表示。例如圆柱面、圆锥面就是一条直线作为母线，绕一轴线旋转而成的曲面。而球面是一条曲线绕其直径旋转而成的曲面。

7. 轴测投影图的形成

轴测投影图又叫轴测图。轴测投影图也是平行投影的一种。采用一组平行投射线按某一特定方向（投射方向不平行于任何坐标轴和坐标面，也不平行投影面），将形体连同三个坐标轴一起投射在一个新的投影面上而成的视图即为轴测图。轴测投影图能够把一个物体的长、宽、高三个向度同时反映在一个视图上。

8. 正轴测投影图的特点

当确定形体空间位置的三个坐标轴与轴测投影面的倾角相等，投射线与轴测投影面垂直时，所得到的轴测投影称为正等轴测图，简称正等测。三个轴间角相等均为 120°。三个轴向变形系数 0.82 为作图方便均取 1，称为简化系数。用简化系数作出的轴测投影图比实际轴测投影沿轴向分别放大了 1.22 倍。

9. 常见的轴测投影图

有三等正轴测投影图、二等正轴测投影图、三等正面斜轴测投影图、二等正面斜轴测投影图、三等水平斜轴测投影图。

（1）三等正轴测投影图

轴间角均为 120°；三个变形系数相等 0.82 或 1。

（2）二等正轴测投影图

轴间角分别为97°、131°和131°；轴向变形系数0.94或1和0.47或0.5，任意两个变形系数相等。

（3）三等正面斜轴测投影图

轴间角分别为90°和135°、120°或150°；轴向变形系数为1或0.15或0.5或2/3，三个变形系数都不相等。

10. 物体轴测图绘制步骤

（1）选取轴测图的类型。

（2）在物体内选定一直角坐标，确定物体在坐标系中的位置。

（3）绘制轴测坐标。将物体直角坐标转换为轴测坐标，再按轴测坐标确定出物体的轴测图。

（4）依规律绘制轴测图。凡是物体上平行的棱线，在轴测图中也平行。若棱线平行直角坐标轴，则在轴测图中平行于轴测坐标轴，其长度按平行于该轴的变形系数或简化系数测量。

11. 透视图的形成

透视图是用中心投影法将物体投射在单一投影面上所得到的图形。透视图的最大特点是远小近大，平行面的一组平行线仍然互相平行，不平行面的一组平行线相交连于一点。

12. 透视图绘制步骤

以一个长方体建筑物的两点透视为例说明绘制透视图的步骤。

（1）选择合适的透视角度。

（2）求水平线的灭点。

1）长方体在水平方向上有两组平行线段，它们在透视图中必然分别相交于灭点。

2）过视点作水平面与画面相交得视平线。

3）过站点作建筑物水平方向的平行线，与画面分别相交两点。

（3）找真高点，绘制底面透视。

1）建筑物底面线段的端点就是建筑物的真高点。

2）连接真高点与灭点为建筑物的透视方向。

3）连接线段，绘制出建筑物的底面透视。

(4) 绘制高度、绘立体轮廓透视。

1）在真高点处作铅垂线得到真高线，在真高线上截取线段，得到相应的透视。

2）连线段与高度线相交。

3）加深图线，完成整个建筑物。

二、工具、材料及定额准备

1. 常用工具的准备

以装修木墙裙施工为例：

(1) 工具准备。需要工具有钢凿、榔头、电锤、墨斗、斧头、锯子、凿子、刨子、铁皮、棕帚、沥青及沥青炉灶等。

(2) 材料准备。木墙裙（木台度）应按面积进行材料准备，所需材料包括木筋、胶合板、木板或企口板、白乳胶、元钉等。

2. 建筑工程定额的概念

建筑工程定额是在一定的生产条件下，用科学的方法制定的、生产合格的单位建筑产品所需要消耗的劳动力、材料、机械台班等的数量标准。定额按生产要素又可分为劳动定额、材料消耗定额和机械台班定额。

3. 劳动定额的形成及表示方法

劳动定额是在一定的技术和组织条件下，某工种的某一等级工人完成一定产品或相关工作所需消耗的劳动时间标准，或在一定劳动时间中所能生产的产品数量。

劳动定额一般采用分式表示，分子表示时间定额，分母表示产量定额。

劳动定额有两种表现形式：时间定额和产量定额。时间定额是指在技术条件正常、生产工具使用合理和劳动组织正确的条件下，某工种和某一等级工人为完成质量合格的单位产品所需消耗的劳动时间。

4. 时间定额的计算公式

时间定额以工日为单位，也有时以工时为单位。其计算公式为：

单位产品的时间定额（工日）＝1/每天产量

或：单位产品的时间定额（工日）＝小组成员工日总数/小组台班产量

时间定额的特点是具有便于综合的优点。

5. 劳动定额应用注意事项

（1）必须要熟悉并掌握定额说明及有关事项。

（2）应确定工程项目及项目的规格和类型。

（3）应严格按工程量计算规则和定额上有关项目的规定及附注说明，对实际工程量进行计算。同时核对工作内容，将实际施工情况和工作内容详细核对，不应包括在定额内的工作内容应另外处理；对定额内包括的而施工中不存在的内容要扣除相应工时。

6. 材料消耗定额的组成

材料消耗定额又称材料定额，是指在合理和节约使用材料的条件下，生产质量合格的单位产品所必须消耗的一定品种规格的材料、燃料、半成品、构件和水电等资源的计量标准。

材料消耗定额中各类材料资源的消耗量是由材料净用量和材料损耗量两部分组成。

材料净用量是指直接用于建筑安装工程的材料；材料损耗量是指操作过程中不可避免的废料和现场内不可避免的运输、装卸损耗。

7. 材料消耗量的表示方法

材料损耗量用材料损耗率来表示，等于材料损耗量与材料净用量的比值。即：

材料损耗率＝（材料损耗量/材料净用量）×100％

材料的损耗量通常采用现场观察法制定，材料损耗率确定后，材料消耗定额可用下式表示：

材料消耗量＝材料净用量＋材料损耗量

或：材料消耗量＝材料净用量×（1＋材料损耗率）

8. 材料消耗量定额应用注意事项

（1）对一次性消耗材料在定额中的消耗量即可直接作为限额用料的依据。

（2）对周转性材料在定额中的消耗量为该材料在单位工程量中的摊销量。周转性材料是指在施工过程中可多次使用周转的工具性材料，如生产预制钢筋混凝土构件的模具、搭设脚手架用的脚手杆跳板、挖土方用的挡土板护桩等。

9. 机械台班消耗定额

机械台班定额按其表现形式也可分为机械时间定额和机械产量定额。

机械时间定额是指合理的劳动组织和合理使用机械的正常施工条件下，由熟练工人或工人小组操纵使用机械，完成单位合格产品所必须消耗的机械工作时间。计量单位为“台班”或“工日”。

机械产量定额是指在合理劳动组织和合理使用机械正常施工条件下，机械在单位时间内应完成的产品数量。计量单位为立方米（m^3）、根、块。

机械时间定额与机械产量定额互为倒数关系。

三、施工计划准备

1. 劳动管理的总任务

劳动管理在施工组织与管理中具有重要地位，其总体是：统筹安排，管理使用劳动力，改善劳动力组织和劳动条件，正确贯彻执行按劳分配原则，不断提高劳动生产率，保证施工任务的完成。

2. 劳动管理的主要内容

（1）合理使用和调配劳动力，改善劳动组织，提高劳动生产率。

（2）建立健全劳动定额，做好劳动定额管理工作。

（3）采取有利于调动施工人员生产积极性的工资形式和奖励办法，正确处理国家、集体和职工个人三者间的利益关系，维护劳动纪律，进行劳动纪律教育，提高出勤率和工时利用率。

3. 材料管理的环节

材料的管理应抓好材料的进场、保管、使用、核算等环节。

在材料进场环节，必须从材料的质量、数量、进场时间和堆放位置几个方面严格把好关，为后续的材料管理奠定好基础。

在材料的保管环节，要保证物资齐全，防止丢失、损坏、变质和乱拿乱用。

现场材料在使用环节上的中心管理工作是实行定额用料、节约用料。

在材料的核算环节，主要依据定额进行材料消耗核算，制定贯彻现场材料节约和浪费的奖罚制度。

4. 材料进场的验收

现场材料管理人员在材料进场时应认真验收，核对材料的品种、规格、质量、数量是否与原计划相符。质量差、价格差、数量差等问题必须在验收前处理。

5. 材料进场的时间

材料进场时间一定要与施工进度相适应。现场材料人员要随时掌握施工进度和用料计划，按工程的进度、时间及有关供料部门反映的用料信息，落实进料时间。避免“什么时间来料就什么时间收”的现象，以免打乱现场平面布置。同时还要注意留有适当的材料储备，以保证施工需要。

6. 现场材料堆放要求

要把好材料的堆放关，就要坚持按施工平面图所规划的料场堆放材料，杜绝乱卸乱堆。严格按指定位置卸料并堆码整齐，尽量做到使卸料靠近用料地点，并使进料一次就位，避免二次搬运。同时还要保证道路畅通。进料、领料、机械操作、施工生产互不发生干扰。要做到缩短运距，提高工效。

7. 现场材料的保管

(1) 保证物资齐全，防止丢失、损坏、变质和乱拿乱用。

(2) 现场的板、方等锯材，要按树种、规格、长短、新旧分别码垛。

(3) 堆垛应保持一定空隙，稀疏堆放。注意通风，防火防潮，防止霉烂，避免曝晒、开裂、翘曲。

(4) 钢、木构件一般按设计图检查验收。注意配套，分品种、规格、型号堆放，下垫上盖，挂牌记标，防止错领错用。

(5) 存放时间较长的木门窗扇及钢门窗、铁件等，要放入棚库内，防止日晒雨淋变形或锈蚀。

8. 现场材料使用的环节

现场材料在使用环节的中心管理工作是实行定额用料，节约用料。为此应着重抓好以下几项工作：

（1）认真执行限额用料制度，组织、监督工人，班组合理使用材料。

（2）推行退料回收制度。

（3）对施工剩余材料、残旧材料应及时组织退库。

（4）推行包装品回收单等措施。对施工中产生的碎砖、砂等要组织工人加以利用。

9. 施工工艺卡的编制

施工工艺卡是一种很实用的方法，是施工管理的一种工具。施工工艺卡的内容包括合理施工程序及劳动力、工具设备、材料等，它是施工中执行和检查的依据，使施工管理人员和操作人员有规可循、有章可守，从而达到保证施工质量的目的。

在编制时应注意：

关键部位和复杂工艺要详细说明操作要领；新工艺新材料要介绍其优缺点，使操作人员能够扬长避短；对容易发生质量问题的地方要写出，以引起注意，避免造成损失。

四、模板工艺设计

1. 木模板工艺设计步骤

确定木模板容许荷载→根据构件形状及所在部位确定模板配料→木模板的配制。

2. 容许荷载的确定

面板模板、木格栅、牵杠和支柱的容许荷载，按照不同的断面规格和相应的支模条件确定。并注意所采纳的木材品种，如实际所需模板的木材有变化，应按规定调整其容许荷载。

3. 模板配料的确定

木模板工程中一般按基础模板、矩形柱模板、梁模板、板模板、墙模板和楼梯模板的不同确定配料。

（1）基础模板配料以基础高度来选取木档间距和木档截面。

（2）矩形柱模板配料以柱子断面来选取横档间距和横档断面。

（3）梁模板配料以梁高、梁侧板厚度、底板厚度来选取木档间距、木档断面、支撑点间距等。

（4）板模板配料以混凝土平台板厚度不同来选取模板材料及间距。

（5）墙模板配料以墙厚的不同来选取模板材料及间距。

（6）楼梯模板配料以楼梯的尺寸来选取模板材料及间距。

4. 木模板的配制要点

木模板在确定现浇结构构件的支模、方案、选用材料的规格后，即可根据设计图要求进行配制。在模板配制时应遵循如下要点：

（1）木模板及支撑结构所用的木材，应根据当地情况选用，但扭曲严重和脆性的木材不能使用。

（2）过分潮湿的木材在配置和安装过程中，容易引起收缩翘曲、裂缝，不宜使用。

（3）木材已腐朽或有白蚁蛀虫的部分应剔除或将不能使用的部分截去。

（4）模板所用木材的规格，应根据不同部位的受力情况进行选择。

（5）模板配制后，不同部位的模板要进行编号，注明构件名称或代号，分别堆放。备用的模板要遮盖保护。

（6）配制各种标准化定型木模板时，每块模板所用的板材、横档和框材的断面厚度应一致，以利安装组合所用。

5. 组合钢模板工艺设计步骤

划分施工段→绘模板位置平面图→绘制钢模板配板图→绘支撑系统布置图→绘制模板周转程序并汇总钢模部件数量表→编制施工设计说明。

6. 施工作业段的划分

根据流水施工的原理，划分钢模板的施工作业段，用文字或单线简图表示施工段的位置和编号。

7. 模板位置平面图的绘制

绘制模板位置平面图是模板施工总布置图的直接反映。必须认真仔细在图中表示各种构件的型号、位置和数量，不得遗漏和增加。

8. 钢模板配板图的绘制

模板位置平面图上的每一型号的构件都应绘制钢模板配板图，并在该图上表示出钢模板的型号、位置和数量。直接支撑钢模板的钢楞或桁架的位置，在图上用虚线表示，其规格和数量可用文字在图上注明。

9. 支撑系统布置图的绘制

对于梁模板的支架和其他较为复杂的支模方法，都应绘制支架布置图。模板安装时，为固定位置和调整垂直度所需的支撑和拉筋可不在图上表示，但其所用的材料规格和数量应给予说明。

10. 模板周转程序图的绘制

根据施工方案和进度要求，用图表来表示模板周转程序。

11. 施工设计说明的编写

钢模板工程的施工工艺设计说明主要是介绍工程概况。此外，还应包括模板设计时取用的混凝土最大侧压力值、特殊荷载的数值、模板特殊部分的装拆要求、预埋件的固定方法和特殊结构的质量要求、技术措施等。

12. 混凝土的组成材料

普通混凝土由水泥、砂、石和水按一定的比例均匀拌和而成。在混凝土中，砂、石起骨架作用，称为集料；水泥与水形成水泥浆，水泥浆包裹在集料表面并填充起孔隙，在硬化前水泥浆起润滑作用，赋予拌和物一定和易性，便于施工，水泥硬化后将集料胶结成一个坚实的整体。

13. 混凝土养护的温度和湿度

水泥与水的水化反应与周围环境的温度、湿度有密切关系。在一定湿度条件，温度越高，水化反应越快，混凝土强度增长也越快；反之强度增长就慢。当温度低于0℃时，不但水化反应停止，而且会因水结冰体积膨胀而使混凝土发生破坏。所以，冬季施工，混凝土浇捣后，必须遮盖草包等物，加强保温。

混凝土在养护时，湿度不够，将影响混凝土强度的增长，同时还会引起干缩裂缝，使混凝土表面疏松，耐久性变差。所以夏季施工混凝土浇捣后，必须遮盖草包，并浇水养护一定时间。

14. 模板设计荷载的种类和取值

荷载的种类和取值分竖向恒荷载、竖向活荷载、水平恒荷载和水平活荷载四大类。

(1) 模板及支架自重（竖向恒荷载）

根据模板设计图计算确定，木材自重 6 000～8 000 N/m^3。

(2) 新浇筑混凝土：重（竖向恒荷载）

普通混凝土采用 25 kN/m^3，其他混凝土根据实际表观密度确定。

(3) 钢筋重（竖向恒荷载）

根据工程图确定，楼板 1 100 N，梁 1 500 N。

(4) 施工人员及施工设备的荷载（竖向活荷载）

1) 计算模板及直接支撑木板的小楞时均布荷载 2 500 N/m^2，并以集中荷载 2 500 N再行验算，比较两者的弯矩值，取其大者。

2) 计算直接支撑小楞结构构件时：均布活荷载为 1 500 N/m^2。

3) 计算支架立柱及其他支承结构构件时：均布荷载为 1 000 N/m^2。

(5) 振捣混凝土时产生的荷载

水平面模板为 2 000 N/m^2（竖向活荷载）；垂直面模板为 4 000 N/m^2（水平活荷载）。

(6) 新浇筑混凝土对模板侧面压力（水平恒荷载）

采用内部振捣器时，当混凝土浇捣速度在 6 m/h 以下时。新浇筑的普通混凝土作用于模板的最大侧压力可按公式计算，并取其中的较小值。

(7) 倾倒混凝土时产生的荷载（水平活荷载）

倾倒混凝土时对垂直面产生的水平荷载按表采用。

15. 荷载组合遵循的原则

(1) 计算水平模板时，只考虑竖向荷载；计算垂直模板时，只考虑水平荷载。

（2）计算模板强度时，考虑恒荷载和活荷载；验算模板刚度时，只考虑恒载。

（3）集中活荷载和均布活荷载同时出现时，应按集中活荷载和均布荷载分别进行计算，取两者中较大的弯矩值。

16. 模板拆除的原则

模板拆除日期应按结构的特点和混凝土所达到的强度来确定。如设计无要求时，应分别按现浇整体式结构模板、预制构件模板和预应力混凝土结构或构件模板拆除规定进行。拆除模板最好由支模人员进行，本着先装后拆、后装先拆的原则，按次序、有步骤地进行，不可乱打乱撬。

17. 建筑结构的荷载

建筑结构在使用期间和在施工过程中要承受各种作用，施加在结构上的集中力或分布力（如人、设备、风、雪、构件自重等）称为荷载。结构的荷载分为永久荷载、可变荷载。

永久荷载是指结构在使用期间，其值不随时间变化，或其变化与平均值相比可以忽略不计的荷载，如结构自重、土压力等。永久荷载也称恒荷载或恒载。

可变荷载是指结构在使用期间，其值随时间变化，且其变化值与平均值相比不可忽略的荷载。如楼面活荷载、雪荷载、风荷载、吊车荷载等。可变荷载也称活荷载或活载。

18. 钢筋混凝土的受弯构件

受弯构件是指仅受弯矩和剪力作用的构件。例如：各种类型的梁、板以及楼梯都属于受弯构件。受弯构件应有强度保证，必要时还要进行变形及抗裂计算。

19. 钢筋混凝土的受压构件

建筑工程中，钢筋混凝土受压构件应用十分广泛，柱、屋架受压腹杆、上弦杆等是典型的钢筋混凝土受压构件。钢筋混凝土受压构件按纵向力作用点与截面形成相互位置的不同，可分为轴心受压构件与偏心受压构件。当纵向力作用点与构件截面形心重合时为轴心受压构件。当纵向力作用点与构件截面形心不重合时为偏心受压构件。如果当纵向力只在一个方向偏心，就是单向偏心受压构件；如果纵向力在截面两个轴的方向都偏心，就是双向偏心受压构件。工程中的偏心受压构件大多数属于单向偏心受压构件，所以习惯上把单向偏心受压构件称为偏心受压构件。

20. 砌体的结构

砌体结构是指用各种块材通过砂浆铺缝砌筑而成的结构，其受力性能的特点是抗压强度高而抗拉强度低，因此，砌体结构只适应于轴心受压或偏心受压构件。如砖柱、砖墙、砖石基础等。此外，在屋盖体系中也有采用全砌体结构，如砖拱结构、砖薄壳结构等。

21. 房屋的静力计算方案

房屋的静力计算，根据房屋的空间工作性能分为刚性方案、弹性方案和刚弹性方案。

（1）刚性方案适用范围

横墙间距小，楼盖与房盖的水平刚度大，在荷载作用下，房屋的水平位移较小，在确定墙、柱计算简图时可忽略房屋的水平位移。将楼盖、屋盖均视作墙、柱的不动铰支撑。

（2）弹性方案适用范围

横墙间距大，房盖刚度小，房屋水平位移较大，在计算时把房屋和楼盖视作可以位移的弹性支承。

（3）刚弹性方案适用范围

房屋和楼盖的水平位移介于“刚性”与“弹性”两种方案之间的房屋，其值比弹性方案要小，但又不能忽略不计。多数民用建筑砌体房屋由于横墙较多，一般都属于刚性方案房屋。

五、室内木装修

1. 活动地板操作工艺步骤

活动地板又称装配式地板，多用于设计标准要求较高的设备用房。活动地板的操作工艺步骤：基层处理→定位弹线→设立支座→面板安装→精平检查。

2. 活动地板基层的要求

基层楼地面应符合设计标高的要求，表面平整，无明显的凹凸不平，不起砂。小面积起砂且不严重时，可用磨石将起砂部分进行水磨，直至露出坚硬的表面，也可用纯水泥浆加胶水罩面。对于起砂严重的水泥面层应将面层全部剔除掉，清除浮砂，用清水冲洗干净后重新翻做面层。

3. 定位弹线的方法

定位弹线时，房间尺寸应该方正，为避免房间尺寸的误差，应先弹出中间的十字轴线，然后按预定设计尺寸弹出正方网线。正方网的尺寸应符合活动地板块的尺寸，常用板块尺寸为 457 mm×457 mm、600 mm×600 mm 和 762 mm×762 mm。

4. 活动地板支座的设立

弹线经检查无误后，方可在方格网十字交叉处设立支座，再连接支座和轻型龙骨槽钢成为一框架结构。在连接过程中要注意划平支座高度，调整连接螺栓，使每一根支座平整，受力均匀。全部龙骨槽连成一整体框架后，再用水准仪检查其平整度，并随时调节支座螺栓，纠正高度。最后，用环氧树脂注入支座底盘与水泥楼地面间空隙内，使之牢固连接。

5. 活动地板面板的安装

待支座底盘黏结牢固，活动地板下的电缆、管道铺设完毕后，对槽钢面的标高再次用水准仪复平一遍，待标高无误后即可进行面板安装。

6. 设备就位后活动地板的检查

活动地板的面板安装后就可进行设备就位，且必须将设备和活动地板的槽框架用螺栓固定，再进行设备的接线工作。由于设备在搬运和安装过程中，不可避免地有各种动荷载。设备就位后，局部荷载明显增加，这些荷载都会不同程度地引起活动地板框架结构的变形。因此，在全部设备就位和地下安装的管线施工完毕后，必须用水准仪检查一遍，将地板平面调整至满足设计要求为止。

7. 活动地板的维护和保养

（1）在活动地板上放置重物时应避免将重物在地板上拖拉，其接触面也不应太小，必须放置重物时应用木板进行垫衬。

（2）重物引起的集中荷载过大时，应在受力点处用支架加强。

（3）在地板上行走或作业，禁穿鞋底带金属钉子的鞋踩踏，禁止用锐物和硬物在地板表面划擦及敲击。

（4）地板面的清洁可用软布蘸洗涤剂擦拭，随即再用软布擦干。

（5）禁止采用地板拖布沾水擦洗，以防止地板边角处进水而影响寿命。

8. 艺术吊顶的结构

艺术吊顶具有丰富的面板形式和良好的工艺效果，常用灯光照明来增强其色彩的感染力。其承重结构，根据吊顶造型和跨度以及面板材料灵活采用，可用木料、型钢、轻型材料或几种材料配合使用。所以艺术吊顶的施工工艺与一般的木结构吊顶、轻钢结构吊顶、铝合金结构吊顶无大的区别。

9. 反光灯槽分类

反光灯槽按其设置的结构不同有两种：一种为开敞式反光灯槽，其发光源不封闭；另一种为封闭式反光灯槽，其发光源由透明或半透明材料封闭。

10. 开敞式反光灯槽的形式

（1）半间接式反光灯槽

用半透明或扩散材料制作灯槽，可减小灯槽与吊顶的距离。

（2）平行反光灯槽

常见于剧场，其灯槽开口方向与观众的视线方向相同，这样可避免眩光。

（3）侧向反光灯槽

利用墙面的反射作用形成侧向光源，发光效率一般较高。

（4）半间接带状灯槽

装有带状光源，利用弧形吊顶的反射，能在一定范围内取得局部照明的效果。该灯槽常用铝合金、不锈钢等制作。光源如用彩色灯管则效果更佳。

（5）封闭式反光灯槽

封闭式反光灯槽设于吊顶内，其高度同吊顶。

11. 发光吊顶的形式

发光吊顶不同于反光灯槽，它是利用设置在吊顶的发光源直接照明整个室内。发光吊顶常见的形式有：格片式、组合式、棱台式、繁花式、图案式。

12. 墙面软包装饰操作工艺步骤

墙面软包装饰常以乳胶海绵、防火布、皮革与人造革、平绒布等高级装饰材料，包装室内墙面饰面。墙面软包装饰操作工艺步骤：基层处理→龙骨及基面板制作→面层及填充料固定→压边收口。

13. 墙面软包装饰基层的处理

软包布墙要求基层应牢固，构造要合理。如果将它直接装设于建筑墙体及柱体表面，为防止墙体柱的潮气使其基面板翘曲变形而影响装饰质量，要求基层做抹灰和防潮处理，其防潮做法一般是用1∶3水泥砂浆抹灰至20 mm厚，然后刷涂冷底子油，再做一毡二油防潮层。

14. 墙面软包装饰龙骨与基面板的制作

当在墙柱面做软包装饰时，应采用木龙骨墙筋，墙筋一般为（20～25）mm×（40～50）mm截面的木方条，把木方条钉于墙柱面预埋的木砖或预先打入的木楔上，木砖或木楔的布置间距，与墙筋的排布尺寸应一致，一般为400～600 mm间距按设计图要求进行分格或平面造型形式进行划分，常见形式为450 mm×450 mm见方划分。固定好墙筋之后，即铺钉五层胶合板作基面板。

15. 面层与填充料的固定

基面板制作完成后，将面层材料如防火布、人造革、皮革、平绒布等，以及软包填充材料如乳胶海绵、矿棉、泡沫塑料、棕丝或玻璃棉等覆盖于基面板上，采用暗钉将其固定于墙筋位置，最后以电化铝帽头钉按设计的划分尺寸进行钉固。

16. 墙面软包装饰的压边收口

在固定面层及填充料时应考虑设计造型要求，例如设计要求压边尽量不留明钉，可采用压条将明钉遮盖，这样即可方便施工，并可丰富立面造型。压条材料可用不锈钢、铜或各种木线条。

六、木家具制作

1. 室内配套木家具制作工艺步骤

选配料→刨削→划线→榫槽制作→组装（框架组装、门扇组装、搁板组装、抽屉装配、橱柜顶边的装配、脚架的安装、面板的安装、线脚装配）。

2. 选料、配料要求

选料要根据家具或装饰设置的施工图进行，并按设计指定的规格、结构、式样列出所需木方料及胶合板或其他人造板的数量和种类。木方料用于制作骨架的基本材料，应选用木质较好、无腐朽、不潮湿、无扭曲变形的合格材料。

3. 家具制作的高级木材

在室内配套工程中，一些家具或配套装饰设置多是根据档次要求选用柚木、檀木及花梨木之类的高级木材。

4. 五金配件的色彩要求

五金配件按家具的色彩选择色泽，特别是重要部位的拉手和镶边条等应以金、银、白等纯色为主，以适应各种色彩的家具。

5. 木料刨削加工方法

刨削加工木方料时，均顺木纹方向，先刨大面，再刨小面，一般无特别要求两个相邻的面刨成 90°角，构件的结合面或工作面应选平直并不显节疤的面向树心的一面，尽可能将面向树皮的一面用于构件的背面。

6. 家具制作的划线方法

划线前应认真读懂设计图，理解清楚工艺结构、规格尺寸和数量等技术要求，在需要对接的端头留出加工余量，用直角尺和木工铅笔划一条基准线，若端头平直，又属于需做榫的一端可不划此线。根据基准线，完成其他所需的榫眼线。

7. 家具的榫槽制作

凿榫槽或榫眼时应选择与榫眼宽度相适应的凿子，先从木料的工作面开始凿，凿至 1/2 深度时翻转至背面将榫眼凿通。凿半孔眼时，应在榫眼划线内边 3～5 mm 处下凿，凿至所需深度后再将榫眼孔壁垂直切齐，剔出木屑。榫头的长度一般比榫眼长 1 mm 左右，平肩要方正，斜肩应符合线角要求。割锯榫头时应注意按线操作，不得过线，以免影响其承载力。

8. 木家具的组装方法

木家具组装分部件组装和整体组装，组装前应将所有的结构构件用细刨刨光，然后按顺序逐渐进行装配，装配时应注意构件的部位和正反面。

衔接部位需涂胶时，应刷涂均匀并及时擦除挤出的胶液。

锤击拼装时，在锤击部位垫木板或木块，不可猛击。对于拼合不严处查找原因并采取修整或补救措施，不可硬敲硬装就位。

各种五金配件的安装位置定位准确，安装紧密严实，方正可靠。

9. 板材拼缝结合的形式

(1) 高低缝

采用高低结合的木板应厚薄一致，边部平直，高低缝口的大小相等。

(2) 平缝

木板的平缝对接时应注意其缝口要刨削平直，两缝口面对严后，涂胶推压黏合。

(3) 拉拼缝

缝口经过刨削加工使之对缝严密，然后将长度为 30～40 mm 的平头木螺钉拧在其中一板拼缝口的一面，拧入深度为木螺钉长度的 1/2；在另一板缝口面开一条长槽，在槽口一端钻一圆孔，两板拼合时，将缝口涂胶，并随即把木螺钉拧入圆孔，压紧后向长形孔眼方向锤击，将木板端头敲击平齐为止。

(4) 马牙缝

实木板和厚胶合板在接长时常用马牙缝形式结合。

10. 家具框架组装的步骤

一般是先装侧边框，后装底框和顶框，最后将边框、底框和顶框连接装配成整体框架。

每种框架以榫结构方式组装后，都需进行对角测量并校正其垂直度和水平度，合格后首先钉上后板定位。

11. 家具门扇的组装

家具门扇常采用的外框架式、内框架式和厚胶合板式三种构造类型。外框架式是将门扇框架组合装配后再安装面板；内框架式即将门扇框架组合后，在其双面蒙板，使框架内藏；厚胶合板式，当家具门扇的高度小于 800 mm 时，可直接以厚胶合板锯割成块做门扇，修边后即可。

12. 家具搁板的安装

根据承载能力大小家具的分层搁板安装可分为固定式和活动式两种。固定式是用钉和胶将搁板固定于家具内的横档木方上；活动式是将搁板不加固定而平放在横档木方或分层定位销上，可自由调整搁板的摆置间隔。

13. 家具抽屉的装配

抽屉是由面板、侧板、后板和底板结合而成，使抽屉推拉顺滑，其后板、侧板和外形高度、宽度应小于框架留洞尺寸并小于面板。抽屉的夹角结构，一般采用马牙的方法。其底板的安装是在面板、侧板组成结构之后，从后面的下边推入两侧边的槽内。

14. 家具橱柜顶边的制作装配

由于橱柜式样较多，其顶帽的形式也富有变化，其构造形式有平式、大边或小边式、凸凹式、围边式。平式橱柜顶边装配是同橱整体同时安装；其他顶帽形式可在主体装配完成后再行安装顶帽。

安装均采用胶粘加钉接的固定方法。在钉接的过程中对于板的斜角、端头、线条的接头、弯曲部位，应先按钉件的直径钻孔眼后再用钉结合，以避免木料劈裂。

15. 家具底脚的安装

现代家具的底脚多采用底柜包脚或不锈钢柱脚，底柜包脚结构在形式上分为板落地式和板杠装配式两种，前者在制作橱架时连底板一同制出。后者则单独制作后再与橱柜整体进行连接，固定的方法是在连接面涂胶后用木螺钉或元钉加固。

16. 家具面板的安装

家具表面做油漆涂饰的，其框架的外封板一般即同时是面板。家具的表面是使用装饰细木夹板进行饰面或塑料板做贴面的，家具框架外填封板就是其饰面的基层板。饰面与基层板之间常采用胶粘贴合。饰面与基层黏合需在其侧边使用封边木条、木线等材料进行封边收口，一般的原则是凡直观的边部都应封堵严密和美观。

17. 家具线脚的装饰

采用木质、塑料或金属线脚、线条对家具进行装饰并统一室内整体装饰风格的做法是当前广泛采用的一种装饰方式，其线脚的排布与图案造型形式，可以灵活多变，但不宜过于繁琐。常见的线脚类型有边缘线脚、衔接过渡收口线脚、框形线脚和平行线脚等。

18. 薄木单片的封边收口

此类材料应先用砂纸磨除封边处的木屑、胶迹等，在封口边刷一道稀甲作填缝封闭层后在封边薄木片上涂万能胶，对齐边口贴放，用干净抹布擦净胶迹后再用熨斗压，固化后切除毛边和多余处即可。

19. 装饰木线的封边收口

采用凸圆或带槽木线脚外露缝隙或界面交接部位进行封口收边装饰的做法最为普遍，安装时钉胶结合。

20. 框形线脚的装饰

框形线脚装饰于家具、门扇面和抽屉面上，用线条组成方框形、方圆结合框形、曲线框形等多种图案形式。所使用的木线条不得有明显缺陷。固定时以胶粘为主，以少量枪钉或小元钉加固。若线脚上有凹槽线纹，则应将小元钉的钉帽敲扁顺槽缝钉。

七、旋转楼梯施工

1. 旋转楼梯的分类

旋转楼梯根据结构材料的不同，通常有钢结构、木结构、钢木结构、钢筋混凝土旋转楼梯结构等。

2. 木模渐近法操作工艺步骤

定位放线→组合支架→底板铺设→侧板制作安装→安踏步板。

3. 木模渐近法定位放线的方法

定位放线通常包括三个项目：基层找平、平面定位、设立水平标高。基层找平是指按设计图定出旋转楼梯平面投影的圆心及楼梯起步线位置。

4. 木模渐近法组合支架的定位组合

组合支架一般包括格栅、牵杠、牵杠顶撑的定位组合。在定位时格栅的间距一般以不大于 400 mm 为宜；牵杠可用格栅相同断面规格的木料，宜侧放；牵杠顶撑的长度，根据其所在踏步线的位置可以确定。

5. 木模渐近法底板的铺设

铺设前应先对底板进行加工，底板宜采用同一厚度的木板，为使底板能平滑和顺地扭曲，常用 20 mm 厚的木板，木板的长度与牵杠相同。铺设工艺最好采用板缝向心扇形方案。

6. 木模渐近法侧板制作的安装

侧模面板用纤维板较为经济，板肋采用圆弧木带，木带板厚为 20～25 mm。为了安装方便，侧模以每段弦长 1 m 作为基本规格。由于侧模在踏步起止端上有相应的坡度角，应先制作中间标准段，起止两端在侧模安装时锯去相应的坡度角即可。

7. 木模渐近法踏步板的安装

先将踏步点从底模上引至侧模上，或用钢卷尺量出内、外侧模的弧长，按踏步数划分，然后用水准尺竖直划出踏步位置，钉上小木条，最后在这些木条上钉上踏步板，踏步中间设置小木撑。

8. 钢筋筏支模法操作的工艺顺序

定位放线→钢支架搭设→绑扎钢筋→底板铺设→侧板制作安装→安踏步板。

9. 钢筋筏支模法定位放线的方法

按设计图定出旋转楼梯的圆心及楼梯起步线位置。在圆心处先挖深约800 mm、1 000 mm 见方的基坑，然后浇筑混凝土，上口抹平。在圆心点上预埋一块预埋件，待混凝土硬结后，在预埋件上精确定出圆心“十”字标志，并用水准仪测定其水准标高。

10. 钢筋筏支模法钢支架的搭设

钢支架的每根钢管牵杠应在每一踏步线的位置上，为此必须事先逐一计算好牵杠的每端高度。

11. 钢筋筏支模法钢筋筏的绑扎

将 ϕ 10 mm 钢筋统长绕铺在每根牵杠上，每根钢筋的横向排距为 50 mm，然后用细铁丝逐根与牵杠绑扎牢固成一个整体的钢筋筏。

12. 钢筋筏支模法底板的铺设

底板材料用纤维板，先计算出内、外圆弧的尺寸并划在纤维板上，然后在钢筋筏上拼复，用钉锥在纤维板上钻出小孔，穿细铁丝与钢筋筏绞紧。余缺部分可用纤维板实量裁拼补上，使之形成一个光滑的螺旋曲面。

13. 钢筋筏支模法侧板制作的安装

由于侧板是依牵杠支撑而设置，因此不必制作木带，仅用纤维板锯成带状即可，踏步起止端用相应的踏步三角样板即可套出。内外侧板的宽度可根据公式而定。侧板固定是用细铁丝与牵杠支撑绑扎绞紧，可利用定位三角架的转动来检查、校正外圆弧的误差。

14. 钢筋筏支模法踏步板的安装方法

（1）在侧板上划出踏步板位置，钉上小木条。

（2）在每一踏步面上用水平拉管将内、外支撑连接、扣紧后在小木条上钉踏步板。注意水平管和小木条支撑踏步板中间部位，防止混凝土浇捣时踏步板外凸。

15. 旋转楼梯模板安装的保证项目

模板及其支架必须有足够的强度、刚度和稳定性；其支架的支撑部分有足够的支撑面积。如安装在基土上，基土必须坚实并有排水措施。湿陷性黄土必须有防水措施；冻胀性土必须有防冻措施。

16. 旋转楼梯模板安装的基本项目

（1）模板接缝宽度应不大于 1.5 mm。

（2）模板与混凝土的接触面应清理干净并采取防止黏结措施。

（3）每件（处）墙、板、基础的模板上粘浆和漏涂隔离剂累计面积应不大于 1 000 cm^2。

（4）每件（处）梁、柱的模板上粘浆和漏涂隔离剂累计面积不大于 400 cm^2。

17. 旋转楼梯模板安装的允许偏差项目

（1）模板安装预埋管预留孔中心线位移允许偏差 3 mm。

（2）表面平整度允许偏差 6 mm。

（3）相邻两板表面高低差允许偏差 2 mm。

（4）每层垂直度允许偏差 3 mm。

18. 旋转楼梯栏杆扶手制作顺序

放样→落料→划线→绕锯→做榫→修正→刨光。

19. 旋转楼梯栏杆扶手放样方法

旋转楼梯的栏杆扶手是空间螺旋体，扶手应分段制作后再立体拼装，所以其放样也应分段在各侧面上进行放样分析。

20. 旋转楼梯栏杆扶手落料的计算划线

在两个相邻侧面刨直刨光成直角后，即可根据放样的数据分别进行内、外扶手的划线，划线时必须四个侧面都同时划上细线。

21. 旋转楼梯栏杆扶手加工划线后绕锯制榫

锯料时应将四面划好线的木料竖放固定，由两名木工用绕锯按各自一面的细线锯割成绕曲形状曲面。再将曲面绕锯成单块扶手后将其两端按细线锯成拼接斜面，最后按拼缝顺序将两端制成雌雄榫。

22. 旋转楼梯栏杆扶手的修正刨光

内扶手倾斜较多，其修平值为 20～30 mm；外扶手倾斜较少，其修平值为 10 mm左右，对凸出部分用斧修去，然后用刨对扶手进行刨光并打磨光滑。

23. 旋转楼梯栏杆扶手制作的保证项目

扶手木料宜用硬木。木材要干燥，其含水率应控制在 5%，以免收缩脱胶，产生裂缝。木材表面采用油溶性防腐剂，进行必要的防腐处理。

24. 旋转楼梯栏杆扶手制作基本项目

外形尺寸正确，表面平直光滑，棱角倒圆，线条通顺，不露钉帽，无戗槎、刨痕、毛刺、锤印等缺陷，各段落接头应用暗雌雄榫或指形接头加胶连接。安装位置正确，割角整齐，接缝严密，平直通顺。

25. 旋转楼梯栏杆扶手制作允许偏差项目

栏杆垂直允许偏差 2 mm，栏杆间距允许偏差 3 mm，扶手纵向弯曲允许偏差 4 mm。

八、古建筑木作营造与修缮

1. 古建筑主要建筑形式

我国古建筑的单体房屋，一般由台基、柱墙身和屋面三大部件组成。通常台基由土夯筑而成，然后上铺石材及砖块；柱墙身是由木柱填充墙组成；屋面由梁架、桁条、屋面覆盖等部件组成。木结构是我国石建筑的主要结构形式，它由木柱、木梁架组成了木的框架结构，这种结构具有较强的整体抗变形性能，而组成围护结构的墙通常都是填充墙，由于古代建筑技术原因，填充墙与木结构之间的连接方法和手段有限，因而在房屋遭到外力破坏时，经常会出现“墙倒而屋不倒”的现象。

2. 庑殿建筑的基本构造

庑殿建筑的内部构造主要由正身和山面转角两部分组成。正身部分是由柱子支撑梁架、梁上面搁置桁条，桁条上铺钉椽子、望板而形成抬梁式结构。山面转角部分是庑殿建筑的主要部分。其主要构件为：檐柱、金柱、角柱、雷公柱、瓜柱、交金瓜柱、脊瓜柱、角背。

3. 庑殿建筑柱类构件的主要柱

庑殿建筑柱类构件主要的柱有：檐柱、金柱、角柱、雷公柱、瓜柱、脊瓜柱等。

檐柱是位于建筑物最外围的柱子，主要作用是承受屋檐荷载。金柱是位于檐柱以内的柱子（纵中线柱子除外），承受檐头以上的屋面荷载。

4. 庑殿建筑梁类构件的主要梁

庑殿建筑梁类构件主要的梁有：三架梁、五架梁、顺梁、角梁、抱头梁、太平梁等。

三架梁位于五架梁上。五架梁是两端搭置在金柱上的梁，上承受五根檩（如五架梁下为七架梁，则搭置在七架梁的瓜柱上）。

5. 庑殿建筑枋类构件的主要楞

庑殿建筑的枋是辅助稳定柱和梁的构件，主要有脊枋、檐枋、金枋。脊枋：位于正脊位置的枋子。檐枋：位于无斗拱建筑檐柱柱头间的横向联系构件。在斗拱建筑中，则称作额枋。

6. 庑殿建筑桁檩类构件的主要桁檩

庑殿建筑的桁檩类构件是直接承受屋面荷载的构件，分为：正身檩、檐檩、脊檩、金檩等。

7. 古建筑基本模数的建筑法则

我国古建筑中有斗拱的称为大式建筑，无斗拱的称为小式建筑。大式建筑和小式建筑分别采用斗口和檐柱径两个基本模数制定相应的建筑营造法则。

（1）斗口

斗口即为平身科斗坐斗拱在面宽方向的刻口，这个刻口宽度在不同类型和等级的建筑中是不同的。

（2）檐柱径

小式无斗拱建筑是以檐柱径为基本模数，通常用“D”来表示。各建筑构件尺寸均是D的倍数。小式建筑模数由工匠确定。

8. 古建筑大木的划线方法

首先定线名标注划线符号，确定位置标号，随后依据丈杆和样板标划齐全。对特殊构件和节点，应用相应的样板工具，如斗拱样板、榫卯样板、岔子板、枋子榫样板等。

9. 古建筑大木的位置标号

首先要在平面上排出柱子的位置，然后按柱子的编号写出制作构件的朝向及所在的位置。为了防止出现差错，大木划线及位置标号必须由专人负责。

10. 古建筑大木的丈杆样板

古建筑大木制作和安装时的丈杆样板，是一种具有施工图作用、度量功能的特殊工具。大木制作前先排总丈杆，总丈杆四面每面作用不同；第一面表示各间面宽；第二面表示进深尺寸；第三面表示柱高尺寸；第四面表示檐平出尺寸。总丈杆排好经检验无误后，可在总丈杆上过线排出各分丈杆，分丈杆以每类相同构件排一根。分丈杆上的符号应标划齐全、一目了然。

11. 古建筑大木的榫卯构造

（1）固定垂直构件的榫卯

固定垂直构件的榫卯有管脚榫、套顶榫、瓜柱柱脚半榫。

（2）水平与垂直构件拉结相交的榫卯

水平构件与垂直构件拉结相交时使用的榫卯有馒头榫、燕尾榫、箍头榫、透榫、半榫。

（3）水平构件相交的榫卯

水平构件相交的榫卯有大头榫（燕尾榫）、十字刻半榫、十字卡腰榫。

（4）水平或倾斜构件重叠稳固的榫卯

水平或倾斜构件在重叠时起稳固作用的榫卯有栽销、穿销。

（5）水平或倾斜构件叠交或半叠交的榫卯

水平或倾斜构件在叠交或半叠交时采用的榫卯有桁碗（檩碗）、趴梁阶梯榫、压掌榫。

（6）板缝拼接的榫卯

木板缝拼接时采用的榫卯有银锭扣、穿带、抄手带、栽口、龙凤榫（企口）。

12. 古建筑斗拱的构造

从细部看，每一攒斗拱（斗拱的全部统称为攒）可分为三个部位，以檐柱缝为分界线，在檐柱缝上的叫做正心拱子，包括正心瓜拱、正心万拱。在檐柱缝以外的拱子叫外拽拱子，在檐柱缝以内的拱子叫里拽拱子。由正面自下而上看，分为大斗、十八斗、三才升、槽升子等小构件，正中挑出部分有昂、翘等构件。

13. 古建筑斗拱的制作

斗拱是由很多各种形状的小木件组合起来，斗拱的制作先定部件的名称、数量、尺寸，随后按制作要求分别制作好后，再进行拼装而成。

14. 庑殿建筑大木操作工艺步骤

定位编号→备料→丈杆制备→构件制作→大木安装。

15. 庑殿建筑大木操作的定义编号

庑殿建筑的木构件种类很多，为了使木工能有条不紊地进行操作，应绘制庑殿建筑的柱网布置草图，由负责木作施工管理人员确定柱网的位置编号，构件制作和装配、整体大木安装均按此编号入位。

16. 庑殿建筑大木操作的备料

列出材料清单，并按单验收木料的规格、品种和数量，同时要查验木材的质量，对不符合质量标准的木材，做到在保证大构架质量要求的前提下物尽其用，合理使用木材。

在材料的初步加工时，根据构件的数量和规格，将原料加工成各种构件规格材料，并按预定的料库位置堆放，以备划线、制作。

17. 庑殿建筑大木操作的丈杆制备

丈杆的制备由建筑工长或施工技术经验丰富的班组技术人员进行。一般说来，由承担大木构件划线的人员进行丈杆制备。丈杆制备后要仔细核对，不能有误。丈杆在使用过程中要由专人保管，不能乱扔，更不能损坏或随意涂改。为了保证施工的正常进行，在每次使用前要检查丈杆有无损坏或人为破坏。

18. 庑殿建筑大木操作的构件制作

依据制备好正确无误的丈杆进行点线、划线，按制作要求完成各部位构件的制作，包括五架梁的制作、顺趴梁的制作、抱头梁的制作等。

19. 庑殿建筑大木操作的安装

大木安装必须遵循“先下后上，先内后外，校核丈量，对号就位”的原则。“先下后上”是指先安装下面的构件，后安装上面的构件，最后安装屋面的构件。“先内后外”是指先安装里面的构件，后安装外面的构件。

20. 庑殿建筑大木安装的保证项目

木材的树种、材质等级、含水率和防腐、防虫、防火处理，木构架的各种构件制作质量、木构架的支座、支撑连接、连接牢固无松动。桁条安装牢固，接头位置、固定方法都必须符合设计要求和施工规范。

21. 庑殿建筑大木安装的基本项目

木柱下设柱墩，椽与桁钉结牢固，屋脊处两椽条拉接可靠。椽条接头设在桁条上，并逐根错开布置。望板厚度符合设计要求，铺钉平整，接头应在桁、椽条上分段错开，每段接头处板的总宽度不大于 1 m，无漏钉。斗拱等构件尺寸正确，表面平直光滑，棱角方正，线条顺直，不露钉帽，无戗槎、刨痕、毛刺、锤印等缺陷。

22. 庑殿建筑大木安装的允许偏差项目

包括构件放样、样板制作、木构架及斗拱等构件的制作与安装允许偏差。例如：构架节点间距尺量检查允许偏差±5 mm、样板制作尺量检查允许偏差≤1 mm。

23. 古建筑木构架的修缮

古建筑木构架的屋面荷载很大，屋面采取自由落水的处理方法，使台基长期受雨水的冲刷，柱子与地面接触或暴露在室外，被风雨侵蚀，因此古建筑的木构架年长日久后会发生倾斜和损坏，必须进行修缮。修缮的方法有包镶法、墩按法、抽换法、打榫拨正法、归安法、拆安法、更换法等。

24. 古建筑斗拱的修缮

斗拱处于檐下，起承重作用，同时也易遭风雨侵袭，易破损丢失。一般可采取添配修补方能进行修缮。添配制作时一定要按时代的风格和式样，不可随意一律按清式或宋式制作。对于劈裂、断纹能对齐的斗拱，可用粘胶的方法进行修缮。

25. 格扇的基本结构

格扇是古建筑外檐装修中的一项重要部分，格扇位于建筑物的金柱或檐柱间的框槛中，与框槛一起将建筑物分隔为室内、室外两部分。格扇是一种架子结构，两边为梃，边梃之间横安装抹头。抹头与边梃组成边框。边框由抹头分为上段槅心、中段绦环板、下段裙板三部分。这种格扇可以是仅起隔断作用的槅扇，也可以在一边梃上下加转轴做成门或窗。

26. 挂落的式样分类

挂落是由棂条花牙子镶搭成流空花纹，同边框一起悬装于廊柱间的枋子下。挂落的名称以其棂条花格的式样而命名，主要有藤茎、万川二式，万川又可分为宫式和葵式。

27. 格扇制作工艺步骤

格扇是古建筑外墙中装饰装修的重要部件，制作的要求精确度高。格扇制作工艺步骤为：刨料→划线→制作→拼装。

28. 格扇制作的刨料

刨料时先确定格扇的边梃断面尺寸。按清式制作为例，边梃的看面宽应为格扇宽的1/10或所在墙面柱径的1/5，边梃的厚（进深）为边梃宽的1.5倍。槅心的棂条看面宽为4/5仔边看面，进深为9/10仔边进深。绦环板的高为1/5格扇宽，裙板的高为4/5格扇宽。各部的长度应根据格扇的设计高度和面宽来确定。槅心棂条的长度还应由其的花格形式来确定。

29. 格扇制作划线方法

格扇的自身宽度尺寸应根据柱间框槛尺寸，在确定了每间安装格扇的数量之后才能肯定，一般取偶数4～8扇。由于格扇的刻度即为框槛高度，格扇自身的宽高之比为1∶(5～6)，因此每间格扇的数量，在满足偶数的同时，还应考虑到格扇本身尺寸比例的要求。

在确定了格扇的数量和格扇边梃的断面尺寸之后，格扇横抹头的划线长度也就随之确定了。

30. 格扇制作的拼装

格扇边梃等的线划好后，经校核无误后，便可进行锯割、凿眼、断肩、打槽、修正等工作。拼装时一般应先将槅心拼好，然后进行做头缝榫或销子榫。最后将抹头和绦环板、裙板一起用上起下落法拼装。

31. 挂落制作工艺步骤

刨料→划线→制作→拼装→安装。

32. 挂落制作的刨料

挂落边框断面为40 mm×50 mm或45 mm×60 mm，小面为看面，大面为进深。棂条的断面为18 mm×25 mm。由于挂落的花格是依柱开间的大小，以基本式样反复变化相连，所以断料长度应按设计图样放足尺大样后确定。花牙子的进深同棂条，面宽及高度按设计图样。

33. 挂落制作的拼装

在实际施工操作中，一般是从中间向两旁涂粘胶拼，后装花牙子。花格拼成后再三边拼上边框。拼装完成后应校核外包尺寸，修正花格棂条与花牙子等交接处，并打磨光滑。

34. 挂落的安装

安装时，先将挂落试安于柱间枋子下，如挂落与柱子、枋子交接处有不需要修正的部位，可用铅笔标记，并确定竹销固定的位置。然后取下挂落，用刨略作修正，在竹销处钻孔。最后将挂落安上，在柱子上钻孔，用竹销将挂落与柱连接。

35. 六角亭小式制作工艺步骤

单檐六角亭是园林亭子中较为常见的一种形式。它有六根檐柱，平面上呈正六边形。屋面上的六个坡面，两两相交成六条屋脊，屋脊在屋顶汇交为一攒尖，攒尖处置以宝顶。六角亭小式制作工艺步骤：定位编号→备料→丈杆备制→构件制作→大木安装→外檐装修。

36. 六角亭小式制作的定位编号

首先要确定檐柱的位置，并以顺时针方向编号，角梁、由戗可将相应的檐柱编号，箍头枋和檐檩的两端可分别注明与之相交檐柱的编号；金枋、金檩则在两端分别注明角梁的编号。同样，长、短趴梁也可在两端分别注明与之相交构件的编号。因此，为避免安装时出错可事先绘制一张草图，注明檐柱的编号。

九、质量检查

1. 质量管理的三个阶段

以事后检验为第一阶段，仅限于单纯产品检验，挑出废品；以统计质量管理为第二阶段，在质量管理工作中引进数量统计方法，控制生产过程中产品质量，从事后把关发展到预防；以全面质量管理为第三阶段，即进一步对产品质量实行总体的综合的全面管理，它改变了质量的传统概念，也改变了质量管理的职能。

2. 单纯质量检查和全面质量管理的区别

在检查标准上，前者限于保证既定标准，后者把满足用户需要放在第一位，以既定的标准为基本，以用户需要为方向，不仅保证标准而且着眼提高标准。

在管理方法上，前者以事后把关为主，后者是防、检结合以预防为主，重在管理影响工程质量的各项因素。

在检查范围上，前者限于施工操作过程，后者实行施工准备，施工交工验收，使用回访保修全过程的管理。

在管理对象上，前者限于管理工程质量，后者既要管理工程质量，又要管工作质量和服务质量。

3. 全面质量管理的过程

所谓“一个过程”就是指企业施工生产过程的质量管理。要把全面质量管理置身于企业管理的全过程。要运用好计划职能、组织职能、用人职能、指挥和领导职能、控制职能，处理好计划、通讯联络、鼓励诱导三个坏节。充分发挥管理人员的参谋作用。

4. 全面质量管理的四个阶段。

第一阶段即计划阶段（Plan）也叫 P 阶段，这个阶段的工作内容是制订计划，研究问题找出原因，拟订政策和措施。

第二阶段即实放阶段（Do）也叫 D 阶段，这个阶段的工作内容是严格按计划执行实施。

第三阶段即检查阶段（Check）也叫 C 阶段，就是对执行结果进行必要的检查和测试，找出存在的问题，肯定成功经验。

第四阶段即处理阶段（Arrange）也叫 A 阶段，就是对经过实施检查后的各个问题进行处理。正确的加以肯定。总结成文，编制标准。把不能解决的问题也加以总结，移到下一个循环，进一步研究解决。

5. PDCA 循环的形象化

PDCA 循环是一个科学管理方法的形象化，它如一个前进的车轮，不停顿地向前运转。通过计划→实施→检查→处理四个阶段周而复始地转动，就可使企业施工生产活动以及各个方面的质量管理工作不断地得到提高。

6. PDCA 循环的特点

PDCA 循环是一个不断前进，不断提高的运动过程，一个循环运转终了，就会使工作提高一步，然后制定下一个循环，再转动再提高。PDCA 循环每次都把质量管理活动推向一个新的高度，它也是一个不断推进、不断提高工程质量的促进环。

7. 全面质量管理步骤

第一步：分析现状找出问题。对施工质量状况在调查研究的基础上进行分析，从分析中找出存在的质量问题。

第二步：分析各种影响因素。在分析现状找出问题后，把影响质量的各种因素都加以分析，找出各种薄弱环节。

第三步：找出主要的影响因素。在影响工程质量的各种因素中是有主次之分的，抓住了主要矛盾，其他矛盾就迎刃而解。因此，抓住主要的影响因素，才会有利于改进质量。

第四步：针对主要影响因素制定措施。根据主要因素的产生原因，进行全面分析，有针对性地制定简明扼要、切实可行的措施。制定措施时要明确。

8. 全面质量管理的七种工具

为达到质量管理系统化、图表化的目的，在全面质量管理中普遍采用下面七种工具来表达：排列图、因果分析图、分类法、频数直方图、控制图、相关图和调查表。

9. 全面质量管理的运用

在既定的设计条件下，很大程度取决于施工操作过程，只有广泛发动工人积极参加质量管理，工人班组建立质量管理小组（简称 QC 小组），施工优质工程才有可靠保证。因此，质量管理小组既是推行全面质量管理的出发点，又是搞好全面质量管理的落脚点。

10. 质量管理小组的建立

全面质量管理是全面的、综合的、科学的质量管理，需要动员和组织企业各部门全体人员参加。全面质量管理机构各建筑施工企业，可根据自己的条件和可能进行的设置，不强求统一的模式，但都应建立在企业各部门认真执行岗位责任制的基础上。

十、现场整理

1. 工程技术档案的作用

工程技术档案是指反映建筑工程的施工过程、技术状况、经济效益、交付使用等有关的技术经济文件和资料。工程技术档案来源于工程技术资料，它是施工单位的基层技术人员在工程建设过程中对技术活动和工程质量所做的真实记载，并随着工程进展逐步收集、积累起来。工程一旦竣工，这些技术资料经过整理后移交给技术档案管理部门汇集、复印，根据科技档案制度按单位工程立卷归档，使其更好地为施工生产和经营服务，其中一部分作为交工资料移交给建设单位归入基本建设档案，作为工程今后合理使用、维护、管理、改建、扩建的依据。

2. 开工申请报告

开工申请报告应说明开工前的准备工作情况，证明工程具有法律效力的有关文件（包括施工许可证、国家批准的建设项目投资计划、表明建设情况的技术经济条件或文件等）的具备情况。开工申请报告经批准后方能开工。开工申请报告可由担负施工任务的工区提出，一般工程由公司审批，重点工程或特殊工程由主管部门审批。

3. 工程协议书（合同）

协议书（合同）、施工执照是施工企业为承建某一工程项目而与建设单位签订的书面文件。凡是建设规模大、技术复杂的工程不具备直接签订承包合同的，可根据建设单位提供的国家批准建设任务书、投资计划及上级主管部门下达的施工任务，双方先行签订准备协议书，以保证工程的顺利施工。工程承包合同明确甲乙双方的经济责任和经济效益，一旦签订便具有法律效力。因此，协议书（合同）是工程技术档案的内容之一。施工执照是地方建设规划部门工程建设地点、规模、造型等的批准文件，也是施工企业工程施工的重要依据。

4. 施工指导性的文件

施工指导性文件主要指施工组织设计、施工方案、技术交底文字资料。施工组织设计是指导施工准备和组织施工的全面性的技术经济文件，没有施工组织设计，不得开工。

5. 施工主要材料的质量证明

施工主要材料的质量证明是指生产厂家的合格证明或质量检验单。需有材质证明的材料有：钢材、水泥、砖、石、防水保温材料、焊条等。在施工中如因材料过期或对材料质量有怀疑时，供应部门应取样委托试验室复验。“材质证明”一般由材料供应部门向生产厂家索取，并在使用前交基层施工队技术人员保存。

6. 施工试验的记录

施工试验记录包括：土工试验、混凝大试块强度试验、砂浆试块强度试验、沥青胶试验和钢筋焊接试验的结果报告。这是评定分项或结构工程质量的重要依据。施工试验的取样、检验项目、报告格式等，都应按有关施工及验收规范的规定要求进行。

7. 隐蔽工程检查验收

隐蔽工程检查验收是指对隐蔽工程项目施工后，由施工队长组织建设单位、工长、班（组）长、检查员共同进行检查，确认符合质量要求后，方可准许下道工序施工。这时应由单位工程负责人把检查情况填入隐蔽工程记录，参加人员在记录上签字，成为隐蔽项目的质量检验凭证，由单位工程负责人保存积累，工程竣工后整理归档。

8. 竣工的文件资料和交工移交资料

（1）竣工文件资料

包括：竣工工程技术、经济资料、竣工测量、竣工图、工程预决算、竣工工程一览表、工程经济技术分析。这些资料反映了工程的最终坐标位置、实际的施工结果和实际造价等技术、经济情况。

（2）交工移交资料

包括：交工验收证明、竣工报告、竣工验收报告、竣工验收会议文件。这些资料是上级主管部门对工程竣工和已办理手续的证明文件。

9. 优质工程的复验

主要工程交付使用一定时间后，国家对申报评选优质工程的项目进行复验。被复评为优质工程的单位工程的检查评定材料、上级审批文件及检查评定结果，都应作为历史资料保存在工程技术档案中，以反映企业的技术水平。

10. 工程技术档案的归档

工程技术档案是施工企业科技档案的重要组成部分，具有统一代号、统一编目，并按照工程项目的重要性程度确定保管期限。

十一、施工现场管理

1. 班组管理

班组是企业的细胞，是施工企业从事生产、管理和一切其他工作必不可少的基本单位，也是企业进行社会主义精神文明建设的基本阵地，是社会主义生产力发展和一定经济制度下的产物。随着人类社会生产力的不断发展与提高，劳动组织形式也应在原有的基础上重新加以改造和组织。班组就是根据施工企业内部的劳动分工与协作需要而进行划分的一种基本作业单位，它一般由同一工种职工或性质相近配套协作的不同工种职工组成。班组的构成，通常有人、材料、设备、工艺和环境五大因素。

2. 班组的特点

（1）班组的结构特点是小

班组的范围小、人员少、工种单一。如泥匠工班组、木工班组、钢筋工班组等。

（2）班组的定员特点是不稳定

班组人员的配备是时多时少，当施工任务大，需短期突击完成时，班组可以合并为综合队。当施工任务少，工程分解时，班组也可以分解为更小的临时生产小组。

（3）班组的管理特点是细

任务分配细，各种考核细，管理工作细，班组的生产管理面向每个人。把任务落实到人，管理落实到人，是企业各项管理中最细致、最具体的一个层次。

（4）班组的任务特点是全

班组是企业各项工作的落脚点，上级的各项工作都要通过班组贯彻下去。企业的经济核算、工艺、技术、质量管理、安全生产和思想教育等各项工作，都要落实到班组。

（5）班组的工作特点是实

班组工作要解决的问题是最具体、最实际的，在企业中，班组长是具体组织人、协调人，直接与人发生关系的最基层组织人，要解决的都是各种具体的实际问题。

3. 班组长的质量管理职责

组织好本班组的自检和互检，组织好同其他班组的交接检。帮助督促、检查班组质量检验员的工作，发挥质量检查员的作用。做好班组内质量管理，动态资料的收集和整理，及时填写好质量方面的原始记录。做好工序交接工作，把住质量关。对质量不合格的产品，不转给下道工序，该修的一定要修好，该返工的一定要返工，积极参加质量检查及验收活动。

4. 班组质量员的质量管理职责

认真协助班组长搞好本班组质量管理，坚持推行自检、互检、交接检的“三检制”。

5. 操作人员的质量管理职责

牢固树立“质量第一”的思想，严格遵守操作规程的技术规定，对自己的工作要精益求精，做到好中求多、好中求快、好中求省。不能得过且过，马虎从事。

做到“三懂五会”，即懂设备性能、懂质量标准和操作规程、懂岗位操作技术；会看图、会操作、会维修、会测量、会检验。操作前认真熟悉设计图，操作中认真坚持按图样和工艺标准施工，不偷工减料，主动做好自检，填写原始记录。

6. 工程质量

工程质量是由一定的数据反映的，例如：混凝土楼板的质量是通过几何尺寸、混凝土强度等级、抗压强度等代表质量特性的数据来表示的。砖墙的质量，是以砂浆的配合比和强度、砖的强度等级、墙面垂直与平整、水平灰缝和竖向立缝、砂浆饱满程度等数据来具体表示。

7. 班组施工中的质量管理

（1）做好各级的技术交底工作。班组长施工员进行交底后，班组长再向全体成员进行交底，并组织全班学习设计图，反复研究、讨论执行措施。

（2）搞好施工工艺管理。在工艺卡中分别制定各工种的施工操作工艺，并附有关键部位的技术措施，施工过程中必须严肃认真地按工艺卡操作，这是保证提高工程质量的重要环节。

（3）在各分项工程施工中，要掌握好各分项工程的质量动态，观察和分析各类工程的合格率和优良率，并分类排队，随时采取措施加以解决，及时向质量好的班组学习。

8. 班组的安全管理

牢固树立“生产必须安全，安全为了生产”及预防为主的观点。贯彻安全生产责任制，做到“五同时”，即在计划、布置、检查、总结、评比生产工作的同时，也要计划、布置、检查、总结、评比生产安全工作，把生产与安全统一起来管好。在班组里，班组长既是生产工作的组织者和领导者，也是安全工作的组织者和领导者，因此，班组长应成为贯彻执行“五同时”的带头人。

9. 班组作业计划管理

班组作业计划管理的内容主要是测算班组生产能力，编制作业计划，做好施工前的准备工作。班组在接到下达的生产任务后，首先要测算班组生产能力，使班组作业计划建立在可靠和可能的基础上。测算班组生产能力要对班组的每个成员的技术水平高低、操作熟练程度、身体素质状况、所能达到劳动定额的能力等进行综合考虑。一般测算方法为：

班组生产作业天数内的总产量＝劳动定额×职工人数×工作天数×班组平均达到劳动定额程度系数

班组平均达到劳动定额程度系数可取0.8～1.25。

10. 施工现场材料、工具管理的内容

施工现场的材料、工具管理属于生产领域物资使用过程的管理，是建筑安装企业物资管理的出发点和落脚点。现场材料、工具管理的内容包括施工前材料、工具准备，施工过程中材料、工具供应，现场堆放保管耗用的监督，施工后材料、工具的清理、回收、盘点、核算与转移等内容。

11. 施工前现场材料的准备工作

建筑材料的质量、数量、供料时间和堆放位置，是现场材料准备的四个要点，应该说，现场材料准备的全部工作都是围绕这四个要点开展的。

12. 施工材料进场的管理问题

（1）规格问题

规格代用是经常发生的问题，如钢材用大截面代小截面，水泥高标号代低标号等。因此在验收时，只要发现供料不符合施工用料计划，就应坚持先办理经济签证手续后才收料。若在收料后因设计变更而发生规格代用，则以技术核定单作为依据。

（2）数量问题

要防止进料不足，保证进料数量准确应做到以下几点：

①进料时应坚持钢材按理论重量检尺核并查定实际重量。

②水泥按进场批次抽查测重量。

③木材分等级、规格进行按件检尺。

④砂石在地上要进行量方，在车上要进行检尺。

⑤石灰要进行过磅或量方。

⑥砖、瓦要进行成垛点数。

（3）质量问题

①主体结构使用的材料，必须具有质量合格证明。

②无材质证明者不能验收，对有时效要求，但已超过有效期的材料（如水泥等）不能验收。

③对已发现质量变化的材料（如焊条等），尽管有合格证明也不能验收，必须坚持待重新检验作出结论后才能验收。材料的检验费由供料方承担。

13. 材料的现场保管

（1）水泥

一般应在库房内保管。如需在露天短期存放，则必须具备盖、垫、防雨、防潮措施。水泥应按品种、规格、批号分别堆放，库房内要保持清洁，破袋子、落地灰要及时清理；掌握保管期限，坚持先进先出。

（2）木材

现场的方板等锯材，要按树种、规格长短、新旧料分别码垛。堆垛应分别保持一定空隙，稀疏堆放，注意通风、防火、防潮、防止霉烂，避免曝晒开裂翘曲。

（3）石灰

生石灰不宜在露天长期存放，应随到随用水淋化在石灰池内，用水封存，以供随时使用。

（4）钢、木构件

一般按加工图检查验收，注意配套，分品种、规格、型号堆放，并在下面垫上面盖，挂牌记标，防止错领错用。存放时间较长的木门窗扇及钢门窗、铁件等，要放入棚库内，防止日晒雨淋变形或锈坏。

（5）危险品

对现场存放的爆炸品、腐蚀品、有毒品、易燃品等危险品，应有明显的危险品标志，并专人专库保管，以防发生意外。

14. 材料的限额领料单的使用

限额领料是执行材料消耗定量的具体形式，限额领料单既是领料和发料的凭证，又是实际耗用材料和班组核算的凭证。限额领料单的内容一般包括：施工班组定额编号、工程项日、工程量、单方定额用量、领料记录、节约要求、节超原因分析、包装容器回收等。正确签发限额领料单的关键是准确选用定额项目。

15. 现场材料工具的耗用核算

在建筑安装工程中，材料占工程造价的60％～70％，建筑企业的利润有较大的部分来自材料节约，因此对加强现场料具耗用的核算，是提高材料管理水平和经济效益的重要措施。现场料具耗用的核算其基本内容可归纳为：定额供应、包干使用、节约奖励。

16. 施工收尾阶段的材料管理。

（1）严格控制进料，防止大量剩余。进入施工后期，分项工程的材料使用量达到70％以上时，应检查现场存料，核实未完工程的材料需用量，调整原定的材料需用量计划，做到供需平衡，为工完场清创造条件。

（2）对不再使用的临时设施应提前拆除，充分考虑拆除料的重复利用。

(3) 及时清理施工垃圾，组织复用或处理。

(4) 工程完工后及时核算消耗，分析节、超原因，总结经验。

17. 工具供应管理的基本原则

(1) 及时齐备并经济地供应效能良好的工具。

(2) 根据各工种配套工具标准和实际生产需要，实行定额供应。

(3) 坚持交旧领新和废旧工具回收制度。

(4) 积极进行废旧工具的修复利用。

由于建筑施工的流动性，生产工具容易出现串用、丢失和损坏现象，因此，现场工具管理的中心任务，是把工具保管的责任落实到人，延长工具寿命，避免丢失，减少损坏。

18. 木模板“四统一”的管理

木模板管理的基本要求是：加速周转，减少损耗，物尽其用，降低工程费用。在比较大型的工地或建筑群的施工中，木模板：“四统一”的管理是指集中设立模板配制间，负责模板的“统一配料，统一制作，统一回收，统一管理”。

19. 加速木模板周转的方法

工地使用木模板时，事先向模板配制间提出计划，由配制间根据要求，按库存新旧木料合理选用，统一制作再发给工地使用。施工现场负责模板的安装的拆除，使用完后，由模板配制间统一回收整理，算出工程的实际消耗量。这样做有利于充分利用小料、短料和旧料，合理使用模板，并及时回收整理，加速模板的周转，正确核算模板摊销费用，促进工地加强对模板的核算。

20. 组合钢模板的管理

除采取与木模板类似的专业队管理的方式以外，还可采取租赁的方式。租赁方式是指将钢模板等周转材料集中在一个部门统一负责出租、回收、维修和保管，并独立进行核算。基层施工单位租用钢模板，按租用天数计算租赁费，这样可促进基层施工单位尽量缩短施工周期，加快模板周转。使用中发生丢失、损坏，要负责赔偿，这又促使基层施工单位爱护模板，加强管理。这种租赁方式也适用于大模板、脚手架的管理。

第十三章

高级手工木工理论知识试题精选和考试模拟试卷

高级手工木工理论知识试题精选

◉ **单项选择题（第 1 题～第 129 题。选择一个正确的答案，将相应的字母填入题内的括号中。）**

1.（　　）构件的变形特点是：构件受到垂直轴线外力作用，构件的轴线由直线变曲线。

A. 受拉　　B. 受弯　　C. 受压　　D. 受剪

2. 受压构件按纵向力的作用点与截面形心相互位置的不同，可分为轴心受压构件和（　　）构件。

A. 偏心受压　　B. 大偏心受压

C. 偏心压弯　　D. 大偏心

3. 三角形木屋架脊节点是两根上弦与（　　）的连接点。

A. 中竖杆　　B. 边竖杆

C. 斜杆　　D. 下弦

4. 波形瓦屋面，铺瓦时每块瓦常搭盖（　　）檩条，瓦的上、下接缝应在檩条上，檩条间距视瓦的长度与厚度而定。

A. 3 根　　B. 4 根

C. 5 根　　D. 2 根

5. 古建筑的屋盖（顶）分为庑殿式、（　　）、硬山式、歇山式。

A. 悬山式　　B. 悬索式

C. 六攒尖式　　D. 落地拱式

6. 木结构屋面（　　）的选择，必须符合承重木结构的材质标准。

A. 挂瓦条　　B. 木檩条

C. 封檐板　　D. 封脊条

7. 椽条应按设计要求选用方椽或圆椽，其（　　）应按设计规定放置。

A. 间距　　B. 数量

C. 大小　　D. 材质

8. 屋面板应按设计要求密铺或（　　）。

A. 横铺　　B. 竖铺

C. 稀铺　　D. 斜铺

9. 挂瓦条应根据瓦的（　　）及屋面斜坡长度进行分档，再弹线。

A. 厚度　　B. 长度

C. 宽度　　D. 距离

10. 当圆平面平行于 H 面，其 H 面投影显示实形即为一个等圆，故 V 面投影为（　　）。

A. 等于半径长度的水平直线　　B. 等于直径长度的水平直线

C. 等于直径长度的正平直线　　D. 等于半径长度的正平直线

11. 一般曲面不属于（　　）的运动而形成。

A. 导线　　B. 轮廓线

C. 素线　　D. 线

12. 曲面通常分为直线面和（　　）。

A. 锥面　　B. 棱面

C. 曲线面　　D. 柱面

13. 一直线沿两条交叉直导线且平行于一导平面运动形成的曲面为（　　）。

A. 翘平面　　B. 柱面

C. 回转面　　D. 棱面

14. 轴测图是指采用一组投射方向既不平行于任何坐标轴和（　　），也不平行投影面的平行投射线所形成的立体感的投影。

A. 直线面　　B. 曲线面

C. 坐标面　　D. 旋转面

15. 正轴测投影图一般为投射线方向（　　）轴测投影面。

A. 倾斜　　B. 反射

C. 垂直　　D. 不垂直

16. 斜轴测投影图一般为投射线方向（　　）轴测投影面。

A. 定比　　B. 直视

C. 平行　　D. 倾斜

17. 下列选项中不属于常见轴测投影图的是（　　）。

A. 三等正轴测投影图　　B. 三等水平斜轴测投影图

C. 六等正轴测投影图　　D. 二等正面斜轴测投影图

18. 二等正轴测投影：轴间角分别为 97°、131°和 131°。轴向变形系数（　　）或 1 和 0.47 或 0.5。

A. 0.47　　B. 0.24

C. 0.94　　D. 0.12

19. 三等正面斜轴测投影：轴间角分别为 90°和 135°、120°或 150°。轴向变形系数为（　　）或 0.15 和 0.5 或 1.5。

A. 0.47　　B. 0.74

C. 1　　D. 0.23

20. 物体轴测图的绘制顺序：选类型、选直角坐标、绘制（　　）、依规律绘制轴测图。

A. 轴测坐标　　B. p、q、r

C. 缩短率　　D. 模型

21. 透视图绘制的基本方法：选择合适的透视角度、求水平线的灭点、找真高点、绘底面透视、绘制（　）、绘立体轮廓透视。

A. 长度　　B. 宽度

C. 边框　　D. 高度

22. 劳动定额是在一定的技术和组织条件下，某工种的某一等级工人完成一定产品或相关所需消耗（　）标准，或在一定劳动时间中所能生产的产品数量。

A. 材料　　B. 劳动时间

C. 技术　　D. 劳动力

23. 在应用劳动定额时应确定工程及项目的（　）。

A. 规格和类型　　B. 定额的差异

C. 施工和方法　　D. 计算的方法

24. 材料消耗定额是由（　）和材料损耗量组成。

A. 废料损耗　　B. 材料净用量

C. 材料定额　　D. 装卸损耗

25. 材料管理主要应抓好材料的进场、保管、（　）等环节。

A. 使用核算　　B. 分配核算

C. 数量　　D. 质量

26. 进场材料应及时验收，核对材料的品种等级是否与原（　）相符。

A. 软材　　B. 批量

C. 硬板　　D. 计划

27. 实行定额用料，（　）是现场材料使用的中心环节。

A. 时间定额　　B. 材料堆放

C. 劳动管理　　D. 节约用料

28. 施工工艺卡的内容包括：合理的施工（　）及劳动力、工具设备、材料领用等。

A. 速度　　B. 程序

C. 产品　　D. 质量

29. 木模板工艺设计步骤：（　　）→根据构件性状及所在部位确定木模板配料→木模板配制。

A. 确定木模板容许荷载　　B. 确定木模板尺寸

C. 确定木模板方向　　D. 确定木模板组合

30. 木模板中面板模板、木搁栅等的容许荷载，按照不同的（　　）规格和相应的支模条件选用。

A. 断面　　B. 组合

C. 间距　　D. 材质

31. 木模板工程中，一般按（　　）模板、矩形柱模板、梁模板、板模板、墙模板和楼梯模板的不同确定配料。

A. 屋面　　B. 基础

C. 檐口　　D. 结构

32. 配制木模板时所有木材的规格应根据其（　　）情况进行选择。

A. 软硬的程度　　B. 斜纹变形

C. 尺寸相同　　D. 受力

33. 组合钢模板：绘制模板位置（　　）是模板施工总布置图的直接反映。

A. 平面图　　B. 配制图

C. 剖面图　　D. 立面图

34. 模板位置平面图上的每一型号的构件都应绘制（　　）。

A. 钢模板支撑图　　B. 布置图

C. 详图　　D. 钢模板配版图

35. （　　）的支架和其他较为复杂的支模方法应绘制支撑布置图。

A. 板模板　　B. 梁模板

C. 柱模板　　D. 基础墙模板

36. 根据（　　）和进度要求，绘制组合钢模板的周转程序图。

A. 施工方案　　B. 平面图
C. 工艺中层　　D. 支撑系统

37. 在一定湿度条件下，温度（　　），混凝土强度增长越快。

A. 越低　　B. 突变
C. 保持不变　　D. 越高

38. 计算水平模板时，只考虑（　　）。

A. 恒荷载　　B. 活荷载
C. 水平荷载　　D. 竖向荷载

39. 钢筋混凝土受弯构件是指仅受（　　）和剪力作用的构件。

A. 弯矩　　B. 扭矩
C. 压力　　D. 拉力

40. 钢筋混凝土受压构件分为（　　）和偏心受压构件。

A. 轴心受压构件　　B. 压剪为主构件
C. 压弯为主构件　　D. 压扭为主构件

41. 活动地板操作工艺步骤为：基层处理→（　　）→设立支座→面板安装→精平检查。

A. 角尺定位　　B. 中心点定位
C. 定位轴线　　D. 定位弹线

42. 活动地板基层楼地面要符合设计标高的要求，（　　），无明显的凹凸不平，不起砂。

A. 表面凿毛　　B. 面层光滑
C. 面层起拱　　D. 表面平整

43. 活动地板定位弹线时，为避免房间尺寸的误差，应先弹出中间的（　　），然后按预定设计尺寸弹出正方网线。

A. 定点轴心　　B. 十字轴线
C. 交叉轴线　　D. 定位平行线

44. 安装活动地板时，定位弹线后，经检查无误，可在方格网（　　）处设立支座，常见形式有拆装式支座、固定式支座、卡锁搁栅式支座和刚性龙骨支座。

A. 圆弧交叉　　　　B. 水平交叉

C. 十字交叉　　　　D. 井字交叉

45. 安装活动地板面板时，待支座底盘黏结牢固，活动地板下的电缆、管线铺设完毕后，对（　　）的标高再次用水准仪复平一遍，标高无误后即可进行面板安装。

A. 地板面板面　　　　B. 基层面层

C. 槽钢面　　　　D. 地坪面

46. 活动地板使用注意事项：避免重物集中堆放，禁穿鞋底带金属钉子的鞋踩踏。地板面清洁保养时，防止（　　）处进水而影响使用寿命。

A. 重物堆放　　　　B. 踢脚板缝

C. 地板边角　　　　D. 地板拼缝

47. 艺术吊灯的承重结构，依据吊灯（　　），以及面板材料而灵活采用，可用木料、型钢、轻型型材或几种材料配合使用。

A. 色彩和照明　　　　B. 连接和安装

C. 造型和跨度　　　　D. 水平和直角

48. 开敞式反光灯槽常见形式有：半间接式反光灯槽、平行反光灯槽、（　　）、半间接带状、封闭式反光灯槽。

A. 逆向反光灯槽　　　　B. 曲射反光灯槽

C. 垂直反光灯槽　　　　D. 侧向反光灯槽

49. 墙面软包装饰操作工艺步骤：基层处理→龙骨及基面板制作→面层及填充料固定→（　　）。

A. 面料定色　　　　B. 皮革盖面

C. 黏结处理　　　　D. 压边收口

50. 墙面软包装饰的基层做抹灰和防潮处理时，一般是用（　　）抹灰 20 mm 厚，刷涂冷底子油，再做一毡二油防潮层。

A. 耐热水泥砂浆　　B. 1∶3 石灰砂浆

C. 白水泥砂浆　　D. 1：3 水泥砂浆

51. 墙柱面做软包装饰时，应采用（20～25）mm×（40～50)mm 截面的木龙骨墙筋，墙筋排布尺寸一般为（　）间距，按设计图要求进行分格，平面造型，固定墙筋后即可铺钉五层胶合板作基面板。

A. 400～600 mm　　B. 100～200 mm

C. 200～300 mm　　D. 300～400 mm

52. 室内配套木家具制作工艺顺序：选配料→刨削→（　）→榫槽制作→组装。

A. 砍料　　B. 光面

C. 开料　　D. 划线

53. 木家具制作中，应按家具的色彩选择五金配件的色泽，以金、银、白（　)为主，以适应各种色彩的家具使用。

A. 纯色　　B. 花色

C. 混合色　　D. 彩色

54. 社会主义职业道德是以协调个人、集体与（　）为核心，而离开集体主义，这三者之间的矛盾，是无法协调的。

A. 职业群体　　B. 和谐社会

C. 社会关系　　D. 市场义务

55. 社会主义职业道德的（　）是解决劳动态度问题，所以要求在社会主义社会里，每个从业人员在工作中必须树立主人翁的劳动态度。

A. 方法　　B. 重点

C. 性质　　D. 内容

56. 提高职业道德的修养，必须将学习理论和实践相结合，向革命前辈和先进人物学习，自觉地进行（　）和慎独。

A. 方向定位　　B. 展示

C. 自省　　D. 引入提升

57. 一个人的职业道德品质的好坏，修养水平的高低，根本上（　　）于以什么样的人生观为基础。

A. 行为　　B. 服从

C. 取决　　D. 指教

58. 为人民服务体现了正确的世界观、人生观、价值观，人们认识世界、改造世界的目的，归根到底是为广大人民群众（　　），树立全心全意为人民服务的人生观。

A. 主动服务　　B. 创环境

C. 谋利益　　D. 争职位

59. 物体平衡指的是物体相对于（　　）处于静止或做匀速直线运动。

A. 地球　　B. 地面

C. 眼睛　　D. 汽车

60. 二力平衡时两个力大小相等，方向相反，作用在（　　）。

A. 两个物体上　　B. 同一直线上

C. 同一曲面内　　D. 两个对称面

61. 在弹性范围内，将虎克定律用应力和应变的形式表示，即（　　）

A. $\sigma=E\varepsilon$　　B. $\varepsilon=E\sigma$

C. $E=\sigma\triangle l/\varepsilon$　　D. $E=\sigma/\varepsilon\triangle l$

62. 木家具刨削加工时，应首先识别木纹方向，再顺木纹方向加工，先刨大面，再刨小面，一般无特别要求的两个相邻的面刨成 90°，树皮的一面用于构件的（　　）。

A. 侧面　　B. 正面

C. 前面　　D. 背面

63. 木制品板材的拼缝结合有多种形式，其中拉拼缝的操作方法是：先对木板的缝口刨削加工使之对缝严密，然后将（　　）的平头木螺钉拧在一板拼缝口的一面，在另一板缝口面开一长槽，在槽口一端钻一圆孔，使之拼合。

A. 5～10 mm　　B. 10～20 mm

C. 30～40 mm　　　　D. 50～60 mm

64. 木家具制作拼装过程：先拼装侧边框、底框和顶框，最后配成整体框架。每种框架组装后，都需进行对角线测量并校正其垂直度和水平度，合格后首先钉上（　　）定位。

A. 底板　　　　B. 旁板

C. 后板　　　　D. 顶板

65. 木家具分层搁板可分为固定式和活动式两种。固定式是用钉和胶将搁板固定于家具的横档木上；活动式是将搁板不加固定而平放在横档木或（　　）上。

A. 竖档木　　　　B. 滚轮

C. 滑槽　　　　D. 定位销

66. 木家具的抽屉是由面板、侧板、后板和底板组成，其盖板抽屉（　　）的高度、宽度应小于框架留洞尺寸。

A. 面板和侧板　　　　B. 后板和侧板

C. 面板和后板　　　　D. 所有板

67. 木家具橱柜顶边装配时，为避免钉接过程中木料的劈裂，对于顶边的斜角、端头、线条的接头、（　　），先按钉件的直径钻通孔眼后再用钉结合。

A. 接触部位　　　　B. 直线部位

C. 平面部位　　　　D. 弯曲部位

68. 木家具脚架的安装：板落地式在制作橱架时连底板一同制出；板杠装配式是单独制作后再与橱柜整体进行连接，固定的方法是在连接面涂胶后用（　　）加固。

A. 木螺钉和元钉　　　　B. 榫眼结合

C. 马牙榫结合　　　　D. 外力加压

69. 木家具的表面做油漆涂饰的，其框架的（　　）一般同时是面板；木家具的表面使用各类装饰材料的，饰面与基层黏合后，需在其侧边进行封边收口，使其严密和美观。

A. 外封板　　　　B. 内封板

C. 底板　　D. 木骨架

70. 常见的木家具线脚类型有边缘线脚、衔接过渡收口线脚、（　）、平行线脚。

A. 薄木片线脚　　B. 框形线脚

C. 榉木线脚　　D. 铝合金线脚

71. 木家具薄木单片封边收口的施工方法：先用砂纸磨除封边处的木屑、胶迹等，然后在封边薄木片上涂万能胶，对齐边口贴放，用干净抹布擦净胶迹后用（　）。固化后切除毛边和多余处即可。

A. 板条加固　　B. 电吹风吹干

C. 电烙铁烫平　　D. 熨斗熨压

72. 采用凸圆或带槽木线脚的木家具，外露缝隙或界面交接部位进行装饰封边收口时，安装时（　）结合。

A. 嵌槽　　B. 竹梢

C. 榫眼　　D. 钉胶

73. 钢筋混凝土结构旋转楼梯木模渐近法制作工艺步骤：定位放线→组合支架→(　　)→侧板制作安装→安踏步板。

A. 安装搁栅　　B. 安装牵杠

C. 基层找平　　D. 底板铺设

74. 钢筋混凝土结构旋转楼梯木模渐近法制作工艺中的定位放线包括：基层找平、平面定位和设立水平标高。其中基层找平的作用是按设计图定出旋转楼梯平面投影的（　）及楼梯起步线位置。

A. 圆心　　B. 外弧线

C. 水平线　　D. 垂直线

75. 钢筋混凝土结构旋转楼梯木模渐近法制作工艺中底板的铺设方法：先对底板进行加工，底板宜采用同一厚度的木板，为使底板和顺地扭曲，应用（　　）厚木板。

A. 20 mm　　B. 30 mm

C. 40 mm　　D. 50 mm

76. 钢筋混凝土结构旋转楼梯木模渐近法制作工艺中侧板的制作安装方法：侧模面板用纤维板较为经济，板肋采用圆弧木带，为了安装方便，侧模板以每段弦长（　　）作为基本规格。

A. 1 m　　B. 2 m

C. 3 m　　D. 4 m

77. 钢筋混凝土结构旋转楼梯木模渐近法制作工艺中踏步板的安装方法：先将踏步点从（　　）上引至侧模板上，然后用水准尺竖直划出踏步位置，钉上小木条，最后在这些木条上钉上踏步板。

A. 牵杠　　B. 圆心

C. 底模　　D. 外弧

78. 钢筋混凝土结构旋转楼梯钢筋支模法制作工艺中定位放线的作用：按设计图定出旋转楼梯的（　　）及楼梯起步线位置。

A. 平行线　　B. 底板厚度

C. 垂直线　　D. 圆心

79. 钢筋混凝土结构旋转楼梯钢筋支模法操作工艺中钢支架搭设要求：钢支架的每根钢管牵杠应在每（　　）线上，为此必须事先逐一计算好牵杠的每端高度。

A. 踏步　　B. 平行

C. 踢脚　　D. 垂直

80. 钢筋混凝土结构旋转楼梯钢筋支模法制作工艺中踏步板安装方法：首先在（　　）上按实划出踏步板位置，钉上小木条，然后在每一踏步面上用水平拉管将内、外支撑连接，扣紧，最后在小木条上钉踏步板。

A. 底模　　B. 钢筋筏

C. 侧板　　D. 立杆

81. 旋转楼梯模板安装的保证项目质量标准：模板及其支架必须有足够的强度、（　　）和稳定性。

A. 倾斜度　　B. 挠度

C. 光滑度　　　　D. 刚度

82. 格扇是古建筑外檐装修中的重要部分，位于建筑物的金柱或檐柱间的框槛中，是一种（　　），两边为边梃，边梃之间横安抹头。

A. 重叠结构　　　　B. 支撑结构

C. 错位结构　　　　D. 架子结构

83. 挂落是由棂条花牙子镶搭成流空花纹，同边框一起是装于廊柱间的枋子下，主要有（　　）二式。

A. 明式和清式　　　　B. 榫式和结工

C. 平式和垂式　　　　D. 藤茎和万川

84. 格扇的制作工艺步骤：刨料→（　　）→制作→拼装。

A. 划点　　　　B. 划线

C. 量线　　　　D. 定面

85. 格扇制作时，先确定格扇的边梃（　　）。以清式制造为例，边梃的扇面宽应为格扇宽的 1/10，边梃的厚度或进深为边梃宽的 1.5 倍。

A. 水平尺寸　　　　B. 断面尺寸

C. 长度尺寸　　　　D. 直径尺寸

86. 格扇制作的划线，是依据柱间框槛尺寸，确定每间安装格扇的数量和格扇边梃的断面尺寸后，格扇（　　）的划线长度也就确定了。

A. 横花牙　　　　B. 直花牙

C. 横抹头　　　　D. 直抹头

87. 格扇的拼装方法：一般先将（　　）拼好，然后做头缝榫或销子榫，最后将抹头和绦环板、裙板组合拼装。

A. 榫卯　　　　B. 斜角

C. 槅心　　　　D. 直边

88. 挂落制作工艺步骤：刨料→（　　）→制作→拼装→安装。

A. 标注　　　　B. 夹角

C. 划线　　　　D. 挂边

89. 挂落的拼装方法：从中间向两旁粘拼，再装上花牙子，随后拼上边框，拼装完成应校核（　　），修正花格棂条与花牙子交接处，打磨光滑。

A. 外皮尺寸　　B. 对角尺寸

C. 水平尺寸　　D. 内皮尺寸

90. 挂落安装时，应先将挂落（　　）柱间枋子下，确定竹销固定的位置，取下挂落视情况略作修正，并在柱子上钻孔，最后用竹销将挂落与柱子连接。

A. 试水平　　B. 试紧固

C. 试稳定　　D. 试安于

91. 六角亭小式制作工艺步骤：（　　）→备料→丈杆制备→构件制作→大木安装→外檐装修。

A. 垂直标注　　B. 定位编号

C. 中点位置　　D. 交叉点线

92. 所谓“一个过程”就是指企业施工生产全过程的（　　）。要运用好计划职能、组织职能、用人职能、指挥和领导职能、控制职能，处理好计划、通讯联络、鼓励诱导三个环节。

A. 质量循环　　B. 全面控制

C. 质量管理　　D. 质量比赛

93. 全面质量管理就是通过计划——实施——（　　）——处理四个阶段周而复始的循环转动，使企业施工生产活动以及各个方面的质量管理工作不断地得到提高。

A. 工作　　B. 管理

C. 检查　　D. 事情

94. PDCA 循环工作法第一阶段的工作内容可分为四个步骤；第一步，分析现状（　　）；第二步，分析各种影响因素；第三步，找出主要的影响因素；第四步，针对主要影响因素制定措施。

A. 检查情况　　B. 找出问题

C. 整理资料　　D. 判断结果

95. 班组要建立质量管理小组（简称 QC 小组）。工程质量的好坏，在既定的设计条件下，很大程度取决于（　　）。只有广泛发动工人积极参加质量管理，施工优质工程才有可靠保证。

A. 寻找施工方法　　B. 加强检查管理

C. 分析施工原因　　D. 施工操作过程

96. 施工执照是地方建设规划部门工程建设地点、（　　）、造型等的批准文件，也是施工企业工程施工的重要依据。

A. 技术　　B. 组织

C. 规模　　D. 安全

97. 施工组织设计、施工方案、（　　）文件资料是施工主要指导性文件。

A. 安全方案　　B. 技术经济

C. 技术交底　　D. 技术措施

98. 需要材质证明的施工材料有：钢材、水泥、砖、砂石、（　　）、焊条等。

A. 混凝土、粉煤灰砌块　　B. 黏土砖、砌块

C. 防水保温材料　　D. 水泥、黄沙

99. 单位工程负责人将隐蔽工程检查验收情况填入隐蔽工程记录，隐蔽工程验收参加人员在记录上签字，成为隐蔽项目的（　　）凭证，由单位工程负责人积累保管。

A. 钢筋试验　　B. 质量检验

C. 隐蔽工程验收　　D. 检查验收

100. 班组长的质量管理职责之一是组织好本班组的（　　），组织好同其他班组的交接。

A. 自检和互检　　B. 班组检查

C. 班组验收　　D. 竣工验收

101. 班组质量检验员的质量管理职责是认真协助班组长搞好（　　），坚持推行自检、互检、交接检的三检制。

A. 交接检　　B. 工序交接

C. 质量检验　　　　D. 本组质量管理

102. 班组操作人员的质量管理职责之一是要做到懂设备性能、懂质量标准和操作规程、懂岗位操作技术；（　　）、会操作、会维修、会检验。

A. 编制施工方案　　　　B. 检查技术措施

C. 会看设计图　　　　D. 自检和互检严格

103. 搞好施工工艺管理，在工艺卡中分别制定各工种的施工操作工艺，并附有关键部位的（　　），施工过程中必须认真地按工艺卡操作。

A. 管理程序　　　　B. 安全措施

C. 技术措施　　　　D. 修改要求

104. 施工现场材料、工具管理的内容包括：施工前的（　　）；施工过程中的材料、工具供应；现场堆放保管耗用的监督，施工后的材料、工具的清理、回收、盘点、核算与转移等内容。

A. 技术措施　　　　B. 施工方案

C. 材料、工具准备　　　　D. 计划进度

105. 水泥是水硬性胶凝材料，具有（　　），一般在仓库内保管，库房内要保持清洁，破袋子、落地灰要及时清理；掌握保管期限，坚持先进先出。

A. 气硬性　　　　B. 腐蚀性

C. 时效性　　　　D. 危险性

106. 工具供应和管理的基本原则之一是：及时齐备并经济地供应效能良好的工具；根据各工种配套工具标准和实际生产需要，实行（　　）。坚持交旧领新和废旧工具回收制度；积极进行废旧工具的修复利用。

A. 现场领料　　　　B. 定额供应

C. 现场配料　　　　D. 交旧领新

107. 木模板管理的基本要求：加速周转，（　　），物尽其用，降低工程费用。在大型的工地或建筑群的施工中，集中设立模板配制间，负责模板的“统一配料，统一制作，统一回收，统一管理”。

A. 废物利用　　　　B. 减少损耗

C. 计划先行　　　　D. 定额分配

108. 旋转楼梯栏杆扶手制作工艺顺序：（　　）→落料→划线→绕锯→做榫→修正→刨光。

A. 砍料　　　　B. 放样

C. 设计　　　　D. 选料

109. 制作旋转楼梯栏杆扶手的放样方法：旋转楼梯的栏杆扶手是（　　）螺旋体，扶手应是分段制作后再立体拼装，所以其放样也只能是分段在各侧面上进行放样分析。

A. 立面　　　　B. 空间

C. 平面　　　　D. 垂直

110. 旋转楼梯扶手制作划线方法：在两个相邻侧面刨直刨光成直角后，即可根据放样的数据分别进行内、外扶手的划线，划线时必须（　　）都同时划上细线。

A. 三个侧面　　　　B. 一平面和一侧面

C. 四个侧面　　　　D. 二平面和一侧面

111. 旋转楼梯扶手绕锯做榫方法：锯料时应将四面划线的木料（　　）固定，由两名木工用绕锯按各自一面的细线锯割后，两端按拼缝顺序各做雌雄榫。

A. 钉牢　　　　B. 竖放

C. 平放绑扎　　　　D. 倾斜

112. 旋转楼梯扶手修正刨光方法：各段扶手在栏杆上由下而上拼接时，如榫肩有误差应及时修正，拼接后扶手平面各自向左右倾斜，接头处有角凸出，外扶手倾斜的修平值为（　　）左右。对凸出部分用斧修去后再用刨刨光并打磨光滑扶手。

A. 30 mm　　　　B. 25 mm

C. 20 mm　　　　D. 10 mm

113. 旋转楼梯栏杆扶手保证项目：扶手木料宜用硬木，木材要干燥，其含水率应控制在（　　），以免收缩脱胶，产生裂缝。

A. 5%　　B. 10%

C. 15%　　D. 20%

114. 旋转楼梯栏杆扶手允许偏差：栏杆垂直允许偏差（　　），栏杆间距允许偏差 3 mm，扶手纵向弯曲允许偏差 4 mm。

A. 2 mm　　B. 3 mm

C. 4 mm　　D. 5 mm

115. 我国古建筑的建筑形式是：（　　），一般由台基、柱墙身和屋面三大部分组成。

A. 单体建筑　　B. 框架建筑

C. 双体建筑　　D. 群体建筑

116. 庑殿建筑的基本构造是由正身和山面转角两部分组成，正身是由（　　），梁上搁置桁条，桁条上铺钉椽子、望板而形成抬梁式结构。

A. 梁支撑脊木　　B. 平梁连接顺梁

C. 角梁支撑椽子　　D. 柱子支撑梁架

117. 庑殿建筑柱类构件主要的柱有：（　　）、金柱、角柱、雷公柱、瓜柱、脊瓜柱等。

A. 方架柱　　B. 圆柱

C. 梁柱　　D. 檐柱

118. 庑殿建筑梁类构件主要的梁有：三架梁、五架梁、顺梁、（　　）、抱头梁、太平梁等。

A. 枋架梁　　B. 角梁

C. 方梁　　D. 圆梁

119. 庑殿建筑的枋是辅助稳定柱和梁的构件，主要有：（　　）、檐枋、金枋等。

A. 方枋　　B. 脊枋

C. 圆枋　　D. 短枋

120. 庑殿建筑的桁檩类构件是直接承受屋面荷载的构件，分为：（　　）、檐檩、脊檩、金檩等。

A. 梁接檩　　　　　　　　　B. 柱接檩

C. 正身檩　　　　　　　　　D. 斜身檩

121. 古建筑大木制作和安装时的丈杆样板是一种具有（　　）、度量功能的特殊工具。

A. 平面图作用　　　　　　　B. 立面图作用

C. 剖面图作用　　　　　　　D. 施工图作用

122. 斗拱的制作方法：先定部件的名称、数量、尺寸，再按制作要求分别制作好后（　　）而成。

A. 接柱　　　　　　　　　　B. 拼装

C. 连梁　　　　　　　　　　D. 接枋

123. 庑殿建筑大木操作的工艺步骤：（　　）→备制→丈杆制备→构件制作→大木安装。

A. 进深编号　　　　　　　　B. 长宽标注

C. 定位编号　　　　　　　　D. 中线标注

124. 庑殿建筑的木构件种类很多，为使操作有条不紊地进行，应对庑殿建筑的（　　）绘制草图与位置编号，然后在构件的制作和装配中按编号入位。

A. 尺寸布置　　　　　　　　B. 长宽布置

C. 进深布置　　　　　　　　D. 柱网布置

125. 庑殿建筑大木丈杆制备：由承担大木（　　）的专人进行丈杆制备，丈杆制排后要仔细核对，不能有误。

A. 构件划线　　　　　　　　B. 尺寸制定

C. 梁柱定位　　　　　　　　D. 丈杆点线

126. 庑殿建筑大木构件制作，依据制备好正确无误的丈杆进行丈杆（　　）、划线。

A. 定位　　　　　　　　　　B. 点线

C. 点面　　　　　　　　　　D. 分格

127. 庑殿建筑大木安装基本项目：木柱下设柱墩，椽与桁钉结牢固，望板厚度符合设计要求，斗拱等构件尺寸正确，表面平直光滑无毛刺，（ ）正确，接缝严密平直通顺。

A. 节点拼接　　　　B. 水平倾斜

C. 垂直间隔　　　　D. 安装位置

128. 庑殿建筑大木安装的允许偏差项目包括构件放样、样板制作、木构架及斗拱等构件的（ ）允许偏差。例如：构架节点间距尺量检查允许偏差±5 mm。

A. 节点与连接　　　　B. 制作与安装

C. 尺寸与截面　　　　D. 榫卯与结合

129. 古建筑斗拱位于檐下，起承重作用，但受风雨等侵蚀易破损，一般采用（ ）方法进行修缮，对仅劈裂、断纹的斗拱可采用粘胶法修缮。

A. 添配修补　　　　B. 支撑错位

C. 结构位移　　　　D. 连接间隔

◉ 判断题（第 130 题～第 182 题。将判断结果填入括号中。正确的填“√”，错误的填“×”。）

130.（ ）三角形木屋架下弦中央节点竖杆为圆钢时，两边斜杆端头做凸榫。

131.（ ）平瓦屋面木基层的基本构造是：屋架、檩条、屋面板、油毡、顺水条、挂瓦条。

132.（ ）封山板的形状与封檐板相同，使用的部位和作用也是相同的。

133.（ ）一直母线沿曲导线滑动，且始终平行于直导线，便形成锥面。作出导线和曲导线的投影，即可确定柱面的投影。

134.（ ）当一平面曲线绕垂直于 H 面的轴线旋转便形成旋转面。旋转面的棱面主要以它的轮廓线、外形线和轴线表示轴线。

135.（ ）三等正轴测的投影：轴间角均为 120°。轴向变形系数 0.82 或 1。

136.（ ）透视图是用平行投影法将物体投射在单一投影面上所达到的图形。

137.（ ）木墙裙的构造和高度要求必须按照设计图施工。

138.（　　）时间定额表示方法是以单位时间的产品计算的。

139.（　　）材料进场时间是指什么时间来料就什么时间收。

140.（　　）现场只要有空地，即可堆放材料，做到有空就堆。

141.（　　）材料保管是指按设计图的要求来堆放材料。

142.（　　）拆除模板本着先装后拆，后装先拆的原则。

143.（　　）活动地板的精平检查是在面板安装后，且全部设备和地下管线施工完毕后，再用水准仪检查一遍，将地板平面调整至满足设计要求为止。

144.（　　）反光灯槽按其设置的结构位置不同有两种：一种为开敞式反光灯槽，其发光源不封闭；另一种为封闭式反光灯槽，其发光源由透明或半透明材料封闭。

145.（　　）发光吊顶的常见形式中造型最美观的是组合式。

146.（　　）墙柱面有软包装饰时，在基面板上用填充材料、面层材料覆盖，最好的固定方法是粘接。

147.（　　）墙柱面软包装饰的压边收口，在现场施工时，最好采用粘贴法，这样可保证面层装饰材料的美观性和完整性。

148.（　　）木家具制作的选料与配料：用于制作骨架的基本材料，应选用木质较好、无韧性、不潮湿、无扭曲变形的合格材料。

149.（　　）档次高的木家具应选用柚木、檀木、花梨木之类的高级木材。

150.（　　）社会主义职业道德是以集体主义为原则。

151.（　　）职业道德的基本原则就是人们在职业活动中调整人们职业关系和个人获利与社会福利关系时所必须遵循的互有的职业道德规范。

152.（　　）勤奋好学是社会主义职业道德的基本原则。

153.（　　）利用内外力的关系计算内力的方法一般采用二力平衡法。

154.（　　）木家具制作加工时，木料刨削加工好以后，进行划线。首先应划出一条基准线，再以此线作为基准完成其他的榫眼线。

155.（　　）木家具制作加工时，凿榫眼时应选择与榫眼宽度相适应的凿子，并从工作面开始凿，凿至1/4深度时翻转至背面将榫眼凿通。

156.（　　）木家具制作加工过程中，前期工序全部完成以后，对整体构件进行组装前应将所有的结构构件用细刨刨光，然后按顺序进行装配，装配时应注意构件部位和正反面。

157.（　　）木家具门扇常采用的构造类型有外框架式、内框架式和移动式三种。

158.（　　）框形线脚主要装饰于木家具的门扇面和抽屉面。

159.（　　）钢筋混凝土结构旋转楼梯木模渐近法操作工艺中的组合支架包括搁栅、牵杠、牵杠顶撑的定位组合。定位时搁栅的间距不大于 40 cm。

160.（　　）钢筋混凝土结构旋转楼梯钢筋支模法操作工艺步骤：钢支架搭设→定位放线→绑扎钢筋→底板铺设→安踏步板→侧板制作安装。

161.（　　）钢筋混凝土结构旋转楼梯钢筋支模法操作工艺中的钢筋筏绑扎方法：将 ϕ10 mm 钢筋统长绕铺在每根牵杠上，每根钢筋的横向排距为 50 mm，然后用细铁丝逐根与牵杠绑扎牢固，成为一个整体的钢筋筏。

162.（　　）钢筋混凝土结构旋转楼梯钢筋支模法操作工艺中底板的铺设方法：底板材料用纤维板，先计算出内、外圆弧的尺寸并划在钢筋筏上。然后在钢筋筏上拼复，用钉锥在纤维板上钻出小孔，穿细铁丝与钢筋筏绞紧。

163.（　　）钢筋混凝土结构旋转楼梯钢筋支模法操作工艺中侧板制作安装的方法：侧板固定是用细铁丝与牵杠支撑绑扎绞紧，并可利用定位三角架的转动来检查校正内圆弧的误差。

164.（　　）旋转楼梯模板安装的基本项目质量标准：模板接缝宽度不大于 3 mm；模板与混凝土的接触面清理干净并采取防止粘接措施。

165.（　　）挂落边框断面尺寸、棂条断面尺寸刨料时的控制，按挂落的尺寸和位置来确定。

166.（　　）六角亭小式制作的定位编号方法：首先确定檐柱的位置，其他构件以上中下位置依次编号，可避免在制作和安装时出错。

167.（　　）PDCA 循环是一个不断前进，不断提高的运动过程，一个循环运转终了，就会使工作提高一步，然后制定下一个循环，再转动再提高。

168.（　　）材料试验记录是评定分项或结构工程质量的重要依据。

169.（　　）工程质量是由一定的数据反映的，离开具体的数据，就无法说明建筑构件的质量优劣。

170.（　　）安全生产通常是指在劳动生产过程中，改善劳动场所附近地区环境，消除附近地区不安全因素，防止附近地区伤亡事故和职业病的发生。

171.（　　）定额供应、包干使用的依据一般是施工预算减3%～5%的额度。

172.（　　）施工收尾阶段现场材料管理的中心任务是保证施工材料的清理与控制，及时转移施工材料并安排材料出场时间。

173.（　　）旋转楼梯模板安装允许偏差项目：模板安装预埋管预留孔中心线位移允许偏差3 mm。

174.（　　）旋转楼梯栏杆扶手基本项目：外形尺寸正确，表面平直光滑，棱角倒圆，线条通顺，不露钉帽，无戗槎、刨痕、毛刺、锤印等缺陷，各段落接头使用暗雌雄榫或指形接头加胶连接。

175.（　　）古建筑大木的划线的关键是掌握线的名称和划线符号，就能完成木构架中各个构件的制作。

176.（　　）古建筑大木位置标号的目的是大木制作时，木物架中的各个构件安装时都能垂直就位，准确无误。

177.（　　）古建筑大木的榫卯构造常见的有五种，其中在木构架中占重要位置的是水平与垂直构件交错位移相交的榫卯构造。

178.（　　）古建筑斗拱的构造从细部看可分为三个部位，以檐柱为分界线，三个部位可分别定名为斗、拱、昂，正中挑出拱子构件。

179.（　　）根据庑殿建筑设计的要求和木材树种选择，列出备料清单，按单准备齐全，制作施工所需木材，并在施工中合理使用木材。

180.（　　）庑殿建筑大木操作的安装是木作施工的最后一道工序，木构件需精确安装组合，必须遵循“尺寸就位、朝向就位、柱梁就位、榫卯就位”的原则。

181.（　　）庑殿建筑大木安装的保证项目：木材的树种、材质等级、木构架各构件制作质量，木构架支撑连接、安装牢固、固定方法必须符合设计要求和施工规范的规定。

182.（　　）古建筑木构架的修缮方法有：包镶法、抽换法、归安法等方法，而在修缮施工中，用得最多的是黏结连接法。

高级手工木工理论知识试题精选答案

◉ 单项选择题

1. B	2. A	3. A	4. A	5. A	6. B	7. A	8. C
9. B	10. B	11. B	12. C	13. A	14. C	15. C	16. D
17. C	18. C	19. C	20. A	21. D	22. B	23. A	24. B
25. A	26. D	27. D	28. B	29. A	30. A	31. B	32. D
33. A	34. D	35. B	36. A	37. D	38. D	39. A	40. A
41. D	42. D	43. B	44. C	45. C	46. C	47. C	48. D
49. D	50. D	51. A	52. D	53. A	54. C	55. B	56. C
57. C	58. C	59. A	60. B	61. A	62. D	63. C	64. C
65. D	66. B	67. D	68. A	69. A	70. B	71. D	72. D
73. D	74. A	75. A	76. A	77. C	78. D	79. A	80. C
81. D	82. D	83. D	84. B	85. B	86. C	87. C	88. C
89. A	90. D	91. B	92. C	93. C	94. B	95. D	96. C
97. C	98. C	99. B	100. A	101. D	102. C	103. C	104. C
105. C	106. B	107. B	108. B	109. B	110. C	111. B	112. D
113. A	114. A	115. A	116. D	117. D	118. B	119. B	120. C
121. D	122. B	123. C	124. D	125. A	126. B	127. D	128. B
129. A							

◉ **判断题**

130. ×　131. √　132. ×　133. ×　134. √　135. √　136. ×　137. √
138. ×　139. ×　140. ×　141. ×　142. √　143. √　144. √　145. ×
146. ×　147. ×　148. ×　149. √　150. √　151. ×　152. ×　153. ×
154. √　155. ×　156. √　157. ×　158. √　159. √　160. ×　161. √
162. ×　163. ×　164. ×　165. ×　166. ×　167. √　168. √　169. √
170. ×　171. ×　172. ×　173. √　174. √　175. ×　176. ×　177. ×
178. ×　179. ×　180. ×　181. √　182. ×

高级手工木工理论知识考试模拟试卷

职业技能鉴定国家题库

高级手工木工理论知识试卷

注　意　事　项

1. 考试时间：120 min。
2. 本试卷依据 2002 年颁布的《国家职业标准・手工木工》命制。
3. 请首先按要求在试卷的标封处填写您的姓名、准考证号和所在单位的名称。
4. 请仔细阅读各种题目的回答要求，在规定的位置填写您的答案。
5. 不要在试卷上乱写乱画，不要在标封区填写无关的内容。

	一	二	总分
得分			

得分	
评分人	

一、单项选择题（第 1 题～第 160 题。选择一个正确的答案，将相应的字母填入题内的括号中。每题 0.5 分，满分 80 分。）

1. 职业道德是指从事一定职业的人，在工作或劳动过程中，应遵循的与其职业活动紧密联系的（　　）的总和。

A. 道德规范　　B. 个人品质

C. 工作规程　　D. 劳动技能

2. 社会主义职业道德是建立在以公有制为主体的经济基础之上的人和人之间的职业关系，基本上消灭了人剥削人、人压迫人的现象，建立了同志式的（　　）关系。

A. 因果模式　　B. 互平互动

C. 团结互助　　D. 职业行为

3. 职业道德的基本原则就是人们在职业活动中调整人们职业关系和个人利益与社会利益关系时所必须遵循的（　　）的职业道德规范。

A. 原由　　B. 获利

C. 根本　　D. 关联

4.（　　）是社会主义职业道德的基本原则。

A. 努力工作　　B. 积极向上

C. 战胜困难　　D. 为人民服务

5. 社会主义职业道德是以协调个人、集体与（　　）为核心，而离开集体主义，这三者之间的矛盾，是无法协调的。

A. 职业群体　　B. 和谐社会

C. 社会关系　　D. 市场义务

6. 社会主义职业道德的（　　）是解决劳动态度问题，所以要求在社会主义社会里，每个从业人员在工作中必须树立主人翁的劳动态度。

A. 政策　　B. 概论

C. 内容　　D. 重点

7. 提高职业道德的修养，必须将学习理论和实践相结合，向革命前辈和先进人物学习，自觉地进行（　　）和慎独。

A. 节奏速度　　B. 引入提升

C. 展示　　D. 自省

8. 为人民服务体现了正确的世界观、人生观、价值观，人们认识世界、改造世界的目的，归根到底是为广大人民群众（　　），树立全心全意为人民服务的人生观。

A. 耐心细致　　B. 谋利益

C. 争职位　　D. 创环境

9. 用一个力代替同一物体上的力系而不改变效果，力系中各个力为（　　）。

A. 原力　　B. 反作用力

C. 作用力　　D. 分力

10. 由合力计算（　　）的过程称力的分解。

A. 均布力　　B. 集中力

C. 分力　　D. 应力

11. 物体平衡指的是物体相对于（　　）处于静止或做匀速直线运动。

A. 眼睛　　B. 地球

C. 飞行物　　D. 卡车

12. 二力平衡时两个力大小相等，（　　）相反，作用在同一直线上。

A. 左右　　B. 横竖

C. 放射　　D. 方向

13. 虎克定律：在弹性范围内，杆件的伸长或缩短与（　　）成反比。

A. 杆长　　B. 杆截面积

C. 杆材质量　　D. 杆宽

14. 三角形木屋架各杆件连接处称为（　　）。

A. 节点　　B. 联系点

C. 交点　　D. 关键节点

15. 三角形木屋架脊节点是（　　）与中竖杆连接点。

A. 一根上弦　　B. 腹杆

C. 斜杆　　D. 两根上弦

16. 三角形木屋架下弦中央节点竖杆为圆钢时，在（　　）上开槽。

A. 斜杆　　B. 下弦

C. 硕木垫块　　D. 竖杆

17. 波形瓦屋面铺瓦时每块瓦常搭盖（　　）檩条，瓦的上、下接缝应在檩条上，檩条间距视瓦的长度与厚度而定。

A. 六根　　B. 四根

C. 八根　　D. 三根

18. 古建筑的屋盖（顶）分为庑殿式、（　　）、硬山式、歇山式。

A. 悬山式　　B. 悬索式

C. 六攒尖式　　D. 落地拱式

19. 木结构屋面檩条选好后，找直、找平，（　　）堆放。

A. 整齐　　B. 分开

C. 分类　　D. 竖直

20. 椽条应按设计要求选用方椽或圆椽，其（　　）应按设计规定放置。

A. 间距　　B. 数量

C. 大小　　D. 材质

21. 投影变换方法一般有辅助投影面法和（　　）。

A. 斜视法　　B. 视图法

C. 转折法　　D. 旋转法

22. 曲线的投影是指通过（　　）上各点向投影面作投射线，作出各点投影后，再依次将其连接。

A. 螺旋线　　B. 曲面

C. 平面　　D. 曲线

23. 对一般位置的圆的投影，其圆心的投影即为辅圆心，过圆心且平行于投影面的直径的投影即为椭圆的长轴，它的长度等于（　　）。

A. 圆周直径　　B. 圆周直径与倾角的余弦乘积

C. 圆周直径与倾角的正弦乘积　　D. 圆周直径与倾角的正切乘积

24. 当圆平面垂直于 V 面而倾斜于 H 面，在 V 面投影为（　　），在 H 面投影为椭圆。

A. 一直线　　B. 螺纹线

C. 圆周线　　D. 曲线

25. 当圆平面平行于 H 面，其 H 面投影显示实形即为一个等圆，故 V 面投影为（　　）。

A. 等于半径长度的水平直线　　B. 等于直径长度的水平直线

C. 等于直径长度的正平直线　　D. 等于半径长度的正平直线

26. 一般曲面视为（　　）的运动而形成（　　）。

A. 线　　B. 中心线

C. 分界线　　D. 曲线

27. 曲面通常分为（　　）和曲线面。

A. 球面　　B. 直线面

C. 几何面　　D. 回转面

28. 一直线沿曲线滑动，且始终垂直于曲线，便形成柱面。作出直线和曲线的投影，即可确定（　　）的投影。

A. 翘平面　　B. 柱面

C. 锥面　　D. 棱面

29. 一平面曲线绕垂直于 H 面的轴线旋转便形成（　　）。旋转面的棱面主要以它的轮廓线、外形线和轴线表示轴线。

A. 旋转面　　B. 双曲面

C. 平面　　D. 翘曲面

30. 轴测图投影图是指，采用投射方向不平行于任何坐标面和（　　），也不平行投影面，所达到的立体感的投影。

A. 中心轴　　B. 坐标轴

C. 定位轴　　D. 投影轴

31. 正轴测投影图一般为投射线方向（　）轴测投影面。

A. 倾斜　　B. 反射

C. 垂直　　D. 不垂直

32. 斜轴测投影图一般为投射线方向（　）轴测投影面。

A. 定比　　B. 直视

C. 平行　　D. 倾斜

33. 下列选项中不属于常见的轴测投影图的为（　）。

A. 二等正面斜轴测投影图　　B. 四等轴测投影图

C. 三等水平斜轴测投影图　　D. 三等正面斜轴测投影图

34. 三等正轴测的投影：轴间角均为 120°，轴向变形系数（　）或 1。

A. 0.82　　B. 0.42

D. 0.21　　D. 0.5

35. 二等正轴测的投影：轴间角分别为 97°、131°和（　），轴向变形系数 0.94 或 1 和 0.47 或 0.5。

A. 97°　　B. 131°

C. 228°　　D. 144°

36. 三等正面斜轴测的投影：轴间角分别为 90°和 135°、120°或 150°，轴向变形系数为（　）或 0.15 和 0.5 或 1.5。

A. 0.47　　B. 0.74

C. 1　　D. 0.23

37. 物体轴测图的绘制顺序：选类型→选直角坐标→绘制（　）→依规律绘制轴测图。

A. 轴测坐标　　B. p、q、r

C. 缩短率　　D. 模型

38. 透视图是用（　　）投影法将物体投射在单一投影面上所达到的图形。

A. 倾斜　　B. 中心

C. 轴测　　D. 垂直

39. 透视图绘制的基本方法：选择合适的透视角度、求（　　）的灭点、找真高点、绘底面透视、绘高度、绘立体轮廓透视。

A. 水平线　　B. 真高线

C. 折射线　　D. 主视线

40. 建筑工程定额按生产要素可分劳动定额、（　　）定额和机械台班定额。

A. 时间　　B. 产品

C. 调配　　D. 材料消耗

41.（　　）一般采用分式表示，其分子表示时间定额，分母表示产量定额。

A. 建筑工程定额　　B. 机械产量定额

C. 材料消耗定额　　D. 劳动定额

42.（　　）在施工组织管理中具有重要地位。其总体要求：统筹安排，管理使用劳动力，改善劳动力组织和劳动条件，按劳分配，提高劳动生产率，保证施工任务的完成。

A. 劳动福利　　B. 劳动管理

C. 工资奖金　　D. 生活条件

43. 材料管理主要应抓好材料的进场、保管、（　　）等环节。

A. 时间　　B. 堆放

C. 使用核算　　D. 分配核算

44. 进场材料应及时验收，核对材料的品种等级是否与原（　　）相符。

A. 软材　　B. 批量

C. 硬板　　D. 计划

45. 材料进场时间要与（　　）相适应。

A. 工程质量　　B. 施工速度

C. 分配原则　　D. 劳动报酬

46. 把握材料保管环节，要保证（　　），防止丢失、损坏、变质和乱拿乱用。

A. 劳动定额　　B. 物资齐全

C. 随意堆放　　D. 时间定额

47. 实行定额用料，（　　）是现场材料使用的中心环节。

A. 时间定额　　B. 材料堆放

C. 劳动管理　　D. 节约用料

48. 施工工艺卡是作为施工管理人员和操作人员有规可循、（　　）的执行和检查的依据。

A. 有章可守　　B. 文字说明

C. 操作接点　　D. 工具卡制

49. 组合钢模板时绘制模板位置（　　）是模板施工的总布置图的直接反映。

A. 方位　　B. 标志

C. 图例　　D. 平面图

50. 组合钢模板时，应根据施工方案和进度要求，绘制模扳（　　）图。

A. 各类支撑　　B. 安装步骤

C. 各类配件　　D. 周转程序

51. 普通混凝土是由石子、砂、（　　）和水按一定比例均匀拌和而成。

A. 明胶　　B. 砂泥

C. 土　　D. 水泥

52. 在一定湿度条件下，混凝土强度随（　　）的增长而逐渐提高。

A. 配料　　B. 季节

C. 温度　　D. 搅拌

53. 建筑结构的荷载分为永久荷载和（　　）。

A. 土压力荷载　　B. 梁自重荷载

C. 可变荷载　　D. 房屋自重荷载

54. 钢筋混凝土受弯构件是指仅受弯矩和（　　）作用的构件。

A. 拉力　　B. 向上引力

C. 扭矩　　D. 剪力

55. 钢筋混凝土受压构件分为轴心受压构件和（　　）。

A. 大偏心受压构件　　B. 小偏心受压构件

C. 偏心受压构件　　D. 偏心压弯构件

56. 用各种（　　）通过砂浆铺砌而成的结构称砌体结构。

A. 木块　　B. 混凝土

C. 块材　　D. 材料

57. 房屋的（　　）计算方案分为刚性方案、弹性方案和刚弹性方案。

A. 动力　　B. 静力

C. 应力　　D. 内力

58. 活动地板操作工艺步骤：基层处理→（　　）→设立支座→面板安装→精平检查。

A. 定位轴线　　B. 定位弹线

C. 中心点定位　　D. 水平线定位

59. 活动地板基层楼地面要符合设计标高的要求，（　　），无明显的凹凸不平，不起砂。

A. 表面凿毛　　B. 面层光滑

C. 面层起拱　　D. 表面平整

60. 活动地板安装定位弹线后，经检查无误，可在方格网（　　）处设立支座。其常见形式有拆装式支座、固定式支座、卡锁搁栅式支座和刚性龙骨支座。

A. 井字交叉　　B. 十字交叉

C. 水平交叉　　D. 扇形交叉

61. 活动地板的精平检查是在面板安装后及全部设备和地下管线施工完毕后，再用水准仪检查一遍，将（　　）调整至满足设计要求为止。

A. 刚性龙骨面　　B. 地板平面

C. 支座顶面　　D. 螺栓紧固面

62. 艺术吊灯的承重结构，依据吊灯（　　），以及面板材料而灵活采用，可用木料、型钢、轻型型材或几种材料配合使用。

A. 水平和直角　　B. 色彩和照明

C. 中点和中轴　　D. 造型和跨度

63. 室内配套木家具制作的工艺顺序：选配料→刨削→（　　）→榫槽制作→组装。

A. 砍料　　B. 光面

C. 开料　　D. 划线

64. 用于制作木家具骨架的基本材料，应选用木质较好、（　　）、不潮湿、无扭曲变形的合格材料。

A. 不耐腐　　B. 收缩大

C. 不干燥　　D. 无腐朽

65. 档次要求高的木家具应选用柚木、檀木、（　　）之类的高级木材。

A. 榆木　　B. 桦木

C. 红松　　D. 花梨木

66. 应按木家具的色彩选择五金配件的色泽，以金、银、白（　　）为主，以适应各种色彩的家具使用。

A. 纯色　　B. 花色

C. 混合色　　D. 彩色

67. 木家具刨削加工时，应首先识别木纹方向，再顺木纹方向加工，先刨大面，再刨小面。一般无特别要求的两个相邻的面刨成（　　）角。

A. 85°　　B. 90°

C. 95°　　D. 100°

68. 木家具制作加工时，木料刨削加工好以后，进行划线。首先划出一条（　　），再以此线作为基准，完成其他的榫眼线。

A. 中心线　　B. 实线

C. 平行线　　D. 基准线

69. 木家具制作加工时，凿榫眼时应选择与榫眼宽度相适应的凿子，并从工作面开始凿，凿至（　　）深度时翻转至背面将榫眼凿通。

A. 2/3　　B. 1/5

C. 3/4　　D. 1/2

70. 木家具制作加工过程中，前期工序全部完成以后，对整体构件进行组装前应将（　　）的结构构件用细刨刨光，然后按顺序进行装配。装配时应注意构件的部位和正反面。

A. 部分　　B. 表面

C. 外部　　D. 所有

71. 木家具制作拼装过程中，每种框架组装后，都需进行对角线测量并校正其垂直度和水平度，合格后首先钉上（　　）定位。

A. 搁板　　B. 底板

C. 面板　　D. 后板

72. 木家具分层搁板可分为固定式和活动式两种。固定式是用钉和胶将搁板固定于家具的横档木上；活动式是将搁板不加固定而平放在横档木或（　　）上。

A. 竖档木　　B. 滚轮

C. 滑槽　　D. 定位销

73. 木家具的抽屉是由面板、侧板、后板和底板组成，其盖板抽屉（　　）的高度、宽度应小于框架留洞尺寸。

A. 所有板　　B. 面板和侧板

C. 后板和侧板　　D. 后板和底板

74. 木家具橱柜顶边装配时，为避免钉接过程中木料的劈裂，应对顶边的斜角、端头、线条的接头、（　　），先按钉件的直径钻通孔眼后再用钉结合。

A. 接触部位　　B. 直线部位

C. 平面部位　　D. 弯曲部位

75. 木家具面板安装时，如家具的表面有油漆涂饰，其框架的（　　）同时是面板；如家具的表面使用各类装饰材料，饰面与基层黏合后，则需在其侧边进行封边收口，使其严密和美观。

A. 内封板　　　　B. 木骨架

C. 外封板　　　　D. 衬档料

76. 薄木单片封边收口的方法：先用砂纸磨除封边处的木屑、胶迹等，然后在封边薄木片上涂万能胶，对齐边口贴放，用干净抹布擦净胶迹后用（　　），固化后切除毛边和多余处即可。

A. 熨斗熨压　　　　B. 枪钉加固

C. 电烙铁烫平　　　　D. 板条加固

77. 木家具制作采用凸圆或带槽木线脚对一些外露缝隙或界面交接部位进行装饰封边收口时，安装用（　　）结合方法。

A. 螺钉　　　　B. 钉胶

C. 竹梢　　　　D. 白乳胶粘贴

78. 旋转楼梯根据结构材料的不同可分为：钢结构、木结构、（　　）和钢筋混凝土结构。

A. 砖结构　　　　B. 铝合金结构

C. 混凝土结构　　　　D. 钢木结构

79. 钢筋混凝土结构旋转楼梯木模渐近法制作工艺中定位放线包括：基层找平、平面定位和设立水平标高，其中基层找平的作用为，按设计图定出旋转楼梯平面投影的（　　）及楼梯起步线位置。

A. 圆心　　　　B. 外弧线

C. 水平线　　　　D. 垂直线

80. 钢筋混凝土结构旋转楼梯木模渐近法制作工艺的组合支架包括搁栅、牵杠、牵杠顶撑的定位组合，在定位时搁栅的间距不大于（　　）。

A. 10 cm　　　　B. 20 cm

C. 25 cm　　　　D. 40 cm

81. 钢筋混凝土结构旋转楼梯木模渐近法制作工艺中底板的铺设方法：先对底板进行为加工，底板宜采用同一厚度的木板，为使底板和顺地扭曲，应用（　　）厚木板。

A. 10 mm　　B. 12 cm

C. 15 cm　　D. 20 cm

82. 钢筋混凝土结构旋转楼梯木模渐近法制作工艺中侧板的制作安装方法：侧模面板用纤维板较为经济，板肋采用圆弧木带，为了安装方便，侧模板以每段弦长（　　）作为基本规格。

A. 1 m　　B. 2 m

C. 3 m　　D. 4 m

83. 钢筋混凝土结构旋转楼梯钢筋支模法制作工艺中定位放线：按设计图定出旋转楼梯的（　　）及楼梯起步线位置。

A. 平行线　　B. 底板厚度

C. 垂直线　　D. 圆心

84. 钢筋混凝土结构旋转楼梯钢筋支模法制作工艺中钢支架搭设要求：钢支架的每根钢管牵杠应在每一（　　）线上，必须事先逐一计算好牵杠的每端高度。

A. 踢脚　　B. 中心

C. 踏步　　D. 垂直

85. 钢筋混凝土结构旋转楼梯钢筋支模法制作工艺中钢筋筏绑扎方法：将 ϕ10 mm 钢筋统长绕铺在每根牵杠上，每根钢筋的横向排距为（　　），然后用细铁丝逐根与牵杠绑扎牢固，成为一个整体的钢筋筏。

A. 10 mm　　B. 30 mm

C. 50 mm　　D. 70 mm

86. 钢筋混凝土结构旋转楼梯钢筋支模法制作工艺中底板的铺设方法：底板材料用纤维板，先计算出内、外圆弧的尺寸并划在（　　）上，然后在钢筋筏上拼复，用钉锥在纤维板上钻出小孔，穿细铁丝与钢筋筏绞紧。

A. 钢筋筏　　B. 牵杠

C. 平整地面　　D. 纤维板

87. 钢筋混凝土结构旋转楼梯钢筋支模法制作工艺中踏步板的安装方法：首先在（　　）上按实划出踏步板位置，钉上小木条，然后在每踏步面上用水平拉管将内、外支撑连接，扣紧，最后在小木条上钉踏步板。

A. 钢筋筏　　B. 底模

C. 定位竖杆　　D. 侧板

88. 旋转楼梯模板安装的基本项目：模板接缝宽度不大于（　　）；模板与混凝土的接触面应清理干净并采取防止黏结措施。

A. 0.5 mm　　B. 1 mm

C. 1.5 mm　　D. 2 mm

89. 旋转楼梯模板安装的允许偏差项目：模板安装预埋管预留孔中心线位移允许偏差（　　）。

A. 6 mm　　B. 5 mm

C. 4 mm　　D. 3 mm

90. 旋转楼梯栏杆扶手的制作工艺顺序：（　　）→落料→划线→绕锯→制作榫→修正→刨光。

A. 选料　　B. 配料

C. 设计　　D. 放样

91. 旋转楼梯的栏杆扶手是（　　）螺旋体，扶手应是分段制作后再立体拼装，所以其放样也只能是分段在各侧面上进行放样分析。

A. 空间　　B. 平面

C. 立体　　D. 侧面

92. 在两个相邻侧面刨直刨光成直角后，即可根据放样的数据分别进行内、外扶手的划线，划线时必须（　　）都同时划上细线。

A. 一个平面和一个侧面　　B. 四个侧面

C. 二个平面和一个侧面　　D. 一个平面和二个侧面

93. 旋转楼梯扶手绕锯做榫方法：锯料时应将四面划好线的木料（　　）固定，由两名木工用绕锯按各自的一面细线锯割，锯割后两端按拼缝顺序各做雌雄榫。

A. 用钉钉牢　　B. 平放

C. 侧放　　　　　　　　　　D. 竖放

94. 旋转楼梯栏杆扶手保证项目：扶手木料宜用硬木，木材要干燥，其含水率应控制在（　　），以免收缩脱胶，产生裂缝。

A. 18%　　　　　　　　　　B. 13%

C. 8%　　　　　　　　　　D. 5%

95. 旋转楼梯栏杆扶手基本项目：外形尺寸正确，表面平直光滑，棱角倒圆，线条通顺，不露钉帽，无戗槎、刨痕、毛刺、锤印等缺陷，各段落接头应用（　　）或指形接头加胶连接。

A. 相缺搭接　　　　　　　　B. 暗雌雄榫

C. 螺丝　　　　　　　　　　D. 纳入榫

96. 旋转楼梯栏杆扶手允许偏差项目：栏杆垂直允许偏差（　　），栏杆间距允许偏差 3 mm，扶手纵向弯曲允许偏差 4 mm。

A. 6 mm　　　　　　　　　B. 4 mm

C. 2 mm　　　　　　　　　D. 1 mm

97. 我国古建筑的建筑形式是（　　），一般由台基、柱墙身和屋面三大部分组成。

A. 双体建筑　　　　　　　　B. 陡屋面建筑

C. 单体建筑　　　　　　　　D. 组合建筑

98. 庑殿建筑的基本构造是由正身和山面转角两部分组成，正身是由（　　），梁上搁置桁条、桁条上铺钉椽子、望板而形成抬梁式结构。

A. 平梁连接顺梁　　　　　　B. 柱子支撑梁架

C. 梁连接桁条　　　　　　　D. 梁支撑脊木

99. 庑殿建筑柱类构件主要有：（　　）、金柱、角柱、雷公柱、瓜柱、脊瓜柱等。

A. 梁架柱　　　　　　　　　B. 檐柱

C. 方柱　　　　　　　　　　D. 圆柱

100. 庑殿建筑梁类构件主要有：三架梁、五架梁、顺梁、（　　）、抱头梁、太平梁等。

A. 桁架梁　　B. 圆梁

C. 方梁　　D. 角梁

101. 庑殿建筑的枋主要有：（　）、檐枋、金枋等。

A. 方枋　　B. 脊枋

C. 圆枋　　D. 短枋

102. 庑殿建筑的桁檩类构件分为：（　）、檐檩、脊檩、金檩等。

A. 斜身檩　　B. 正身檩

C. 角柱檩　　D. 角梁檩

103. 我国古建筑有大式建筑和小式建筑之分，大式建筑和小式建筑又分别采用“斗口”和“（　）”两个基本模数制定相应的建筑营造法则。

A. 柱截面　　B. 梁长度

C. 柱宽度　　D. 檐柱径

104. 古建筑大木的划线方法：首先定线名标注划线符号，确定（　），随后依据丈杆样板标划齐全，对特殊构件和节点，应用相应的样板工具。

A. 位置标号　　B. 尺寸标注

C. 梁柱编号　　D. 宽度编号

105. 古建筑大木的位置标号的作用：防止漏做或重复制作构件，安装时能（　），应将木构架中的各个构件标出其位置。

A. 枋檩就位　　B. 水平就位

C. 正确就位　　D. 截面就位

106. 大木制作和安装时使用的丈杆样板是一种具有（　）、度量功能的特殊工具。

A. 梁柱翻样作用　　B. 长宽控制作用

C. 施工图作用　　D. 平面图作用

107. 古建筑大木的榫卯构造有：固定垂直构件的榫卯构造、水平与垂直构件（　）的榫卯构造、水平构件相交的榫卯构造等。

A. 点线相交　　B. 位置相交

C. 拉结相交　　D. 长短相交

108. 古建筑斗拱的构造以檐柱缝为分界线：在檐柱缝上叫“正心拱子”，在檐柱缝外叫“外拽拱子”，在檐柱缝内叫“里拽拱子”。正中挑出有（　　）等构件。

A. 昂、翘　　B. 板件、檐件

C. 梁件、柱件　　D. 桁件、椽件

109. 斗拱的制作先定部件的名称、数量、尺寸，随后按制作要求分别制作好后，再（　　）而成。

A. 组件　　B. 粘接

C. 接柱　　D. 拼装

110. 庑殿建筑的木构件种类很多，为使操作有条不紊地进行，应对庑殿建筑的（　　）绘制草图与位置编号，然后在构件的制作和装配中按编号入位。

A. 桁网布置　　B. 柱网布置

C. 尺寸布置　　D. 拱昂布置

111. 根据庑殿建筑设计的要求和（　　），列出材料清单，并按单子验收木料的规格、品种、数量和质量，做到保证木构架质量的前提下，合理使用木材。

A. 材料编号　　B. 材料尺寸

C. 材料模板　　D. 材料品种

112. 丈杆制备由承担大木（　　）的专人进行丈杆制备，丈杆制备后要仔细核对，不能有误。

A. 柱网划线　　B. 尺寸划线

C. 构件划线　　D. 截线划线

113. 庑殿建筑大木操作的构件制作，依据制备好正确无误的丈杆进行丈杆（　　）、划线，按制作要求完成各部位构件的制作。

A. 定点　　B. 分格

C. 分块　　D. 点线

114. 庑殿建筑大木操作的安装是木作施工的最后一道工序，木构件需精确安装组合，必须遵循“先下后上，先内后外、校核丈量、（　　）”的原则。

A. 进深尺寸　　B. 面宽尺寸

C. 对号就位　　D. 朝向就位

115. 庑殿建筑大木安装的保证项目：木材的树种、材质等级、木构架各构件制作质量，木构架支撑连接、安装牢固、固定方法必须符合设计要求和（　　）的规定。

A. 操作场地　　B. 合角的牢固度

C. 制作程度　　D. 施工规范

116. 庑殿建筑大木安装的基本项目：木柱下设柱墩，椽与桁钉结牢固，望板厚度符合设计要求，斗拱等构件尺寸正确，表面平直光滑无毛刺，（　　）正确，接缝严密平直通顺。

A. 安装位置　　B. 固定粘拼

C. 方向错位　　D. 梁柱结缝

117. 庑殿建筑大木安装的允许偏差项目包括构件放样、样板制作、木构架及斗拱等构件的（　　）允许偏差。例如：构架节点间距尺量检查允许偏差±5 mm。

A. 尺寸与固定　　B. 尺寸与截面

C. 制作与安装　　D. 榫卯与对号

118. 古建筑斗拱位于檐下，起承重作用，受风雨等侵蚀易破损，一般采用（　）方法进行修缮。对于仅劈裂、断纹的斗拱可采用粘胶法修缮。

A. 直板斜撑　　B. 添配修补

C. 支撑钉接　　D. 粘贴面层

119. 格扇是古建筑外檐装修中的重要部分，位于建筑物的金柱或檐柱间的框槛中，是一种（　），两边为边梃，边梃之间横安抹头。

A. 架子结构　　B. 水平结构

C. 重叠结构　　D. 错位结构

120. 格扇制作工艺步骤：刨料→（　　）→制作→拼装。

A. 定边　　B. 分段

C. 划线　　　　D. 定轴

121. 格扇制作刨料时，先确定格扇的边梃（　），以清式制作造为例，边梃的扇面宽应为格扇宽的 1/10，边梃的厚度或进深为边梃宽的 1.5 倍。

A. 条面尺寸　　　　B. 点线尺寸

C. 宽度尺寸　　　　D. 断面尺寸

122. 格扇制作划线，是依据柱间框槛尺寸，在确定每间安装格扇的数量和格扇边梃断面尺寸后，格扇（　）的划线长度也就确定了。

A. 横格条　　　　B. 直抹头

C. 直格条　　　　D. 横抹头

123. 挂落制作工艺步骤：刨料→（　）→制作→拼装→安装。

A. 标注　　　　B. 夹线位

C. 定斜边　　　　D. 划线

124. 挂落边框断面为 40 mm×50 mm 或 45 mm×60 mm，小面为扇面，大面为进深，棂条的断面为（　）。

A. 18 mm×25 mm　　　　B. 20 mm×30 mm

C. 25 mm×35 mm　　　　D. 30 mm×40mm

125. 六角亭小式制作工艺步骤：（　）→备料→丈杆制备→构件制作→大木安装→外檐装修。

A. 尺寸标注　　　　B. 交叉点线

C. 水平标号　　　　D. 定位编号

126. 六角亭小式制作的定位编号：首先确定檐柱的位置并以（　）编号，随后其他构件依次编号。也可事先绘制一张草图，注明檐柱的编号。

A. 垂直方向　　　　B. 东西方向

C. 上中下方向　　　　D. 顺时针方向

127. 质量管理的发展大致经历了三个阶段：第一个阶段为事后质量检验；第二个阶段为（　）；第三个阶段为全面质量管理。

A. 事前质量预防　　　　B. 工程质量控制

C. 统计质量管理　　D. 工程质量管理

128. 在检查标准上，单纯质量检查限于保证既定标准，（　）把满足用户需要放在第一位，以既定的标准为基本，以用户需要为方向，不仅保证标准而且着眼提高标准。

A. 管理机构改变　　B. 工程质量预防

C. 事前质量控制　　D. 全面质量管理

129. 所谓“一个过程”就是指企业施工生产全过程的（　）。要运用好计划职能、组织职能、用人职能、指挥和领导职能、控制职能，处理好计划、通讯联络、鼓励诱导三个环节。

A. 预防为主　　B. 事后控制

C. 前期预防　　D. 质量管理

130. 全面质量管理就是通过计划——（　）——检查——处理四个阶段周而复始的循环转动，使企业施工生产活动以及各个方面的质量管理工作不断地得到提高。

A. 事情　　B. 实施

C. 管理　　D. 工作

131. PDCA 循环是一个不断前进，不断提高的运动过程，一个循环运转终了，就会使工作提高一步，然后制定下一个（　），再转动再提高。

A. 假设　　B. 方向

C. 结果　　D. 循环

132. PDCA 循环工作法第一阶段的工作内容可分为四个步骤：第一步，分析现状找出问题；第二步，分析各种影响因素；第三步，找出主要的影响因素；第四步，针对主要影响因素（　）。

A. 判断结果　　B. 整理资料

C. 制定措施　　D. 检查情况

133. 全面质量管理中普遍采用以下七种工具来表达：（　）、因果分析图、分类法、频数直方图、控制图、相关图、调查表。

A. 排列图　　B. 步骤表
C. 进度表　　D. 网络图

134. 班组要建立质量管理小组（简称 QC 小组），工程质量的好坏，在既定的设计条件下，很大程度取决于（　　）。只有广泛发动工人积极参加质量管理，施工出优质工程才有可靠保证。

A. 寻找施工方法　　B. 加强检查管理
C. 分析施工原因　　D. 施工操作过程

135. 全面质量管理机构各建筑施工企业，可根据自己的条件和可能进行设置，不强求统一的模式。但都应建立在企业各部门认真执行（　　）的基础上。

A. 制度检查　　B. 规章制度
C. 质量监督　　D. 岗位责任制

136. 工程技术档案是反映建筑工程的施工过程、技术状况、质量状况、交付使用、经济效益等有关的（　　）文件和资料。

A. 岗位责任　　B. 综合科学
C. 监督检查　　D. 技术经济

137. 开工报告可由担负施工任务的工区提出，一般工程由公司审批，重点工程或特殊工程由（　　）审批。

A. 工程师　　B. 建设单位
C. 主管部门　　D. 监理单位

138. 施工执照是地方建设规划部门工程建设地点、（　　）、造型等的批准文件，也是施工企业工程施工的重要依据。

A. 技术　　B. 组织
C. 规模　　D. 安全

139. 需要材质证明的施工材料有：钢材、水泥、砖、砂石、防水保温材料、（　　）等。

A. 黏土砖、砌块　　B. 混凝土、粉煤灰砌块
C. 水泥、黄沙　　D. 焊条

140. 隐蔽单位工程负责人将隐蔽工程检查验收情况填入隐蔽工程记录，隐蔽工程验收参加人员在记录上签字，成为隐蔽项目的（ ）凭证，由单位工程负责人积累保管。

A. 结构验收　　B. 工程质量

C. 检查验收　　D. 质量检验

141. 竣工文件资料主要有：竣工工程技术、经济资料、竣工测量、（ ）、工程预决算、竣工工程一览表、工程经济技术分析。

A. 工程质量　　B. 竣工图

C. 质量检验　　D. 结构验收

142. 工程技术档案是施工企业科技档案的重要组成部分，它有统一代号、（ ），并按照工程项目的重要性程度确定保管期限。

A. 统一数字　　B. 工程编号

C. 项目数码　　D. 竣工号码

143. 班组一般由同一工种职工或性质相近配套协作的（ ）职工组成。班组的构成通常有人、材料、设备、工艺和环境五大因素。

A. 不同地区　　B. 不同年龄

C. 不同工种　　D. 不同行业

144. 班组的定员特点是不稳定，班组人员的配备是时多时少。当施工任务大，需短期突击完成时，班组可以合并为（ ）。当施工任务少，工程分解时，班组也可以分解为更小的临时生产小组。

A. 木工班组　　B. 泥工班组

C. 施工单位　　D. 综合队

145. 班组质量检验员的质量管理职责：认真协助班组长搞好（ ），坚持推行自检、互检、交接检的三检制。

A. 交接检　　B. 工序交接

C. 质量检验　　D. 本组质量管理

146. 班组操作人员的质量管理职责之一是：做到懂设备性能、懂质量标准和操作规程、懂岗位操作技术；会看图、会操作、（　　）、会检验。

A. 把住下道工序　　B. 编制施工方案

C. 检查技术措施　　D. 会维修

147. 砂浆的配合比和强度、砖的等级强度、墙面（　　）、水平灰缝和竖向立缝、砂浆饱满程度等数据具体表示砖墙的质量。

A. 抗压强度　　B. 技术规定

C. 垂直与平整　　D. 数据指示

148. 贯彻安全生产责任，一般要求做到“五同时”，即在（　　）、检查、总结、评比生产工作的同时，也要（　　）、检查、总结、评比生产安全工作，把生产与安全统一起来管好。

A. 施工、方案　　B. 安全、操作

C. 计划、布置　　D. 技术、措施

149. 班组生产作业天数内的总产量＝（　　）×职工人数×工作天数×班组平均达到劳动定额程度系数。

A. 劳动工资　　B. 管理机构

C. 劳动保护　　D. 劳动定额

150. 施工现场材料、工具管理的内容包括：施工前的（　　）；施工过程中的材料、工具供应；现场堆放保管耗用的监督，施工后的材料、工具的清理、回收、盘点、核算与转移等内容。

A. 安全方案　　B. 施工措施

C. 施工计划　　D. 材料、工具准备

151. 根据施工组织设计确定的（　　），布置、搭设堆料场地和仓库，做到材料场地平整、坚实、不积水、有标牌，仓库符合防雨、防潮、防火、防盗的要求。

A. 安全措施　　B. 施工进度

C. 施工计划　　D. 施工平面图

152. 进料时应坚持对砂石要进行量方，在车上要进行检尺；对石灰要进行（　　）；对砖瓦要进行成垛点数。

A. 安全检查　　　　　　　　B. 材料复查

C. 过磅或量方　　　　　　　D. 重新检验

153. 水泥是水硬性胶凝材料，具有时效性，一般在仓库内保管。库房内要保持清洁，破袋子、落地灰要及时清理；掌握保管期限，坚持（　　）。

A. 施工技术制　　　　　　　B. 领料申请制

C. 时间跨度　　　　　　　　D. 先进先出

154. 限额领料单的内容一般应包括：施工班组定额编号、工程项目、工程量、单方定额用量、（　　）、节约要求、节超原因分析、包装容器回收等，正确签发限额领料单的关键是准确选用定额项目。

A. 施工措施　　　　　　　　B. 进度计划

C. 材料用量　　　　　　　　D. 领料记录

155. 在建筑安装工程中，材料占工程造价的60%～70%，建筑企业的利润有较大的部分来自材料费节约，因此对加强现场（　　）的核算，是提高材料管理水平和经济效益的重要措施。

A. 施工预算　　　　　　　　B. 施工机械

C. 料具耗用　　　　　　　　D. 用料定额

156. 进入施工后期，一般分部工程的材料使用量达到70%以上时，应检查（　　），核实未完工程的材料需用量，调整原定的材料需用量计划，做到供需平衡，为工完场清创造条件。

A. 施工进度　　　　　　　　B. 技术方案

C. 供料措施　　　　　　　　D. 现场存料

157. 工具供应和管理的基本原则之一是：及时齐备并经济地供应效能良好的工具；根据各工种配套工具标准和实际生产需要，实行（　　）。坚持交旧领新和废旧工具回收制度；积极进行废旧工具的修复利用。

A. 计划先行　　　　　　　　B. 废物利用

C. 现场配料　　　　　　　　D. 定额供应

158. 木模板管理的基本要求是：加速周转，减少损耗，物尽其用，降低工程费用。在大型的工地或建筑群的施工中，集中设立模板配制间，负责模板的“（　　），统一制作，统一回收，统一管理”。

A. 统一配制　　B. 统一维修

C. 统一周转　　D. 统一配料

159. 木模板“四统一”集中管理有利于充分利用小料、短料、和旧料，合理使用模板，及时回收整理，加速模板的（　　），正确核算模板摊销费用，促进工地加强对模板的核算。

A. 拆卸　　B. 制作

C. 周转　　D. 制作

160. 基层施工单位租赁钢模板，按租用天数计算（　　），这样可以促进基层施工单位尽量缩短施工周期，加快模板周转。

A. 制作费用　　B. 损耗量

C. 租赁费　　D. 工期

得分	
评分人	

二、判断题（第 161 题～第 200 题。将判断结果填入括号中。正确的填“√”，错误的填“×”。每题 0.5 分，满分 20 分。）

161.（　　）社会主义职业道德是在社会主义道德、共产主义道德的宽松环境下形成和发展起来的。

162.（　　）一个人的职业道德品质的好坏，修养水平的高低，根本上服从于以什么样的人生观基础，树立正确的人生观，才有可能成为职业群体中的一员。

163.（　　）力对物体的作用取决于力的三要素，即力的集中、力的均布、力的作用面。

164.（　　）力的合成遵循力的平行四边形法则。

165.（　　）杆的两端沿杆轴线作用有一对大小相等方向相反的力，当作用力背离杆端时为拉伸，指向杆端为压缩。

166.（　　）三角形木屋架端节点是上弦与下弦的连接处。

167.（　　）三角形木屋架中间节点一般在弦杆上做凸榫。

168.（　　）平瓦屋面木基层的基本构造是：屋架、檩条、屋面板、油毡、顺水条、挂瓦条。

169.（　　）封山板的形状与封檐板相同，使用的部位和作用也是相同的。

170.（　　）屋面板施工时稀铺，既能满足设计要求，又能保证施工质量和节约木材。

171.（　　）一直线沿两条交叉直导线且平行于一导平面运动形成的曲面为球面。有导线和导平面的投影即可确定翘平面的投影。

172.（　　）装修施工木墙裙，其材料准备应按照长度尺寸进行。

173.（　　）某工种的某一等级工人完成一定产品或相关工作所需消耗的劳动时间标准称为劳动定额。

174.（　　）时间定额表示方法是以单位时间的产品计算的。

175.（　　）劳动定额是由分册说明、附册说明组成。

176.（　　）材料消耗定额是指直接用于建筑安装工程的材料。

177.（　　）在现场施工中，各种材料消耗指标考核的主要依据是材料用量。

178.（　　）材料消耗定额确定时，应分清一次性消耗材料和周转性消耗材料。

179.（　　）机械产量定额的计量单位以“台班”或“块”表示。

180.（　　）劳动管理主要内容指抓好施工现场的材料管理。

181.（　　）现场只要有空地，即可堆放材料，做到有空就堆。

182.（　　）施工工艺卡是施工人员考勤登记证。

183.（　　）组合钢模板施工工艺设计步骤的最后一步是汇总钢模部件数量表。

184.（　　）活动地板面板的安装，是待支座底盘粘接牢固后，按设计要求，即可铺设 1.5 mm 厚的塑料面板。

185.（　　）发光吊顶的常见形式中造型最美观的是组合式。

186.（　　）墙面软包装饰基层的处理方法一般为：彩素水泥浆抹灰，成活后即可进行墙筋和面板制作。

187.（　　）墙柱面做软包装饰时，应采用木龙骨墙筋，墙筋排布尺寸分格造型按房间面积大小定，基面板常用三层胶合板订制。

188.（　　）墙柱面做软包装饰时，在基面板上用填充材料、面层材料覆盖，最好的固定方法是粘接。

189.（　　）木制品制作中，板材的拼缝结合有多种形式，其中拉拼缝的操作方法是先对木板的缝口刨削加工使之对缝严密，然后将 10～15 mm 的平头木螺钉拧在一板拼缝口的一面，在另一板缝口面开一长槽，在槽口一端钻一圆孔，使之拼合。

190.（　　）木家具门扇常采用的构造类型有外框架式、内框架式和厚胶合板式三种。

191.（　　）木家具脚架的安装：板落地式是在制作橱架时连底板一同制出；板杠装配式是单独制作后再与橱柜整体进行连接，固定的方法是在连接面涂胶后用榫眼结合加固。

192.（　　）常见的线脚类型有边缘线脚、衔接过渡收口线脚、实木条线脚、平行线脚。

193.（　　）框形线脚主要装饰于木家具的门扇面和台面。

194.（　　）旋转楼梯模板安装的保证项目：模板及其支架必须有足够的强度、挠度和稳定性；其支架的支撑部分不需有足够的支撑面积。

195.（　　）施工组织设计由施工现场技术负责人审批。

196.（　　）施工组织设计是指导施工准备和组织施工的全面性的技术经济文件。

197.（　　）材料试验记录是评定分项或结构工程质量的重要依据。

198.（　　）主要工程交付使用一定时间后，国家对申报评选优质工程的项目进行复验。

199.（　　）班组长的质量管理职责之一是组织好本班组的质量检验和交接

检，组织好同其他班组的自检和互检。

200.（　　）施工过程中的质量管理是企业和班组质量管理的主要环节。

高级手工木工理论知识考试模拟试卷答案

一、单项选择题

1. A　2. C　3. C　4. D　5. C　6. D　7. D　8. B
9. D　10. C　11. B　12. D　13. C　14. A　15. D　16. B
17. D　18. A　19. C　20. A　21. D　22. D　23. A　24. A
25. B　26. A　27. B　28. B　29. A　30. B　31. C　32. D
33. B　34. A　35. B　36. C　37. A　38. B　39. A　40. D
41. D　42. B　43. C　44. D　45. B　46. B　47. D　48. A
49. D　50. D　51. D　52. C　53. C　54. D　55. C　56. C
57. B　58. B　59. D　60. B　61. B　62. D　63. D　64. D
65. D　66. A　67. B　68. D　69. D　70. D　71. D　72. D
73. C　74. D　75. C　76. A　77. B　78. D　79. A　80. D
81. D　82. A　83. D　84. C　85. C　86. D　87. D　88. C
89. D　90. D　91. A　92. B　93. D　94. D　95. B　96. C
97. C　98. B　99. B　100. D　101. B　102. B　103. D　104. A
105. C　106. C　107. C　108. A　109. D　110. B　111. C　112. C
113. D　114. C　115. D　116. A　117. C　118. B　119. A　120. C
121. D　122. D　123. D　124. A　125. D　126. D　127. C　128. D
129. D　130. B　131. D　132. C　133. A　134. D　135. D　136. D
137. C　138. C　139. D　140. D　141. B　142. D　143. C　144. D
145. D　146. D　147. C　148. C　149. D　150. D　151. D　152. C
153. D　154. D　155. C　156. D　157. D　158. D　159. C　160. C

二、判断题

161. × 162. × 163. × 164. √ 165. √ 166. √ 167. × 168. √
169. × 170. × 171. × 172. × 173. × 174. × 175. × 176. ×
177. × 178. √ 179. × 180. × 181. × 182. × 183. × 184. ×
185. × 186. × 187. × 188. × 189. × 190. √ 191. × 192. ×
193. × 194. × 195. × 196. √ 197. √ 198. √ 199. × 200. √

第十四章

高级手工木工操作技能考核要素

高级手工木工操作技能考核内容结构表

◉ **高级手工木工操作技能考核内容结构表说明**

操作技能考核内容结构表中列出了高级手工木工的考核内容、选考方式、考核总体时间等内容。

1. “格扇制作”“挂落制作”“墙面软包装饰制作”考核时任选一项，鉴定比重为 50%，考试时间为 120 min。

2. “斗拱制作”“旋转扶梯制作”“六角亭制作”考核时任选一项，鉴定比重为 50%，考试时间为 120 min。

总体考试时间为 240 min。

◉ 高级手工木工操作技能考核内容结构表

高级手工木工操作技能考核内容结构表

鉴定范围 鉴定要求	格扇制作	挂落制作	墙面软包装饰制作	斗拱制作	旋转扶梯制作	六角亭制作	合　计
选考方式	任选一项			任选一项			2 项
鉴定比重（%）	50	50	50	50	50	50	100
考试时间（min）	120	120	120	120	120	120	240
考试形式	实际操作	实际操作	实际操作	实际操作	实际操作	实际操作	

高级手工木工操作技能鉴定要素细目表

◉ 操作技能鉴定要素细目表说明

1. 鉴定要素细目表是在考核内容结构表的基础上，列出了本级别具体要考核的内容。其中，“鉴定点”即为具体的考核内容，每个鉴定点都有重要程度指标，即鉴定点后标注的“X”“Y”“Z”。“X”表示“核心要素”，是考核中最重要、出现频率也最高的内容；“Y”表示“一般要素”，是考核中出现频率一般的内容；“Z”表示“辅助要素”，在考核中出现的频率较低。

2. 表中每个鉴定范围都有鉴定比重指标，它表示在一份试卷中该鉴定范围所占的分数比例。每个鉴定点中有若干道试题，它们有共性的考核要求、配分与评分标准，这些试题都是考生应当掌握的。在每次操作技能考核时，试卷是根据考核内容结构表的要求，在鉴定要素细目表的相关鉴定点中由计算机自动抽取或由专家人工选取 2 道试题组成的。

◉ 高级手工木工操作技能鉴定要素细目表

高级手工木工操作技能鉴定要素细目表

鉴定范围			鉴定点	
名称	鉴定比重（%）	选考方式	重要程度	试题量
格扇制作	50	任选一项	X	3
挂落制作	50		X	2
墙面软包装饰操作	50		X	3
斗拱制作	50	任选一项	X	3
旋转扶梯制作	50		X	2
六角亭制作	50		X	5

第十五章

高级手工木工操作技能考核试题和考核模拟试卷

高级手工木工操作技能考核试题

一、格扇制作

本鉴定点下共有 3 道试题，这些试题统一的考核要求和配分与评分标准如下：

1. 考核要求

(1) 工具准备齐全。

(2) 正确选用木材的品种和规格。

(3) 正确使用工具，操作姿势正确，操作手势协调灵活，操作顺序正确。

(4) 尺寸正确、角度准。

(5) 牢固不松动，锯榫不伤肩。

(6) 线脚准确，合角密实，不开裂。

2. 配分与评分标准

序号	考核内容	考核要点	配分	评分标准	扣分	得分
1	工具准备	工具准备齐全，刃口锋利	10	1. 工具缺少一件，扣5分 2. 工具不锋利，扣5分 3. 扣完为止，不倒扣		
2	材料准备	选材规格正确，配料尺寸正确	15	1. 选材不正确，扣5分 2. 配料多于10%，扣5分 3. 配料少于5%，扣5分 4. 扣完为止，不倒扣		
3	实际操作	工具使用正确，操作姿势正确，手势协调、灵活，操作顺序正确	35	1. 工具使用不正确，扣10分 2. 操作姿势不正确，扣10分 3. 手势不协调、不灵活，扣5分 4. 操作顺序不正确，扣10分 5. 扣完为止，不倒扣		
4	质量要求	尺寸正确，角度正，牢固不松动，不开裂，锯榫不伤肩，线脚准确，合角密实不开裂	25	1. 尺寸误差3 mm以上，扣5分 2. 对角线误差3 mm以上，扣5分 3. 榫伤肩每处超扣5分 4. 不牢固松动，扣5分 5. 合角开裂或缝隙大于0.5 mm，每处扣1分，最多扣5分 6. 扣完为止，不倒扣		
5	整体效果	平整、光洁，不翘曲	15	1. 表面平整误差3 mm以上，扣5分 2. 表面毛糙不光洁，扣5分 3. 翘曲3 mm，扣5分 4. 扣完为止，不倒扣		
合计			100			

否定项：

若考生出现下列情况之一，则应及时终止其考试，考生该试题成绩记为0分：

（1）工具准备不齐，无法完成考试。

（2）超过规定时间15 min。

【试题 1】海棠格扇的制作（640 mm×330 mm×22 mm）（长×宽×高）

1. 准备要求

（1）考场准备

序号	名称	规格	数量	备注
1	木工操作台	1 m×2 m×0.8 m （宽×长×高）	1 台×考生人数	
2	木工操作凳	0.2 m×1 m×0.6 m （宽×长×高）	1 只×考生人数	
3	木材	22 mm×11 mm×5 600 mm 22 mm×35 mm×960 mm	1 根×考生人数 1 根×考生人数	

（2）考生准备

序号	名称	规格	数量	备注
1	木工铅笔	180 mm 椭圆形	1 支	
2	钢卷尺	2 m 以上	1 把	
3	小框锯	锯条长 400 mm	1 把	
4	木凿	6 mm	1 把	
5	长刨	450 mm 以上	2 把	
6	绕锯	锯条长 500 mm	1 把	
7	木锉	250 mm	1 把	
8	小圆刨	长 200 mm	1 把	
9	羊角锤	0.5 kg	1 把	
10	直角尺	300 mm	1 把	

2. 考核要求

（1）本题分值：100 分。

（2）考核时间：120 min。

（3）考核形式：实际操作。

（4）具体考核要求：

① 工具准备齐全。

② 选用木材性能符合要求。

③ 正确使用工具，操作手势协调、灵活、顺序正确，姿势正确。

④ 尺寸正确，角度正。

⑤ 牢固不松动，锯榫不伤肩。

⑥ 线条准确，合角密实，不开裂。

【试题 2】品字形格扇的制作（540 mm×300 mm×22 mm）（长×宽×高）

1. 准备要求

（1）考场准备

序号	名称	规格	数量	备注
1	木工操作台	1 m×2 m×0.8 m （宽×长×高）	1 台×考生人数	
2	木工操作凳	0.2 m×1 m×0.6 m （宽×长×高）	1 只×考生人数	
3	木材	20 mm×11 mm×7 600 mm	1 根×考生人数	

（2）考生准备

序号	名称	规格	数量	备注
1	木工铅笔	180 mm 椭圆形	1 支	
2	钢卷尺	2 m 以上	1 把	
3	小框锯	锯条长 400 mm	1 把	
4	木凿	6 mm	1 把	
5	长刨	450 mm 以上	2 把	
6	小圆刨	长 200 mm	1 把	
7	羊角锤	0.5 kg	1 把	
8	直角尺	300 mm	1 把	

2. 考核要求

(1) 本题分值：100 分。

(2) 考核时间：120 min。

(3) 考核形式：实际操作。

(4) 具体考核要求：

① 工具准备齐全。

② 选用木材性能符合要求。

③ 正确使用工具，操作手势协调、灵活、顺序正确，姿势正确。

④ 尺寸正确，角度正。

⑤ 牢固不松动，锯榫不伤肩。

⑥ 线条准确，合角密实，不开裂。

【试题 3】乱冰纹的制作（540 mm×320 mm×22 mm）（长×宽×高）

1. 准备要求

(1) 考场准备

序号	名称	规格	数量	备注
1	木工操作台	1 m×2 m×0.8 m （宽×长×高）	1 台×考生人数	
2	木工操作凳	0.2 m×1 m×0.6 m （宽×长×高）	1 只×考生人数	
3	木材	11 mm×22 mm×9 600 mm	1 根×考生人数	

(2) 考生准备

序号	名称	规格	数量	备注
1	木工铅笔	180 mm 椭圆形	1 支	
2	钢卷尺	2 m 以上	1 把	
3	小框锯	锯条长 400 mm	1 把	

续表

序号	名称	规格	数量	备注
4	木凿	6 mm	1把	
5	长刨	450 mm 以上	2把	
6	小圆刨	长 200 mm	1把	
7	羊角锤	0.5 kg	1把	
8	直角尺	300 mm	1把	

2. 考核要求

（1）本题分值：100 分。

（2）考核时间：120 min。

（3）考核形式：实际操作。

（4）具体考核要求：

①考题的形状参照冰纹的示意图（见图 9）。

②工具准备齐全。

③选用木材性能符合要求。

④正确使用工具，操作手势协调、灵活、顺序正确，姿势正确。

⑤尺寸正确，角度正。

⑥牢固不松动，锯榫不伤肩。

⑦线条准确，合角密实，不开裂。

图 9 冰纹

二、挂落制作

本鉴定点下共有 2 道试题，这些试题统一的考核要求和配分与评分标准如下：

1. 考核要求

（1）工具准备齐全。

（2）正确选用木材的品种和规格。

（3）正确使用工具，姿势正确，操作手势协调、灵活，操作顺序正确。

（4）尺寸正确、棱角方正，线条和顺。

（5）无刨痕，无毛刺，无锤印。

（6）割角整齐，接缝严密，平直通顺。

（7）牢固，不松动。

2. 配分与评分标准

序号	考核内容	考核要点	配分	评分标准	扣分	得分
1	工具准备	工具准备齐全，刃口锋利	10	1. 工具缺少一件，扣5分 2. 工具不锋利，扣5分 3. 扣完为止，不倒扣		
2	材料准备	选择木材种类，规格正确，配料尺寸正确	15	1. 选材料规格不正确，扣5分 2. 配料多于10%，扣5分 3. 配料少于5%，扣5分 4. 扣完为止，不倒扣		
3	实际操作	工具使用正确，操作姿势正确，手势协调、灵活，操作顺序正确	35	1. 工具使用不正确，扣10分 2. 操作姿势不正确，扣10分 3. 手势不协调、不灵活，扣5分 4. 操作顺序不正确，扣10分 5. 扣完为止，不倒扣		
4	质量要求	尺寸正确，角度正，线条平直和顺，割角整齐，接缝密实，牢固不松动	25	1. 尺寸误差3 mm以上，扣5分 2. 对角线误差3 mm以上，扣5分 3. 线条不平直，误差2 mm以上，扣5分 4. 松动，扣5分 5. 接缝缝隙超1 mm每处，扣1分，最多扣5分 6. 扣完为止，不倒扣		

续表

序号	考核内容	考核要点	配分	评分标准	扣分	得分
5	整体效果	平整、光洁，不翘曲	15	1. 表面平整误差 3 mm，扣 5 分 2. 有刨痕不光洁，扣 5 分 3. 翘曲 3 mm，扣 5 分 4. 扣完为止，不倒扣		
合计			100			

否定项：

若考生出现下列情况之一，则应及时终止其考试，考生该试题成绩记为 0 分：

(1) 工具准备不齐，无法完成考试。

(2) 超过规定时间 15 min。

【试题 1】葵式万川挂落的制作（300 mm×600 mm×25 mm）（高×宽×厚）

1. 准备要求

(1) 考场准备

序号	名称	规格	数量	备注
1	木工操作台	1 m×2 m×0.8 m (宽×长×高)	1 台×考生人数	
2	木工操作凳	0.2 m×1 m×0.6 m (宽×长×高)	1 只×考生人数	
3	木材	18 mm×25 mm×4 000 mm	1 根×考生人数	

(2) 考生准备

序号	名称	规格	数量	备注
1	木工铅笔	180 mm 椭圆形	1 支	
2	钢卷尺	2 m 以上	1 把	
3	小框锯	锯条长 450 mm	1 把	
4	木凿	8 mm、10 mm	各 1 把	

续表

序号	名称	规格	数量	备注
5	直角尺	300 mm	1把	
6	45°角尺	200 mm	1把	
7	羊角锤	0.5 kg	1把	
8	圆形线刨	长 220 mm	1把	
9	长刨	450 mm	2把	

2. 考核要求

(1) 本题分值：100 分。

(2) 考核时间：120 min。

(3) 考核形式：实际操作。

(4) 具体考核要求：

①考题的形状参照葵式万川挂落的示意图（见图 10），实做 1/2 品。

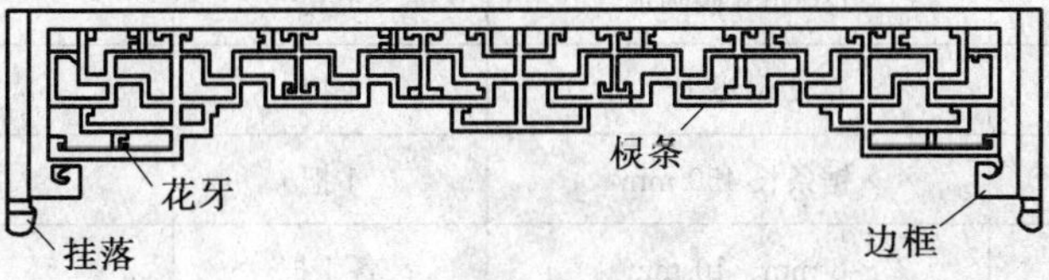

图 10　葵式万川挂落

②工具准备齐全。

③选用木材性能、规格符合要求。

④正确使用工具，操作手势协调、灵活，操作顺序正确，姿势正确。

⑤尺寸正确，角度正。

⑥牢固不松动，锯榫不伤肩。

⑦线条准确，合角密实，不开裂。

【试题 2】倒挂楣子的制作（步步锦）300 mm×400 mm×25 mm（高×宽×厚）

1. 准备要求

（1）考场准备

序号	名称	规格	数量	备注
1	木工操作台	1 m×2 m×0.8 m （宽×长×高）	1 台×考生人数	
2	木工操作凳	0.2 m×1 m×0.6 m （宽×长×高）	1 只×考生人数	
3	木材	18 mm×25 mm×3 200 mm	1 根×考生人数	

（2）考生准备

序号	名称	规格	数量	备注
1	木工铅笔	180 mm 椭圆形	1 支	
2	钢卷尺	2 m 以上	1 把	
3	小框锯	锯条长 450 mm	1 把	
4	木凿	8 mm、10 mm	各 1 把	
5	直角尺	300 mm	1 把	
6	45°角尺	200 mm	1 把	
7	羊角锤	0.5 kg	1 把	
8	圆形线刨	长 220 mm	1 把	
9	手工长刨	450 mm	2 把	

2. 考核要求

（1）本题分值：100 分。

(2) 考核时间：120 min。

(3) 考核形式：实际操作。

(4) 具体考核要求：

①考题的形状参照倒挂楣子的示意图（见图 11）。

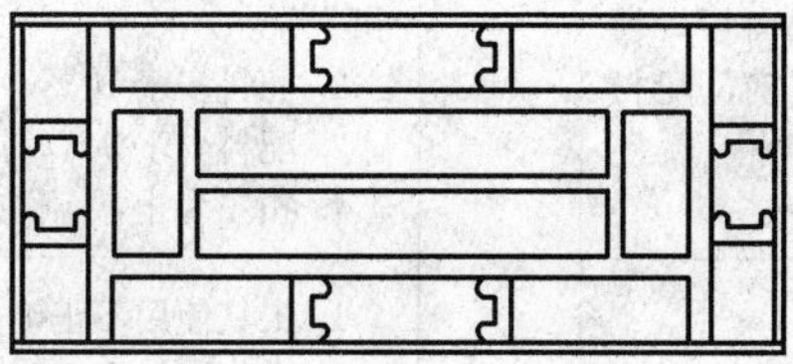

图 11　倒挂楣子（步步锦）

②工具准备齐全。

③选用木材性能符合要求。

④正确使用工具，操作手势协调、灵活、顺序正确，姿势正确。

⑤尺寸正确，角度准，线条平直和顺。

⑥割角整齐，接缝密实，牢固不松动。

⑦表面光洁，平整，不翘曲。

三、墙面软包装饰制作

本鉴定点下共有 3 道试题，这些试题统一的考核要求和配分与评分标准如下：

1. 考核要求

(1) 工具准备齐全。

(2) 正确选用面层及填充物。

(3) 正确使用工具，并要求姿势正确，操作手势协调灵活，操作顺序正确。

(4) 软包制作尺寸正确、棱角方正。

(5) 填充饱满，松紧适度，手感舒适。

(6) 接缝顺直，不翘边，饰木线衔接紧密，不露缝隙。

(7) 拼花花纹图案吻合。

2. 配分与评分标准

序号	考核内容	考核要点	配分	评分标准	扣分	得分
1	工具准备	工具准备齐全，刃口锋利	10	1. 工具缺少一件，扣5分 2. 工具不锋利，扣5分 3. 扣完为止，不倒扣		
2	材料准备	选择面层，填充物正确，配材尺寸正确	15	1. 选择面层，填充物不正确，扣5分 2. 配料多于10%，扣5分 3. 配料少于5%，扣5分 4. 扣完为止，不倒扣		
3	实际操作	工具使用正确，操作姿势正确，手势协调，灵活，操作顺序正确	35	1. 工具使用不正确，扣10分 2. 操作姿势不正确，扣10分 3. 手势不协调、不灵活，扣5分 4. 操作顺序不正确，扣10分 5. 扣完为止，不倒扣		
4	质量要求	软包尺寸正确，棱角方正，填充饱满，松紧适度，接缝顺直，不翘边，饰木线衔接紧密，不露缝，拼花花纹图案吻合	25	1. 软包尺寸误差2 mm以上，扣5分 2. 软包对角线误差3 mm以上，扣5分 3. 填充物不饱满，扣5分 4. 饰木线不紧密松动，扣5分 5. 拼花花纹图案不吻合，扣5分 6. 扣完为止，不倒扣		
5	整体效果	软包表面清洁无污染，平整无波纹起伏，压条平整顺直	15	1. 表面不清洁，扣5分 2. 表面不平整，扣5分 3. 边框不平整，不顺直，扣5分 4. 扣完为止，不倒扣		
合计			100			

否定项：

若考生出现下列情况之一，则应及时终止其考试，考生该试题成绩记为0分：

(1) 工具准备不齐，无法完成考试。

(2) 超过规定时间15 min。

【试题 1】防火布墙面的装饰 450 mm×450 mm×4 块

1. 准备要求

（1）考场准备

序号	名称	规格	数量	备注
1	木工操作台	1 m×2 m×0.8 m（宽×长×高）	1 台×考生人数	
2	木工操作凳	0.2 m×1 m×0.6 m（宽×长×高）	1 只×考生人数	
3	五夹板	450 mm×450 mm	4 块×考生人数	
4	泡沫塑料	450 mm×450 mm	4 块×考生人数	
5	防火布	550 mm×550 mm	4 块×考生人数	
6	装饰木条	20 mm×20mm	6 m×考生人数	
7	电化铝帽头钉	长 30 mm	9 只×考生人数	
8	元钉	12 mm、20 mm	各 0.1 kg×考生人数	

（2）考生准备

序号	名称	规格	数量	备注
1	木工铅笔	180 mm 椭圆形	1 支	
2	钢卷尺	2 m 以上	1 把	
3	中框锯	锯条长 500 mm	1 把	
4	羊角锤	0.5 kg	1 把	
5	长刨	450 mm	1 把	
6	直角尺	300 mm	1 把	
7	美工刀	长 200 mm	1 把	

2. 考核要求

（1）本题分值：100 分。

（2）考核时间：120 min。

（3）考核形式：实际操作。

（4）具体考核要求：

①考题的形状、尺寸参照墙、柱软包饰面的基本构造图（见图 12）。

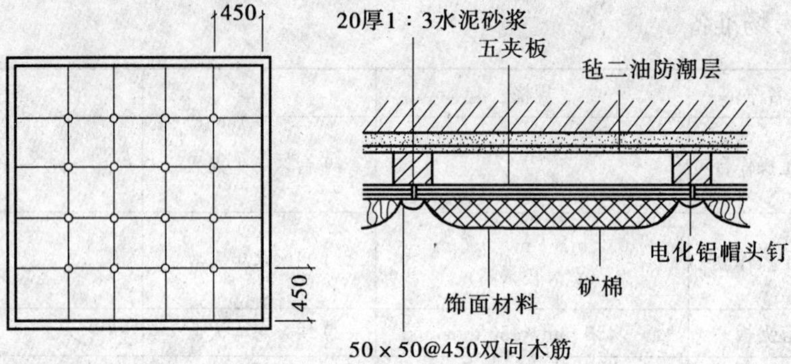

图 12　墙、柱软包饰面的基本构造

②工具准备齐全。

③选用面层及填充物符合要求。

④正确使用工具，操作手势协调、灵活，操作顺序正确、姿势正确。

⑤软包制作尺寸正确，棱角方正。

⑥填充饱满，松紧适度，手感舒适。

⑦接缝顺直，不翘边，饰条衔接紧密。

⑧拼花纹图案吻合。

【试题 2】皮革墙面的装饰 450 mm×450 mm×4 块

1. 准备要求

（1）考场准备

序号	名称	规格	数量	备注
1	木工操作台	1 m×2 m×0.8 m （宽×长×高）	1 台×考生人数	

续表

序号	名称	规格	数量	备注
2	木工操作凳	0.2 m×1 m×0.6 m （宽×长×高）	1只×考生人数	
3	五夹板	450 mm×450 mm	4块×考生人数	
4	泡沫塑料	450 mm×450 mm	4块×考生人数	
5	皮革	550 mm×550 mm	4块×考生人数	
6	装饰木条	20 mm×20 mm	6 m×考生人数	
7	电化铝帽头钉	长30 mm	9只×考生人数	
8	元钉	12 mm、20 mm	各0.1 kg×考生人数	

（2）考生准备

序号	名称	规格	数量	备注
1	木工铅笔	180 mm椭圆形	1支	
2	钢卷尺	2 m以上	1把	
3	中框锯	锯条长500 mm	1把	
4	羊角锤	0.5 kg	1把	
5	长刨	450 mm	1把	
6	直角尺	300 mm	1把	
7	美工刀	长200 mm	1把	

2. 考核要求

（1）本题分值：100分。

（2）考核时间：120 min。

（3）考核形式：实际操作。

（4）具体考核要求：

① 工具准备齐全。

② 选用面层及填充物符合要求。

③ 正确使用工具，操作手势协调、灵活，操作顺序正确、姿势正确。

④ 软包制作尺寸正确，棱角方正。

⑤ 填充饱满，松紧适度，手感舒适。

⑥ 接缝顺直，不翘边，饰条衔接紧密。

⑦ 拼花图案吻合。

【试题3】平绒布墙面的装饰 450 mm×450 mm×4 块

1. 准备要求

（1）考场准备

序号	名称	规格	数量	备注
1	木工操作台	1 m×2 m×0.8 m （宽×长×高）	1 台×考生人数	
2	木工操作凳	0.2 m×1 m×0.6 m （宽×长×高）	1 只×考生人数	
3	五夹板	450 mm×450 mm	4 块×考生人数	
4	泡沫塑料	450 mm×450 mm	4 块×考生人数	
5	平绒布	550 mm×550 mm	4 块×考生人数	
6	装饰木条	20 mm×20 mm	6 m×考生人数	
7	电化铝帽头钉	长 30 mm	9 只×考生人数	
8	元钉	12 mm、20 mm	各 0.1 kg×考生人数	

（2）考生准备

序号	名称	规格	数量	备注
1	木工铅笔	180 mm 椭圆形	1 支	
2	钢卷尺	2 m 以上	1 把	
3	中框锯	锯条长 500 mm	1 把	
4	羊角锤	0.5 kg	1 把	
5	长刨	450 mm	1 把	
6	直角尺	300 mm	1 把	
7	美工刀	长 200 mm	1 把	
8	剪刀	中型	1 把	

2. 考核要求

(1) 本题分值：100 分。

(2) 考核时间：120 min。

(3) 考核形式：实际操作。

(4) 具体考核要求：

① 工具准备齐全。

② 选用面层及填充物符合要求。

③ 正确使用工具，操作手势协调、灵活，操作顺序正确、姿势正确。

④ 软包制作尺寸正确，棱角方正。

⑤ 填充饱满，松紧适度，手感舒适。

⑥ 接缝顺直，不翘边，饰条衔接紧密。

⑦ 拼花图案吻合。

四、斗拱制作

本鉴定点下共有 3 道试题，这些试题统一的考核要求和配分与评分标准如下：

1. 考核要求

(1) 工具准备齐全。

(2) 正确选用木材的品种和规格。

(3) 正确使用工具，操作姿势正确，手势协调、灵活，操作顺序正确。

(4) 尺寸正确、角度准。

(5) 各开口位置正确，雕刻部分线条清晰，纹式形准。

(6) 牢固不松动，合缝密实。

2. 配分与评分标准

序号	考核内容	考核要点	配分	评分标准	扣分	得分
1	工具准备	工具准备齐全，刃口锋利	10	1. 工具缺少 1 件，扣 5 分 2. 工具不锋利，扣 5 分 3. 扣完为止，不倒扣		

续表

序号	考核内容	考核要点	配分	评分标准	扣分	得分
2	材料准备	选择木材规格正确，配料尺寸正确	15	1. 选材不正确，扣 5 分 2. 配料多于 10%，扣 5 分 3. 配料少于 5%，扣 5 分 4. 扣完为止，不倒扣		
3	实际操作	工具使用正确，操作姿势正确，手势协调，灵活，操作顺序正确	35	1. 工具使用不正确，扣 10 分 2. 操作姿势不正确，扣 10 分 3. 手势不协调、不灵活，扣 5 分 4. 操作顺序不正确，扣 10 分 5. 扣完为止，不倒扣		
4	质量要求	尺寸正确，角度准，各开口位置准确，雕刻线条清晰，纹式形准，牢固不松动	25	1. 尺寸误差 3 mm 以上，扣 5 分 2. 开口位置误差 2 mm 以上，扣 5 分 3. 雕刻线条不清晰，纹式不准，各扣 5 分 4. 构件松动，扣 5 分 5. 角度误差±2°以上，扣 5 分 6. 扣完为止，不倒扣		
5	整体效果	表面光洁，平整，表面无缝隙	15	1. 表面不光洁，扣 5 分 2. 表面不平整误差 2 mm 以上，扣 5 分 3. 缝隙大于 1.5 mm，扣 5 分 4. 扣完为止，不倒扣		
合计			100			

否定项：

若考生出现下列情况之一，则应及时终止其考试，考生该试题成绩记为 0 分：

（1）工具准备不齐，无法完成考试。

（2）超过规定时间 15 min。

【试题 1】平科斗拱制作（五踩斗拱）

1. 准备要求

（1）考场准备

序号	名称	规格	数量	备注
1	木工操作台	1 m×2 m×0.8 m （宽×长×高）	1台×考生人数	
2	木工操作凳	0.2 m×1 m×0.6 m （宽×长×高）	1只×考生人数	
3	三层胶合板	200 mm×1 000 mm	1块×考生人数	
4	坐斗	75 mm×75 mm×50 mm	1件	
5	正心瓜拱	172 mm×50 mm×32 mm	1件	
6	单翘	175 mm×50 mm×25 mm	1件	
7	槽升子	42 mm×25 mm×35 mm	2件	
8	十八斗	45 mm×25 mm×35 mm	5件	
9	正心万拱	230 mm×50 mm×32 mm	1件	
10	单才瓜拱	155 mm×35 mm×25 mm	2件	
11	三才升	35 mm×25 mm×35 mm	12件	
12	昂	375 mm×25 mm×75 mm	1件	
13	单材万拱	230 mm×35 mm×25 mm	2件	
14	厢拱	180 mm×35 mm×25 mm	2件	
15	要头	409 mm×50 mm×25 mm	1件	
16	平板枋	280 mm×75 mm×50 mm	1件	
17	撑头木	375 mm×25 mm×50 mm	1件	
18	桃檐枋	230 mm×32 mm×50 mm	1件	
19	外拽枋	280 mm×32 mm×50 mm	1件	
20	正心枋	280 mm×32 mm×50 mm	1件	
21	桁碗	30 mm×25 mm×87.5 mm	1件	
22	檩枋	28 mm×50 mm×25 mm	1件	

（2）考生准备

序号	名称	规格	数量	备注
1	木工铅笔	180 mm 椭圆形	1支	
2	钢卷尺	2 m 以上	1把	
3	中框锯	锯条长 500 mm	1把	
4	木凿	25 mm、15 mm、8 mm	各1把	
5	长刨	450 mm	1把	
6	直角尺	300 mm	1把	
7	雕花凿	中型	1套	
8	中绕锯	450 mm	1把	
9	羊角锤	0.5 kg	1把	

2. 考核要求

(1) 本题分值：100 分。

(2) 考核时间：120 min。

(3) 考核形式：实际操作。

(4) 具体考核要求：

① 工具准备齐全。

② 选用木材性能符合要求。

③ 正确使用工具，操作手势协调、灵活，操作顺序正确、姿势正确。

④ 尺寸正确，角度准。

⑤ 各开口位置正确。

⑥ 雕刻线条清晰，纹式形准。

⑦ 牢固不松动，合缝密实。

【试题 2】柱科斗拱制作（五踩柱科斗拱）

1. 准备要求

(1) 考场准备

序号	名称	规格	数量	备注
1	木工操作台	1 m×2 m×0.8 m（宽×长×高）	1台×考生人数	
2	木工操作凳	0.2 m×1 m×0.6 m（宽×长×高）	1只×考生人数	
3	三层胶合板	200 mm×1 000 mm	1块×考生人数	
4	坐斗	100 mm×81 mm×50 mm	1件	
5	正心瓜拱	155 mm×32 mm×50 mm	1件	
6	单翘	175 mm×50 mm×50 mm	1件	
7	十八斗	95 mm×35 mm×25 mm	2件	
8	正心万拱	230 mm×32 mm×50 mm	1件	
9	单材瓜拱	155 mm×35 mm×25 mm	2件	
10	三才升	45 mm×35 mm×25 mm	4件	
		3.5 mm×2.5 mm×3.5 mm	2件	
11	昂	450 mm×75 mm×75 mm	1件	
12	单材万拱	230 mm×35 mm×32 mm	2件	
13	桃尖梁	150 mm×195 mm×525 mm	1件	
14	十八斗	200 mm×25 mm×35 mm	1件	
15	厢拱	180 mm×35 mm×25 mm	1件	
16	桃檐枋	230 mm×32 mm×50 mm	1件	
17	外拽枋	280 mm×32 mm×50 mm	1件	
18	正心枋	280 mm×32 mm×50 mm	1件	
19	正心桁	ϕ110 mm×250 mm	1件	
20	平板枋	280 mm×75 mm×50 mm	1件	

（2）考生准备

序号	名称	规格	数量	备注
1	木工铅笔	180 mm 椭圆形	1支	
2	钢卷尺	2 m 以上	1把	
3	中框锯	锯条长 500 mm	1把	
4	木凿	25 mm，15 mm，8 mm	各1把	
5	长刨	450 mm	1把	
6	直角尺	300 mm	1把	
7	雕花凿	中型	1套	
8	中绕锯	450 mm	1把	
9	槽刨	长 220 mm	1把	
10	羊角锤	0.5 kg	1把	

2. 考核要求

（1）本题分值：100分。

（2）考核时间：120 min。

（3）考核形式：实际操作。

（4）具体考核要求：

① 工具准备齐全。

② 选用木材性能符合要求。

③ 正确使用工具，操作手势协调、灵活，操作顺序正确、姿势正确。

④ 尺寸正确，角度准。

⑤ 各开口位置正确。

⑥ 雕刻线条清晰，纹式形准。

⑦ 牢固不松动，合缝密实。

【试题3】角科斗拱制作（五踩柱科斗拱）

1. 准备要求

（1）考场准备

序号	名称	规格	数量	备注
1	木工操作台	1 m×2 m×0.8 m（宽×长×高）	1台×考生人数	
2	木工操作凳	0.2 m×1 m×0.6 m（宽×长×高）	1只×考生人数	
3	三层胶合板	400 mm×1 000 mm	1块×考生人数	
4	坐斗	75 mm×50 mm×75 mm	1件	
5	斜翘头	350 mm×50 mm×47.5 mm	1件	
6	翘瓜拱	168 mm×50 mm×32 mm	2件	
7	十八斗	45 mm×25 mm×35 mm	3件	
8	斜头昂	533 mm×45 mm×50 mm	1件	
9	昂带正心万拱	375 mm×25 mm×75 mm	2件	
10	昂带单材瓜拱	395 mm×25 mm×75 mm	2件	
11	十八斗	45 mm×25 mm×35 mm	3件	
12	三才升	35 mm×25 mm×35 mm	8件	
13	合角万拱	280 mm×25 mm×35 mm	1件	
14	把臂厢拱	33 mm×35 mm×25 mm	2件	
15	蚂蚱头带单材万拱	340 mm×50 mm×25 mm	2件	
16	蚂蚱头带正心枋	450 mm×50 mm×25 mm	2件	
17	由昴	735 mm×75 mm×62.5 mm	1件	
18	里连头合角万拱	280 mm×25 mm×35 mm	2根	
19	斜桁碗	420 mm×75 mm×52.5 mm	1根	
20	内拽枋	165 mm×25 mm×50 mm	2根	
21	搭交正撑头	250 mm×32 mm×50 mm	2根	
22	里连头合角厢拱	175 mm×35 mm×25 mm	2根	

（2）考生准备

序号	名称	规格	数量	备注
1	木工铅笔	180 mm 椭圆形	1支	
2	钢卷尺	2 m 以上	1把	
3	中框锯	锯条长 500 mm	1把	
4	木凿	25 mm、15 mm、8 mm	各1把	
5	手工长刨	450 mm	1把	
6	直角尺	300 mm	1把	
7	雕花凿	中型	1套	
8	中绕锯	450 mm	1把	
9	槽刨	长 220 mm	1把	
10	羊角锤	0.5 kg	1把	

2. 考核要求

（1）本题分值：100 分。

（2）考核时间：120 min。

（3）考核形式：实际操作。

（4）具体考核要求：

① 工具准备齐全。

② 选用木材性能符合要求。

③ 正确使用工具，操作手势协调、灵活，操作顺序正确、姿势正确。

④ 尺寸正确，角度准。

⑤ 各开口位置正确。

⑥ 雕刻线条清晰，纹式形准。

⑦ 牢固不松动，合缝密实。

五、旋转扶梯制作

本鉴定点下共有 2 道试题，这些试题统一的考核要求和配分与评分标准如下：

1. 考核要求

(1) 工具准备齐全。

(2) 正确选用木材的品种和规格。

(3) 正确使用工具，操作姿势正确，手势协调、灵活，操作顺序正确。

(4) 楼梯的尺寸正确。

(5) 中柱外柱尺寸正确，并垂直于地板面，结合牢固。

(6) 踏步板开，起步尺寸正确，踏步板和中柱外柱结合牢固。

(7) 踢脚板、扶手和顺牢固。

2. 配分与评分标准

序号	考核内容	考核要点	配分	评分标准	扣分	得分
1	工具准备	工具准备齐全，刃口锋利	10	1. 工具缺少一件，扣5分 2. 工具不锋利，扣5分 3. 扣完为止，不倒扣		
2	材料准备	选材规格正确，配料尺寸正确	15	1. 选材不正确，扣5分 2. 配料多于10%，扣5分 3. 配料少于5%，扣5分 4. 扣完为止，不倒扣		
3	实际操作	工具使用正确，操作姿势正确，手势协调，灵活，操作顺序正确	35	1. 工具使用不正确，扣10分 2. 操作姿势不正确，扣10分 3. 手势不协调、不灵活，扣5分 4. 操作顺序不正确，扣10分 5. 扣完为止，不倒扣		
4	质量要求	比例尺寸正确，起步、开步、扶手尺寸正确，踏步板、中柱外柱扶手结合牢固，圆弧和顺，扶手、踏步板、踢脚板安装密实	25	1. 旋梯尺寸误差3 mm以上，扣5分 2. 踏步尺寸误差大于2 mm，扣5分 3. 结合点松动，扣5分 4. 圆弧不和顺，扣5分 5. 安装不密实缝隙大于1 mm，扣5分 6. 扣完为止，不倒扣		

续表

序号	考核内容	考核要点	配分	评分标准	扣分	得分
5	整体效果	踏步板、踢脚板上下宽窄一致，中柱外柱及踢脚板安装垂直，表面光洁	15	1. 扶手、踢脚板宽窄误差2 mm以上，扣5分 2. 角度步准误差 2 mm 以上，扣5分 3. 表面毛糙，扣5分 4. 扣完为止，不倒扣		
合计			100			

否定项：

若考生出现下列情况之一，则应及时终止其考试，考生该试题成绩记为0分：

（1）工具准备不齐，无法完成考试。

（2）超过规定时间15 min。

【试题1】旋转楼梯制作（模型）

1. 准备要求

（1）考场准备

序号	名称	规格	数量	备注
1	木工操作台	1 m×2 m×0.8 m（宽×长×高）	1台×考生人数	
2	木工操作凳	0.2 m×1 m×0.6 m（宽×长×高）	1只×考生人数	
3	底板（细木工板）	500 mm×500 mm	1块×考生人数	
4	中心柱	ϕ100 mm×800 mm	1根	
5	踏步板	5 mm×（25～86.5）mm×160 mm	17块	
6	踢脚板（内）	3 mm×33 mm×160 mm	17块	
7	外档杆	15 mm×20 mm×800 mm	34根	
8	踏步搁栅	15 mm×20 mm×190 mm	34根	

（2）考生准备

序号	名称	规格	数量	备注
1	木工铅笔	180 mm 椭圆形	1支	
2	钢卷尺	2 m 以上	1把	
3	小框锯	锯条长 400 mm	1把	
4	木凿	4 mm，8 mm	各1把	
5	手工长刨	450 mm	1把	
6	直角尺	300 mm	1把	
7	羊角锤	0.5 kg	1把	
8	圆规	150 mm	1把	

2. 考核要求

（1）本题分值：100 分。

（2）考核时间：120 min。

（3）考核形式：实际操作。

（4）具体考核要求：

① 工具准备齐全。

② 选用木材性能符合要求。

③ 梯形、中心是圆柱外用竖杆，踏步固定在圆柱和竖杆之间。

④ 踏步分 17 步，长 160 mm，高 35 mm。

⑤ 正确使用工具，操作手势协调、灵活，操作顺序正确、姿势正确。

⑥ 旋梯尺寸正确。

⑦ 踏步板开步、起步尺寸正确，踏步和中柱外柱结合牢固。

【试题 2】旋转楼梯扶手、外踢脚板制作（模型）

1. 准备要求

（1）考场准备

序号	名称	规格	数量	备注
1	木工操作台	1 m×2 m×0.8 m （宽×长×高）	1台×考生人数	
2	木工操作凳	0.2 m×1 m×0.6 m （宽×长×高）	1只×考生人数	
3	扶手料	10 mm×50 mm×360 mm	6块	
4	踢脚板	30 mm×50 mm×360 mm	6块	
5	小螺丝	10 mm	8只	

（2）考生准备

序号	名称	规格	数量	备注
1	木工铅笔	180 mm椭圆形	1支	
2	钢卷尺	2 m以上	1把	
3	小绕锯	锯条长450 mm	1把	
4	木凿	6 mm、3 mm	各1把	
5	铁刨	200 mm	1把	
6	直角尺	300 mm	1把	
7	小型台钳	750 mm	1把	
8	扶手支架	直角1 mm×10 mm×20 mm	8只	
9	对紧螺丝	3 mm×30 mm	7只	
10	羊角锤	0.5 kg	1把	
11	螺丝批	250 mm	1把	

2. 考核要求

（1）本题分值：100分。

（2）考核时间：120 min。

（3）考核形式：实际操作。

（4）具体考核要求：

① 工具准备齐全。

② 选用木材性能符合要求。

③ 扶手和踢脚板的尺寸按旋梯尺寸制作。

④ 正确使用工具，操作手势协调、灵活，操作顺序正确，姿势正确。

⑤ 尺寸正确，比例正确。

⑥ 扶手和踢脚板圆弧和顺。

⑦ 接缝密实。

⑧ 扶手、踢脚板安装密实、牢固。

六、六角亭制作

本鉴定点下共有5道试题，这些试题统一的考核要求和配分与评分标准如下：

1. 考核要求

(1) 工具准备齐全。

(2) 正确选用木材的品种和规格。

(3) 正确使用工具，操作姿势正确，手势协调、灵活，操作顺序正确。

(4) 尺寸正确，比例正确。

(5) 表面光洁、平整。

(6) 不翘曲，角度准。

(7) 接缝密实，榫接不松动。

2. 配分与评分标准

序号	考核内容	考核要点	配分	评分标准	扣分	得分
1	工具准备	工具准备齐全，刃口锋利	10	1. 工具缺少一件，扣5分 2. 工具不锋利，扣5分 3. 扣完为止，不倒扣		
2	材料准备	选材规格正确，配料尺寸正确	15	1. 选材不正确，扣5分 2. 配料多于10%以上，扣5分 3. 配料少于5%以上，扣5分 4. 扣完为止，不倒扣		

续表

序号	考核内容	考核要点	配分	评分标准	扣分	得分
3	实际操作	工具使用正确，操作姿势正确，手势协调，灵活，操作顺序正确	35	1. 工具使用不正确，扣 10 分 2. 操作姿势不正确，扣 10 分 3. 手势不协调、不灵活，扣 5 分 4. 操作顺序不正确，扣 10 分 5. 扣完为止，不倒扣		
4	质量要求	尺寸正确，比例正确，角度准，接缝密实，榫接不松动	25	1. 尺寸误差 2 mm 以上，扣 5 分 2. 比例不准确，扣 5 分 3. 对角线误差 3 mm 以上，扣 5 分 4. 接缝缝隙每处超 1 mm 以上，扣 1 分，最多扣 5 分 5. 榫接松动，扣 5 分 6. 扣完为止，不倒扣		
5	整体效果	表面光洁，平整，不翘曲	15	1. 表面不光洁，扣 5 分 2. 平整误差 2 mm 以上，扣 5 分 3. 翘曲 2 mm 以上，扣 5 分 4. 扣完为止，不倒扣		
合计			100			

否定项：

若考生出现下列情况之一，则应及时终止其考试，考生该试题成绩记为 0 分：

（1）工具准备不齐，无法完成考试。

（2）超过规定时间 15 min。

【试题 1】六角亭的基台制作

1. 准备要求

（1）考场准备

序号	名称	规格	数量	备注
1	木工操作台	1 m×2 m×0.8 m（宽×长×高）	1台×考生人数	
2	木工操作凳	0.2 m×1 m×0.6 m（宽×长×高）	1只×考生人数	
3	外基圈	25 mm×60 mm×210 mm	6根	
4	内基圈	25 mm×57 mm×180 mm	6根	
5	柱顶石	5 mm×25 mm×25 mm	6只	
6	垂带	20 mm×60 mm×120 mm	斜对开	
7	踏跺	45 mm×84 mm×110 mm	1块	
8	基台面板	3 mm×350 mm×350 mm	1块	

（2）考生准备

序号	名称	规格	数量	备注
1	木工铅笔	180 mm椭圆形	1支	
2	钢卷尺	2 m以上	1把	
3	小框锯	锯条长400 mm	1把	
4	木凿	10 mm，6 mm	各1把	
5	长刨	450 mm	1把	
6	直角尺	300 mm	1把	
7	羊角锤	0.5 kg	1把	
8	圆规	150 mm	1把	
9	活络角尺	200 mm	1把	
10	量角器	150 mm	1把	
11	木锉	200 mm	1把	

2. 考核要求

（1）本题分值：100 分。

（2）考核时间：120 min。

（3）考核形式：实际操作。

（4）具体考核要求：

①考题形状参照单檐六角亭平面图（见图 13），基台对角宽 400 mm，高为 60 mm，四步踏步，柱的对角中心距为 300 mm。

②工具准备齐全。

③选用木材性能符合要求。

④正确使用工具，操作手势协调、灵活，操作顺序正确、姿势正确。

⑤尺寸正确，比例准确。

⑥角度准，接缝密实。

⑦采取榫接法、榫接不松动。

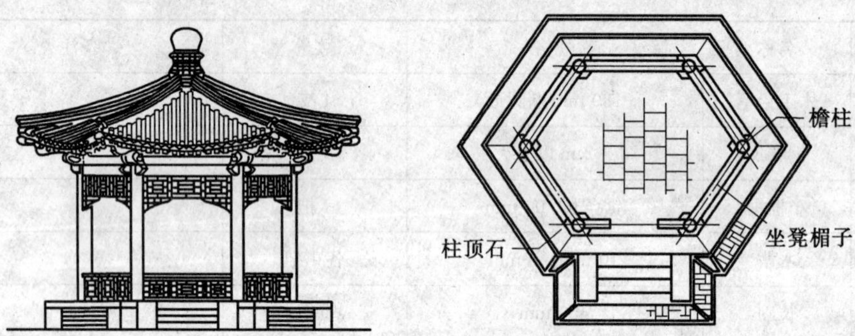

a）　b）

图 13　单檐六角亭

a）单檐六角亭实景　b）单檐六角亭平面图

【试题 2】柱头与搭交箍头枋的制作与安装

1. 准备要求

(1) 考场准备

序号	名称	规格	数量	备注
1	木工操作台	1 m×2 m×0.8 m (宽×长×高)	1 台×考生人数	
2	木工操作凳	0.2 m×1 m×0.6 m (宽×长×高)	1 只×考生人数	
3	柱	ϕ18 mm×235 mm	6 根	
4	箍头枋	18 mm×14 mm×208 mm	6 根	

(2) 考生准备

序号	名称	规格	数量	备注
1	木工铅笔	180 mm 椭圆形	1 支	
2	钢卷尺	2 m 以上	1 把	
3	小框锯	锯条长 400 mm	1 把	
4	木凿	10 mm，6 mm	各 1 把	
5	长刨	450 mm	1 把	
6	直角尺	300 mm	1 把	
7	羊角锤	0.5 kg	1 把	
8	圆规	150 mm	1 把	
9	活络角尺	200 mm	1 把	
10	量角器	150 mm	1 把	
11	绕锯	锯条长 400 mm	1 把	
12	木锉	200 mm	1 把	

2. 考核要求

（1）本题分值：100 分。

（2）考核时间：120 min。

（3）考核形式：实际操作。

（4）具体考核要求：

①考题的形状参照单檐六角亭基本构造图（见图 14），六根柱的对角中心距为 300 mm。

②工具准备齐全。

③选用木材性能符合要求。

④正确使用工具，操作手势协调、灵活，操作操作顺序正确、姿势正确。

⑤尺寸正确，比例准确。

⑥角度准，接缝密实。

⑦榫接不松动。

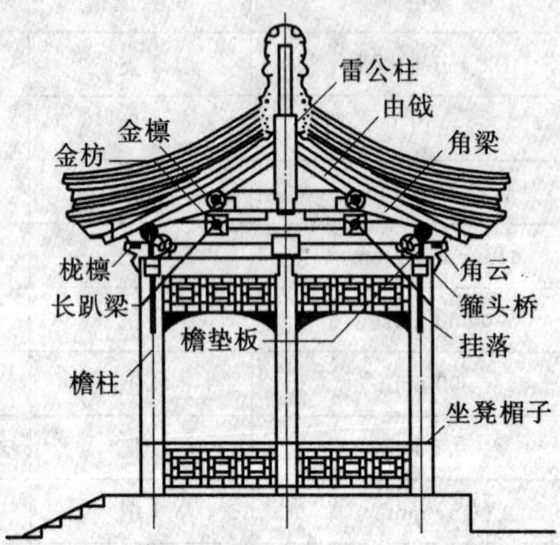

图 14 单檐六角亭的基本构造图

【试题 3】檐檩及趴梁的制作与安装

1. 准备要求

（1）考场准备

序号	名称	规格	数量	备注
1	木工操作台	1 m×2 m×0.8 m（宽×长×高）	1台×考生人数	
2	木工操作凳	0.2 m×1 m×0.6 m（宽×长×高）	1只×考生人数	
3	檐檩	18 mm×18 mm×208 mm	6根	
4	长趴梁	24 mm×20 mm×227 mm	2根	
5	短趴梁	24 mm×20 mm×132 mm	2根	

（2）考生准备

序号	名称	规格	数量	备注
1	木工铅笔	180 mm椭圆形	1支	
2	钢卷尺	2 m以上	1把	
3	小框锯	锯条长400 mm	1把	
4	木凿	10 mm，6 mm	各1把	
5	长刨	450 mm	1把	
6	直角尺	300 mm	1把	
7	羊角锤	0.5 kg	1把	
8	圆规	150 mm	1把	
9	活络角尺	200 mm	1把	
10	量角器	150 mm	1把	
11	绕锯	400 mm	1把	
12	木锉	200 mm	1把	

2. 考核要求

（1）本题分值：100分。

（2）考核时间：120 min。

（3）考核形式：实际操作。

（4）具体考核要求：

① 考题的形状参照六角亭井字架的构造和制作图（见图15），六根柱的对角中心距为300 mm。

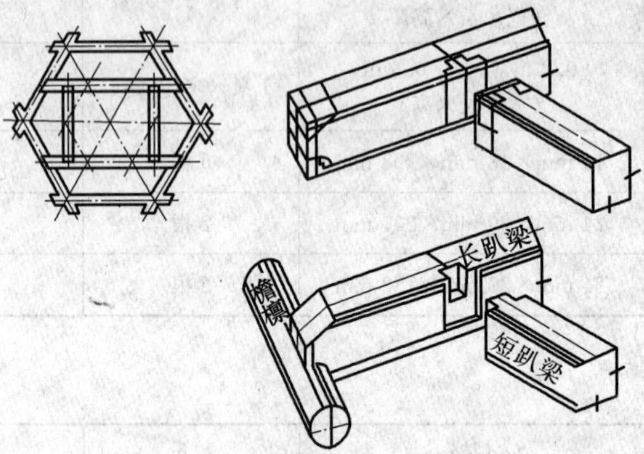

图15 六角亭井字架的构造和制作

②工具准备齐全。

③选用木材性能符合要求。

④正确使用工具，操作手势协调、灵活，操作顺序正确、姿势正确。

⑤尺寸正确，比例准确。

⑥角度准，接缝密实。

⑦榫接不松动。

【试题4】金檩及角梁的制作与安装

1. 准备要求

（1）考场准备

序号	名称	规格	数量	备注
1	木工操作台	1 m×2 m×0.8 m（宽×长×高）	1台×考生人数	
2	木工操作凳	0.2 m×1 m×0.6 m（宽×长×高）	1只×考人生数	

续表

序号	名称	规格	数量	备注
3	老角梁	18 mm×12 mm×178 mm	6 根	
4	金檩	18 mm×18 mm×133 mm	6 根	
5	仔角梁	24 mm×12 mm×201 mm	6 根	

(2) 考生准备

序号	名称	规格	数量	备注
1	木工铅笔	180 mm 椭圆形	1 支	
2	钢卷尺	2 m 以上	1 把	
3	小框锯	锯条长 400 mm	1 把	
4	木凿	10 mm、6 mm	各 1 把	
5	长刨	450 mm	1 把	
6	直角尺	300 mm	1 把	
7	羊角锤	0.5 kg	1 把	
8	圆规	150 mm	1 把	
9	活络角尺	200 mm	1 把	
10	量角器	150 mm	1 把	
11	绕锯	400 mm	1 把	
12	木锉	200 mm	1 把	

2. 考核要求

(1) 本题分值：100 分。

(2) 考核时间：120 min。

(3) 考核形式：实际操作。

(4) 具体考核要求：

①六根柱的对角中心距为 300 mm。

②工具准备齐全。

③选用木材性能符合要求。

④正确使用工具，操作手势协调、灵活，操作顺序正确、姿势正确。

⑤尺寸正确，比例准确。

⑥角度准，接缝密实。

⑦榫接不松动。

【试题 5】由戗及雷公柱的制作与安装

1. 准备要求

（1）考场准备

序号	名称	规格	数量	备注
1	木工操作台	1 m×2 m×0.8 m （宽×长×高）	1 台×考生人数	
2	木工操作凳	0.2 m×1 m×0.6 m （宽×长×高）	1 只×考生人数	
3	雷公柱	ϕ27 mm×120 mm	1 根	
4	由戗	18 mm×12 mm×110 mm	6 根	

（2）考生准备

序号	名称	规格	数量	备注
1	木工铅笔	180 mm 椭圆形	1 支	
2	钢卷尺	2 m 以上	1 把	
3	小框锯	锯条长 450 mm	1 把	
4	木凿	10 mm、6 mm	各 1 把	
5	长刨	450 mm	1 把	
6	直角尺	300 mm	1 把	
7	木锉	200 mm	1 把	
8	圆规	150 mm	1 把	
9	活络角尺	200 mm	1 把	
10	量角器	150 mm	1 把	
11	羊角锤	0.5 kg	1 把	

2. 考核要求

(1) 本题分值：100 分。

(2) 考核时间：120 min。

(3) 考核形式：实际操作。

(4) 具体考核要求：

①考题的形状参照六角亭雷公柱的构造图（见图 16），六根柱的对角中心距为 300 mm。

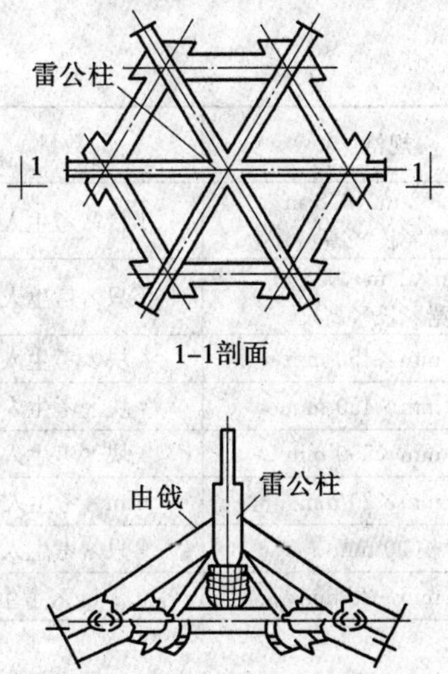

图 16　六角亭雷公柱的构造图

②工具准备齐全。

③选用木材性能符合要求。

④正确使用工具，操作手势协调、灵活，操作顺序正确、姿势正确。

⑤尺寸正确，比例准确。

⑥角度准，接缝密实。

⑦榫接不松动。

高级手工木工操作技能考核模拟试卷

职业技能鉴定国家题库试卷

高级手工木工操作技能考核准备通知单（考场）

【试题 1】

序号	名称	规格	数量	备注
1	木工操作台	1 m×2 m×0.8 m（宽×长×高）	1 台×考生人数	
2	木工操作凳	0.2 m×1 m×0.6 m（宽×长×高）	1 只×考生人数	
3	五夹板	450 mm×450 mm	4 块×考生人数	
4	泡沫塑料	450 mm×450 mm	4 块×考生人数	
5	防火布	550 mm×550 mm	4 块×考生人数	
6	装饰木条	20 mm×20 mm	6 m×考生人数	
7	电化铝帽头钉	长 30 mm	9 只×考生人数	
8	元钉	12 mm，20 mm	各 0.1 kg×考生人数	

【试题 2】

序号	名称	规格	数量	备注
1	木工操作台	1 m×2 m×0.8 m（宽×长×高）	1 台×考生人数	
2	木工操作凳	0.2 m×1 m×0.6 m（宽×长×高）	1 只×考生人数	
3	老角梁	18 mm×12 mm×178 mm	6 根	
4	金檩	18 mm×18 mm×133 mm	6 根	
5	仔角梁	24 mm×12 mm×201 mm	6 根	

职业技能鉴定国家题库试卷

高级手工木工操作技能考核准备通知单（考生）

姓名：________　准考证号：________________　单位：________________

【试题 1】

序号	名称	规格	数量	备注
1	木工铅笔	180 mm 椭圆形	1 支	
2	钢卷尺	2 m 以上	1 把	
3	中框锯	锯条长 500 mm	1 把	
4	羊角锤	0.5 kg	1 把	
5	长刨	450 mm	1 把	
6	直角尺	300 mm	1 把	
7	美工刀	长 200 mm	1 把	

【试题 2】

序号	名称	规格	数量	备注
1	木工铅笔	180 mm 椭圆形	1 支	
2	钢卷尺	2 m 以上	1 把	
3	小框锯	锯条长 400 mm	1 把	
4	木凿	10 mm，6 mm	各 1 把	
5	长刨	450 mm	1 把	
6	直角尺	300 mm	1 把	
7	羊角锤	0.5 kg	1 把	
8	圆规	150 mm	1 把	
9	活络角尺	200 mm	1 把	
10	量角器	150 mm	1 把	
11	绕锯	400 mm	1 把	
12	木锉	200 mm	1 把	

职业技能鉴定国家题库试卷

高级手工木工高级操作技能考核试卷

考件编号：________________

注　意　事　项

一、本试卷依据 2002 年颁布的《国家职业标准·手工木工》命制。

二、本试卷试题如无特别注明，则为全国通用。

三、请考生仔细阅读试题的具体考核要求，并按要求完成操作或进行笔答或口答。

四、操作技能考核时要遵守考场纪律，服从考场管理人员指挥，以保证考核安全顺利进行。

【试题 1】防火布墙面的装饰 450 mm×450 mm×4 块墙面软包装饰操作

（1）本题分值：50 分。

（2）考核时间：120 min。

（3）考核形式：实际操作。

（4）具体考核要求：

①考题的形状、尺寸参照墙、柱软包饰面的基本构造图（见图卷 1）。

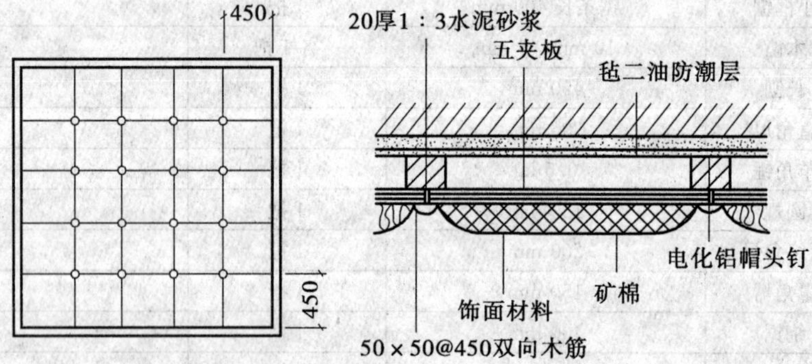

图卷 1　墙、柱软包饰面的基本构造

②工具准备齐全。

③选用面层及填充物符合要求。

④正确使用工具，操作手势协调、灵活，操作顺序正确，姿势正确。

⑤软包制作尺寸正确，棱角方正。

⑥填充饱满，松紧适度，手感舒适。

⑦接缝顺直，不翘边，饰条衔接紧密。

⑧拼花纹图案吻合。

（5）否定项说明：考生若出现下列情况之一，则应及时终止考试，考生该试题成绩记为 0 分。

①工具准备不齐，无法完成考试。

②超过规定时间 15 min。

【试题 2】金檩及角梁的制作与安装

（1）本题分值：50 分

（2）考核时间：120 min。

（3）考核形式：实际操作。

（4）具体考核要求：

①考题形状参照图卷 2 所示，六根柱的对角中心距为 300 mm。

②工具准备齐全。

③选用木材性能符合要求。

④正确使用工具，操作手势协调、灵活，操作顺序正确、姿势正确。

⑤尺寸正确，比例准确。

⑥角度准，接缝密实。

⑦榫接不松动。

（5）否定项说明：考生若出现下列情况之一，则应及时终止考试，考生该试题成绩记为 0 分。

①工具准备不齐，无法完成考试。

②超过规定时间 15 min。

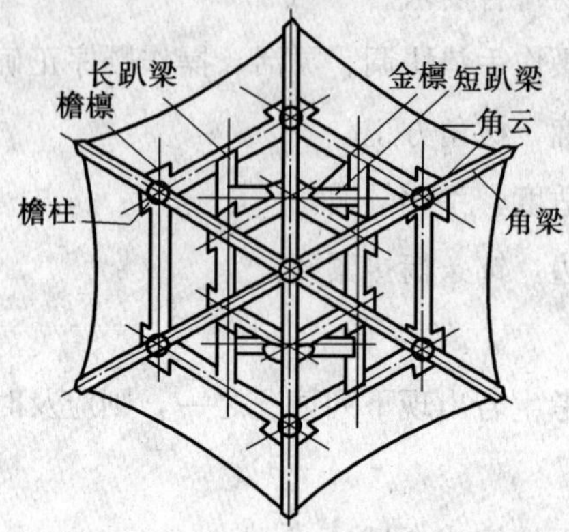

图卷 2　金檩及角梁

职业技能鉴定国家题库试卷

高级手工木工操作技能考核评分记录表

考件编号：________　姓名：________　准考证号：________　单位：________

总　成　绩　表

序号	试题名称	配分	得分	权重	最后得分	备注
1	防火布墙面的装饰 450 mm×450 mm×4 块墙面软包装饰操作	50				
2	金檩及角梁的制作与安装	50				
合计		100				

统分人：　　　　　　　　　　　　　　年　　月　　日

【试题 1】防火布墙面的装饰 450 mm×450 mm×4 块墙面软包装饰操作

序号	考核内容	考核要点	配分	评分标准	扣分	得分
1	工具准备	工具准备齐全，刃口锋利	10	1. 工具缺少一件，扣 5 分 2. 工具不锋利，扣 5 分 3. 扣完为止，不倒扣		
2	材料准备	选择面层，填充物正确，配材尺寸正确	15	1. 选择面层，填充物不正确，扣 5 分 2. 配料多于 10%，扣 5 分 3. 配料少于 5%，扣 5 分 4. 扣完为止，不倒扣		

续表

序号	考核内容	考核要点	配分	评分标准	扣分	得分
3	实际操作	工具使用正确，操作姿势正确，手势协调、灵活，操作顺序正确	35	1. 工具使用不正确，扣10分 2. 操作姿势不正确，扣10分 3. 手势不协调、不灵活，扣5分 4. 操作顺序不正确，扣10分 5. 扣完为止，不倒扣		
4	质量要求	软包尺寸正确，棱角方正，填充饱满，松紧适度，接缝顺直，不翘边，饰木线衔接紧密，不露缝，拼花花纹图案吻合	25	1. 软包尺寸误差 2 mm 以上，扣5分 2. 软包对角线误差 3 mm 以上，扣5分 3. 填充物不饱满，扣5分 4. 饰木线不紧密有松动，扣5分 5. 拼花花纹图案不吻合，扣5分 6. 扣完为止，不倒扣		
5	整体效果	软包表面清洁无污染，平整无波纹起伏，压条平整顺直	15	1. 表面不清洁，扣5分 2. 表面不平整，扣5分 3. 边框不平整，不顺直，扣5分 4. 扣完为止，不倒扣		
合计			100			

否定项：

若考生出现下列情况之一，则应及时终止其考试，考生该试题成绩记为0分：

（1）工具准备不齐，无法完成考试。

（2）超过规定时间 15 min。

评分人：　　　　年　　月　　日　　　　　　核分人：　　　　年　　月　　日

【试题2】金檩及角梁的制作与安装

序号	考核内容	考核要点	配分	评分标准	扣分	得分
1	工具准备	工具准备齐全，刃口锋利	10	1. 工具缺少一件，扣5分 2. 工具不锋利，扣5分 3. 扣完为止，不倒扣		

续表

序号	考核内容	考核要点	配分	评分标准	扣分	得分
2	材料准备	选材规格正确，配料尺寸正确	15	1. 选材不正确，扣5分 2. 配料多于10%，扣5分 3. 配料少于5%，扣5分 4. 扣完为止，不倒扣		
3	实际操作	工具使用正确，操作姿势正确，手势协调，灵活，操作顺序正确	35	1. 工具使用不正确，扣10分 2. 操作姿势不正确，扣10分 3. 手势不协调、不灵活，扣5分 4. 操作顺序不正确，扣10分 5. 扣完为止，不倒扣		
4	质量要求	尺寸正确，比例正确，角度准，接缝密实，榫接不松动	25	1. 尺寸误差2 mm以上，扣5分 2. 比例不准确，扣5分 3. 对角线误差3 mm以上，扣5分 4. 接缝缝隙超1 mm，每处扣1分，最多扣5分 5. 榫接松动，扣5分 6. 扣完为止，不倒扣		
5	整体效果	表面光洁，平整，不翘曲	15	1. 表面不光洁，扣5分 2. 平整误差2 mm以上，扣5分 3. 翘曲2 mm以上，扣5分 4. 扣完为止，不倒扣		
合计			100			

否定项：

若考生出现下列情况之一，则应及时终止其考试，考生该试题成绩记为0分：

(1) 工具准备不齐，无法完成考试。

(2) 超过规定时间15 min。

评分人：　　　　年　　月　　日　　　　　核分人：　　　　年　　月　　日